教育部人文社会科学重点研究基地
黑龙江大学俄罗斯语言文学与文化研究中心

学术丛书

西方术语学理论与实践丛书

术语学
理论与实践

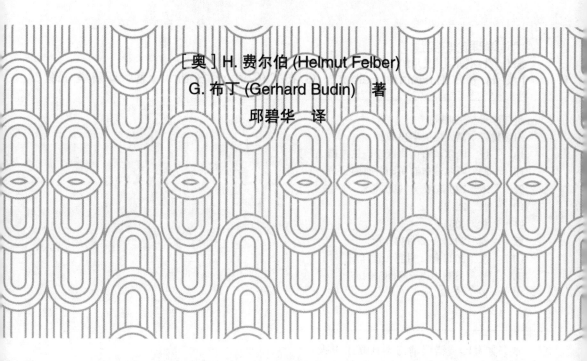

[奥] H. 费尔伯 (Helmut Felber)
G. 布丁 (Gerhard Budin) 著
邱碧华 译

黑龍江大學出版社
HEILONGJIANG UNIVERSITY PRESS
哈尔滨

黑版贸审字 08-2020-031 号

图书在版编目（CIP）数据

术语学理论与实践 /（奥）H. 费尔伯
(Helmut Felber)，（奥）G. 布丁 (Gerhard Budin) 著；
邱碧华译. -- 哈尔滨：黑龙江大学出版社，2022.2
ISBN 978-7-5686-0487-1

Ⅰ. ①术… Ⅱ. ①H… ②G… ③邱… Ⅲ. ①术语学
Ⅳ. ①H083

中国版本图书馆 CIP 数据核字 (2020) 第 064999 号

术语学理论与实践
SHUYUXUE LILUN YU SHIJIAN
[奥]H. 费尔伯 (Helmut Felber)　G. 布丁 (Gerhard Budin)　著　邱碧华　译

责任编辑　王瑞琦
出版发行　黑龙江大学出版社
地　　址　哈尔滨市南岗区学府三道街 36 号
印　　刷　哈尔滨市石桥印务有限公司
开　　本　720 毫米 ×1000 毫米　1/16
印　　张　22.75
字　　数　406 千
版　　次　2022 年 2 月第 1 版
印　　次　2022 年 2 月第 1 次印刷
书　　号　ISBN 978-7-5686-0487-1
定　　价　78.00 元

中译者序

现代术语学在20世纪30年代诞生于奥地利，奥地利学者欧根·维斯特（Eugen Wüster）在1931年发表的博士论文《在工程技术中（特别是在电工学中）的国际语言规范》（“Internationale Sprachnormung in der Technik, besonders in der Elektrotechnik”）标志着现代术语学的诞生。第二次世界大战结束之后，工业革命的需求推动着人们追求物体的标准化、语言的标准化，以至追求术语的标准化。1951年，维斯特接管了国际标准化组织第37技术委员会（ISO/TC 37）［术语（原则和协调）委员会］秘书处的工作。1961年，他当选为联合国教科文组织（UNESCO）多语言词典提案小组委员会的主席。1964年，在维斯特的领导下，ISO/TC 37开展了全世界范围的术语基础性研究工作，并制定出一系列国际术语标准，这对世界各国都产生了深刻的影响。由此，维斯特的术语学思想产生了广泛的国际影响，而且，20世纪70年代初，在完成了一系列ISO术语标准的制定之后，维斯特把主要精力放到了术语学的学科建设上。1972年左右，维斯特提出了普通术语学是一门跨语言学、逻辑学、本体论、信息学和其他专业科学的边缘科学的思想。这一事件标志着现代术语学的初步形成，同时它也极大地推动了全世界范围的术语学理论和实践活动的开展。1971年，联合国教科文组织（UNESCO）与奥地利标准协会签订合同，国际术语信息中心（Infoterm）在奥地利维也纳正式成立。在这个中心的领导下，国际术语网（TermNet）建立起来，其目标就是对全球化的术语活动进行协调。

在现代术语学诞生后的几十年里，术语学的理论与实践已经有了令人欣喜的迅猛发展。术语工作的实践也经受着一场重大的转变。进入20世纪80年代，术语工作已经达到了一种高度综合化的程度。譬如，术语工作有着众多的目标：整理知识秩序、进行知识和技术传递、传授语言、促进信息系统和知识系统的发展等等。以术语科学知识为基础的术语构成和术语编纂的基本原则，形成了术语工作方法的基础。与术语工作所肩负的任务相适应，当然也存在着普通术语学原则和针对各门具体专业的特殊术语学原则。

在术语学工作中，计算机的投入使用又促进了计算机辅助的术语编纂工作的发展，其实践性成果便是术语数据库的应运而生。

20世纪70年代初，一些大学就已经开展了针对术语学领域的研究和教学活动，此后，在世界各地（尤其在国际术语信息中心的大力推动下），术语学研究和实践活动也得到了广泛的发展。

眼前的这部书，正如两位作者在前言里写到的："（在20世纪80年代末）之前的几十年里，无数旨在解决术语学理论与实践的具体问题的论文，如同雨后春笋般破土而出。然而，理论界却一直缺少一部把这些理论知识归纳在一起的书。"

这部书致力实现的目标，一方面是为与概念有关的术语工作实践提供理论指导，另一方面则是介绍术语学的基础性原则学说——这是这部书的重点之一。

在本书的第1部分里，作者对后面内容里所涉及的重要概念进行了解释。

在第2部分里，作者着重对术语学进行了阐述——首先，对这门学科的出现以及它与其他学科之间的关系进行历史性的考察和理论分析，然后，对术语学传统学派进行比较性研究，同时对20世纪90年代之前的术语基础性研究做了详细的内容介绍，尤其系统地介绍了世界各国的术语基础性研究工作的开展情况，以及那些在术语学发展史上做出杰出贡献的学者及其思想，这也是这一部分介绍的重点。

第3部分是本书的核心。在这一部分里，作者详细介绍了普通术语学和术语编纂学的基本原则和方法。

第4部分借用维斯特的"五斗柜"模型作为框架，详细阐述了术语工作所涉及的方方面面，重点则是分析术语工作在各个维度上产生的各种联系。这一部分实质上是作者对术语学理论的进一步发展。

第5部分介绍了术语活动及其世界性协调工作的概况，重点介绍了国际术语信息中心及其国际术语网所开展的各项工作。

2005年，本书译者曾经将《普通术语学和术语词典编纂导论》（欧根·维斯特著）和《术语学、知识论和知识技术》（赫尔穆特·费尔伯著）这两部书由德文译成中文。由于在2007—2010年期间，本书译者奉命在中国驻德意志联邦共和国的大使馆（柏林）工作，回国之后才重新审读这两部译稿。2011年，这两部译作由商务印书馆出版，分别是2011年12月第1版和2011年11月第1版。

就与上述两部书的逻辑关系而言，这部《术语学理论与实践》起到了承上启下的作用；就理论方面而言，它是费尔伯先生形成其2000年出版的《术语学、知识论和知识技术》这部书的思想前奏；就实践工作而言，它是对20世纪90年代之前世界范围内术语学理论与实践的总结以及更高层次的理论升华。

在20世纪90年代之前，可以说，西方术语学在理论与实践的发展上比较平缓，没有太多的理论争鸣。然而，“令人惊讶的是，在术语学理论多年不活跃之后，近些年突然涌现出对术语学已经确定的原则的批评思潮及一些建议，这些建议提出了替代传统术语学理论的新方法”[①]。

20世纪90年代初，作为对普通术语学理论（General Theory of Terminology，GTT）的一种批评，社会术语学理论（Socio Terminology Theory）和交流术语学理论（Communicative Terminology Theory）在欧洲出现。这两种理论都提供了针对术语的更为现实的看法，它们的阐述都立足于术语在交流情境中的实际使用情况。于是，术语学理论开始从规定性方法向描述性方法演变，人们越来越注重从社会、语言和认知的角度去研究专业语言单元。与此同时，随着语言学理论经历了某种认知性的转变（a cognitive shift），研究者们的研究兴趣也越来越集中于语言背后潜在的概念网络，语言学家们也开始探索句法与语义之间的交界面，这种研究趋势也悄悄渗入术语学领域中。由于追求术语实现标准化目标的普通术语学理论无法满足人们在现实社会中对术语工作的需求（尤其是在专业翻译领域中），除了上述两种理论导向之外，在术语学领域中，基于认知的术语学理论逐渐出现。基于认知的术语学理论也关注处于文本、话语和语篇中的术语，但与此同时，它们还竭力将认知语言学和心理学的理论前提整合到术语学领域中，产生的理论的代表就是社会认知术语学理论（Sociocognitive Terminology Theory）和框架术语学理论（Frame-Based Terminology Theory）。

《术语学理论与实践》这部书，正如其作者之一布丁教授本人所说，除了体现及总结在过去三十年中，术语学实践在世界范围内发生的翻天覆地的变化之外，其中的基本理论部分在今天还是有其现实意义的。它既可以成为术语工作者（现在西方国家已经出现了“术语师”这个职业）的实用“工作手册”，又可以成为各相关研究机构从事术语学研究时必备的基础性书籍，更为重要的是，它还可以当作大学术语学课程的教科书。

今天的全球性的术语学，正在成长为一个更加强大的独立学科，正如布丁教授所言：“……我们可以认为，在第一代术语学研究者的先驱性成就的基础上，目前，一种单一的，却是集体性的，而且具有多面性和多维度的术语学理论正在出现……”布丁教授表示，他本人赞成集体性地发展一种真正的术语学理论的观点，而这种观点恰好代表了当今术语学发展的总趋势。

---

① Cabré M T. Theories of terminology：Their description，prescription and explanation[J].Terminology, 2003, 9（2）:163–199.

进入21世纪以来，术语学所涉及的知识如下：科学理论和认识理论，逻辑学和本体论，科学哲学，现代语言学，术语编纂学，信息学（计算机科学）（Informatik），信息科学（Informationswissenschaft），知识论和知识技术，标准化和术语规划，术语与翻译，翻译学，脑神经认知科学，心理学，跨文化和跨语言的术语管理，以及各门具体科学，等等。

自1989年问世出版之后，事实证明，《术语学理论与实践》已经成为西方术语学理论研究者和实践工作者的必读书目之一。然而，从1989年到2020年的今天，国际形势风云变幻，一系列具有长远影响的重要历史事件发生了。就在《术语学理论与实践》问世不久之后，东欧剧变、苏联解体，书中所涉及的国家如苏联、联邦德国、民主德国、捷克斯洛伐克等在三十多年后的2020年已经有了新的存在方式，同理，书中提到的一些机构也发生了许多变化，在2020年的今天，它们可能已经不复存在或者改变了名称。对于上述问题，译者征求了《术语学理论与实践》作者之一的布丁教授的意见，他建议，为了尊重原著创作时的历史阶段性及完整地呈现原著的学术厚重性，在译著中可以直接采用国家及机构在原著出版时所用的名称，译者也赞同此观点。除了国家及机构的变化，科学技术在这三十多年中也得到了飞速发展，一些在《术语学理论与实践》成书时确定的科学理论，在几十年后的今天已经有了新的发现与定义，如太阳系的行星由九个变成了八个。此外，译著只忠实还原原著中的内容，原著中可能存在的思想倾向等并非译者本人的思想倾向等。希望读者能够在阅读译著时，了解术语学的发展历史、掌握术语学的相关理论，尽力抓取原著中的精华内容，而对于译著中涉及的国家、机构、科学理论、地图等能以自身所处时代的实际情况为准。

本部译著的出现有赖布丁教授本人的大力支持，向德国出版社的推荐工作是他亲自进行的。译著最终得以完成，要感谢全国科学技术名词审定委员会领导和同志们的大力支持，尤其是裴亚军、戴晓明、温昌斌等领导的一贯支持，以及黑龙江大学俄罗斯语言文学与文化研究中心叶其松主任的支持、鼓励和具体帮助，更要感谢中国德语界权威专家朱建华教授对本译著的精心审稿，以及师妹刘羣博士对译著中示例内容的翻译与全文的校译工作。最后，从译著的版权问题处理、编校到最后的付梓成书，都离不开黑龙江大学出版社编辑张微微、张明珠和王瑞琦的高度负责的工作，在此我也表示由衷的谢忱！

邱碧华

2020年04月08日

于北京全国科学技术名词审定委员会事务中心

前　言

近几十年来，术语学的理论与实践已经有了令人欣喜的迅猛发展。为术语工作提供基础性支撑的大规模理论性工作——它们在世界上许多地方都在蓬勃开展着——已经催生出了术语学（Terminologiewissenschaft）。这门科学的一个重要分支，便是维斯特提出的普通术语学（Allgemeine Terminologielehre），它是一门跨语言科学、逻辑学、本体论、信息学和各门具体科学（Sachwissenschaften）的边缘学科。术语工作的实践也经受着一场重大的转变。今天的术语工作有着许多种构成形式，而且，它已经达到了高度综合的程度，有着众多的目标，例如，整理知识秩序（Wissensordnung）、传递知识和技术、传授语言、促进信息系统和知识系统的发展等等。因此，它需要运用特殊的方法，更需要计算机的支持。以术语学知识为基础的术语工作和术语编纂的基本原则，构成了术语工作方法的基础。与术语工作所肩负的使命相适应，普通术语学和各专业的特殊术语学原则自然就相应存在着。在术语工作实践的发展过程中，植物学、动物学、化学、医药学等专业中的特殊术语学原则首先被拟定了出来。在更晚些时候，人们才从这些原则中归纳出普遍性的原则。在今天，术语学原则学说已经成为标准化组织、专业协会和科学院共同耕耘的一个广阔而又具有综合性的学科领域。

在术语学工作中，计算机的投入使用促进了计算机辅助的术语编纂工作的发展，其实践性成果便是术语数据库的应运而生。

在世界范围内展开的、轰轰烈烈的术语学理论与实践活动，要求对术语工作进行集中组织和协调。1971年，在联合国教科文组织的协助下，这种时代的迫切性促使国际术语信息中心（Infoterm）在维也纳成立。在这个中心的领导下，国际术语网（TermNet）得以建立。全球化的术语协调活动的总体目标就是致力国际层面上的术语规划活动。

20世纪70年代初，一些大学已经开展了术语学领域的研究和教学活动。

（在20世纪80年代末）之前的几十年里，无数旨在解决术语学理论与实践的具体问题的论文，如同雨后春笋般破土而出。然而，理论界却一直缺少一部把这些理论知识归纳在一起的书。1984年，联合国教科文组织与国际术语信息中心携手合作，共同出版了一部《术语学手册》（*Terminology Manual*），这部书的出版使术语学实践工作变得容易了许多。这部书致力实现的目标，一方面是为与概念有关的术语工作实践提供理论指导，另一方面则是介绍术语学的基础性原则学说——这是这部书的重点之一。诚然，它也包含了对与语言符号有关的术语工作的探讨，而这方面的工作是以语言学和词典编纂学基础为立足点的。这部《术语学手册》所做出的历史性贡献体现为：它有利于帮助人们更好地理解基于两种不同出发点的术语工作——从概念出发所进行的术语工作以及从语言符号出发所进行的术语工作——之间的差异和共同点。将这两种出发点实现一体化，则有利于帮助人们解决专业交流和知识秩序整理工作中所出现的问题。

在呈现于读者面前的这部书中，第 1 部分对后面内容里将要用到的重要概念进行了解释。

第 2 部分着重对术语学进行描述——对这门学科的出现及其与其他学科之间的关系进行了阐述，并对术语学传统学派以及 20 世纪 90 年代之前的术语学基础性研究做了介绍。

第 3 部分是本书的核心。这一部分介绍了普通术语学和术语编纂学的基础性原则和方法。颇有些遗憾的是：具有专业特殊性且内容广泛的术语学原则学说，在这里未能加以展开。究其原因，主要是此书在撰写时尚缺乏与上述方面相关的详细数据。

第 4 部分阐述了术语工作所涉及的方方面面。

第 5 部分介绍了术语活动及其世界性协调工作的概况。

在此，笔者诚挚感谢国际术语信息中心主任克里斯蒂安·加林斯基（Christian Galinski）先生，感谢他对本书的付梓成书所提供的各种帮助，同时也感谢每一位参与此书稿加工工作的人们，特别是舍恩塞娜（Schernthaner）女士、克劳特（Krauter）女士、林德奎斯特（Lindquist）女士和塔勒尔（Thaller）女士。

祝愿这部书能为术语问题更有效的解决以及为术语学和术语编纂学基本原则的应用提供相关的知识和方法。从这个意义上讲，笔者由衷希望这部书的出版能为支持国际术语信息中心的工作做出应有的贡献。

赫尔穆特·费尔伯（Helmut Felber）

格哈德·布丁（Gerhard Budin）

维也纳，1989 年 3 月

目 录

1. 术语学的基本原则学说和术语工作的基本概念的解释

1.1 术语学理论、术语科学和术语工作

（1）术语学（Terminologiewissenschaft）；术语学理论（Terminologielehre）：研究术语（49）的基础性问题，即：研究概念（17）、概念符号（31）及其系统的科学。

（2）普通术语学（Allgemeine Terminologielehre）：术语学理论（1），它形成了一门跨语言科学、逻辑学、信息学和各门具体科学（Sachwissenschaften）的边缘科学，尤其侧重对普通术语学基本原则和方法的基础性研究。

（3）特殊术语学（Spezielle Terminologielehre）：术语学理论（1），它侧重对个别专业领域或者个别语言的术语学原则和方法的基础性研究。

例子：有关医学或者英语语言的特殊术语学。

（4）术语学原则学说（terminologische Grundsatzlehre）：研究制定术语学基本原则和方法的学说。

（5）普通术语学原则学说（allgemeine terminologische Grundsatzlehre）：拟定普通的术语学基本原则和方法的学说，它适用于所有的专业领域和多种语言。

（6）特殊术语学原则学说（spezielle terminologische Grundsatzlehre）：拟定特殊的术语学基本原则和方法的学说，它适用于个别的专业领域或者个别语言。

例子：植物学、医学等专业的术语学基本原则；德语、英语等语言的术语学基本原则。

1.2 对象

（7）对象：来自现实的一个片段，它由一个特性集合组成。

（8）具体对象：对象（7），它由一个开放（无限）的特性集合组成。它由一个个体概念（18）代表。亦称：个体对象。

（9）抽象对象：对象（7），它由一个具体对象（8）特性的一部分集合或者若干个具体对象（8）特性的某一相同部分集合组成，再或者由一个观念 / 思想对象特性的一部分集合组成。它可以由一个概念（17）代表。

（10）形式对象（Formalgegenstand）：从一个确定的专业角度所考察的抽象对

象（9）。

（11）整体（Ganzes）：对象的总体，它描述部分。

（12）本体关系；对象关系：对象的时间或者空间关系。

（13）本体系统；对象系统：通过本体关系连接的对象。

（14）存在系统（Bestandssystem）：本体系统（13），它是由一些对象通过整体－部分关系连接在一起而构成的。

（15）组成部分描述（Bestandsbeschreibung）：对属于一个组成部分的对象（7）的陈述 / 说明。

1.3 概念

（16）思维单元（Denkeinheit）：思想产物，它在思维中代表着一个对象。

（17）概念：思维单元（16），它对应于一个抽象对象（9），并在思维中代表着这个对象。

注释：概念由一个特征集合组成，这些特征与一个对象集合的同一类特性相对应。

（18）个体概念：思维单元（16），它对应于一个具体对象（8），并在思维中代表着这个对象。

注释：个体概念由一个特征集合组成，这些特征对应于一个具体对象的特性。

（19）特征概念：思维单元（16），它对应于一个对象的一个特性，并在思维中代表着这个特性。

（20）特征种类：由特征概念（19）集合而成的大概念。

（21）概念内涵：概念特征的总体。

（22）概念外延：所有小概念的总体，它们处于相同的抽象水平（层次）上。

注释：与此相区别的类（种类）（Klasse）——所有对象的总体，这些对象都属于一个概念。

（23）概念关系；逻辑关系：一个概念集合的概念内涵具有相似性。

（24）概念系统；逻辑系统：概念集合，这些概念基于它们的概念关系而被连接起来。

（25）概念描述：概念内涵（21）的描述或者概念外延（22）的描述。

（26）定义：借助于说明概念内涵（21）的特征——它们与一个概念系统发生联系——而进行的概念描述（25）。亦称：概念规定（Begriffsbestimmung）。

（27）概念解释：借助于说明概念内涵（21）的特征而进行的概念描述（25）。但这些特征不与概念系统存在依赖关系。

不是：定义。

1.4 符号

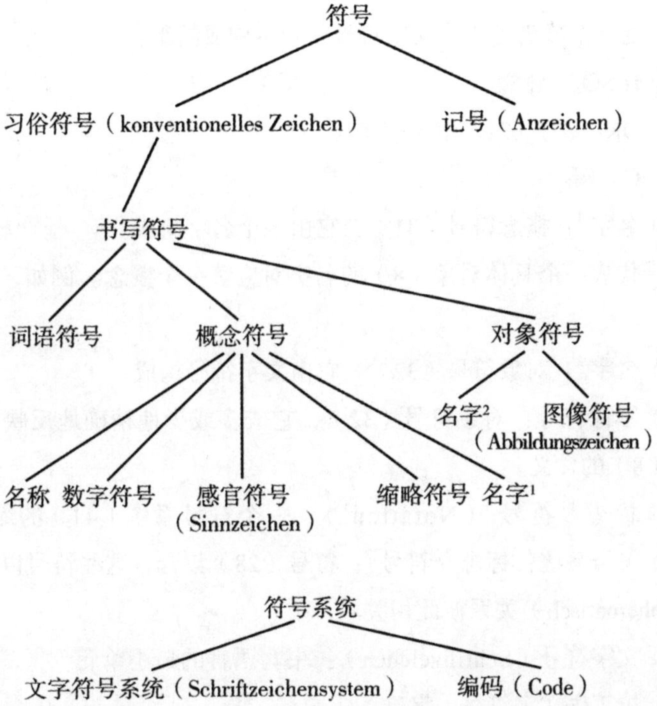

（28）符号：对象，它与另一个对象或者概念持久地相对应，从而使它在交流中代表着这个对象或者概念。

（29）书写符号：习俗符号，它是人类在书写、绘画、雕刻、印刷、对人进行组合排列、对苗圃中的植物进行排列等实践中出现的。书写符号指的是：文字符号、音乐中的音符、词语符号、缩略符号、感官符号、图像符号（Abbildungszeichen）等等。

（30）词语符号：书写符号（29），它具有一个或者若干个含义。

（31）概念符号：书写符号（29），它与一个或者若干个概念持久地相对应。

（32）对象符号：书写符号（29），它与一个具体对象相对应。

（33）名称：概念符号（31），它由一个或者若干个文字符号系列

（Schriftzeichenfolgen）组成。

（34）数字符号：概念符号（31），它由数字组成。

（35）感官符号；象征（Symbol）：概念符号（31），它既不是文字符号（42），也不是数字，并且是在没有音标符号（Lautzeichen）的情况下，与一个概念直接对应。

例子：~交流电　♀女性

（36）缩略符号：概念符号（31），它是由缩写的名称或者带有数字或者感官符号（35）的一个或者若干个文字符号（42）构成的组合。

例子：H_2SO_4　硫酸

DK-数字 621.3 电子技术

C　碳

（37）名字[1]：概念符号（31），它由一个名字组成。

注释：代表一个具体对象（8）的名字对应着一个概念。例如，作为单位的瓦特（Watt）。

（38）名字[2]：对象符号（32），它由文字符号构成。

（39）图像符号：对象符号（32），它或多或少地精确地反映了并表示着某个具体对象（8）的含义。

（40）标志[1]/符号[1]（Notation[1]）：一个符号系统（41）的缩略符号（36）。

（41）符号系统；标志[2]/符号[2]：符号（28）集合，这些符号以概念上的和字位学的（graphematisch）关系彼此相关。

（42）文字符号（Schriftzeichen）：书写语言的最小单元。

例子：拉丁语文字符号（字母）

阿拉伯语文字符号

汉语文字符号

（43）编码：符号系统（41），它将另一个系统与一个人们已经熟知的符号系统相对应。也就是说，其出现的目的是缩小符号的储存量或者保密。

（44）文字符号系统：符号系统（41），它的要素由文字符号组成。

例子：拉丁文

阿拉伯文

汉字

1.5 主题

（45）主题：对象（7），它在文献中使用。

（46）主题符号：书写符号（29），它对应于一个主题（45）。它可以是一个词语符号（30）、一个名字[1]（37）、一个名字[2]（38）、一个概念符号（31）或者一个标志[1]（40）。

（47）主题关系：存在于概念（17）之间或者对象（7）之间的关系，或者存在于词语含义之间的关系，但这种关系是松散的。

例子：电力经济学>→发电站建设

（48）主题系统；主题分类：主题（45）集合，这些主题是在其主题关系（47）的基础上连接在一起的。

1.6 概念符号和概念的对应

（49）术语：经排列整理后的、与一个专业领域的概念（17）相对应的概念符号（31）。

（50）专业术语汇编（Nomenklatur）；概念符号系统：一个专业领域经排列整理后的概念（17）集合，带有与这些概念相对应的概念符号（31）。这些概念符号构成了一个名称系统（Benennungssystem）。

注释：为了与术语学的发展相适应，一些自然科学家对专业领域中的两种表示方法（Bezeichnungsweise）进行了区分——将个体对象命名（Benennung）称为Nomenklatur，而将概念标记（Bezeichnung）称为Terminologie。由此可以看出，对矿物或者动物进行分类时，并不把它们看成单个的对象，而把它们当作概念（Werner 1971）。因为，若非如此，人们就无法对水晶、昆虫、树木等事物进行抽象（概念化层面）的概括。

（51）单义性（Eindeutigkeit）：在概念符号（31）和概念（17）之间的对应关系中，一种说明 / 陈述中的概念符号只代表一个概念。

（52）单单义性（Eineindeutigkeit）：在概念符号（31）和概念（17）之间的对应关系中，一个概念符号只对应于一个概念，并且这个概念只对应于这个概念符号。

（53）多义性（Mehrdeutigkeit）；多概念性（Mehrbegrifflichkeit）：在概念符号（31）和概念（17）之间的对应关系中，不同的概念对应于同一个概念符号。

（54）同音（同形）异义（现象）（Homonymie）：在多概念性（53）的情况下，不同且相互独立的概念（17）对应于同一个概念符号（31）。

（55）（一词）多义现象（Polysemie）：在多概念性（53）的情况下，不同但相互依赖的概念（17）对应于同一个概念符号（31）。

（56）同义现象（Synonymie）：在概念符号（31）和概念（17）相互对应的情况下，两个或者若干个概念符号对应于同一个概念。

1.7 术语编纂

（57）术语编纂学：有关术语编纂数据（58）的收集、汇编、储存和描述的理论与实践。

（58）术语编纂数据：术语数据（59）以及与这些数据相匹配的辅助信息。

（59）术语数据：与某个概念（17）有关的数据。

（60）术语编纂数据集：带有或者不带有辅助信息的术语数据（59）集。它不对数据的情况进行描述或说明，也不对数据载体的情况进行陈述。

（61）系统化专业词典：术语编纂数据集（60），其中与概念（17）有对应关系的记录或者对象（7），是以实物 / 专业顺序（Sachfolge）进行排列的。

（62）文献数据汇编（Dokumentationsthesaurus）：术语编纂数据集（60），其中给出了主题关系（47）以及使用优选主题符号的提示说明。

（63）记录：术语编纂数据集（60）的最小独立单元，在确定的编排和描述中，它包含术语编纂数据（58）。

1.8 术语工作

（64）术语工作：在“是 – 状态”（Ist-Zustand）的术语调查统计数据中，或者在“应该 – 状态”（Soll-Zustand）的术语（术语专业工作）拟定中，旨在对基本原则进行协调（术语原则制定工作）或者应用这些原则的活动。

（65）术语原则制定工作：术语工作（64），此工作旨在为确定的目标制定出术语学的原则学说，例如确定标准。

（66）术语专业工作：术语工作（64），具体包括：

①对“是 – 状态”下的概念和概念符号的对应关系进行收集和整理，并对概念描述、组成部分描述以及术语关系（概念关系或者存在关系），也就是对术语数据进行收集和整理；

②对术语系统（概念系统或者存在系统）进行调查、构建和／或者规定；

③对“应该 – 状态”下的概念和概念符号的对应关系进行调查、构建和／或者规定；

④对概念描述和组成部分描述进行调查、构建和／或者规定；

⑤对术语专业工作中所获得的术语数据进行记录。

除此之外，在多语种的术语专业工作中，还有以下补充：

⑥要对不同语言中的概念或者组成部分、概念描述或者组成部分描述、概念系统或者存在系统进行比较和／或者协调适应。另外，还包括对概念或者组成部分（对象集合）的对应程度进行调查，以及对不同语言中等效的概念符号进行调查。

以上第②、③、④、⑥点与真正意义上的术语专业工作有关，第①和第⑤点则与术语编纂有关。

（67）确定的（feststellende）术语工作：术语专业工作（66），在此，对现存的概念和概念符号的对应关系，以及现存的概念关系加以证实或者将其记录下来。

（68）术语系统化工作：术语专业工作（66），在已证实的术语关系的基础上，对术语系统（概念系统或者存在系统）和（可能需要的）概念符号系统进行开发。

（69）术语统一：术语专业工作（66），在此，通过术语工作原则的应用，产生统一的术语。

（70）术语规范化；规定的术语工作：在某个专业领域里由某个术语委员会所开展的术语统一协调工作，并通过某个专业权威机构（例如科学院、国际专业组织）对这些术语进行认可，再将这些术语作为可协调的推荐标准加以公布。

（71）术语标准化：通过一个标准化组织的专业标准化委员会（或者多个标准化委员会）的工作，对概念和概念符号的“应该 – 对应”（Soll-Zuordnung）关系以及概念或者组成部分进行描述，对术语关系和术语系统进行规定，并对某个专业领域的术语（或者多个专业领域的术语）进行协调统一，最后，将这些术语作为“应该 – 标准”（Soll-Norm），或者通过官方的一个或者多个专业委员会的工作，将这些术语作为“必须 – 标准”（Muß-Norm）（法律 / 法则）予以公布。

1.9 用连续数字提示与前文对应的名称表，按德语字母顺序排列

2. 术语学

2.0 概论

早在19世纪，在一些专业领域里，集体协作性的术语工作就已如火如荼地开展起来了。这种术语工作的燎原之势，也必然促使着人们要为这些领域的名称构成制定出相应的基本原则和必要的规则。于是，借助国际命名原则，人们为植物、动物、化学、医药等领域顺利地制定了拉丁文的命名构成原则。特殊术语学也肩负着同样的使命。20世纪初，随着标准化工作的蓬勃发展，人们开始发现，仅仅依靠确定单个的名称和对个别概念进行描述，是无法产生标准化工作所需要的统一的术语的。所谓的标准化工作是这样一种活动——它主要为自然科学、技术和经济领域提供一种解决问题的可重复使用的办法。就这一点而言，标准化工作与知识的固定和知识的传递密切相关，而在这个过程中，就概念内涵的传递而言，追求精确性则是必不可少的。所以，如果不对概念进行规定（Begriffsfestlegung），而想要对事物进行标准化（Sachnormung），则是根本不可能实现的事情（Wüster 1970a）。这种情形也就迫使人们产生了这样的共识：构建统一的术语是十分必要的。在科学领域里，人们深切体会到，为个别学科制定出它们所需要的特殊性原则有迫切需要，同时，人们也认识到，普遍性的术语原则也需要进行标准化，以便让这些原则能够同时适用于所有的（或者至少是很多的）专业领域以及大多数的语言。随着时代的发展，这种需求的迫切性与日俱增。诚然，在基本原则能够出台之前，人们必须先对大量的个别情况进行考察——这就是归纳法。只有这样，人们才可能从个别情况中归纳出统一的规范。于是，普通术语学原则学说（allgemeine terminologische Grundsatzlehre）随之诞生。在这个新兴领域中的先驱性工作，应该要数国际电工委员会（die Internationale Elektrotechnische Kommission， IEC）的成立，以及在一位奥地利的科学家、工业家和工程师——欧根·维斯特（Eugen Wüster）的领导下所开展起来的术语标准化工作。早在1906年，国际电工委员会就已经开始了集体性的术语工作（Tunbridge 1983）。然而，只有维斯特的基础性研究——他在1931年发表了术语工作的研究成果（Wüster 1970b），才真正奠定了普通术语学原则学说的理论基础，这也促成了国际术语原则制定工作的产生（见本书4.4.2.1）。

20世纪30年代，对术语原则的研究不仅出现在德国和奥地利，在捷克斯洛伐克和苏联[①]的国土上也开展了起来。第二次世界大战期间，这项研究中断。1952年，在维斯特的领导下，国际标准化组织（ISO）才继续进行术语原则的制定工作。

这种术语原则制定工作具体表现为：在维斯特及其同事的努力下，国际标准化组织第37分委员会（ISO/TC 37）秘书处开展了内容广泛的术语工作原则的研究。与此同时，20世纪60年代，全世界许多国家从语言学的角度也开始了术语的基础性研究，这项研究的主力军是语言研究者、语言教师和翻译工作者等。这项基础性研究的起点，则是应用语言学和专业语言研究（Hoffmann 1976）。20世纪60年代末，人们曾开展过一项术语工作的基础性研究，但它超越了基础性研究所设立的目标，其结果便是一门独立学科——术语学（Terminologiewissenschaft）的诞生。

2.1 思维和语言

为了理解术语学的发展及其在今天[②]的状况，先了解一下历代哲学家以及具体专业的研究者和语言研究者们对术语所持的看法，这对我们回答思维和语言的问题也很重要。

比较极端的观点是：

（1）没有词语就不可能有思维；

（2）思维独立于语言而存在。

持上述极端观点（1）的代表人物有著名的语言研究者和东方学家马克斯·米勒（Max Müller）（Hadamard 1944：67）。今天的许多语言学家也对这种见解颇为赞同，即：没有语言，思维就不可能存在。

许多研究自然的学者、科学家和技术人员则是持第（2）种极端观点的代表人物。他们从自己身为研究者、发明者或者设计者的经验出发——首先使用思想产物（Gedankengebilden）（概念）在概念层次上运作，然后在对象层次上使用语言符号对其进行描述。除此之外，还有许多持中间观点的哲学家，例如：洛克（Locke）、莱布尼茨（Leibniz）、康德（Kant）、叔本华（Schopenhauer）以及其他人。

直至今日，一种不良影响仍然存在着，即：希腊人从一开始就只使用词语logos（罗格斯）表示“思想”（Gedanke）和“词语”（Wort），直到后来，他们才通过修饰语/形容语（Epitheta）来对这两种含义进行区分。在英语语言里，在今天人们

① 原著出版于1989年。就在原著问世不久之后，东欧剧变、苏联解体，原著中所涉及的国家如苏联、联邦德国、民主德国、捷克斯洛伐克等在三十多年后的2020年已经有了新的存在方式，同理，原著中提到的一些机构也发生了许多变化，在今天可能已经不复存在或改变了名称。译者采纳了原著作者之一布丁教授的建议，在译著中直接采用国家及机构在原著出版时所用的名称。读者在阅读译著时，对于其中涉及的国家、机构、地图等，应以自身所处时代的实际情况为准。——译者注

② 指20世纪80年代末。后同。——译者注

还在使用 term 来代表“概念”（Begriff）和“名称”（Benennung）。这种不良影响就造成：在很长的历史时期内，人们未能把思维学说（Denklehre）[逻辑学（Logik）] 和语言学说（Sprachlehre）清晰地分离开来。然而，人们必须在概念符号、概念（诸如此类）以及概念对象之间做出区分。

依据对“思维”的界定和对“语言”的界定，它们之间的关系也自然得到了区分。

在这种理论背景下，术语学基础性研究也就得出了两种不同的思维方法，在实践中也产生了形成术语的不同通道：

（1）从具体科学（Sachwissenschaft）角度上看，思维和语言被进一步地分离了（见本书 2.3.1）。

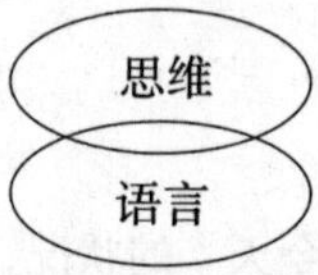

（2）从语言学角度上看，思维在语言中，两者整合成了一体（见本书 2.3.2）。

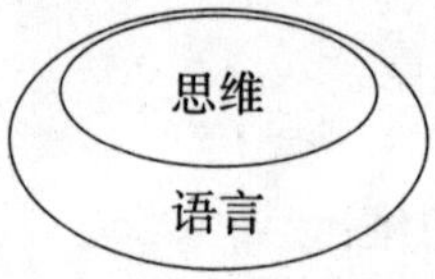

上述这两种思维方式有其科学和实践性的后果。思维方式（1）导致一个跨学科的专业领域的产生；思维方式（2）则导致应用语言学一个分支的形成，其中，术语成了标准语言词汇（gemeinsprachliche Wortschatz）的专业语言词汇的下属领域，说得更深入一些——术语成了标准语言的亚语言。

从具体科学的角度，人们能够得出下面的关系：

心理学	逻辑学	思维层次	语言层次
认识类型	认识论	对象概念	概念符号
心理结构 / 思维方式	形式逻辑	逻辑句子或者与语言相关的句子	说明 / 陈述（主语 + 谓语）

2.2 术语学的出现

早在 19 世纪，涉及术语科学的基本原则学说就已经产生了，然而，直到 20 世纪 70 年代伊始，术语学才逐渐形成。术语学的基础性研究通常是从研究术语的基本问题入手的。术语科学理论的发展凝聚了一大批学者的智慧，他们卓越的理论贡献永载史册。

布兰德（V. Brand）是术语学布拉格学派的代表之一，他在1966年发表的名为《作为独立科学的专业术语学》（“Fachterminologie als selbständige Wissenschaft”）的论文中阐述了其有关术语学的思想。下面是一段摘录，他概略地叙述了当时的情况，在此加以复述。

（Brand 1966：15，3f）

专业信息构成了语言传播的绝大部分，它是与专业术语的知识密切联系的。科学术语有着头等重要的意义，而且它们形成了词语量的大多数。作为词语的术语有着双重特性：从形式方面来看，它可以归属语言学的范畴；但从内容方面来看，它则反映了科学概念的体系。因此，进行专业交流（传播）的研究，就要求人们除了具备语言知识之外，还要从事专业学习。然而，人们不能在普通语言学的范围内进行，而必须建立起一种专业术语学理论，并将它作为独立的科学学科来研究上述这些问题。

（……）

因为在这些领域当中，不仅科学和技术，国际关系也扮演着越来越重要的角色，科学技术术语起着越来越重要的作用。今天，人们不再把术语学看成一个单纯的附属性专业，或者仅仅把它作为一个人们只是对其稍有兴趣的，仅仅处于从属地位的辅助性科学来看待，也不再把它看成没有自身目标和研究方法的语言学的某个学科了。

现实世界要求人们对事物具有精确的分析方法和考察方法，因此——尽管有时人们也犹豫不决——这就使得人们把穿着应用语言学外衣的术语问题给挪到实际上是语言学的范畴里去了。为了满足专业翻译、国际会议以及针对特定主题的科学研讨会的需要，多种语言的翻译和口译工作首先变得供不应求，而在这些工作当中，专业信息、术语含义和术语翻译都起着至关重要的作用。

上述事实证明了，概念、术语（Terminus）和专业术语（Fachterminologie），根本就不像它们第一眼看上去的那样，像一件不具有专门学问的东西，好像不需要人们对它们进行研究，并且还进一步证实，这不仅仅涉及专业词典问题，为了编制专业词典——不管怎样，人们通常推测或者假设是这样的——检索（Recherche）是必不可少的，同时在这里，人们还碰到了词语含义方面的困难，这种困难不仅在不同的术语系统中存在，也在处理术语之间的相互关系时存在。这些情形也就同样呼唤一种独立的、具有专业特殊性的研究出现。

如果我们把概念术语完全一般性地理解为专业人员在其专业行话中使用的词语单元或者词语组合的话，那么，我们就不会感到惊讶：术语首先是科学家和发明家创造的；另外，有关术语和术语学的第一轮研究也是在一批非语言学家那里出现的；再有，那些对专业术语至少稍稍熟悉一些的人，也一定是在其研究领域里已经耕耘了一定年头的学科专家。学者科诺娃洛卡（J.D.Konovaloca）援引了术语学家乌斯片斯基（V.L.Uspenskij）的例子，乌斯片斯基为了给自己的研究工作收集数据而在一个制造飞机的工厂里工作了四年之久，他还补充说："也许这是许多理由中的一个——为什么研究专业词汇的语言学工作微乎其微。"对此，我想从我这一方面明确一下，那些在布拉格的土壤培植高等学校中负责外语教学的人们［指科曹雷克（Kocourek）教授和德罗兹德（L.Drozd）教授］，他们讲授农业专业领域的术语学，而且已经承担这项术语学研究工作六到八年了。

科曹雷克和德罗兹德这两位学者，就是术语学布拉格学派的优秀代表。科曹雷克在一所加拿大人办的大学里教书。德罗兹德则直到去世，一直在布拉格大学担任教授一职。

1969 年，苏联学者福蒂耶夫（A.M.Fotiev）在于莫斯科举行的，旨在讨论术语学在科学体系中所处位置的研讨会上，表述了自己将术语学看成独立的科学学科的思想（Fotiev 1969：46ff），其表述如下：

科学和技术概念的确定、表达和传递，可以通过定义、专业名称和符号（缩略符号）来实现，这些（定义、专业名称和符号）在总体上，可以称为理解手段（Verständigungsmittel）。这些手段是一切科学研究或者技术解决方案的有机组成部分，它们帮助我们把握科学技术问题及其连续性。随着概念的增加，专业名称的构建却落后了，这就造成了概念的非术语化（Nicht-Terminologisierung）。带有高度抽象的非术语化的概念经常出现，其中就包括了基础性的概念。

科学概念分类和基础性定义的错误、无系统和不正确的专业名称构成、名称使用的前后不一致和漫不经心，这些都是专业命名中发生许多错误的原因。不少定义和专业名称都有其结构性的缺陷，它们的各个组成部分之间也缺乏清晰的界限，更缺少稳定性。这些缺憾也就阻碍了作为科技语言基础的专业名称为科技语言成为推动科学和技术进步的工具而发挥其应有的作用。

上述这些非常重要而且具有现实性的问题却不能借助现有的、人们已经熟知的知识和方法来解决。因此，有必要构建一种构成专业名称和形成命名体系的理论，而且这种理论必须与实践中有待解决的问题相适应。

在今天，术语学理论和实践状况的不和谐还存在着：术语学研究和理论的构建，实际上并没有组织起来。

术语学的理论任务，在于合乎规律地弄清楚概念、定义和专业名称的构成，以及在不同方面应该如何去充分利用它们。术语学的实践任务，则是制定定义、专业名称和缩略符号的合理结构，以及确定它们之间的最佳关系。

作为一门独立科学学科，术语学包括涉及以下方面的知识总体：

——科学和技术概念，其本质、特征、体系和分类；

——作为确定概念方法的概念定义；

——专业名称，作为表达概念的自然语言的逻辑方法；

——符号（缩略符号）以及表达概念的其他方法。

（……）

理论化的术语学，必须指明概念体系所体现的基本原则，在分类和定义中确定概念所遵循的规则，以及说明带有专业名称结构和符号的概念的命名方法。

术语学尚处于自身发展的初始阶段，但是它已经从对概念以及理解手段进行收集和综合概括的阶段，转入探索和揭示其内在规律的阶段了。

1971 年，一次研讨会在莫斯科召开，其主题是科学语言、术语学以及信息科学所涉及的符号学问题。在这次研讨会上，有两位苏联学者表述了他们关于术语学的思想。以下是几段对其中一位学者哈尤廷（Hajutin）的思想的摘录。

哈尤廷在他的文章《术语工作中的不同方向》（“Die verschiedenen Richtung in der Terminologiearbeit”）（Hajutin 1971：320f）中论述道：

在近几年里，跟专业词语和专业词语系统有关的问题，已经引起了不同知识分支中的大量专家们——也就是哲学家们、逻辑学家们、语言学家们——的关注。针对人们各自不同的研究对象，一方面，与上述列举的各门学科相对应的术语学研究方向出现了，另一方面，对专业词语和专业词语体系的考察，现在已经孕育出了一门独立的术语科学。

在术语科学当中存在着这么一种方向，它肩负着这样的使命：去解决专业词语和专业词语体系中存在的普遍性问题。

（a）对专业词语及其主要特征进行确定；

（b）对专业词语系统中不同单元的抽象程度进行考察；

（c）对专业词语系统和专业术语汇编（Nomenklatur）之间的关系进行确定和划分；

（d）对在术语系统中得到概括的专业词语总体的特殊性——诸如此类，进行考察。

上述这种方向，可以表述成语言学中的逻辑学方向。沿着这个方向进行的探索，则不仅需要众多风格各异的语言学家们的合作，也需要逻辑学家们的参与。针对术语工作中的这个方向，我们建议保留 Terminologie [术语（总称）/ 术语学] 这个名称。而针对术语工作中的第二个方向，我们可以称之为“术语编纂（学）”（Terminographie），它主要探讨的是专业词语系统、“术语（总称）”、专业词语这三者相统一的范式方面的问题。

（……）

与此相对应，存在着一个术语学学科——它研究对所有的语言和学科都适用的普遍特性，它就是普通术语学。除此之外，“局部术语学”（Teil-Terminologie）——它研究个别语言的术语状况（Terminoklatur）（例如，俄语术语、英语术语等等）——不仅存在着，而且，“特殊术语学”（spezielle Terminologie）——它考察专门科学和个别学科（语言学、物理、地质等等）的术语状况——也建立了起来。

（……）

从以上讨论过的定义出发，同时兼顾我们已经探讨过的、作为一门科学的术语学研究对象的本质，我们可以得出结论：作为科学的术语学，根本就不能看成属于语言学范畴的一门学科（当今人们经常以为是这样）。

术语学这门科学，是一门跨语言学（语言的科学）的科学，是科学的科学[元科学（Meta-wissenschaft）依据对这个专业词语所确定的众所周知的含义]，是所有其他（具体）科学的边缘科学。

（……）

术语科学所面临的基本任务。

所有实践性术语工作的主要目标是：拟定科学性的术语汇编，并且尽量保持其最新的状态。然而，为了实现这个目标，则首先必须：

（1）找出某门学科专业术语总体（Terminoklatur）所具有的原则性的东西，确定其主要特性以及特殊属性，确定它与其他学科和语言要素的共同之处，或者它们的区别之处；

（2）研究不同学科和语言体系中术语的真实状况；

（3）拟定评估术语特性的基本原则，弄清它们的优、缺点，并以此探索术语状况的特点；在此允许人们对研究方向进行定位，以求对某门学科的专业术语总体进行完善；

（4）揭示术语发展的规律，并对其历史进行考察，查明造成其现状的基本因素。

在此同样允许人们进行多方尝试，以求找到对某门学科的专业术语总体进行完善的合理方法。

在今天，人们已经为处理术语工作所面临的任务做了许多事情。然而，对术语学中的许多基础性问题，人们研究得还不够，人们还没有找到明确清晰且经得起推敲的解决方案。

在 1971 年的莫斯科研讨会上，另一位苏联学者也同意把术语学的若干问题当成科学问题看待（Berger 1971：316ff）。他在专业词语的科学即“术语学”和某门学科的专业术语总体（他建议把后者称为 Terminoklatur）之间做了区分。他认为，术语学应该对作为“思想现实”（Wirklichkeit eines Gedankens）的专业词语的本质进行逻辑 – 哲学的一般性考察；或者，它应该为专业词语和专业词语体系模型的建立提供哲学 – 逻辑 – 语言学的基础。

维斯特首先于 1972 年在维也纳大学的一次演讲中，而后又在应用语言学第三届国际会议期间，提出了“普通术语学是跨语言科学、逻辑学、本体论、信息学以及各门具体科学的边缘科学”的思想（Wüster 1974a）。从 1972 年到 1974 年，他在维也纳大学语言学学院举办了“普通术语学和术语词典编纂导论”的讲座。这个讲座涵盖了术语学的基础性要素（Wüster 1979）。维斯特的前一部巨作《技术中的国际语言标准化》（*Internationale Sprachnormung in der Technik*）（Wüster 1970b）主要探讨的也是术语学的原则学说。维斯特的上述讲座以及其他著作，都为人们指明了通向术语学的光明之路（Wüster 1959/1960，1959，1969，1971a，1974a）。

许多其他学者也踏步走在通往术语学的大道上，例如：德罗兹德（1975a）、德罗兹德/塞比克（Seibicke）（1973）、维尔纳（Werner）（1971）、坎德拉基（Kandelaki）（1965，1970）、洛特（Lotte）（1961）、达尔贝格（Dahlberg）（1976）。在这里只提到了几位学者的名字。

在与概念相关的术语基础性研究催生出术语学的同时，与语言符号相关的术语基础性研究，也（仅是间接地）经过语言学而汇入术语学的洪流中来。前者（与概念相关的术语基础性研究）构成了术语学原则学说，它同时奠定了实践性系统化术语工作的科学基础；而后者（与语言符号相关的术语基础性研究）则为专业语言研究和专业语言课程提供了基础（Hoffmann 1976）。

2.3 术语基础性研究

综上所述，在本质上，术语基础性研究可以划分为两个基本方向：

（1）与概念相关的术语基础性研究；

（2）与语言符号相关的术语基础性研究。

两者都是术语学的一部分，后者是经由应用语言学而融入术语学中的。

2.3.1 与概念相关的基础性研究

与概念相关的基础性研究是植根于不同专业领域的知识土壤之中的，而且，这些专业知识又是与这个基础性研究的目标相适应的。从本质上说，在这里，人们就已经涉及对象、概念、符号概念和符号这四个部分以及它们之间的关系问题了。上述思想可以借助维斯特的认识理论模型加以阐述。那么，依据普通术语学思想，专业领域究竟有哪些方面成为这个基础性研究的组成部分呢？下面就针对这个问题展开阐述。

2.3.1.1 维斯特的认识理论模型

对象、概念、符号概念和符号这四个部分，是构成普通术语学的基本支柱。维斯特（1959/1960）在一个认识理论模型中描述了对象、概念、符号概念和符号之间的关系，他的这个模型是依据三部分词语模型发展起来的，他称上面这个模型为“四部分词语模型”（Vierteiliges Wortmodell）。

自 1908 年以来，贡珀茨（Gomperz）、迪特里希（Dittrich）和奥格登（Ogden）等学者以及其他一些语言学家，曾采用三部分词语模型来阐述语音体（Lautkörper）、词语内涵、对象之间的关系（Wüster 1979）。

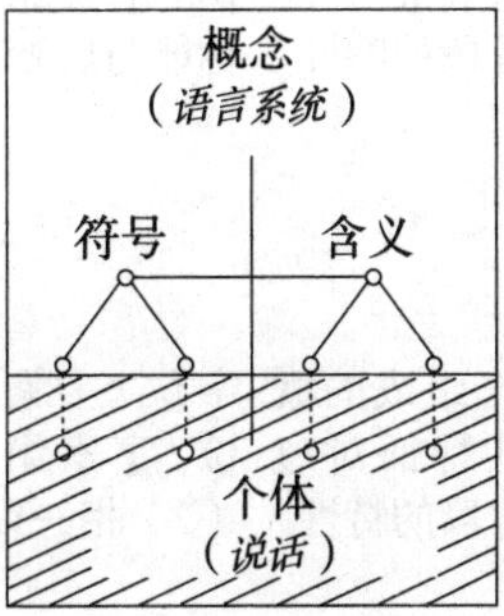

维斯特（1959/1960）对自己的“四部分词语模型”做了如下解释：

两个个体对象（在区域的右下方）概括成了一个普遍性概念（右上方）。另一个概念——例如一个语音概念或者一个文字符号概念（左上方）——作为符号对应这个概念。在说话时，例如，借助一个语音个体或者借助一个文字图形个体，这个符号一再生效而变为现实（左下方）；但每一次，都稍有变化。这幅示意图包含了四个区域。上面两个区域对应概念世界，它们描述了语言系统（langue）的一个片段；下面两个区域对应个体世界，它们在说话（parole）时才显露出来。

下文在一个矩阵里，对对象、概念、符号概念、符号之间的相互关系进行阐述。

2.3.1.1.1 对象、概念、符号概念、符号之间的相互关系

	对象	概念	符号概念	符号
（1）	具体的对象（特性的开放集合）	代表对象的个体概念（特征的开放集合）	字位/字素，或者字位/字素组，特征名称可以与后者对应	专有名称
（2）	具体的或者精神对象的集合A的同一片段；由一个特性集合组成，这些特性对于这些对象来说是相同的	由特征集合组成的概念a，这些特征对应同一对象片段的特性	字位/字素，或者字位/字素组，特征名称能与后者对应	可以是中立的、有理据的，或者系统化的概念符号
（3）	具体的或者精神对象的集合B的同一片段；由一个特性集合组成，这些特性对于这些对象来说是相同的	由特征集合组成的概念b，这些特征对应同一对象片段的特性	字位/字素，或者字位/字素组，它们与（2）相一致	与（2）一致的（即同音异义的）概念符号
（4）	具体对象C	由内在特征的总体组成的概念c	具体映像	所有特征的具体映像（例如照片）（实物符号）
（5）	具体对象C	由选择出的内在特征的总体组成的概念 c_1	抽象映像 c_2	选择出的特征的抽象映像 c_2，这些特征有助于识别出实体（körperlich）对象（图形符号）
（6）	由一个特性集合组成的精神对象D	由一个特征集合组成的概念d，这些特征对应于对象D的特性；概念d与c或 c_1 处于组合的关系中	抽象映像 c_2	抽象映像 c_2 的感官符号（图示符号的抽象性更强）

2.3.1.2 对象理论（本体论）

在哲学中，本体论研究的是客体对象和关于存在的问题。自柏拉图和亚里士多德以来，古希腊和古罗马的哲学家们大多研究客体对象的现实性问题，研究客体对象与理念和思维之间的关系问题。亚里士多德区分了两种类型的“理念－组合”

（Ideen-Assoziation），也就是：（1）立足于相似性的组合——这是一种抽象关系，以及（2）接触 / 邻近的组合（die Associationen der Kontiguität），即以时间和空间联系为依据的组合。

对于术语学基础性研究而言，一个“对象”是感官可觉察的、观念的或者可想象的现实的一个片段。一个人的思维所能指向的所有事物，则是逻辑学意义上的一个对象。

孩子在早期只与个体对象发生联系。因为对于孩子来说，每一个他感觉到的对象，就像一个确定的人那样，都是唯一的。个体对象指的是它的存在在时间上是确定的，它属于时间世界。例如，“在我窗前的这棵树”，或者“我在一个确定的瞬间感觉到的疼痛（肉体上的或者心灵上的）”（Wüster 1959/1960：184）。

从术语学理论角度上看，一个对象由我们的思维特征所对应的（对象的）特性组成，（这样理解）为的是让我们再一次识别出这个对象；或者，能够把它与其他对象放在一起进行排列或者让它们产生联系。这种对象关系，在空间上或者时间上可以是天然的。作为对象，它可以像一块土地那样，由部分组成或者被任意拆分。

对象之间的聚合或者在时间上产生的连续性，可以对应着本体系统中的对象关系加以解释，而且可以采用本体设计图加以描述。

如果从某个特定历史时刻（或者从某门学科的角度）进行考察，一个对象的所有特性（Eigenschaften）并不具有同等重要的意义。正是基于这种认识，人们自中世纪以来便在形式对象（Formalgegenstand）和物质对象（Materialgegenstand）之间进行了区分（Fischi 1952）。同一个物质对象可以有若干个或者许多个形式对象，这些形式对象则分别由不同的学科进行考察。

举例而言，地质学、采矿学、冶金学、化学、能量经济学等学科所考察的，则是物质对象“煤”的不同形式对象。这对于区分概念分类和对象分类具有特殊的意义（见本书 2.3.1.3.1.3）。

2.3.1.3 逻辑

对术语学理论而言，属于逻辑学范畴的概念学说、认识学说和方法论具有极为重要的意义。

2.3.1.3.1 概念学说

概念学说是术语学理论的核心部分，它也构成了专业领域中与概念打交道的术语工作的基础。人类处于感官可觉察的（具体的）对象或者观念性对象的包围之中，人类根据这些对象创造了自已的思想产物（Gedankengebilde），在人类的思维中，这些思想产物就代表着这些对象。人类为了便于自己从事精神、科学、文化或者职业活动，就对这些思想产物做了严格的界定（对其进行了定义），于是专业概念相应而生。在日常生活的交流中，人们也谈到概念。但这一类的思想产物，在不同的人那里会稍有差异。在这种情况下，这些思想产物就涉及这些概念的特征复合体（Merkmalkomplexe）问题，它们只与相同的语言符号相连接，并且构成了这个语言符号的含义（Schulze 1978）。与概念学说考察专业概念的本质相对，心理学和语义学研究的“概念”，则是日常生活中的“概念”。

在概念和含义之间，有必要做一下区分（Langner 1985：82）：

——含义（Bedeutungen）在语言发展中出现，它们与某门确定的语言相结合；

——概念在独立于某门确定的语言的认识过程中产生，作为思维的范畴，它们是跨语言的；

——含义在大多数情况下是多义的，而概念一直是单义的；

——含义常常包括评估性的、情绪化的和表示意愿的成分，而概念通常只包含理性的因素；

——含义是语言学考察的对象，而概念是逻辑学和认识论考察的对象。

2.3.1.3.1.1 概念

人们如果想知道概念的本质是什么，以及历代哲学家们对概念是怎么理解的，则可以在古希腊哲学家那里找到源头（Horn 1932；Schwarz 1983）。古希腊人使用同一种语言符号——logos（罗格斯）来表达词语和思想。这样做的后果就是——在很长的时间里，人们把语言学理论（Sprachlehre）纳入逻辑学范畴里去了。

维斯特（1959/1960：184）曾对概念构成做过以下阐述：

> 概念：孩子就已经能够记得住一个个体对象了，即使他不再在场。这样的一种记忆，如果就像一种感觉那样，带有直观的形状、（绚丽的）颜色等印象，那么它就是一种“想象”。这种记忆如果与此相反，不是直观的，只是记录下尽可能多的、为确认这个个体（individuum）所必需的本质，那

么这种记忆就包含了一种“概念”。一个个体的概念，就是一个“个体概念”。这样的个体概念，指的便是例如“拿破仑”或者“我的自来水笔”这样的概念。

正在成长的孩子很快就能注意到，（在他的周围）存在着若干个个体对象——例如苹果，它们“很相似而且容易混淆”，而且，大人们还用同一种名字来称呼它们。孩子学到这些对象的个体概念，则是因为他在思想中把每个概念自身的非直观性给“熔化”了——把这些概念的不同特征略去了。

20世纪中叶，有一批术语学研究者（及组织）对概念颇有研究，其中就有维斯特（1959/1960，1979）、洛特（Lotte）（1961）、科曹雷克（Kocourek）（1965）、阿曼诺娃（Ahmanova）（1966）、国际标准化组织（ISO）、卡纳德拉基（Kanadelaki）（1970）、德罗兹德（Drozd/Seibicke）（1973）和达尔贝格（Dahlberg）（1976）。在解释概念是什么的过程中，不同的人的观点之间自然存在着共同点和差异（Schulze 1978）。

维斯特（1979：7）对“概念”这一概念做过以下描述：

一个概念——这里撇开个体概念不谈，它是一种共同的事物，是人们为大多数对象确定的。人们把它当作实现思想理解（领悟）（Begreifen）的手段，故而，人们利用它来实现增进相互理解的目的。

因而，概念是一种思维要素。在分析一个概念时作为个别特征而确定下来的内容，在整体上，人们称之为“概念内涵”（Begriffsinhalt）。从这一点上看，概念是与其概念内涵相符合的。

为了确认和固定（fixieren）一个概念，名称或者符号是必不可少的。如果反过来，人们想从符号出发去思考概念，那么，概念就称为“符号的含义”（Bedeutung）或者“符号的意义”（Sinn）。

为了编订国际标准化组织的术语学理论词典（ISO-Wörterbuch der Terminologielehre），苏联（ISO 1956：5）方面曾建议对概念做如下解释：

……思想，借助于它，对象普遍和本质性的特征以及客观现实的现象得到了表达。（由俄文翻译而来）

布拉格学派的代表人物科曹雷克（1965：17f）则是这样解释概念的：

> 我们认为，在标准语言（gemeinsprachlich）意义上并且具有科学性的概念是一种理性的复制，是对对象的一种想象。

学者达尔贝格（1976，1985）建议对概念做如下解释：

> 借助一种名称（Bezeichnung）所固定的，对一个对象所做的恰当陈述所进行的概括（综合）（1976：88）。
>
> 知识单元，它以一种语言形式对针对某个所选对象所做的可复查的且必要的说明进行了归纳。（1985：140）

ISO-1087（ISO 1969a：8）推荐版则对概念做了下面的解释：

> 每一个思维单元，它通过一种名称（Benennung）、一种字母符号或者其他符号而表达出来。概念是个体对象的思想代表。一个概念可以单独代表一个个体对象，或者借助抽象化过程将一个对象集合包含进来，这个集合里的对象都具有某些确定的共同特性。
>
> 概念不仅可以是生物或者事物在人们思想里的思维代表（借助名词进行表达），从广泛的意义上看，它们也可以是某些特性的代表（借助形容词或者名词表达）、行为的代表（借助动词或者名词表达），甚至是地点、位置或者关系的代表（借助副词、介词、连词或者名词来表达）。（由英文翻译而来）

心理学家也研究概念的本质（Hoffmann 1986）。然而，他们的研究方法对于术语学而言则不太重要，因为心理学家的研究涉及的大都是日常生活中的概念。

2.3.1.3.1.2　特征

特征概念（Merkmalbegriff）是确认和描述对象以及对概念进行整理时不可或缺的基本要素。对象具有特性，在人类的认知行为中，对象的这些特性与特征概念相对应，而特征概念则构成了概念内涵的要素。苏联学者达尔贝格（1976：87）曾在谈论对象问题时，对上述问题做过恰当的阐述。术语学将（概念）特征（Merkmale）划分为性质特征（例如形状、大小、颜色等）和关系特征（这些特征形成了某个对象与其他对象之间的关系）。关系特征可以细分为应用特征（Anwendungsmerkmale）（例如用途、作用原理等）和来源特征（Herkunftsmerkmale）（例如生产者、发明者、来源产地等）（Wüster 1979：14）。

苏联学者[其中有列福尔马茨基（Reformatski）（1961）、坎德拉基（1970）、达尔贝格（1976）以及其他学者]则采纳了古希腊哲学家（亚里士多德）使用过的划分方法——他们将特征划分为本质特征和非本质特征。实际上，人们只在对某个形式对象与物质对象进行比较时才谈本质特征，而且它只针对个体概念而存在；跟与物质对象的特性相对应的（概念）特征相比，那与形式对象的特性相对应的特征则更为本质。但在普遍性概念（Allgemeinbegriff）情况下，人们则不能去谈本质特征（见前文维斯特所做的概念描述）——这些学者只是原封不动地把亚里士多德的理念照搬过来了。

人们依据特征（Merkmale）在概念之间建立了联系。

同一个对象可以生成不同的概念。正如我们所看到的，生成的概念取决于人们进行考察的方法（对对象特征的选择）。但是，即使采用同一种考察方法，概念也可能具有不同的内涵——这就要看这个内涵接纳了（这样或者那样的）哪些特征了。在此需要注意的是，在概念的内涵中，详细特征（eingehende Merkmale）是起决定性作用的（根本性的）因素。也就是说，（概念的）特征并不是等效的。举例而言，下面罗列了“圆圈”的特性及其关系，并在此描述了其等效的特征：

（1）水平、封闭的线，线上所有的点到平面上的一点都等距离；（2）两个球面的相交面；（3）一个球面和一个平面的相交面；（4）曲率到处相等的封闭的线；（5）从圆上所有点出发，向直径的两个端点分别拉伸的直线形成了直角。

此外，（概念）特征还可能依赖于概念的等级。在此，可以为“特征的等级依赖性”举一个例子——用橡树制成的桌子，就对用木头制成的桌子具有阶梯依赖性。

概念的特征是打开“概念”这把锁的钥匙。特征本身就是概念。不同的特征结合成特征复合体，它们又以定义的形式揭示了概念的本质。特征作为概念的要素，构成了进行概念比较和进行概念排列的砖瓦。概念的特征是知识体系、知识秩序（知识整理）和科学世界观（Weltbilder）的组成要素。

2.3.1.3.1.3 概念系统

如果设想人类是以结构化的形式储存知识的，那么知识就是以概念相似性，或者以概念所代表的对象的空间相邻关系，或者以时间相继关系为基础，而被人类吸收的。因此，在心理学上，人们称之为“网络化思维”。

神经科学家以及在认识论领域中从事理论研究的人们，已经令人信服地证明了下面这个事实（Haugeland 1981）：人类的思维是在概念系统（以等级化的结构）中对信息进行加工的。正如我们前面谈过的，一个对象可以由不同的概念来代表。例如“铁”这个对象，它在结晶学中借助一个晶体栅（ein Kristallgitter）得到了定义；而在化学中，它借助元素Fe键合成不同的化合物而得到定义；在材料学中，在对“铁”进行定义时，它作为材料的学科地位被突出强调；等等。上述探讨的一直都是不同的概念，尽管它们涉及的是同一个对象。上述事实也就合乎逻辑地为概念系统或者文献分类系统的建立提供了理论依据。

某个概念可以只属于一个概念系统，但这个概念所代表的那个对象，却可以与若干概念系统发生联系。遗憾的是，分类学研究者们常常将这种情况忽略了。人们万不可将概念和对象混为一谈。由某个个体对象（出发）可以形成不同抽象水平上的概念，而且，这些概念可以属于不同的系统（Felber 1986）。这一点可以通过以下内容得到说明。

个体对象集合

G_{01}	a	b	c	d_1	e	f	g	h_1	i_1……
G_{02}	a	b	c	d_2	e	f	g	h_2	i_2……
G_{03}	a	b	c	d	e	f	g	h	i……
G_{04}	a	b	c	d_4	e	f	g	h	i_4……
G_{05}	a	b	c	d_5	e	f	g	h_5	i_5……
G_{06}	a	b	c	d	e_6	f_6	g_6	h_6	i_6……
G_{07}	a	b	c	d	e_7	f_7	g_7	h_7	i_7……
G_{08}	a_8	b_8	c_8	d_8	e	f	g	h_8	i_8……
……									
G_{16}	a	b	c	d_{16}……					
……									
G_{yz}	a_{yz}	b_{yz}	c_{yz}……						

个体概念

$I_{01}=a+b+c+d_1+e+f+g+h_1$……

$I_{02}=a+b+c+d_2+e+f+g+h_2$……

……

$I_{yz}=a_{yz}+b_{yz}+c_{yz}$……

普遍性概念

$A_1=a+b+c$

$A_{11}=a+b+c+d$

$A_{111}=a+b+c+d+e_6$　　特征 e_6 和特征 e_7 必须有一个共同的大概念，

$A_{112}=a+b+c+d+e_7$　　这个大概念被称为特征种类（Merkmalart）。

……

$A_{12}=a+b+c+d_5$

……

$A_2=e+f+g$

$A_{21}=e+f+g+h$

$A_{211}=e+f+g+h+i_4$

……

$A_{22}=e+f+g+h_2$

……

概念系统 1

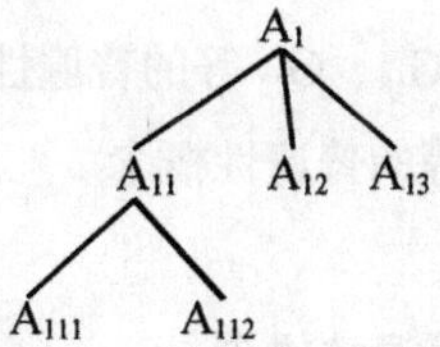

概念系统 2

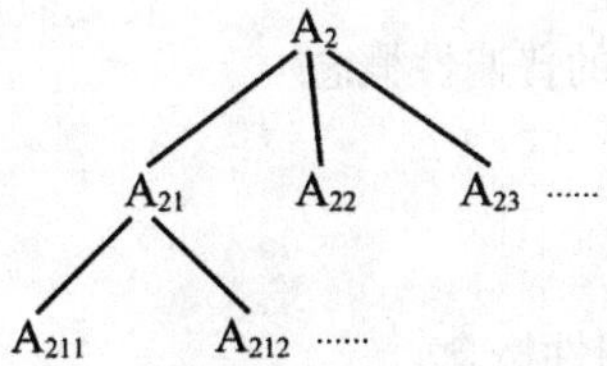

符号的解释

对象

G_{01}= 对象 1

G_{02}= 对象 2

……

G_{yz}= 对象 *yz*

个体概念

$I_{01}=G_{01}$ 的个体概念

$I_{02}=G_{02}$ 的个体概念

……

$I_{yz}=G_{yz}$ 的个体概念

特征

a_x，b_x，$c_x=G_x$ 的特征

a=G_{01}、G_{02}、G_{03}、G_{04}、G_{05} 等的共同概念

b=G_{01}、G_{02}、G_{03}、G_{04}、G_{05} 等的共同概念

……

$d_{01}=G_{01}$ 的特征

$d_{yz}=G_{yz}$ 的特征

普遍性概念

$A_1=G_{01}$、G_{02}、G_{04}、G_{16}、G_{18}、G_{22} 等的普遍性概念

$A_{11}=G_{03}$、G_{15}、G_{17}、G_{23} 等的普遍性概念

A_1 的小概念

$A_{111}=G_{06}$、G_{19}、G_{25} 等的普遍性概念

A_{11} 的小概念

$A_{112}=G_{07}$、G_{11}、G_{22} 等的普遍性概念

A_{11} 的小概念

……

$A_{12}=G_{05}$、G_{14} 等的普遍性概念

A_1 的小概念

……

A_2=G_{01}、G_{05}、G_{09}、G_{12} 等的普遍性概念

A_{21}=G_{02}、G_{03}、G_{13} 等的普遍性概念

A_2 的小概念

A_{211}=G_{04}、G_{11} 等的普遍性概念

A_{21} 的小概念

……

A_{22}=G_{02}、G_{10} 等的普遍性概念

……

由以上可知，一个概念只能属于一个概念系统，而概念所代表的那个对象却可以属于不同的概念系统。因此，举例而言，概念 A_1 在概念系统 1 中代表对象 G_{01}，概念 A_2 在概念系统 2 中也代表对象 G_{01}。

因此，在普遍性概念情况下，谈论本质特征或者必要特征等特征并不正确。那么，哪些特征对于概念 A_1 而言，哪些特征对于概念 A_2 而言，应该是本质的呢？概念 A_1 由对象 1 的特征 a、b、c 组成，而概念 A_2 由同一对象 1 的特征 e、f、g 组成（见上文）。

一个概念系统借助已定义的概念与标准语言的语义网（Semantisches Netze）区别开来。这对于知识系统和知识网络的构建来说则是不适用的。因为从逻辑运算方面来看，科学事实与语义网中没有经过严格界定的含义之间，不存在单义的联系。

2.3.1.3.1.4 概念内涵描述

正如我们已经知道的，概念借助特征集合——它们与对象的特性相对应——表达自身。也就是说，概念内涵是这个概念的特征总和。于是，对一个概念的界定是借助定义描述来实现的。在人类历史上，人们曾使用大量的方法，试图对概念进行描述和组织（Mönke 1978）。

然而，对于术语学而言，只有下列方法在描述概念时可以使用：

——概念描述 [见本书 1.3（25）]；

——定义 [见本书 1.3（26）]；

——概念解释 [见本书 1.3（27）]；

——外延确定（见本书 3.1.3.6.3）。

在此应该注意的是，从逻辑学上讲，对一个概念的描述算不上是句子，它只是

借助陈述并通过语言的形式进行表达。一个定义就是一个特征的复合体、一个数学公式，或者一个结构式、一个原子结构图，等等。另外，一个定义也可以采用描述特征的图形符号进行表达，这就如同人们在现代鉴定动植物的动物学和植物学书里所看到的那样，但这些书里的图画并不是对某个抽象特征的严格反映。

上述提到的是概念描述的几种形式。在不远的将来，它们会越来越多地在知识系统中存在。

正如我们在本书 2.3.1.3.1.3 中要看到的那样，在对概念内涵进行描述时，只允许选择那些不等效的特征。

带有特定内涵的概念定义——通过分析找到概念特征，然后全面地、有条理地对这个内涵进行阐述——可以有两种存在形式：

（1）列出这个概念尽可能全部的分析性特征（词典式定义）；

（2）对邻近的属（genus proximum）（最近的大概念）和概念具有区分性的种（differentia specifica）（种区分 = 限制特征）进行陈述（专业词典式定义）。

第（2）种定义形式的例子：

矩形：带有四个相等角的平行四边形。

平行四边形：两边相互平行的四边形。

四边形：由一条平面封闭的线组成的，带有四个角的几何形状。

第（1）种定义形式可以是这样：

矩形：由一条平面封闭的线组成的，带有四个角的几何形状，其每两条对边相互平行，且四个角相等。

2.3.1.3.2 陈述

陈述（Aussage）或者判断（Urteil）对于逻辑学而言意义重大。一个陈述就是一种句子符号（Bochenski 1954）。一个句子一直是由一个主语概念和一个谓语概念组成的。也就是说，句子由两个概念连接而成[亚里士多德，《思想的交织》（*Verflechtung von Gedanken*）]：句子是一种判断行为（Verstandesakt），借助句子，我们可以对两个概念的客观一致性进行肯定或者否定。对象世界的某种事态 / 实情（Sachverhalt）借助一个逻辑句子便可以表达出来，而且，这个逻辑句子对所有人都适用。但是，这个逻辑句子还要依据人们不同的语言和文化习惯转换成相应语言的句子，然后，借助人们各自语言的陈述形式在对象层面上表达出来（见本书 2.3.1.6）。把逻辑句子改造成语言句子，也就是采用某种语言并借助不同的陈述形式（使用不同的语法手段），让逻辑句子在语言层面上为大家所接受。

2.3.1.3.3 认识论（Erkenntnislehre）

对于哲学认识论而言，它不仅涉及概念和对象的对应关系，而且在更广泛的意义上，它也涉及人们能否认识“事物本身”（das Ding an sich）——它向我们表明它是个对象。历史上许多哲学家都对这个问题进行了孜孜不倦的探索。

术语学将视野锁定在实用认识论的范畴里。在这里说的是：以概念形式出现的对象代表物，应该帮助人们对这些对象进行鉴别和整理，而且，这些概念以思维的形式，阐明了对象世界中的各种联系。

2.3.1.3.4 方法论

作为逻辑学的一个分支，方法论是一种关于如何选择途径以达到科学目标的理论。术语学的目标是：通过对术语基本原则的研究和对术语工作的开展，为概念符号、概念描述、概念系统、术语数据集等的形成——旨在为构建统一的和系统化的术语服务——拟定出规则和模型。在此采用的是归纳法：在对个别性的研究中发现某种规律性，从而产生具有普遍性和特殊性的基本原则和方法以及模型。

2.3.1.4 符号学（Semiotik）

在术语学中，概念领域和符号领域（名称、标志等）是相互分开的。概念在感觉上难以察觉，为了便于人们交流，符号必须永久性地与概念对应。

在语言学中，人们把词语看成词语形式和词语内涵的统一。依据这种看法，许多以语言学为导向的术语研究者，就把名称看成词语或者词组与概念的统一。

在术语学中，某个概念符号（通常是一种词语形式，或者是一种词语要素形式的组合，或者是一种书写符号形式）对应某个概念，故而它是一种名称（Benennung）。某个已经存在的名称也可能与某个概念发生对应，以这种方式，这个名称可以与不止一个的概念相对应（名称借用）（Benennungsübertragung）。但这种情况的存在是有条件的，即：如果这里涉及的名称，是与另一个专业跨度较大的学科里的概念相对应的话。

维斯特（1959/1960：187）对符号和概念的对应做了如下描述：

可以通过指明一个相关的对象的方式去提示一位谈话伙伴某种个体概念（的存在），或者就此唤起他的意识——使他意识到，现在展示给他的只是一个替代对象（Ersatzgegenstand）。为了便于在人们之间进行相互交流和做到彼此理解，依据风俗习惯或者经过协调商定，人们规定采用这个替代对象去代表原始对象。这种替代对象，就是一个代表原始对象的“符号”。在根本上，人们只能借助符号去识别普遍性概念。因为人们无法指明这种概念。如果人们想指明某个普遍性概念的某个个体代表的话，那么，通过这种方式所获得的，只是这个特殊代表的个体概念。

维斯特对符号的本质进行过详细的研究，并且为符号的划分拟定了一个特征载体图。这张图超出了术语工作的需要（见本书 3.1.3.4.3.5.2）。

2.3.1.5 语言学

除了逻辑学以外，语言学对于术语学具有同样重要的意义。因此，有必要在这里再介绍几点维斯特的思想（1979：1ff）——这些是他对术语学和普通语言学（Wissenschaft von der Gemeinsprache）之间关系的论述：

普通术语学和普通语言学之间的区别，源自人们对语言状况和语言发展所持的不同的基本态度。

从术语学角度去考察语言状况，三种特殊性可以描述出来：

（1）从概念出发。每一种术语工作都是从概念出发的，旨在对概念进行严格界定。

在术语学中，概念领域与名称 [＝术语（Termini）] 领域是相互独立的。所以，术语学家谈论概念，而研究标准语言的语言学家谈论词语的内容。对于术语学家来说，一个名称单元由一个词语组成，概念作为含义与之对应。相反，对于今天的大多数语言学家来说，词语则是一个由词语形状（Wortgestalt）和词语内涵组成的不可分割的单元。

有一种情况，会让术语学家们轻松一些——他们采用这些办法去表达概念：把某个名称的含义放到实物含义（Sachbedeutung）[亦称“概念含义”（Begriffsbedeutung）] 中去做阐述。在这种情况下，连同含义（Mitbedeutung）通常被省略了。

（2）对词汇（Wortschatz）的限制。术语学中概念的优先地位，促成了与普通语言学相对的另一种观点：只有概念的名称——词汇——对于术语学家来说才是重要的，而（语言学意义上的语法信息）变格变位学说或者句法学说之类则退居其后。（术语工作中）如果涉及这类语言规则，就可以直接从标准语言那里采纳过来。

（3）共时性的语言考察。概念的优先地位不可避免地导致术语学的语言观察是共时性的。术语学认为语言对它来说最为重要的是语言背后作为基础的概念系统。

在语言发展上，术语学的观点也表现出三种特殊性：

（1）有意识的语言塑造（Sprachgestaltung）：首先引人注目的便是“有意识的语言塑造”活动。

“是－标准”（Ist-Norm）和“应该－标准”（Soll-Norm）：直到不久以前，语言学还在任凭语言自由地、不受驾驭地发展。在标准语言中，只有贴近实际的语言用法才作为标准使用。人们称之为单义性的“是－标准”（Ist-Norm）。

相反，在术语领域中，由于概念和名称的“产量”过于庞大，如果听任语言自由发展，则会出现一场令人不堪忍受的混乱。因此，20 世纪初，甚至更早，在少数几个专业领域里，术语学家们就已经开始对概念和名称进行协调统一了。他们把这样的约定（Vereinbarung）同样称为“标准”（Norm）。为了跟“是－标准”清楚地区分开来，人们把这种经过协调的标准称为“应该－标准”（Soll-Norm）。在专业性的规范语言（fachliche Hochsprache）当中，“应该－标准”可以相当快地转变为“是－标准”。

标准语言（Gemeinsprache）的标准化：在不准许从标准语言那里借用经验的背景之下，人们长期采用一句口号来规劝进行术语标准化的人们：“人们不能对语言进行标准化。”然而，从那以后，有名望的语言研究者们却以数量不断增加的态势，也关注起对于他们来说算是新鲜事物的术语标准化来了。他们本着严肃认真的态度，开始在自己的文章中发表观点，对这个新鲜事物进行深入研究。在德语语言领域里，首先是魏斯格贝尔（Leo Weisgerber）（从 1933 年以后），然后是贝茨（Werner Betz）（1958）和伊舍赖（Heinz Ischreyt）（1963，1968），以及波伦茨（Peter von Polenz）

（1964）、莫泽（Hugo Moser）（1967）等语言界的学者，对术语标准化进行了研究。

甚至出现了对术语标准化问题进行探讨的几篇博士论文。然而（仅仅这些成就自然是远远不够的），为了处理从术语学实践中不断涌现出来的科学性问题，开展更深入的研究工作还是相当必要的。

术语发展中的国家：哪些国家真正地进行了有意识的语言塑造活动呢？这里首先应该提到的，就是那些早年的文化发达国家。在术语学研究方面起到划时代作用的，则是德国（与奥地利一起）以及苏联。但是在此，人们还应该不要忘记另外一些语言发展中的国家。例如，南非、印度和以色列，这些国家都下了很大气力以求建立起自己独立的术语体系，它们也希望借此使其文化生活不断摆脱英语文化的影响。

对语言成分（Sprachbestandteilen）的评估：术语的语言标准化工作不仅包括了事后发生的精选术语的工作，而且也包括了新的创造性工作。开展上述这两项工作应具备的前提是：在普通语言学（Wissenschaft von der Gemeinsprache）中，几乎不存在对语言成分进行评估等类似的工作。在标准语言中，重要的是审查语言的正确性，即：看它与“是－标准”是否一致。但在此应注意的是：每一种语体层次也都遵循另一种“是－标准”。与普通语言学不同，术语学的目标则是实用性，而这就要通过“应该－标准”体现出来。

但至少还有那么两位语言学者，当他们为语言规划（Sprachplanung）和语言标准化（Sprachnormung）的理论著书立说的时候，他们也对标准语言捎带进行了研究。他们是芝加哥的斯洛卡·雷（Sloka Ray）（1963）以及瑞典乌普萨拉（Uppsala）的陶利（Walter Tauli）（1968）。

（2）国际性语言研究（Internationale Sprachbetrachtung）：术语学发展的第二个特殊性便是进行国际性语言研究。

对个别名称的标准化工作，也需要有跨语言的统一准则（指南）做指导，也就是术语标准化工作需要有以普通术语学为基础的具体原则做指导。在20世纪60年代末到20世纪80年代末的这段时间里，国际标准化组织（ISO）制定了大量指导术语工作和词典编纂工作的基本原则。20世纪80年代末，在国际标准化组织负责相关事务的委员会（ISO / TC 37）里，来自不同国家和国际组织（包括联合国教科文组织）的代表正在携手合作。

这里则显露出术语学和语言学之间富有成效的相互影响的关系。学者万德鲁什卡（Mario Wandruszka）在1971年出版了一部起着纲领性作用的书，他在书中写道："二十年来，世界各地的人们都在从事着一种新型的、比较性的语言学研究工作……人们进行着多语种的、语言混合的语言学研究……以及比较翻译的语言学研究。"他建议为这种新的交流语言学（Kontaktlinguistik）取名为"语际语言学"（Interlinguistik）。

（……）

（3）书写形式优先。这是术语学发展中第三个同样起着基础性作用的特殊性。从其自身角度上看，它与国际性语言研究有着紧密的联系：对于术语学而言，名称（Benennung）的书写形式优先于语音形式，也就是书写形式优先于发音，而在国际层面上统一的就是专业表达的书写形式。人们可以试着想想：成分源于拉丁语或者希腊语的专业表达，其数量是多么惊人！

如果检查一下一般性词典是怎么对词汇进行描述的，大家就会马上有了直观性的认识——人们对语言状态的基本看法是强调"描述"这一特色。但是，术语工作是从概念出发的。所以，在严肃性的专业词典中，每个名称的含义都必须依照规定的形式进行定义。这一点不仅针对单语种专业词典，多语种专业词典中名称的定义也要遵照这种要求。然而，如果人们检查一下，在今天的专业词典里，词语是怎样排列的，人们就会发现，在各部专业词典里的情况大不相同。术语工作不仅从概念出发，而且还把某个专业领域中的所有概念放在关系中去考察，也就是说，术语工作把概念作为概念系统的一部分看待。（这种术语学观念）必然造成所有基础性的专业词典，在今天是按"系统"编排的。例如，在10 000种标准词典当中，有90%都是这种情况。词语位置的编排是从大概念过渡到小概念的或者是从整体过渡到部分的。

在严肃性的多语种专业词典中，出于另一种理由，对词目进行系统化编排也是绝对必要的：这样做可以使这类词典的概念系统不依赖于单一主导语言的概念系统。

术语学和语言学之间的本质区别在于：术语学必须借用逻辑学和本体论的知识，而且，它还与另一门第三种形式的科学——信息科学相交叠。另外，更能说明术语学特色的就是——术语学还与各门具体科学——例如，物理、电子技术、经济学理论等等——存在着密切进行经验交流的迫切性。

2.3.1.6　应用语言学和专业语言

在20世纪六七十年代，在世界的东方和西方，人们都开展了具有一定规模的专业语言研究活动。对于专业语言中陈述的探讨，我们在前面也已经进行过了（见本书2.3.1.3.2）。

与维斯特的认识理论模型“对象–概念–符号概念–（概念）符号”（见本书2.3.1.1）相类似，陈述模型“实情–逻辑句子（内涵）–与语言相关的句子–陈述”（Bochenski 1954）也存在着。

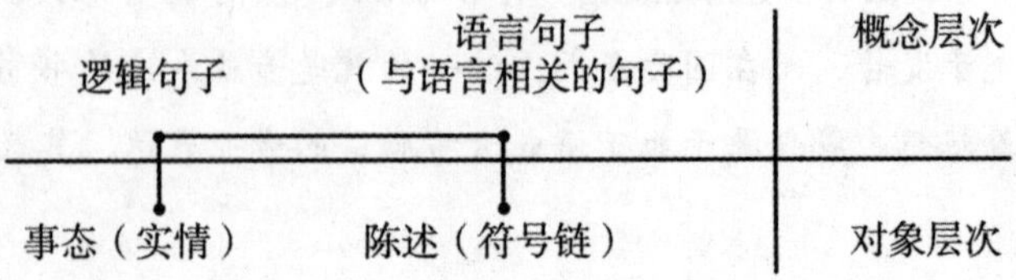

在实情和陈述之间不存在直接的关系，就像对象和（概念）符号之间不存在直接的关系一样。同理，就如同概念独立于（概念）符号一样，逻辑句子也独立于陈述。语言句子（与语言相关的句子）在某种语言或者在不同的语言里得到实现的方式也是不同的，这正如在对象层次上，符号概念借助不同的（概念）符号或者语音符号得到实现的情况一样。与此相反，语言学家则更倾向于这种观点：逻辑句子不能和语言句子分离（Guilbert 1976a）。

2.3.1.7　信息科学和文献科学

术语学与信息科学和文献科学不仅有着千丝万缕的联系，它们之间也相互影响和相互作用。诸如概念、概念系统、概念描述、概念符号等术语学基础知识，对于信息科学和文献科学中的信息加工、知识加工和知识修订都具有重要的意义。术语学为文献汇编和文献分类奠定了方法论基础（见本书3.1.4.3）。信息科学和文献科学的一个基本思想——将信息分解成小单元（所谓的数据），就是从术语学那里学来的。人们可以对数据进行收集、理解、掌握、加工和修订，也可以对它们依据不同的角度进行编排，以及采用不同的数据载体并以不同的组合形式对数据进行复制。计算机科学的发展使现代术语工作从根本上得到了支持。计算机方法在术语工作中的应用，已经促使世界上许多国家建立起了术语数据库（见本书2.3.1.8.1.1）。

2.3.1.8 术语编纂学（Terminographie）

概念构成了术语学中术语工作的出发点——这一事实，促成了“术语编纂学”——维斯特也将其称为“术语词典编纂学”（terminologische Lexikographie）——的诞生。在这里，与概念有关的信息被分解成小单元——所谓的术语数据（名称、同义词、定义、外文等效物、概念关系等等），有关发现地、数据管理、数据说明等附加数据，也分门别类地与之对应。针对每个概念或者对象，还存在数据记录（Datensatz）。术语词典中的数据记录，是依据概念的相似性或者对象的同属性/相关联性（Zusammengehörigkeit）（例如，整体－部分）进行编排的。

2.3.1.8.1 计算机辅助的术语编纂工作

20世纪70年代以来，计算机辅助的术语编纂工作已经发展成为一门独立的学科和一种独立的实践。与此相适应，在术语工作中也要用到加工数据的方法，或者说，这些方法需要与术语工作相适应。因此，计算机化的术语编纂工作必须开发出自己的程序、格式等等。要成功地完成这项崭新的工作，计算机专业人员就必须与职业术语学家进行合作，以共同解决不断涌现出来的大量的科学性问题。这些新问题，只有在对概念系统或者对象系统的不断开发以及比较研究中，在为不同的用户群体开发出最佳术语编纂数据集的实践中，才能得到更好的解决。随着当今术语工作实践的发展，人们越来越迫切地需要以单语种或者多语种信息系统或者知识系统形式出现的术语数据库。在不远的将来，人们还有望使用知识库将各种不同的世界观（Weltbild）进行比较。

2.3.1.8.1.1 术语数据库

20世纪60年代，在工业界的语言服务业中，政府有关当局牵头建立了相关的术语部门。这些术语部门里的术语学家们为翻译人员提供了极大的帮助，他们帮助翻译人员找到信得过的术语，同时也确保翻译人员所使用的术语具有一致性，术语学家们的这种术语服务，极大地提高了翻译人员的工作效率。在这些术语工作岗位上工作的术语学家们，经常不得不面对手头上过多的术语数据，任劳任怨地对它们进行着术语分析、理解、评估和储存工作，因此，数据加工手段成为他们得力的辅助手段。在20世纪80年代末之前的二十年里，在术语服务这个领域中，人们为加工术语数据开发了许多软件及硬件工具。在英国、德国、法国、加拿大、挪威、奥地利、瑞典、沙特阿拉伯、苏联和突尼斯这些国家里，术语数据库在这个时候已经出现了。

当时，在许多其他的国家和跨国组织里，这类数据库也处于开发之中。1973 年，法国标准化组织（AFNOR）开始为标准术语建立数据库。目前，在国际或者国家层面上的许多标准化组织里，都有这样的数据库。当时，鉴于相关组织机构所肩负的职能责任，第一批数据库都储存了来自尽可能多的专业领域的尽可能多的概念。大量的数据库之间展开竞争，目的是最大容量地储存概念以吸引尽可能多的用户并为其服务。在此，人们应该记得这样一件事：1900 年左右，德国工程师协会就已经有了一个项目，它的目标是编纂出一部专业词典（技术词典）（Technolexikon），当时这部词典计划涵盖技术领域中的所有专业概念。然而，这项计划因为采取了错误的方法（按字母顺序编排）而流产了。

如果不建立起相应的系统，一个大型术语数据库就会难以管理，更无法保持最新的状态。一个术语数据库的可信度如果较低，就会对使用它的用户造成极大的危害，因为术语数据库是为巨大的用户群体提供标准的。不过，自术语数据库诞生以来，令人欣慰的是，对它们感到失望的用户越来越少。术语数据库里不断增加的数据，以及随之带来的维护工作导致了它的成本“爆炸”（费用暴涨）。在术语数据库存储的名称里，如果夹杂着概念未经澄清并且专业归属并不明确的个别名称的话，就会导致（术语使用过程中）混乱的产生。由此可见，专业知识对于术语工作来说是多么必不可少。

20 世纪 70 年代中期，在法国和英国，人们都有建造大型术语数据库的宏伟蓝图。然而，法国人和英国人的计划都未能实现。在不久的将来存在的，则是小型的、为确定的专业领域建造的术语数据库，它们由大学里的研究所或者在这个领域里效力的有关组织进行管理。[①] 在这里，我们可以举法国克莱蒙费朗大学（Universität Clermont-Ferrand）的 Cezeauterm 术语数据库这个例子。这个术语数据库储存了三种语言（英语、法语、德语）的土壤机械学专业的术语数据（Henning 1983）。术语数据库里准确可靠的数据的获得，是建立在相关专业专家参与建库的基础上的。这样一个有相关专业专家参与完成的术语库网络，才可能让术语用户接触到来自不同专业领域的准确可靠的术语数据。

为了消除日语和其他语言之间的鸿沟，奥地利维也纳技术大学和国际术语信息中心与东京大学合作，为包含建筑学在内的土木工程学领域开发了一个计算机辅助的日语专业词语查询系统（Simoncsics 1986），另外，还为日语书写符号开发了一种数字编码（ein numerischer Code），并把这种编码连同日语文字符号一起储存了

① 这是原著作者在 1989 年的展望。——译者注

起来，这样，即使不太懂日语的人也能把日语鉴别出来。当时这个术语数据库只临时性地包含了日语和德语两种语言，计划用来对日语专业的学生进行培训。

时值 1989 年，在沙特阿拉伯的利雅得，一个阿拉伯语的术语数据库也正在建设中。

术语数据的储存问题也给人们带来了许多新的课题。诚然，具备较扎实的术语学知识和掌握处理数据的相关知识，以及了解术语用户的需求，是相当有必要的。开发带有确定数据要素的小型专业术语库——它们为行业专家、语言专家和其他术语用户服务——是未来的发展趋势。大型术语数据库的功能将逐渐通过联网的形式由小型专业术语库进行补充，这样一来，人们对于术语数据库的维护工作会相对容易些，其所消耗的费用成本也是可以预见的。

2.3.1.9 各门具体学科

文至此处，那些在形式上对术语学有贡献的学科都已经谈到了。而实际上，各门具体学科，例如，植物学、化学、电子技术、医药学、国民经济学等等，才真正对概念和概念符号肩负着责任。

在各门具体专业学科中，比如在植物学、动物学、化学、医药学等学科里，其具有特殊性的概念系统和名称（Bezeichnung）的构成方式已经有了自己的发展。这里所描述的就是相关专业的特殊术语学理论。下面就举两个分别来自动物学和化学的例子。

在动物学中，人们依据各种动物之间或多或少的相似性，以及依据它们在种族发生学上的亲缘关系，对所有的动物种类进行了排列整理。动物的自然体系分为这样一些阶段：种－属－科－目－纲－门（Art-Gattung-Familie-Ordnung-Klasse-Stamm）。例如，就命名而言，人们为“种”使用双名（Doppelname）（二名法/双名命名制）（binäre Nomenklatur）。第一个名字是为“属”确定的科学命名，第二个名字指的是“种”（例如，松鼠属 =Sciurus vulgaris）。

在有机化学中，为某个化合物制定的名字则是对分子三维结构的言语描述。与分子的结构相对应，化合物的名字由为分子部分所做的命名——人们可以想象个别化合物就是由这个分子成分［化合物的成分（Verbindungsstamm）］构成的——加上对改变了化合物成分的原子或者原子基团（Atomgruppen）所做的命名，再加上标明现有的原子或者原子基团位置的说明组成。这里谈到的是化合物的结构式（Strukturformel）。举一个简单例子：2－氯丙烷（2-Chlorpropan）。其中，丙烷（Propan）

是为化合物成分（三个链状连接的碳原子结合八个氢原子）所做的命名；氯是改变了化合物成分的原子（它替代了一个氢原子）；数字“2”说明了起限制修改作用的氯原子的位置（它处于第2个碳原子的位置上）。

针对上面提到的两个领域，国际社会存在着为构成命名而制定的国际性指南，例如，IUPAC命名法（IUPAC-Nomenklatur）[IUPAC=国际纯化学和应用化学联合会（International Union of Pure and Applied Chemistry）]。尽管困难重重，国际纯化学和应用化学联合会还是成功地为化学中的化合物开发了一种统一的且具有扩充能力的命名系统（Nomenklatursystem）。

总而言之，专业术语问题的解决，依赖于专职术语学家和各门具体学科的专家以及语言学家的通力合作方可实现；专业术语问题的解决，更需要以共同研究和发展术语学基础理论为前提——术语学理论的发展，无疑会为实践问题的妥善解决雪中送炭。

2.3.2 与语言符号相关的基础性研究

自20世纪30年代以来，语言学家以及语言学实践家，甚至语言学教师，都对以下问题有所思考：“名称（Benennung）是什么？”和“术语是什么？”（Reformatski 1961，Kocourek 1965）。然而，早在20世纪20年代末，功能和结构原则作为一个新的语言学派的方法论基础，在捷克斯洛伐克就已经出现了。这个原则与经济语言学有着千丝万缕的关系。经济语言学是在第一次世界大战之前出现的，它的诞生富有历史意义。随后，它在德国、荷兰和瑞士的几所商业高等学校里得以发展壮大，并以梅辛（Messing）、约尔丹（Jordan）、费尔（Fehr）等学者为杰出代表。西本沙因（Siebenschein）所谓的“经济日耳曼学”（Wirtschaftsgermanistik），以及以布拉格学派为代表的“结构经济语言学”（strukturelle Wirtschaftslinguistik），则通过卡达（Cada）、科佩茨基（Kopeckij）和万丘拉（Vancura）这些学者而为人所知。这些代表人物的学术思想，也可以概括到这种发展洪流中去（Drozd/Seibicke 1973：68ff）。

人们之所以对解决专业语言问题和术语问题情有独钟，主要是因为外语教学产生了对方法的需求，而且，商业高等学校对特殊专业知识的需要也与日俱增。对于术语学的发展来说，经济语言学的成就具有特别重要的意义。因为经济语言学不仅与语言学的一种方向有关，而且，这种方向所探讨的又是具体专业问题。这是人们所做的第一次尝试——把经济语言学作为高等学校的专业融入其他的科学系统里去。

20世纪30年代，对功能和结构方面的研究也实现了独立。这一事实，首先使得经济语言着重对这种专业语言的基础要素——名称——开展研究具备了可能性。

正如前面提到的，与概念相关的基础性研究从概念出发并且是跨学科的。与此相反，在与语言符号相关的基础性研究中，语言符号——名称（Benennung）构成了研究的出发点。名称被看作专业的词汇单元（Lexem），术语则成了语言分支（Subsprache）。被大家看成各自专业语言的主要信息载体的术语，则可以确定为每一类词汇单位（词位）的总体。它是“一门专业语言总词汇量”这一子系统的子集，它描述“语言总体的词汇”这一子系统的一个组成部分。

而语符（Moneme）（Wurzelwörter）（最小的语义单元）、词素结构（Morphemkonstruktion）、复合词（Komposita）以及词组（Wortgruppe），只要表示一个单元，就可以理解为词汇单位。

以语言学为方向的术语学研究，则要考察名称的字形 –/ 音位 –（Graphem-/Phonem-）、语素 –（Morphem-）、词素 –/ 义素 –（Lexem-/Semem-）和语言组合体（Syntagmen-）结构。因为在语言体系的所有层面上，在名称和其他语言单元之间，存在着一种永久的（固定的）相互作用关系（Hoffmann 1982）。以语言学为方向的术语学研究，构建了通向专业语言研究的桥梁。由此，术语（Terminologien[①]）作为“语言部分”（Teilsprache）融入标准语言（Gemeinsprache）之中去。因此，一方面，术语（Terminologien[②]）作为概念系统，属于知识领域或者各门具体学科领域；另一方面，它们又作为“语言部分”而属于标准语言的范畴。但在此我们应该注意：除了科学名称之外，在日常生活中，用于非专业交流的日常名称也存在。概念化的科学名称并不一直是与日常名称相符的。专业语言研究所要考察的，则是在专业语篇中的那些跟文本存在着联系的名称（Fachtexteme）。

人们在专业领域中谈论概念的同时——名称是概念在语言中的存在形式，在语言学领域里，人们则谈论着含义（Bedeutung）或者义素（Semem）。概念是一个逻辑范畴，而含义或者义素则属于语言学范畴。具体领域里的行业专家运用的是概念学，而语言研究者和语言实践家运用的则是语义学。上述这两个领域很相近，但却并不相同。因此，从这个角度出发，与概念相关的术语学研究以及与语言符号相关的术语学研究这两种划分也就产生了。语言学家巴克斯（Baakes）已经从语言学角度出发，较为深入地探讨了术语学的问题，并且把他的研究成果发表了出来（Baakes 1984: 12ff）。巴克斯的观点已经触及上述两种术语学研究角度。

① ②这里采用了复数形式。——译者注

巴克斯的重要观点摘录如下：

概念，作为理性思维的基本要素，描述了一种借助科学工作而出现的对客观现实的反映。由此，它与义素（Semem）紧密联系在一起。因为义素也是一个社会交流的常量（Invariante），它是语言世界（Universums einer Sprache）或者语义学系统一部分的主体间映射要素的集合（Menge intersubjektiver Abbildungselemente）。但是，概念和义素之间又存在着区别。如果一个借助内涵得到了定义的概念，却在相关的语言共同体中没有得到一致使用的话，那么，这个概念就会有不同的意思。继而，围绕着这个概念所形成的相关专业名称，就会在某个特定的人类群体和另一些群体之间，或者在某个人类群体和那些没有受到特别传授的语言共同体的总体之间出现差异。

即使在专业共同体和职业群体内部，有了定义的概念也并非一直能得到统一的使用。用不着对专家们的具体专业领域去指手画脚，我们就可以认为有充足的理由去这么做：在掌握一定专业背景知识的基础上，语言学理论家或者语言实践家可以先为概念确定特征，而最后的验证过程则应该留给具体专业的专家们去完成。因为在对语言系统的把握上，人们针对含义和针对概念的语言能力是相近的，当然，这也就存在着隐患：在采用多种语言进行表达的情况下，表述不精确的局面就容易产生。但这些事实也让人们清醒地观察到：在术语学研究中存在着某种内在的相互联系——概念关系和语义关系是同等包含在术语学研究之中的。

因此，我们赞成这样的见解：从语言学角度来看，在术语学研究中，不仅要在对概念内涵的确定中或者在对概念的铸造中去解决问题，而且要通过对定义的比较和分析，让问题在多义词的单义化中获得解决。此外，在重视概念和名称的相互关系以及相关命名基础性原则的前提下，我们把对已有名称的检验和对新名称的构成研究，作为术语学研究的重点。

如果说到目前为止，我们已经花了很多笔墨探讨在科技领域的科学家、逻辑学家和语言学家之间开展跨学科集体合作的必要性的话，那么，这并不意味着，在语言学理论和语言学实践的代表之间开展合作，不应该得到应有的关注。

语言学，尤其是应用语言学，它完全意识到了在技术专业语言领域里有待完成的研究课题。

在应用语言学和技术性学科之间展开对话的必要性，人们已经认识到了。然而，人们还需要付出更多共同的努力，以期达成一些具体的协定，共同探索在术语学研究中需要缔结的合作。在术语学不断发展与新知识持续增长之间的关系中，我们看到了把术语学研究划入应用语言学工作领域的必要性。与新知识的增长相伴随的，则是专业语言词汇的相应增加，以及在命名工作中所出现的新问题；在此，从某种程度上看，也不排除在定义中出现的问题。鉴于在当前的跨学科合作中还存在着许多漏洞，我们持这样的观点：术语学研究中，语言学家的活动不应该只局限在对词语构成以及与此密切相关的语义学问题进行的语言学方面的考察和研究，他们还必须将“触角”伸向与其相关的技术或者自然科学的研究领域中去。只有这样，语言学家们才有可能在对概念内涵进行确定，以及在对概念进行铸造的过程中，或者，在通过对定义进行分析和比较以实现多义词单义化的过程中，使自己的问题得到解决。

巴克斯的论述已经指出，除了融入术语中的专业名称之外，这样的名称还存在着——按术语学布拉格学派的说法——它们并没有完全实现术语化。针对这类名称，不少国家的语言规划当局在其国家语言规划的活动框架内，开展了相应的研究活动。在这里，他们对名称的处理就运用了语言学的方法。由上述内容可知，与概念相关的和与语言相关的术语学基础研究必须紧密合作。希望这部书能助这种合作一臂之力。以语言符号为导向的术语学研究者，在许多国家都有其代表人物，例如，奥格（Auger）、丹尼连科（Danilenko）、费莱舍尔（Fleischer）、吉尔贝（Guilbert）、格里尼奥夫（Grinev）、霍雷茨基（Horecky）、科曹雷克、劳伦（Lauren）、莱因哈特（Reinhardt）、雷伊（Rey）、塞杰（Sager）等等。

2.4 术语学中的流派

18 世纪，一些专业学科的一些学问家和研究者已经意识到了对术语进行研究的必要性，而且着手进行了研究。到了 19 世纪，随着具有专业特殊性的各种原则和规则的制定，开展具有目的性的、针对术语的基础性理论研究也成为一种必然。但是，直到 20 世纪 30 年代，在奥地利、德国、捷克斯洛伐克和苏联，真正意义上的对术语基础理论和原则的研究才开始，这些术语学理论萌芽终于在 20 世纪 70 年代开花结果——术语学作为一门独立科学建立了起来（见本书 2.2）。在这些做先驱性工作的研究人员中，有一些是像布拉格的经济语言学家们那样的语言学家，他们在某个专业领域的框架内致力术语研究，另一些则是像恰普利金（Caplygin）和洛特（Lotte）那样的苏联工程师，以及像维斯特这样的奥地利工程师，他们开创了研究具有普遍性的术语原则的新纪元。这些学者们的研究成就，导致了术语学布拉格学派、维也纳学派和苏联学派的诞生。①

正如前面提到的，从 20 世纪 30 年代起，一大批语言研究者和术语学家就苦苦思索着这样的问题："名称是什么？"和"术语是什么？"。下面介绍一些重要的学者：阿曼诺娃（Ahmanova）和阿加波娃（Agapova）（1974）、德罗兹德（Drozd）（1975a，1975b）、哈夫拉内克（Havranek）（1932）、霍雷茨基（1956）、坎德拉基（1970）、卡帕纳泽（Kapanadze）（1965）、科曹雷克（1965）、勒克莱尔（Leclercq）（1982）、哈尤廷（1982）、列福尔马茨基（1961）、舒尔策（Schulze）（1978）、维诺格拉多夫（Vinogradov）（1947）、维诺库尔（Vinokur）（1939）、维斯特（1970b）。此外还有国际标准化组织（ISO）（1969a）。这些问题从新的角度一再被提出来，并且总是产生新的成果。

涉及全世界的术语学基础性研究，在大多数情况下，是为很实际的目标服务的。这一类研究成果也作为规则手册性著作纳入国家或者国际层面的术语工作中了。

2.4.1 术语学学派

2.4.1.1 维也纳学派

术语学维也纳学派把维斯特的基础性研究作为出发点（Wüster 1970b）。到了 20 世纪 70 年代初，这种基础性研究也以制定国际性的基本原则为方向。为了实现这个目标，维斯特收集世界各地的术语数据。维斯特（1898—1977）：从其接受过的教育来讲，他是一位电力工程师，但他又是大学讲师、企业主，在许多专业协会里担任主席一职，包括担任过奥地利文献信息社团（Österreichischen Gesellschaft für Dokumentation und Information，ÖGDI）的主席。在维瑟尔堡（Wieselburg）的家族企业里 [这个企业生产各种工具和带钢（Bandstahl）]，他为术语学研究建立了一个

① 北欧术语学家劳伦（Christer Lauren）和皮希特（Heribert Picht）两位学者带着质疑的态度对此进行了深入研究。他们的结论是：这些假想的学派构成，实则是一种偏差。在实质上，人们必须将其看成因目标导向的重点不同而形成的不同特色。这些重点并不是从根本上相互对立的，而是就整个术语学领域而言，人们所强调的侧面不同，因此它们具有互补性。——译者注

研究中心，这个中心作为全球国际性术语工作的枢纽站而闻名于世（Lang 1958）。这个研究中心诞生了术语学维也纳学派，它也是后来位于维也纳的国际术语信息中心（Infoterm）的起点（Felber/Lang 1979）。维斯特不仅是这个研究中心最重要的代表人物，也是它的经济赞助人（Felber 1977a）。除此之外，维斯特还赞助过许多其他的术语研究工作，并且积极为术语研究者参加科学会议提供便利。这个研究中心起到了国际性的作用。当然，它还对德语语言世界施加了强烈的影响。德国标准化研究院（Deutschen Instituts für Normung，DIN）的“术语（原则和协调）”委员会，变成了解决术语学理论问题的论坛（Wüster 1967a，1973）。那些在维瑟尔堡产生出来的术语研究材料，在这个委员会里提供给不同学科的专家们（例如，标准化专家、具体专业的专家、语言学家、语文学家、哲学家和信息专家等等）进行讨论。

在大多数情况下，维斯特是这项工作的发起者和协调者。维斯特的思想被大学——尤其是语言学院和口译学院，以及文献和信息领域、标准化领域和工业界接纳。著名语言学家霍夫曼（Hoffmann）（1976：129）曾经用下面的话描述维斯特对语言标准化的影响：

> ……这种特殊方向的最重要的代表，他不仅在苏联和其他社会主义国家里，而且在资本主义世界都享有很高的声誉，他就是奥地利的欧根·维斯特。他的权威性是如此巨大，以至于像魏斯格贝尔（L.Weisgerber）这样的语言学家以及他的后继者，都从维斯特这里直接采纳了许多思想，并且将这些思想纳入他们的体系当中去……

维斯特一直担任国际标准化组织第37分委员会[ISO/TC 37“术语（原则和协调）”]秘书处负责人，直到他去世。当时，这个分委员会由奥地利标准化研究院负责，因此，维斯特的思想也产生了国际性影响。为了拟定ISO标准等国际性原则以及等效的德国标准（DIN标准），ISO/TC 37委员会秘书处必须为术语工作提供内容广泛的基础性研究（Wüster 1971b）。另外，开展测试实际规则的试验性项目也很有必要，例如，试验性项目——为联合国编排《机器工具》（*The Machine Tool*）（Wüster 1968）。20世纪70年代初，在出版了六份ISO推荐标准和一份ISO标准之后，维斯特就将精力投入术语学的学科建设中去了，并接受了在维也纳大学的语言学学院讲授术语学的任务（Wüster 1974a）。维斯特为讲座准备的讲稿反映了他的“普通术语学”思想，这些内容在他去世之后由人们整理成书并出版（Wüster 1979）。

维斯特的伟大成就主要表现为：

——描述了对象、概念、符号概念、符号的关系（见本书 2.3.1.1）；

——对不同的概念关系进行了定义，这种定义使这种关系变成了单单义，并且方便计算机处理（与语义网的情况相反）（见本书 3.1.2.1 及 3.1.3.4）；

——对概念连接（Begriffsverknüpfung）进行了定义（见本书 3.1.2.1 及 3.1.3.4）；

——描述了概念分类和主题分类（Themaklassifikation）之间的区别（Wüster 1971a）；

——“国际术语钥匙”的思想（见本书 3.1.5.1.6.3.2.1.3）；

——普通原则学说（allgemeinen Grundsatzlehre）的发展（见本书第 3 部分）；

——术语工作建设的基本思想（见本书 4.3）。

从 20 世纪 70 年代中期开始，维斯特的学生费尔伯（Felber 1978；Picht 1982a；等等）开始传播维斯特的普通术语学思想。从这个时期起，国际术语信息中心（Infoterm）发起了针对术语学的深入研究，并举行了一系列演讲和教学活动（Infoterm 1985；Felber 1981）。20 世纪 80 年代末，人们着手进行的是对维斯特普通术语学理论的发展，特别是开展进一步巩固的工作。这些工作包括：

——进一步研究与术语学有关的对象学说，例如，探讨形式对象和物质对象之间的关系、对象关系和对象描述等问题；

——进一步研究与术语学研究有关的逻辑问题；

——研究涉及概念的基础性问题；

——研究在可兼容的概念系统中对概念关系的描述；

——研究作为特征复合体的概念描述（定义）的基本问题；

——研究概念分类、对象分类和主题分类的基本问题；

——研究名称学说（Benennungslehre）向符号学说（概念符号）的扩充；

——研究普通原则学说的进一步发展；

——研究应用计算机解决概念系统的构建问题，以及解决概念系统比较和与概念系统相联系的事实连接（Verknüpfung von Fakten）（知识系统）的问题；

——研究国际术语钥匙的进一步发展；

——进一步开发为不同教育阶段和应用领域设计的术语学课程。

2.4.1.2 术语学布拉格学派

20 世纪 20 年代，在布拉格的商业学校里，学者们（Fehr，Messing，Schirmer）

已经认识到了经济语言的重要意义。到了20世纪30年代，布拉格还爆发了一场在功能结构语言学意义上，旨在对经济语言进行界定的运动（Vancura，Kopecky，CADA）。这场运动的理论基础，便是布拉格语言学学派的理论学说（Jedlička 1975）。根据布拉格商业高等学校里学者们的论点（1936）可知，专业语言是语言手段的一种功能性整体，它是术语单元和非术语单元的总体，并且服务于某个确定的经济学目的（Drozd 1975a）。功能经济语言学对下面的要素进行了区分：

术语单元；

特殊的句法习语（措辞）；

非 - 术语要素；

非 - 专业语言习语（措辞）。

在这里，专业语言被处理成了功能语言系统，科学的概念系统以此为基础。概念系统由一个名称系统为其命名。这种以专业语言或者科学语言为特殊语言系统的见解，则产生了系统化和结构化的思想，这与维斯特术语学思想中对语言的处理方法有不谋而合之处（Drozd 1975a）。

在捷克斯洛伐克，布拉格语言学学派的理论构成了术语学研究工作的重要基础。这个学派的论点之一就是把书面语言划分为专业文体（Fachstil）、艺术文体（Kunststil）、政论文体（Publizistenstil）和会话文体（Gesprächsstil）（Roudny 1975）。

术语学中要注意语言保养（语言维护）（Sprachpflege）的基本思想，也是以这种论点为基础的，因此，必须拟定名称评估和构成新名称的基本原则。在此基础之上，捷克斯洛伐克术语标准化委员会还为不同的专业领域出版了超过500种带有外文等效物的术语标准。一套以整体形式经系统化拟定的术语，既可以作为一种对相关专业的描述来为专家提供服务，又可以作为一种专业介绍为初学者提供指南。

捷克斯洛伐克的术语学研究者大多数是语言研究者出身，但其中不乏几位同时也是某个专业领域的专家。他们在几个研究所——例如，位于布拉格的科学院下属的捷克语研究所、位于布拉迪斯拉发（Bratislava）的科学院下属的斯洛伐克语研究所、捷克标准化研究所，以及一些大学的学院和职业协会——开展工作。在这里只提几位这个学派的代表人物：布兰德、德罗兹德、菲利派茨（Filipec）、霍雷茨基、科曹雷克、劳德尼（Roudny）、泰诺尔（Tejnor）。

20世纪六七十年代，在捷克斯洛伐克的布拉格（1969，1971）和布拉迪斯拉发（1967），都曾经举行过一系列会议，这些会议的议题都是讨论术语和术语学研究的问题（Drozd 1975b）。

20 世纪 60 年代，捷克斯洛伐克术语中央委员会（CSUTK）针对术语学中的基本概念——概念、名称、术语、专业术语汇编、术语学理论等——也组织过详细的讨论（Kocourek 1965）。对三个学派（维也纳学派、布拉格学派和苏联学派）进行比较的结果表明：它们之间存在着很大的相似性。

布拉格学派认为，术语（Terminus）是一个词语或者词组。它是一个概念的名称（Benennung），而这个概念，则通过定义以及它在已知的知识领域的概念系统中的位置而得以界定。术语（总体）（Terminologie）是带有含义的名称总体，它在语言理解上具有一种自我封闭的独立功能。概念是一种表象（Vorstellung），它复述了现实对象的特有属性（Eigenschaften）之间的区别及关系。布拉格学派也研究了术语（总体）中的系统问题（Filipec 1975）。

布拉格学派的代表人物们也深入研究了名称的可识别性问题。但他们是从功能经济语言学的角度去把握术语单元和非术语单元之间的区别的。“术语化”（Terminologisierung）这一概念在此诞生，许多术语学研究者随后采用了这一概念。学者豪森布拉斯（Hausenblas）（1963）区分了四种术语化阶段：（1）对名称进行定义；（2）把名称放在文本中进行解释；（3）通过例子对名称进行阐释；（4）通过另一个名称对手头的这个名称进行解释。

2.4.1.3 苏联学派

关注科学语言的演化，这早就是俄罗斯科学家的一贯传统。这种传统可以追溯到 18 世纪俄罗斯学者罗蒙诺索夫（M.S.Lomonossov）对俄罗斯科学语言所做的贡献。到了 20 世纪 30 年代，苏联术语学基础性研究追求的则是很实际的目标，那就是改变俄文术语匮乏的局面。早在 1931 年，俄罗斯的著名术语学家洛特（Lotte）（1898—1950），就已经在苏联科学院的一份出版物上指明了技术术语在苏联所面临的任务（Lotte 1931）。

1932 年，苏联着手制定技术术语规范的工作（Lotte 1932）。又过了一年，到了 1933 年，苏联科学院成立了技术术语委员会，后来将其改名为“科学和技术术语委员会”（Wissenschaftlicher und Technischer Ausschuß für Terminologie，KNTT），这个委员会成为术语学苏联学派的“催生剂”[胚细胞（Keimzelle）]（Kulebakin/Klimovickij 1970）。KNTT 委员会的倡导者和发起人是恰普利金（1869—1942）——他是一位工作在空气动力学及航空学领域的苏联科学家，也是一位苏联科学院院士

（Akademiemitglied）——以及著名术语学家洛特。参与这个委员会工作的都是来自数学领域、物理领域以及技术科学领域的杰出代表人物，当然，还有来自语言学领域的精英们。与委员会的工作同时进行的，便是大学里的语言学家们针对苏联技术术语中的词语构成现象所开展的细致研究（Vinokur 1939）。

另外，值得一提的是，从1934年起，苏联开始致力科技术语的国际化活动（Drezen 1934，1936）——这是在维斯特的工作的影响下开展起来的。苏联术语学家德列津（Drezen）积极促成苏联科学院把维斯特在1931年发表的博士论文翻译成俄文（Wüster 1973）。当时苏联对国际性术语工作的极大推动作用促成了ISA 37术语委员会在1936年的成立[ISA= 国家标准化协会国际联合会（Weltbund der nationalen Normenvereinigungen）]。

20世纪四五十年代，苏联术语学基础研究的重点放在术语学方法的发展上，即：研究术语学的原则学说。洛特的大部分工作都是对科学技术名称命名理论的研究。

在此，可以列出以下专题：

——挑选和构建科学技术名称时面临的主要问题（Lotte 1941）；

——把含义的变更作为构建科学技术名称的方法（Lotte 1941）；

——构建科学技术名称系统：

（1）命名的要素（Lotte 1948a）；

（2）分类对术语精确性的影响（Lotte 1948b）；

（3）术语中精确性和单义性存在的条件（Lotte 1948c）；

（4）名称缩略形式的构成（Lotte 1949）。

1950年，洛特去世之后，人们将其最重要的科学论述整理成一部书，并于1961年出版（Lotte 1961）。洛特的术语学基础性研究，一方面，为在苏联科学院中开设术语学课程奠定了基础，洛特在1938年和1948年之间以研讨会的形式为同事和各领域的专家们举办术语学讲座；另一方面，这些研究工作为苏联科学和技术术语委员会（KNTT）对术语工作方法的制定提供了理论条件。正是运用这些术语工作方法，当时的苏联科学院制定出了推荐性术语（标准）（推荐性的专业词语集），自1947年至20世纪80年代末，在这些推荐性术语（标准）的基础上，苏联出版了一百多种专业词语集，它们都是针对某些专业领域的系统化的专业词典。1952年，苏联出版了旨在指导规范化科技术语制定的第一份指南（Terpigorev 1952）。紧接着，苏联在1968年又出版了一部名为《人们怎样从事术语工作：基础和方法》（*Wie arbeitet man an der Terminologie. Grundlagen und Methoden*）的术语工作指南

（Kulebakin 1968）。这部指南经进一步扩充，在 1979 年，又以《制定和规范科技术语的简略方法指南》（*Kurzer methodischer Leitfaden zur Ausarbeitung und Regelung der wissenschaftlich-technischen Terminologie*）的名字由苏联科学院出版（Siforov 1979）。

从 20 世纪 50 年代起，苏联有不少的语言研究者也参与了术语学基础理论的研究工作，尤其是来自莫斯科和列宁格勒的几所大学的学者。特别值得一提的便是从语言学角度出发进行术语学研究的学者列福尔马茨基（1961）和阿曼诺娃。阿曼诺娃出版了一部有关术语学理论和方法的书（Ahmanova/Agapova 1974）。阿曼诺娃的学生坎德拉基和格里尼奥夫则把洛特的基础性研究工作延续了下去（Kandelaki/Grinev 1982）。1987 年去世的坎德拉基在她最后的十年里，担任苏联科学院科学和技术术语委员会（KNTT）的秘书一职。在生命的最后的二十年里，她发表了一系列术语学著作，人们赞誉她为"洛特的后继者"。她的术语学研究题材较为广泛，例如，名称的构成及规范化、概念系统和名称系统、普通术语和专业术语问题、名称的语义学和理据性，以及外语名称的借用和规范化等（Kandelaki 1962，1964，1965，1967，1970，1977，1979）。开展俄语术语学基础性研究的地点，设在了苏联科学院的俄罗斯语言研究所里（Danilenko 1973，1974，1977）。

开展术语学基础性研究的另一个地点则设在位于莫斯科的苏联科学院的语言科学研究所里（Superanskaja 1985）。

自 1959 年起，苏联术语学基础性研究的成果，在莫斯科、列宁格勒以及苏联其他城市举行的相关会议上都有所公布。

1959 年，在莫斯科举行了一次由苏联科学院语言科学研究所组织的有关术语问题的会议。1967 年，苏联标准化组织（Gosstandart）在莫斯科也组织了一次有关术语标准化问题的会议（Belahov 1968）。七年之后，在列宁格勒举行的会议探讨的则是科学术语的语言学问题，这次会议是由苏联科学院 [语言科学研究所、科学和技术术语委员会（KNTT）、词典学和词典编纂学科学顾问委员会、俄罗斯语言研究所] 组织的（Barhudarov 1970a）。莫斯科大学组织的两次会议则形成了这些会议的高潮部分。第一次会议是在 1969 年举行的，这次会议探讨的是术语学在当今科学体系中占据着什么样的位置。在这次会议上，学者们探讨了与术语学和术语工作实践有关的重要议题：作为独立学科的术语学、术语学的逻辑学和认识论、语义学、名称和名称系统的语言学基本原则、科学理论（Wissenschaftslehre）、信息学以及术语学课程等等（Moskovskij Gosudarstvennyj Universitet 1969）。

第二次会议则是在 1971 年举行的，其主题是“科学语言、术语学和信息科学的符号学问题”（Moskovskij Gosudarstvennyj Universitet 1971）。另外一些会议则涉及下面的专题：不同类型词典中的定义问题（列宁格勒 1974）（Barhudarov 1976）、苏联各加盟共和国科学院的术语规范问题（莫斯科 1981）（Stepanov 1983），以及科学和技术术语标准化的基本方向（莫斯科 1983）（Gosstandart 1983）。

苏联科学院不仅在会议上提交了理论工作的研究成果，而且还将这些理论成果以专著的形式出版了（Kulebakin 1970； Barhudarov 1970b；Danilenko 1974；Isaev 1976；Barhudarov 1976；Danilenko 1977；Kandelaki/Grinev 1982； Stepanov 1983）。

苏联哈尔科夫（Charkov）的大学还开展了针对术语国际性名称要素的基础性研究，这对于国际社会开展的“国际术语钥匙”（der Internationale Terminologieschlüssel）项目具有重要的意义（Akulenko 1980；Boguckaja/Lagutina 1982）。

在苏联的术语学研究中，术语学原则学说和方法论学说占据着很重要的位置。在苏联科学院科学和技术术语委员会（KNTT）为推荐使用的名称集（这些集子实际是为个别专业领域制定的系统化专业词典）制定出编纂方法的同时，全苏联技术信息、分类和编码研究院（VNIIKI）（于 1964 年成立）则出版了术语标准化方法（Belahov 1968；VNIIKI，1968；Volkova 1984）。全苏联技术信息、分类和编码研究院是苏联标准化组织（Gosstandart）的一个研究院，它同时发挥着术语学苏联学派的术语工作协调员的作用。为此，自 1968 年起，全苏联技术信息、分类和编码研究院负责杂志《科学技术术语》（*Naucno-Tehniceskaja Terminologija*，*NTT*）的出版工作，这部杂志的编委会成员则由苏联语言学界、标准化行业和各行业的杰出人物们组成。各类术语学研究活动在苏联各类研究院所（语言学研究所、俄罗斯语言研究所、术语学基本原则和方法研究所、科学理论研究所、逻辑学研究所、认识理论研究所、信息科学研究所、翻译研究所、具体科学和技术研究所等）里轰轰烈烈地开展了起来。苏联术语学基础性研究跨学科的特点，使其术语学研究活动早早摆脱了仅局限在莫斯科和列宁格勒几个研究院所的地域限制。在整个国家的范围里（特别是在哈尔科夫、基辅、高尔基、伊尔库茨克、新西伯利亚、鄂木斯克、里加、撒马尔罕、塔林、沃罗涅日、符拉迪沃斯托克等地的大学里），术语学研究小组纷纷建立了起来，一些加盟共和国的科学院也成立了这样的小组（*TermNet News* 1985）。

从语言学角度上看，苏联自 20 世纪 30 年代以来，有大量的像维诺库尔（Vinokur）

这样的语言学研究者加入研究术语学问题的行列。第二次世界大战之后，进行术语学研究的语言学家更多，例如，阿曼诺娃、阿库连科（Akulenko）、丹尼连科（Danilenko）、格里尼奥夫、坎德拉基、卡帕德纳泽（Kapadnaze）、纳莱平（Nalepin）、苏佩兰斯卡娅（Superanskaja）、列福尔马茨基、祖拉夫列夫（Zuravlev）等等。

基辅大学（Universität Kiew）曾经出版过介绍术语学研究工作且内容广博的图书目录（Boguckaja/Lagutina 1982）。20 世纪 70 年代初，关于术语学作为独立学科的大讨论在苏联也开始了（Fotiev 1969, Hajutin 1971, Berger 1971），其要点可参见本书前面的 2.2。

综上所述，术语学苏联学派的基础性研究涉及以下方面：

——术语学的基础性概念；

——概念系统的建立；

——名称系统的建立；

——名称、缩写和缩略符号；

——名称和名称要素的评估；

——术语（总体）（Terminologien）和专业术语汇编（Nomenklaturen）；

——名称要素和名称的国际化；

——对名称的语言学考察；

——对概念的认识论和逻辑学考察；

——探讨对象和概念及概念和名称之间的关系；

——基本原则学说（Grundsatzlehre）和方法论学说；

——术语的规范化和标准化；

——概念和名称的信息科学问题。

总而言之，术语学的方方面面在苏联都能找到代表，这些研究力量经过苏联科学院和全苏联技术信息、分类和编码研究院的协调工作而凝聚到了一起，人们共同缔造了具有跨学科特点的新兴学科——术语学。关于 20 世纪 80 年代末苏联术语学理论和实践活动的概况，人们可以在《术语网新闻》（*TermNet News*）当时出版的特刊中找到（*TermNet News* 1985b）。

2.4.2 术语学基础性研究

除了上面提到的术语学学派之外，在全世界范围内，还存在着不少从事术语学基础性研究的公共机构，在这些机构里已经有了术语学基础性研究的萌芽。

2.4.2.1 加拿大

加拿大对术语学研究和术语工作实践的兴趣，主要源于加拿大自身为双语国家的实际状况。20 世纪 70 年代，由于双语问题的存在，说法语的加拿大人（Franco-Kanadier）开始了规模较大且内容广泛的术语规范化活动，这项活动有着很强的务实特色。在加拿大魁北克省，这些术语活动的目标集中在对其文化生活、科学活动和工业社会实现法语化上。为此，魁北克省断然采取语言规划（Sprachplanung）措施，术语规范化活动也被纳入其中。在这种社会背景下，魁北克法语局（Office de la langue française，OLF）成立了，在魁北克蒙特利尔的大学里，对术语问题的研究也提上了日程。这些活动的中心任务就是为加拿大法语区的现实工业化生活服务，为法语区社会创造法语新术语（Neonymie）。由于其术语活动与语言规划活动相当贴近，因而加拿大的术语学研究活动带有很强的语言学倾向。术语学研究活动开展后不久，人们就意识到：术语活动需要有科学性的理论基础做后盾。为了全面掌握术语学的理论知识，从 1972 年到 1982 年，魁北克法语局组织了很多次的国际会议，全世界的术语学专家都被邀请过来并开设讲座。

人们从加拿大举办过的术语学国际会议专题中可以捕捉到其术语学研究的发展轨迹：

——术语数据（Baie Saint Paul， Quebec， 1972）（法语局 1975a）；

——语言标准化（Lac Delage， Quebec， 1973）（法语局 1974）；

——新词规划（Neologieplanung）（Levis，Quebec，1974）（法语局 1975b）；

——对术语定义的尝试（Lac Delage， Quebec， 1975）（Regie De La Langue Française 1976）；

——术语 76（Paris，1976）（AFTERM/ 法语局 1976）；

——术语和语言学；

——术语、科学和技术；

——术语和翻译；

——术语、信息科学和文献数据汇编（Point-au-Pic，1977）（法语局 1979）；

——术语中的定义和同义词问题（魁北克 1982）（Termia 1983）。

为了促使在加拿大更好地开展术语学基础性研究工作，1979 年，“跨学科术语学和应用研究小组”（Groupe interdisciplinaire de recherche scientifique et appliquée en terminologie，GIRSTERM）成立，并在魁北克的拉瓦勒大学（Universität Laval）设

立了一个术语学教授席位。语言学家龙多（Rondeau）一直担任着“跨学科术语学和应用研究小组”主任的职务，并一直是拉瓦勒大学的术语学教授（Felber 1987），直到1987年去世。龙多教授为加拿大术语学的基础性研究和术语学课程的开设，建立了不可磨灭的历史功勋。龙多教授的目标，就是建立起加拿大术语学派。

“跨学科术语学和应用研究小组”（GIRSTERM）是加拿大术语学基础性研究的中心。但除此之外，在加拿大还有相当数量的大学也在从事术语学的基础性研究。在GIRSTERM的大量出版物中，术语学系列刊物《术语工作》（*Traveaux de Terminologie*）最为著名，这部刊物反映了术语学的最新研究成果，是加拿大术语学家集体智慧的结晶（Rondeau 1979）。龙多也是国际术语联合会（International Association of Terminology，Termia）的发起人。这个组织是1982年在魁北克的拉瓦勒大学里成立的，主要致力术语学基础性研究工作和开设术语学课程（Rondeau 1984，Rondeau/Sager 1986）。

就像其他开展术语学研究工作的国家一样，在加拿大，人们也花了很多年的时间来进行术语学原则学说和方法论学说的建设工作（Rondeau 1981a）。功夫不负有心人，加拿大的术语学基础性研究取得了累累硕果：为术语工作制定的一整套方法诞生了，魁北克法语局和其他研究院所采纳了这套术语工作方法（Auger/Rousseau 1977）。加拿大开展的术语学理论研究，立足于语言学和翻译理论的土壤（Auger 1976；Boulanger 1987；Rondeau 1982）。在加拿大，术语学研究在好几所大学里安家落户，尤其是在拉瓦勒大学（魁北克）和蒙特利尔的一些大学里。加拿大的术语学研究，离不开从下列学者的理论贡献中汲取的营养：奥格（1976，1979a，1979b）、布朗热（Boulanger）（1987）、迪比克（Dubuc）（1976，1978，1981）、科曹雷克（1965，1968，1979，1982，1983，1985）、龙多（1980，1981a，1981b，1981c，1982）等等。

2.4.2.2 联邦德国

在联邦德国柏林的德国标准化研究院（Deutsches Institut für Normung，DIN）里，术语学研究的侧重点是术语学基本原则和方法论。维斯特的术语学研究其实是从德国开始的。他在柏林夏洛滕堡（Berlin-Charlottenburg）高等技术学校完成了电子技术专业的学习之后，总结了自己在编写一部大百科全书式的世界语词典中积累起来的知识，并把这些知识用于撰写博士论文。由此产生的成果就是：在斯图加特高等技术学校里，一篇关于《技术中的国际语言标准化》的博士论文诞生了，国际（和德国）术语工作原则研究和方法论研究以及术语学理论就是从这里发源的（Wüster 1967a，1971a，1973）。在德国标准化研究院（DIN）里的术语标准化委员会（Der Normenausschuß Terminologie，NAT）——其原名为“术语专业标准委员会（原则和协调）”，成为联邦德国术语学基本原则和方法论研究的枢纽站（Bausch/Schewe/Spiegel 1976）。术语标准化委员会（NAT）肩负制定术语工作原则标准的任务。直到1977年维斯特去世，这个委员会一直是联邦德国术语学基础性研究的论坛。从20世纪70年代开始，在术语学研究中人们早已深信不疑的强调语言符号的学术思想，由于语言学家所施加的强烈影响，而越来越得到强化；对人们的这种学术理念起突破性作用的，反倒不是概念学说。1971年，维斯特在一篇探讨专业语言标准化原则的文章里，对术语学研究和理论发展的概况进行了介绍，同时表达了这样的希望：

> 我在联邦德国的朋友们给予我们[指在奥地利的国际术语信息中心和国际标准化组织第37分委员会（ISO/TC 37）秘书处]的工作以强有力的支持。恰好在40年前，国际术语规范化工作在德国有了它的开端（Wüster 1971b：295）。

遗憾的是，维斯特对德国术语学理论和实践发展所寄予的殷切希望，仅仅实现了一部分。20世纪80年代末，德国还没有一所大学讲授术语学理论，尽管有些德国大学的讲座渗透了一些术语学知识。人们围绕术语学基础性研究所付出的努力都只停留在萌芽阶段。20世纪50年代，学者坎德勒（Kandler）在波恩大学语言学学院设立了一个术语学研究中心。维斯特坚持不懈地指出在联邦德国进行术语学基础性研究或者建立术语学研究机构的必要性。20世纪80年代末，在联邦德国的分类学研究中，术语学基础性研究有着较高的显示度（Dahlberg 1985）。

20世纪80年代末，联邦德国术语学研究的星星之火，还可以在翻译培训活动——例如，阿尼茨（Arntz）（1984）、霍恩霍尔德（Hohnhold）（1982/1985）所做的工作——中找到。其他术语学研究主要存在于专业语言研究领域里，人们探讨的也是术语学的基础性问题（Bausch/Schewe/Spiegel 1976）。

2.4.2.3 民主德国

在民主德国有大量的语言研究者，这些研究者们探讨着与应用术语研究相关的理论性问题。这些研究者有：巴克斯（1984）、费莱舍尔（1975）、霍夫曼（1971，

1976，1977，1978，1979，1982）、诺伊贝特（Neubert）（1981，1984，1985，1986）、赖因哈特（Reinhardt）（1974，1978，1981，1983）、舒尔策（1978）等等。特别值得一提的是生物学家维尔纳（Werner）为联合国“国际术语钥匙”项目所做的工作（Werner 1968，1970，1971），以及赖因哈特所做的关于名称构成模板的工作。民主德国以实践为导向的术语研究工作主要是在德累斯顿（Dresden）工业大学的应用语言学学院里开展的（Neubert 1981）。这里的研究亮点，则是应用语言学和计算机技术的紧密结合。1975 年和 1978 年，在德累斯顿召开了两次与术语研究相关的国际学术讨论会，其讨论的主题是：

——计算机辅助的专业语言词典编纂学（Lexikographie）（Baumann 1975）；

——计算机辅助的专业语言词汇学（Lexikologie）（Baumann 1979）。

2.4.2.4 丹麦、芬兰和瑞典

在瑞典，人们早在 1941 年就建立了瑞典术语中心（TNC），这个中心也研究术语学理论问题以及进行术语工作培训（Selander 1981，1982a，1982b，1983）。

20 世纪 70 年代初，首先在丹麦，然后在芬兰和瑞典也兴起了对术语学基本原则和方法论的研究，这首先是从丹麦哥本哈根的商业高等学校开始的。这些基础性的理论研究工作都与皮希特（Picht）教授的不懈努力密不可分（Picht 1982b，1983a，1983b，1985a，1985b，1986，1987）。皮希特教授为讲授术语学课程倾注了大量精力。他在维斯特的奥地利维瑟尔堡做了较长时间的学术访问；在此之后，他就在北欧国家（斯堪的纳维亚各国）组织术语学课程的教学活动。在哥本哈根大学里，学者们也在研究着术语学的基本问题（Spang-Hansen 1976）。

在这里还应该提到劳伦（Lauren）（1982）和索努蒂（Suonuuti）（1986）这两位教授，他们在芬兰也致力于术语学方法论的研究工作。

关于 20 世纪 80 年代末北欧国家术语学活动的概况，人们可以参看《术语网新闻》（*TermNet News* 1985a）1985 年的特刊（第 16 期）*Nordic countries*。

2.4.2.5 英国

20 世纪 80 年代，在英国曼彻斯特大学科学和技术学院的计算机语言学中心（CCL-UMIST），人们也从事着以语言学为导向的术语学基础性研究。这个中心的带头人就是塞杰教授。在全球术语学学术领域里，塞杰教授以其卓越的口才和勤奋的写作而闻名（Sager 1974，1981，1985）。在他的领导下，英国起草了一份建立术

语数据库的研究草案（Sager/McNaught 1980）。

2.4.2.6 美国

在美国，术语学基础性原则和方法的研究工作也存在着，但它带有社会科学的导向。夏威夷大学的政治学家里格斯（Riggs）教授在这个领域里孜孜不倦地做出了不懈的努力。他的许多研究成果已经渗入国际层面的术语工作的指导性文件中了（Riggs 1971，1981a，1981b，1982a，1982b，1983）。

2.4.2.7 阿拉伯国家

阿拉伯世界的几所阿拉伯语学院里（例如，在开罗的学校）也存在着术语学基础性原则和方法研究的萌芽，尤其是在几所大学里——例如在突尼斯的大学，或者在国家标准化组织（INNorPI）（突尼斯）与阿拉伯标准化和计量学组织（ASMO）里。阿拉伯标准化和计量学组织还成立了一个委员会，专门研究术语学基础性原则和方法的制定。在 1986 年 6 月 7 日至 10 日召开的关于阿拉伯世界在术语领域开展合作的会议上，人们一致决定为阿拉伯术语拟定统一的原则和方法。阿拉伯世界之所以付出这样的努力，是因为阿拉伯世界的人们心怀在科学和文化领域里实现阿拉伯化的美好愿望（Sieny 1985）。

2.4.2.8 东亚[①]国家

在中国和日本，国家层面的标准化组织在 ISO/TC 37 制定的术语工作原则的基础上，制定出了相应的术语工作原则和方法。日本有几位研究者也从事着术语学的基础性研究，例如，他们也研究“概念是什么”这样的问题（Ozeki 1987）。

2.4.2.9 其他国家

20 世纪 80 年代末，在比利时的布鲁塞尔大学（Goffin 1976，1978，1982）、南斯拉夫的卢布尔雅那大学（Universität Ljubljiana）（Pediček 1984）、加拉加斯（委内瑞拉）的西蒙·玻利瓦尔大学（Universität Simón Bolívar）（Diego/Sanchez-Vegas 1984）、法国（Guilbert 1973，1976a，1976b，1976c；Rey 1976，1979a，1979b，1979c，1983a，1983b，1985），以及波兰和南非，通过几位研究者的术语学研究活动，人们也能发现术语学基础性研究的踪迹。

① 此处原著中为 Südostasien 即“东南亚”，结合其论述内容，疑原著此词有误，故译文此处改为“东亚”。——译者注

2.5 术语学课程和培训

如果不培养出一批在术语学研究以及在术语工作原则和方法运用方面的专家，显而易见，前辈们在术语学发展的历程中付出的所有心血都将付之东流。因此，在20世纪80年代末之前的十年中，术语学界通过举办各类研讨会以及在大学里开设本科课程和研究生课程，对术语学基础原则和方法等理论以及术语工作实践应具备的知识进行传播，还在从事术语工作的部门里为初学者提供实习机会。

在以具体专业或者以语言为导向的术语学课程早已存在的同时，20世纪70年代初，奥地利（Wüster 1979）和苏联（Leijcik/Nalepin 1986）也开设了术语学课程。丹麦的皮希特教授为术语学教育工作做出了巨大贡献，许多国家都把他的教学模式（大多经过了一定的修订）当作对学生进行术语学教育的好样板（Picht/Andersen 1978；Picht/Draskau 1985；Diego/Sanchez-Vegas 1984）。

2.5.1 单语种的、以专业和语言为导向的术语学课程

早在1913年，维也纳人施罗尔（Schröer）就在德国科隆商业高等学校里讲授术语学课程（Schröer 1913）。1932年，梅辛与其他14位大学教授合写出《走向经济语言学》（*Zur Wirtschaftslinguistik*）这部著作。这部书也用于为经济交流活动提供语言指导（Messing 1932）。

20世纪60年代起，尤其在东欧国家的许多大学和专业高等学校里，人们开设了与具体专业相关的语言课程。举个例子，布拉格农业高等学校的非斯拉夫语言学院就开设了与专业相关的德语课程（Drozd 1975c）。

2.5.2 多语种的、以专业和语言为导向的术语学课程

几乎在所有的口译学院和笔译学院里，教师们不仅教授学生如何熟悉外文术语，在大多数情况下，也引导学生去熟悉特定专业领域的基本概念。特别值得一提的是德国希尔德斯海姆（Hildesheim）高等学校所倡导的培养专业翻译人员的教育模式（Arntz 1984）。

在为未来的口译人员和笔译人员设置的维也纳术语学教学模式中，人们插入了一个术语学理论教学的组件，这种教学模式为学生以术语学为方向写出相关的毕业论文提供了可能性（Bühler 1983）。

2.5.3 20 世纪七八十年代的术语学课程

从 1972 年到 1974 年，维斯特在维也纳大学语言学学院开设术语学讲座“普通术语学和术语词典编纂学导论”（Einführung in die Allgemeine Terminologielehre und Terminologische Lexikographie）（1979）。维斯特的弟子——费尔伯教授从 1975 年到 1985 年继续开设这个讲座，从 1982 年起，他还为这个讲座补充了一些练习。

20 世纪 70 年代初，苏联也开设了术语学课程。从 1970 年起，术语学家坎德拉基（苏联科学院科学和技术术语委员会委员）在莫斯科印刷学院（Polygraphischen Institut）开设了讲座“科学和技术术语基础”，其内容限定在术语的语言和逻辑问题上（Leijcik/Nalepin 1986）。

1970 年初，当术语学作为一门独立的科学学科在苏联发展起来的时候，术语学家莱杰茨克（Leijcik）为莫斯科罗蒙诺索夫（Lomonossov）国立大学哲学系的学生开设了术语学特别讲座。这个讲座探讨的是名称和名称系统的功能、结构及名称构成中所涉及的信息论、语言学、系统论、符号学和逻辑学方面的问题（Leijcik/Nalepin 1986）。

从 20 世纪 70 年代中期开始，苏联在许多大学和高等学院里都开设了术语学课程。例如，术语学家格里尼奥夫在莫斯科罗蒙诺索夫国立大学哲学系开设术语学讲座“术语学导论”（Einführung in die Terminologielehre）。这个讲座的内容是术语学在现代语言学中所处的地位及其与其他学科的关系（Leijcik/Nalepin 1986）。苏联标准化领域的专家们在苏联标准化组织（Gosstandart）所设置的“标准化”（Normung）的框架内，也为研究生研讨会开办了术语学讲座，简要介绍术语学理论以及术语学基本原则应用方面的情况。

术语学课程在丹麦、芬兰和瑞典的一些大学里也开设了，但这些课程大多定位在专业语言方面，或者在研究生课程里给予术语学一席之地，例如瑞典术语中心（Tekniska Nomenklaturcentralen，TNC）所开设的课程。皮希特教授在 1985 年曾经详细阐述过北欧国家对术语学教育的需求。

自 1972 年以来，加拿大在魁北克的一些大学，随后也在其他一些大学（如蒙特利尔大学、渥太华大学）里，开设了术语学课程。加拿大的这些术语学课程，一部分建立在语言学的基础上（Boulanger 1987），而另一部分则建立在术语工作实践的基础上。承担授课任务的教师，要么是语言学家，要么是专业语言研究者或者专业语言教师，要么是翻译工作者或者以语言为导向的术语学家们。[Rondeau et al.（ed.）1981c；Auger 1979a；Dubuc 1975]。

英国的曼彻斯特大学、比利时的布鲁塞尔大学以及法国的巴黎第八大学（Universität Paris VIII）、里昂第二大学（Universität Lyon 2）和克莱蒙费朗（Universität Clermont-Ferrand）大学也开设了类似的课程。在民主德国的许多大学、技术高等学校或者专业高等学校里，也大量开设了与语言学或者专业语言方向相关的术语学课程。

涉及特殊术语学的大学课程或者非大学课程，首先从医药领域里脱颖而出，但是，这些课程中一部分是以具体专业为导向的，另一部分则是以语言为导向的。特殊术语学的更深入的学术思想及其课程设置，可以参看术语学家维尔纳（Werner）在 1971 年发表的相关文章。

在 20 世纪七八十年代，国际术语信息中心（Infoterm）在帮助世界上各类大学开设术语学课程方面功勋卓著（Felber 1985b）。在国际术语信息中心的帮助下，1983 年，在位于委内瑞拉首都加拉加斯的西蒙·玻利瓦尔大学里，人们成功举办了第一届国家级的术语学研讨班（Diego/Sanchez-Vegas 1984）。1983 年，在国际术语信息中心的参与下，西班牙科学研究高级委员会（Consejo Superior de Investigaciones Científicas）在西班牙首都马德里第一次开设术语学课程（Felber/Picht 1984）。国际术语信息中心于 1981 年和 1984 年在中国北京、1985 年在突尼斯的首都突尼斯都举办过术语学理论研讨会。

2.5.4 有关术语学课程的国际研讨会

1978 年，在应用语言学国际联合会术语委员会（Terminologie-Kommission der Internationalen Vereinigung für Angewandte Sprachwissenschaft，AILA）的框架内，在加拿大魁北克的拉瓦勒大学里，举办了一次有关开设术语学课程的国际学术研讨会（Rondeau 1981c）。这次科学讨论会分了几个工作组以分别探讨下面的主题：

——对术语师的基础性培训；

——术语学理论的应用；

——课程讲授方法；

——术语文献数据汇编（研究）。

在这次学术研讨会报告的附录里（Rondeau 1981c），人们可以看到当时维也纳大学和布鲁塞尔大学开设的术语学讲座的题目，以及对魁北克的几所大学开设术语学讲座计划的描述——这些都是魁北克法语局下属的术语学课程设置委员会

（Komitees für den Terminologie-Unterricht）的工作人员所做的工作。这份附录还介绍了拉瓦勒大学术语学实践工作的一些计划。另外，在附录里，人们还能找到北欧国家的术语学课程计划。

3. 普通术语学原则学说（普通术语学理论）

3.0 概论

如果把术语工作当成一个统一的整体来看待的话，术语工作的开展就离不开必要的原则和方法（Wüster 1970b）。它们不仅对于术语的拟定和修订具有至关重要的意义，而且对于术语编纂数据（包括术语数据）的记载和加工都是必不可少的。后面这项工作，人们称之为“术语编纂（学）”（Terminographie）。除了针对个别专业领域和个别语言的术语学原则和方法之外——它们构成了特殊术语学的研究对象，还有这样一些原则方法——它们大部分是跨学科的、跨语言的，是普通术语学（Allgemeine Terminologielehre）[更精确的说法为“普通术语学原则学说”（Allgemeine Terminologische Grundsatzlehre）] 的研究对象。

自 1936 年以来，术语学研究者们致力发展具有统一性、国际化、跨学科和跨语言的术语学基础性原则和工作方法。1939 年，国际化的术语工作被纳入国家标准化协会国际联合会（Weltbund der Nationalen Normenvereinigungen，ISA）的工作框架内。从 1951 年起，ISA 的后继者——国际标准化组织（ISO）承接这项协调国际性术语工作的使命（见本书 4.4.2.2）。诚然，国际标准化组织制定的术语学手册——也就是对术语学原则和工作方法的阐述，其内容永远不应该是封闭终结的和一成不变的。因为，这些原则和方法学说必须不断地从术语学理论和实践领域汲取新的营养。这也是国际标准化组织第 37 分委员会 [ISO/TC 37 术语（原则和协调）（见本书 4.4.2.1）] 及其相应国家标准化委员会的基本使命。

下面介绍的是普通术语学重要的基础性原则和方法（Wüster 1979）。这些原则和方法主要探讨的是对象、概念、概念符号之间的对应关系以及如何对与概念相关的术语数据进行记录，内容主要包括：客观世界的对象如何用概念进行描述（对象和概念的对应关系）、概念的内涵和外延、概念关系和概念连接（Begriffsverknüpfung）、概念系统及其概念图、概念描述、对象关系和对象连接（Gegenstandsverknüpfung）、对象系统及其对象图、组成部分描述（Bestandsbeschreibung）、概念符号和概念的对应关系、概念符号（名称、数字符号、感官符号、缩略符号、名字）、名称要素及其复合物、名称的缩略、术语编纂数据，如何将这些数据整理成不同的单元（记录，等等），如何对术语编纂数据的汇编记录进行整理，等等（Felber 1984）。

下面根据20世纪80年代末的科技发展情况，介绍在其之前的十年里术语原则制定委员会所取得的理论成就，这些成就是来自术语学理论、逻辑学理论、本体论理论、语言学理论、信息科学理论以及各个具体科学领域的杰出专家们诚挚合作和辛勤劳动的成果。这些专家的工作都是匿名进行的，因此，本章的内容可视为上述这些没有提到名字的专家们集体工作的结晶。在以下列举的基础性原则当中，已经有不少早在1953年就收录在德国标准化研究院的一份标准化草案的附录中了（DIN 1953）。

3.1 普通术语学基本原则和方法

3.1.1 普遍基本原则

3.1.1.1 原则之间的权衡

针对每一个概念符号，根据定名原则（Bezeichnungsgrundsätze），人们都提出了很多要求。这些定名原则之间有时会发生矛盾。因此，人们有必要检查一下，在特定情况下应该优先考虑哪个定名原则。

举一个定名原则相互矛盾的例子：一方面要求一个概念符号具有精确性［应该尽可能多地占有（这个概念的）特征作为组成成分］，另一方面却又要求应该简练（kurz），见本书3.1.5.1.5.3。

3.1.1.2 语言经济

当人们打算去构建或者使用一个概念符号的时候，人们必须注意：表达方式的精确性越高，越会给说话和理解带来困难。因此，在通常情况下，人们不应该刻意追求超出各自实际情况的高精确度。

3.1.1.3 固定用法

对于固定用法，如果没有什么强制更改的理由，则不应该改变它。

例子：一个概念符号的概念可能随着科技的发展而演变。想要为这个新概念创造出新的概念符号则应具有以下前提——存在接纳这个新概念符号的前景。

3.1.2 对象

人生活在由对象组成的世界里，这些对象被作为思维主体的人进行了一些分类，但它们或多或少地独立于人而存在。一个这样的对象是客观世界（感官可觉察的或者感官不可觉察的世界）的一个片段。属于感官可觉察的世界的对象，称为“具体对象”；属于感官不可觉察的世界的对象，称为“抽象对象”。具体对象由其时间－空间关系（Raum-Zeit-Bezogenheit/Bezug）表明自身。

具体对象的例子：

我家花园里的某棵樱桃树。

抽象对象则没有时间－空间的联系。

抽象对象的例子：

樱桃树（普遍意义上的）。

在人的思维中，对象是通过概念代表的，见本书 3.1.3。同一个对象可以形成不同的概念。这些概念在人的思维中只代表这个对象的不同片段，而非整个对象。在逻辑学里，人们探讨形式对象（对象片段）和物质对象。这就表明，在具体专业学科里，只有那些对这些专业学科来说是相关的对象片段，才被代表。

例子：关于对象“人”（Mensch）的概念，在医学、生物学、人类学、社会学的意义上就各不相同。

各种对象之间可以存在联系，也可以相互建立起联系。人们把这种关系称为本体关系。有下列几种本体关系：

（1）存在关系（Bestandsbeziehungen）（空间联系）（räumliche Berührung）；

（2）相继／连续关系（时间联系）（zeitliche Berührung）；

（3）材料－产物关系（Stoff -Gebilde）；

（4）效用关系（Wirk-Beziehungen）。

3.1.2.1 本体关系和连接

符号

≻— = 部分（ISO 1951）

—≺ = 整体（ISO 1951）

|⊢ = 并列的对象

≻≺ = 部分与另一个对象重合的对象（ISO 1951）

∠ = 与另一个对象呈对角线关系的对象（向上）

⦥ = 与另一个对象呈对角线关系的对象（向下）

Y = 一体化（Integration）

→ = 相继关系

备用符号：

BP = 整体

NP = 部分

RPH = 组成部分－并列关系（Bestands-Nebenordnung）

RPL = 组成部分－交叉 / 重叠关系

RPD^+ = 组成部分－对角线关系（向上）

RPD^- = 组成部分－对角线关系（向下）

3.1.2.1.1 两个对象之间的存在关系

3.1.2.1.1.1 组成部分的从属关系（下位关系）（Bestands-Unterordnung）（整体－部分关系）或者组成部分的上位关系（Bestands-Überordnung）（部分－整体关系）

图示符号 ≻—：整体≻—部分 字母符号 BP，NP：BP 整体 NP 部分

例子：“欧洲”和“法国”以及“埃及”和“非洲”

欧洲≻—法国

BP 欧洲

NP 法国

埃及—≺非洲

NP 埃及

BP 非洲

3.1.2.1.1.2 组成部分－并列关系（同一整体的部分）

图示符号⊪：对象 1 ⊪ 对象 2 字母符号 RPH： 对象 1 RPH 对象 2

例子："法国"，"瑞士"

法国||⊢瑞士

法国 RPH 瑞士

3.1.2.1.1.3 组成部分 – 交叉 / 重叠关系

图示符号⤙：对象 1 ⤙ 对象 2
字母符号 RPL：对象 1 RPL 对象 2

例子："苏联"和"欧洲"

苏联⤙欧洲

苏联 RPL 欧洲

3.1.2.1.1.4 组成部分 – 对角线关系（不是从属关系或者并列关系）

图示符号∠：对象 1 ∠ 对象 2
图示符号⟍：对象 1 ⟍ 对象 2
字母符号 RPD^+：对象 1 RPD^+ 对象 2
字母符号 RPD^-：对象 1 RPD^- 对象 2

例子："瑞士"和"蒂罗尔"

"伯尔尼"和"奥地利"

伯尔尼∠奥地利

伯尔尼 RPD^+ 奥地利

瑞士⟍蒂罗尔

瑞士 RPD^- 蒂罗尔

3.1.2.1.1.5 在不同语言中的比较

在不同语言领域里，对象的组成部分（Bestände）的划分经常存在差异。也就是说，一个组成部分（Bestand）由不同部分组成。

这里存在着组成部分的上位关系（Bestandsüberordnung）和交叉关系。

（1）上位关系 A > B

对象 A 比对象 B 至少多一个部分。

例子：outillage（法语）> tool（英语）

outillage 和 tool 都有“工具”的意思，但与 tool 相比，outillage 还包括测量设备和支架装置。

（2）交叉关系 A ≻≺ B

对象 A 和 B 只有几个部分是相同的。

例子：quaternary（英语）≻≺ Quartär（德语）

3.1.2.1.2 在三个或者若干个对象之间的存在关系

3.1.2.1.2.1 本体阶梯关系

本体阶梯：对象 1 对象 2（⤙对象 1） 对象 3（⤙对象 2）

例子：欧洲

奥地利

蒂罗尔

3.1.2.1.2.2 本体系列关系

本体系列： 对象 1 ⊩ 对象 2 ⊩ 对象 3

例子：法国⊩瑞士⊩奥地利……

3.1.2.1.2.3 本体连接（组成部分合并）（Bestandsvereinigung）

[合并的不是构件概念（Gliedbegriff），而是属于这个概念的对象]。两个或者若干个对象连接后出现了一个新的整体。这个过程被称为“配对”（Anpaarung）（一体化）（Integration）。

图示符号 Y：对象 1 Y 对象 2 Y……

例子：部分：“男人”，“女人”

人类配对：男人 Y 女人

墙：砖 Y 砖 Y 砖 Y

3.1.2.1.3 相继 / 连续关系（时间联系）

继承关系（Nachfolgebeziehungen）。

图示符号→：前任→后继者

例子：帝王的年表

3.1.2.1.4 材料 – 产物关系（Stoff-Gebilde）

图示符号→：原材料→产品

例子：“木头”，“木箱”

木头→木箱

3.1.2.1.5 效用 – 关系

3.1.2.1.5.1 因果关系

原因 → 结果

3.1.2.1.5.2 工具用途

工具→工具用途

3.1.2.1.5.3 起源

（1）家系学关系

祖先→后裔

（2）种系发生关系

灵长类动物（Präprimaten）→猿

（3）个体发生关系

卵→幼体

（4）物质材料的发展阶段

原油→石油

3.1.2.2 本体系统及其图表

彼此之间具有本体关系（见本书 3.1.2.1）的对象，可以用本体系统进行概括，并可以采用本体图一目了然地加以描述。除了本体系统之外，还存在着逻辑系统（概念系统）（见本书 3.1.3.4.3）和主题系统（见本书 3.1.4.3）。本体系统中的系统构成关系，指的是对象在空间上的并列（毗邻或者前后关系）或者在时间上的先后关系。本体系统也可以称为“对象分类”（Gegenstandsklassifikation），概念系统也可以称为“概念分类”，主题系统也可以称为“主题分类”。最重要的本体系统是存在系统（Bestandssysteme），这在组成部分图中做了描述。

举例，一张组成部分图：

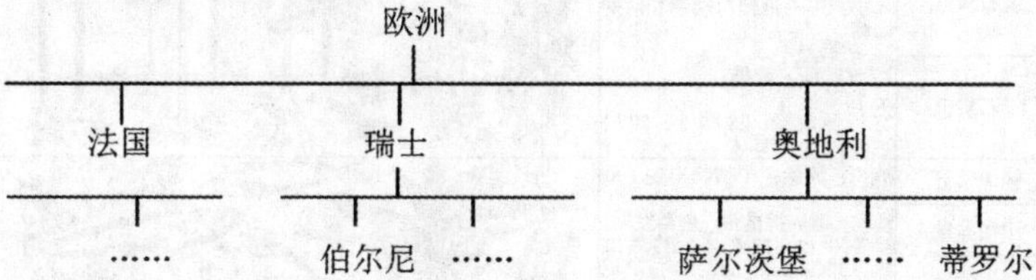

3.1.2.2.1 专业学科分类

专业学科的分类是以概念系统或者存在系统为基础的。

存在系统的例子：《布罗克豪斯百科全书》（1972：250）。

代	纪	世	动植物		持续
新生代		全新世			
新生代	第四纪	更新世（洪积世）	人类在这一时期出现。更新世时期的动植物：1 犀牛，2 大角鹿，3 猛犸象，4 雕齿兽		持续一百万年
新生代	第三纪	上新世 中新世 渐新世 始新世 古新世	动植物与现代较接近。（沼泽森林；哺乳动物的繁荣）5 乳齿象，6 泰坦齿雷兽，7 三趾马		七千万年
中生代	白垩纪	晚白垩纪 早白垩纪	植物：阔叶林，被子植物。 动物：未有哺乳动物。 8 悬铃木，9 叠瓦蛤，10 雷龙，11 海洋异齿双壳类		六千五百万年
中生代	侏罗纪	麻姆世（白侏罗统） 道格世（中侏罗统） 里阿斯世（褐侏罗统）	植物：银杏植物，针叶树占优势。 动物：蜥蜴类的黄金时期；第一批鸟类；第一批硬骨鱼类。 12 翼手龙，13 剑龙，14 始祖鸟，15 菊石		四千五百万年
中生代	三叠纪	晚三叠世 中三叠世 早三叠世	植物：巨型（木贼，蕨类）。 动物：爬行类繁盛；第一批龟类；三叠纪－侏罗纪灭绝事件。第一批哺乳动物。 16 海扇蛤，17 板龙，18 楯齿龙，19 太子参，20 百合花		四千五百万年
古生代	二叠纪	晚二叠世 早二叠世	植物：第一批针叶树。 动物：脊椎动物开始起源。 21 射线鳍鱼，22 Palechinus elegans，23 坚头螈	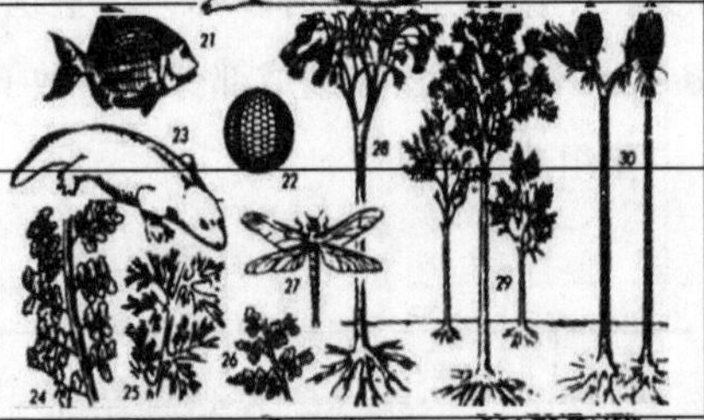	四千五百万年
古生代	石炭纪	晚石炭世 早石炭世	植物：第一批大规模森林（石松，木贼）。 动物：第一批爬行动物和两栖动物 24 异羊齿 25 掌叶蕨 } 蕨类 26 栉羊齿 } 27 巨脉蜻蜓，28 鳞木，29 科达树，30 封印木		八千万年
古生代	泥盆纪	晚泥盆世 中泥盆世 早泥盆世	植物：原始裸子植物出现（蕨类）。 动物：第一批昆虫；鱼类发展。 31 胴甲鱼，32 柏木，33 古蕨属，34Gemündina，35 拉萨尼乌斯，36 粒骨鱼，37 带蕨属		五千万年
古生代	志留纪	志留纪 奥陶纪	植物：奥陶纪大灭绝 动物：第一批脊椎动物（盾皮鱼纲，鲨鱼）；蝎子；第一批陆地生物 38 Graptolithenkolonie，39 神螺，40 巴拉曼蕨，41 鹦鹉螺头足类属，42 三叶虫属		一亿年
古生代	寒武纪	晚寒武纪 中寒武纪 早寒武纪	生物仅生活在海中。一些植物如：水藻。动物：无脊椎动物，没有脊椎动物。 43 奇异虫，44 小舌形贝属，45 栉水母，46 正形贝，47 三叶虫	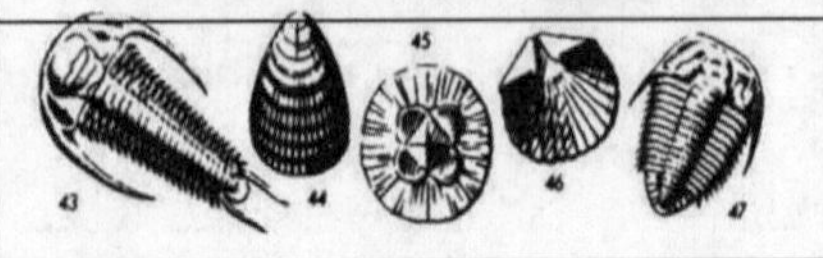	一亿年
太古宙 { 元古代，生命第一次出现；太古代，还没有生命				持续超 24 亿年	

地球发展史

3.1.2.3 组成部分描述（Bestandsbeschreibung）或者部分描述（Teilbeschreibung）

整体中的部分可以采用组成部分描述的方式加以罗列。一个部分可以借助它与整体之间的关系而得以描述。

例子：

膝盖：腿的一部分，由髌骨、内关节、前十字韧带、半月板、囊内韧带、囊韧带、胫骨、腓骨、后十字韧带和外关节组成。

布尔根兰（州）：奥地利共和国的一个州，与施蒂利亚州和下奥地利州接壤。

3.1.2.3.1 一体化的组成部分描述（Integrative Bestandsbeschreibung）

两个或者更多对象的结合，表示的是一种一体化的组成部分描述。

例子：水：H_2O =H H O

H_2O：两个氢原子与一个氧原子结合在一起。

3.1.3 概念

概念是对象（个体）的思维代表，或者是对象片段的思维代表，人类出于理解的需要而将概念符号与之对应。因此，依视角（专业考察的角度）不同，一个对象可以形成不同的概念，这些概念则对应于同一对象的相应片段。在逻辑学里，这些片段被称为“形式对象”。一个概念可以单独代表一个对象，或者借助抽象过程囊括一个对象集合，这个对象集合中的对象具有共同的特性。

概念不仅可以是生物或者事物（Dingen）（通过名词表达出来）的思维代表，而且，从更广阔的意义上说，它们也可以是特性（通过形容词或者名词表达）、行为（通过动词或者名词表达），甚至是场所、情况或者关系（通过副词、介词、连词或者名词表达）的思维代表。

概念的基本要素是特征，它们在认识活动中与对象的特性相对应。概念以它们的特征为基础，相互之间建立起一定关系。概念系统表明概念之间的这种关系，并且可以采用概念图加以描述。概念关系与本体关系（对象关系）是有区分的（见本书 3.1.2.1）。在一个句子里，一个概念可以只是主语（主项）或者谓语（谓项），但从来不可能兼顾二者。每一种术语工作都必须从概念出发。

3.1.3.1 概念的内涵

概念的内涵是这个概念的特征总和。

例子：

矩形：几何图形，由一条水平封闭的线构成，且具有四个相等的角和两两平行的对边。

在概念定义中，概念内涵由大概念（Oberbegriff）和起限制作用的特征组成。大概念由所有构成了其概念内涵的特征组成。在上述情况下，大概念“平行四边形”把下列特征作为自己的内涵：几何图形，由一条水平封闭的线构成，且具有四个角和两两平行的对边。

3.1.3.2 概念的外延

概念的外延：

——在概念分类中：

所有小概念的总和，这些小概念处于同一抽象层次。

——在对象分类中：

属于同一个概念的所有对象的总和。在这种情况下，人们用类（种类）（Klasse）代替概念外延。

概念分类的例子：

水果：核果（Steinobst）、核果（Kernobst）、浆果、干果。

对象分类的例子：

太阳系的天体：太阳、水星、金星、地球、火星、木星、土星、天王星、海王星、冥王星①。

3.1.3.3 特征（Merkmal）

特征是概念最小的组成部分，概念由一个特征或者一个特征复合体组成。概念的特征与对象的特性相对应。人们运用特征来描述概念（特别用在定义中）、在相同概念系列中界定概念（限制特征），以及在概念系统中对概念进行排列。概念系统的结构取决于概念特征种类——它们是概括成为特征组（大概念）的特征——的

① 在 2006 年 8 月 24 日于布拉格举行的第 26 届国际天文学联会通过的第 5 号决议中，冥王星被划为矮行星而从太阳系“九大行星”中除名。从此，太阳系中“九大行星”变为“八大行星”。在原著成书（1989 年）至今（2020 年）的三十余年间，科技有了巨大飞跃，一些旧有发现与理论不断被新发现与理论取代。因此，读者在阅读此译著时应以自身所处时代的科技实际为准。——译者注

选择。在个别情况下，为了排序而选择的特征则取决于各自专业领域的需要。

3.1.3.3.1 特征的划分

有两个重要的特征组：

性质特征（Beschaffenheitsmerkmale）；

关系特征（Beziehungsmerkmale）。

3.1.3.3.1.1 性质特征

性质特征是一种与对象的特性相对应的特征。

性质特征可能是：形状、大小、材料、硬度、颜色等等。

例子：对概念“桌子”（Tisch）起限制作用的性质特征：

特征种类	特征
形状：	圆、椭圆、正方形
	高、矮
	宽、窄
	短、长
材料：	木头（例如：橡木、山毛榉木、松木）
	金属（例如：钢、轻金属）
颜色：	白色、黑色、红色、绿色、棕色
可变性：	可拉开、可折叠、高度可调整

3.1.3.3.1.2 关系特征

关系特征是一种涉及这个对象的与另一些对象的特性之间的关系的特征。

关系特征有更细的划分：

应用特征（Anwendungsmerkmale）；

来源特征（Herkunftsmerkmale）；

等等。

（1）应用特征指的是在用途和空间方面划分出来的表示关系的特征。

（例如，安装位置、作用原理等等）

概念“桌子”的小概念的例子：

特征种类	桌子种类
用途	*饭*桌、*书*桌、*缝纫*桌
空间划分	*饭厅的*桌子、*花园的*桌子、*厨房的*桌子、*办公室的*桌子

（2）来源特征指的是（事物的）生产者、发明者、商人、生产加工、出产地、出产时间等表示来源的特征。

概念“桌子”的小概念的例子：

特征种类	桌子种类
生产加工	*手工制造的*桌子、*机器制造的*桌子
发明者或者生产者	*门策尔（Menzel-）*桌、*内斯特勒（Nestler-）*桌
出产地、出产时间	*佛兰德（人）的*桌子、*巴洛克式的*桌子

3.1.3.3.2　等效特征（Äquivalente Merkmale）

有时会出现这样的情况，概念中两个或者若干个特征是这样相互联系的：每个特征独自与其他特征一起构成等效概念。这种有条件且可替换的特征，人们将其称为等效特征。

例子：

（1）在（等边）三角形的概念中，特征“三个相等的边”或者“三个相等的角”就是等效的。

（2）在凸透镜的概念中，特征“凸面的”或者“光线会聚的”就是等效的。因为每一个凸透镜都是一个聚光透镜（Sammellinse）。

3.1.3.3.2.1　等效特征的等级顺序

如果一个概念有若干个等效特征可供支配，那么，在定义和命名时，建议遵守以下排列顺序：

性质特征；

应用特征；

来源特征。

3.1.3.3.3 非－等效特征

通常情况下，只有不等效的概念特征和概念特征种类，在划分概念时可供使用。于是，这就可能产生出都具有存在的充分理由的不同概念系统。

例子：人们可以依据形状（环形、圆盘形等等）、材料（皮革、橡胶、石棉等等），或者依据生产方式（剪接、压制、浇制等等）等对“垫圈”的概念进行划分。

3.1.3.3.3.1 特征概念的外延

对特征概念外延的选择，不允许太小或者太大。

例子：就可以录声响的设备而言，在其概念内涵里，如果使用“声音”（Ton）这个特征来代替“声响”（Schall）的话，那么，这个概念的内涵就选择得太小了。因为“声音”作为和谐的声波，它是“声响”的小概念。

3.1.3.3.3.2 依赖性特征和独立特征（非依赖性特征）

在一个概念阶梯中，不具有等效性的特征可以是相互依赖的，也可以是不相互依赖的。

3.1.3.3.3.2.1 依赖性特征

如果在附加特殊特征之前就必须给出大概念特征（übergordnete Merkmal）的话，那么，这些特征之间就会存在相互依赖的关系。在这种情况下，第一个特征就与第二个特征具有阶梯依赖关系。

例子：概念“磨光机”就与概念“机床”具有阶梯依赖关系，因为特殊特征“磨光”是从属一般性概念“用工具进行加工”的。

3.1.3.3.3.2.2 独立特征

如果处于一个阶梯不同层次上的特征相互依赖，那么，它们就可以通过不同的方式相互跟随，进行任意结合。

例子：桌子

第 1 层次	桌子	桌子
第 2 层次	矩形桌	饭桌
第 3 层次	木头做的矩形桌	矩形的饭桌
第 4 层次	橡木做的矩形桌	可拉开的矩形的饭桌
第 5 层次	橡木做的可拉开的矩形桌	木头做的可拉开的矩形饭桌
第 6 层次	橡木做的可拉开的矩形饭桌	橡木做的可拉开的矩形饭桌

在（后面）这个例子里，特征“橡木”必须比特征“木头”晚一些出现，因为前者对后者具有阶梯依赖性。剩余的特征不具有阶梯依赖关系，因此，它们可以随

意地相互跟随。

3.1.3.4　逻辑关系和连接

如果对某个确定的专业领域里的概念进行一番比较的话，人们就会注意到，它们处于相互联系（的关系）之中。这些概念之间的关系，是以它们概念内涵之间的相似性为基础的。这些关系被称为逻辑关系或者抽象关系，以区别于本体关系（见本书 3.1.2.1）——它们是对象关系，只是间接地描述概念关系。除了逻辑关系之外，还存在主题关系——它们在文献数据汇编和信息专业里发挥着重要作用（见本书 3.1.4.1）。人们可以把文献中涉及的每一个对象理解成不同的主题。主题本身也可以借助概念得到代表。由主题关系产生的主题序列，是借助比逻辑关系更自由一些的概念关系相互联系的，而逻辑关系则产生以概念系统形式出现的更为严格的概念序列。

逻辑关系（概念关系）是内涵关系，这种内涵关系奠定了概念系统的基础；而主题关系是出现关系（Vorkommbeziehung），这种关系产生的是主题系统。

3.1.3.4.1　逻辑关系

符号

> = 比……小（ISO 1951）= 更小一些的概念内涵

< = 比……大（ISO 1951）= 更大一些的概念内涵

‖ = 逻辑并列关系

× = 逻辑交叠关系（ISO 1951）

/ = 概念对角线关系（上升的）

\ = 概念对角线关系（下降的）

⊤ = 概念 - 确定（限制）

∧ = 概念 - 逻辑合取（Konjunktion）（逻辑与）（Abpaarung）

∨ = 概念 - 逻辑析取（Disjunktion）（逻辑或）（Aufpaarung）

替代性的字母符号：

BG = 更小的概念内涵（大概念）

NG = 更大的概念内涵（小概念）

RGH = 概念并列关系

RGL = 概念内涵的交叠

RGD^+ = 概念对角线关系（上升的）

RGD^- = 概念对角线关系（下降的）

3.1.3.4.1.1 两个概念之间的逻辑关系

如果人们仅从相似性的角度来比较两个概念的话，那么，在通常情况下，这两个概念共同拥有概念内涵的某一部分，而且只是很小的一部分。在此，存在着两种可能性：逻辑从属关系（logische Unterordnung）和逻辑并列关系。

3.1.3.4.1.1.1 逻辑从属关系（下位关系）

如果一个概念拥有另一个概念的所有特征，此外它还具有另外一个特征的话，那么，它就是另一个概念的一个小概念，而另一个概念就是大概念。人们称这种从上到下的关系为“逻辑从属关系”，称从下到上的关系为“逻辑上位关系”（logische Überordnung）。

逻辑上位关系：大概念

逻辑从属关系：小概念

图示符号 >：	概念 1 > 概念 2
字母符号 BG，NG：	BG 概念 1
	NG 概念 2
BG = 大概念	
NG = 小概念	

例子：交通工具是空中交通工具的大概念。

交通工具 > 空中交通工具

BG 交通工具

NG 空中交通工具

水路交通工具是交通工具的小概念。

水路交通工具 < 交通工具

NG 水路交通工具

BG 交通工具

3.1.3.4.1.1.2 逻辑并列关系

经常会有这样的情况：当两个概念进行相互比较时，其中每个概念除了具有双方共同的内涵之外，还至少具有另一个特征，借助这个特征，这个概念与另一个概念就区别开了。如果这些起区分作用的特征属于同一特征种类的话，也就是说，它们处于同一个大概念之下的话，那么，这里涉及的就是“逻辑并列关系”。这些概念被称为“具有并列关系的概念”。

图示符号 ‖ ：概念 1 ‖ 概念 2 字母符号 RGH ： 概念 1 RGH 概念 2 RGH = 并列关系

例子：水路交通工具与空中交通工具具有并列关系。

水路交通工具 ‖ 空中交通工具

水路交通工具 RGH 空中交通工具

3.1.3.4.1.1.3 逻辑交叠关系

还常有这样的情况：一个概念拥有另一个概念内涵的一部分，也就是说，两个概念的内涵只是部分叠合。术语工作中常常遇到这样的情况。这种情况需要有相应的术语学规则进行指导，以便让这些概念处于一个系统之中。上位关系、从属关系或者并列关系，也是逻辑交叠关系的特殊类型。所以，它们描述的是受系统制约的交叠关系。

图示符号 ×： 概念 1 × 概念 2 字母符号 RGL： 概念 1 RGL 概念 2 RGL = 逻辑交叠关系

例子： 授课 × 传授

授课 RGL 传授

3.1.3.4.1.1.4 逻辑对角线关系

如果一个共同大概念（抽象程度更高一些）的两个小概念既不是通过从属关系，也不是通过并列关系而相互联系的话，那么，在这个共同大概念的两个小概念之间，就存在着逻辑对角线关系。

图示符号 /：概念 1 / 概念 2

图示符号 \：概念 3 \ 概念 4

字母符号 RGD$^+$：　概念 1　RGD$^+$　概念 2

字母符号 RGD$^-$：　概念 3　RGD$^-$　概念 4

RGD ＝逻辑对角线关系

例子：概念“帆船”与概念“空中交通工具”在向上的逻辑对角线关系中彼此排列。

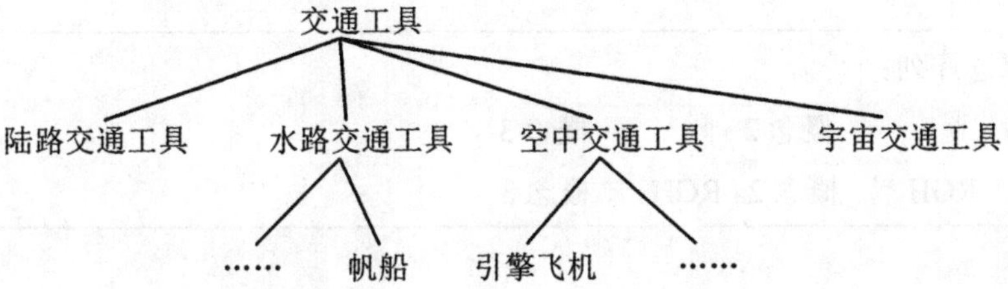

帆船　/　空中交通工具

帆船　RGD$^+$　空中交通工具

水路交通工具 \ 引擎飞机

水路交通工具 RGD$^-$ 引擎飞机

3.1.3.4.1.2　在三个和若干个概念之间的逻辑关系

如果从相似性的角度去对三个或者多个概念进行比较的话，则存在着两种不同的可能性，具体要视从属关系和并列关系是否同时出现而定。

3.1.3.4.1.2.1　逻辑阶梯关系

经常出现这样的情况：在所有被比较的概念之间，只有逻辑从属关系存在。那么，这些概念构成的则是“逻辑概念阶梯”。

逻辑概念阶梯：概念 1

概念 2（< 概念 1）

概念 3（< 概念 2）

因此，对于概念 3 而言，概念 2 是大概念（Oberbegriff）（最靠近的更高一级概念）；而对于概念 3 而言，概念 1 就是一个超大概念（Überbegriff）（上位概念中的一个）。

例子：交通工具　　　　BG

空中交通工具　　NG1

引擎飞机　　　　NG2

交通工具 > 空中交通工具 > 引擎飞机

3.1.3.4.1.2.2　逻辑系列关系

同样，也经常有这样的情况：在所有被比较的概念之间只存在逻辑并列关系。那么，这些概念构成的则是“逻辑概念序列”。

逻辑概念序列： 概念 1 ‖　　概念 2 ‖　　概念 3 概念 1 RGH　　概念 2 RGH　　概念 3

例子：

陆地交通工具 ‖ 水路交通工具 ‖ 空中交通工具 ‖ 宇宙交通工具

3.1.3.4.2　逻辑连接

在比较三个概念时，可能存在这样的情况：在三个可比较的概念中，有两个概念是相互并列的，而第三个概念与其他两个概念之间则存在着上位关系或者从属关系。在这种情况下，这两个相互并列的概念则可解释成起始概念 [“构件概念”（Gliedbegriffe）]，通过它们之间的结合（或者“连接”），出现了第三个概念。

存在三种概念结合（连接）的类型：

（1）确定（充实内涵）；

（2）概念 – 逻辑合取（Konjunktion）（内涵的结合）；

（3）概念 – 逻辑析取（Disjunktion）（外延的结合）。

3.1.3.4.2.1　确定

如果把第二个概念作为特征附加在起始概念的内涵上，那么，借助这种方式，起始概念就受到了限制（“给限定了”）。由此而产生的概念（终端概念）则是起始概念的小概念，而起始概念在此则变成了终端概念（Endbegriff）的一个大概念。

起始概念 + 特征概念 = 终端概念 + = 借助于……更详细地限定

例子：交通工具 + 水路 = 水路交通工具

3.1.3.4.2.2 概念 – 逻辑合取（逻辑与）（内涵的结合）

构件概念的内涵融合成一个终端概念。终端概念是构件概念最靠近的共同小概念。

构件概念 1 ∧ 构件概念 2 = 终端概念 ∧ = 和，并且（同时）

例子：

生态的 ∧ 社会的 = 生态 – 社会的

工程师 ∧ 商人 = 工程师 – 商人

螺旋桨飞机 ∧ 滑翔飞机 = 动力滑翔飞机（见本书 3.1.3.4.3.1.1.5）

3.1.3.4.2.3 概念 – 逻辑析取（逻辑或）（外延的结合）

构件概念的外延结合成一个终端概念。终端概念是构件概念最靠近的共同大概念。

构件概念 1 ∨ 构件概念 2 = 终端概念 ∨ = 或者，也是

例子：

正方形 ∨ 菱形 = 带有四条相等边线的平行四边形

矩形 ∨ 长菱形 = 带有两对各自等长边线的平行四边形

3.1.3.4.3 逻辑系统及其图表

概念是依据它们的特征而建立起相互联系的（见本书 3.1.3.3.1）。采用概念图则可以形象描述概念系统（逻辑系统）的这种内在联系（Wüster 1979：14）。人们也可以称概念系统为“概念分类”。正如前文所述，此外还存在着本体系统和主题系统（见本书 3.1.2.1 或者 3.1.4.3），它们也称为“对象分类”或者“主题分类”。概念系统中构件（Glieder）的系统化构成关系就是概念内涵。概念分类就是概念的划分，因此，它是独立于代表它的符号的。概念符号（见本书 3.1.5）由文字符号、感官符号和 / 或者数字符号构成。系统化命名是在概念系统内部发生的，如对化合物的科学命名。概念系统的系统化命名构成了名称系统。概念符号也可以是标记（Notation）——数字和或者字母。系统化的名称或者标记，说明的是概念在概念系统中的位置。

一个确定的概念可以只属于一个概念系统，而由它代表的对象则可以属于若干个概念系统。因为，任意一个对象都可能产生代表着这个任意对象不同片段（形式对象）的不同概念。概念和对象绝不允许混淆（见本书 2.3.1.3.1.3）。

针对概念系统存在着很多描述方式，因此，人们应该筛选出最实用的一种。概念系统的结构依赖于划分视角（特征种类）的选择；也就是说，处于某种抽象阶段上的特征应该属于同一种特征种类，例如，形状（圆的、矩形的等等）、颜色（红的、绿的等等）、材料（钢、木头等等）。只有在独立特征的情况下，这种选择才是自由的。而依赖性特征则决定了一种规定了的秩序（见本书 3.1.3.3.3.2.1）。可能存在这种情况：针对某个（确定的）人类知识领域，两个或者若干个不同的概念系统同时存在，而且这些概念系统都有自己存在的充分依据。但如果人们打算在这个知识领域里使用某种确定的概念系统的话，那么，这种概念系统就应该（如果有可能的话）被规定下来，也就是说，要对它进行标准化。

逻辑概念系统——也被称为“抽象系统”——可以是分解式的（divisorisch），也可以是组合式的（kombinatorisch）。

下面介绍的，则是对于概念系统而言最重要的描述方式——采用“概念图”的形式：

分解式

——角形图

——桁架图

——目录清单形状的概念图

组合式

——角形图

——特征载体和特征图

——十字形图

分解－组合式

——分解的角形图

——分解式的特征载体图表

3.1.3.4.3.1　分解式的概念系统和概念图

分解式的概念系统要比组合式的概念系统更为人们所熟知。它们常常采用角形图或者桁架图进行描述。

3.1.3.4.3.1.1　角形图

自古代以来，角形图就以“波菲利之树”（Porphyrianischer Baum）的名字而为人们所熟知。

3.1.3.4.3.1.1.1　角形图（带有等级标记）

（Wüster 1979，图表部分：1；DIN 1971b：4）

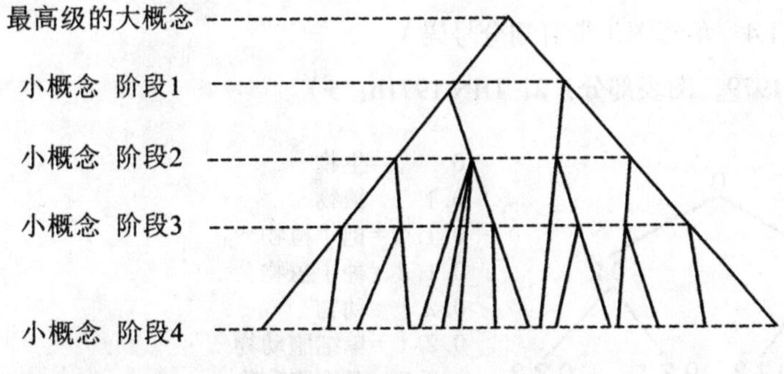

3.1.3.4.3.1.1.2　角形图（带有对特征种类的说明）

（Wüster 1979，图表部分：1；DIN 1971b：4）

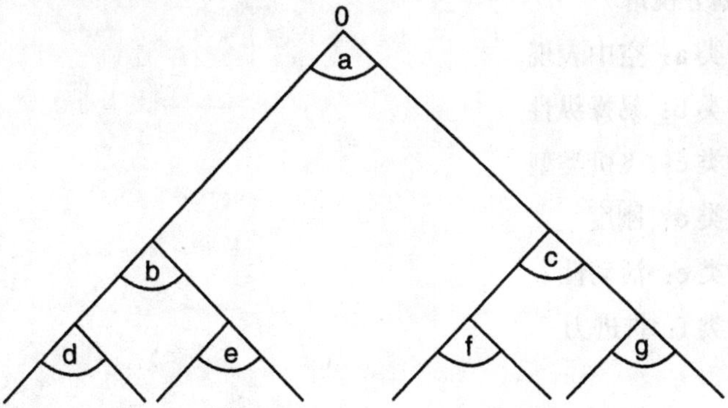

3.1.3.4.3.1.1.3　角形图（带有对名称的说明）

（Wüster 1979，图表部分：1；DIN 1971b：4）

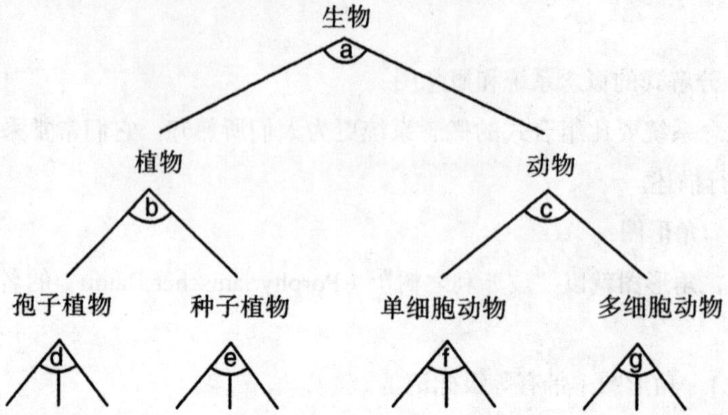

3.1.3.4.3.1.1.4　角形图（带有划分号码）

（Wüster 1979，图表部分：2；DIN 1971b：5）

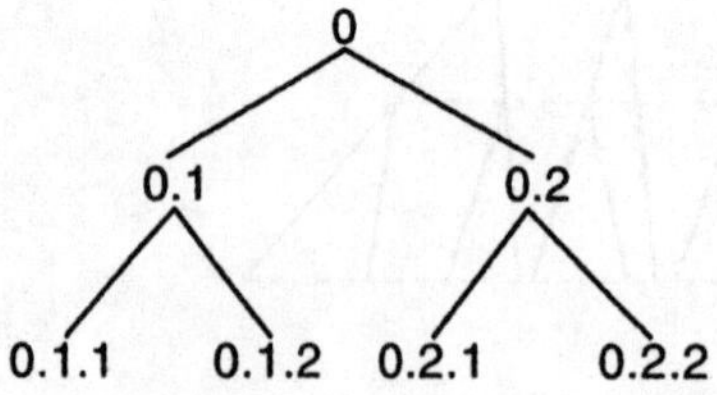

0　　=生物
0. 1　=植物
0. 1. 1 =孢子植物
0. 1. 2 =种子植物
0. 2　=动物
0. 2. 1 =单细胞动物
0. 2. 2 =多细胞动物

3.1.3.4.3.1.1.5　概念“飞行器”的不同角形图

（1）划分视角

特征种类 a：空中表现

特征种类 b：易操纵性

特征种类 c：飞机类型

特征种类 d：刚度

特征种类 e：活动性

特征种类 f：推进力

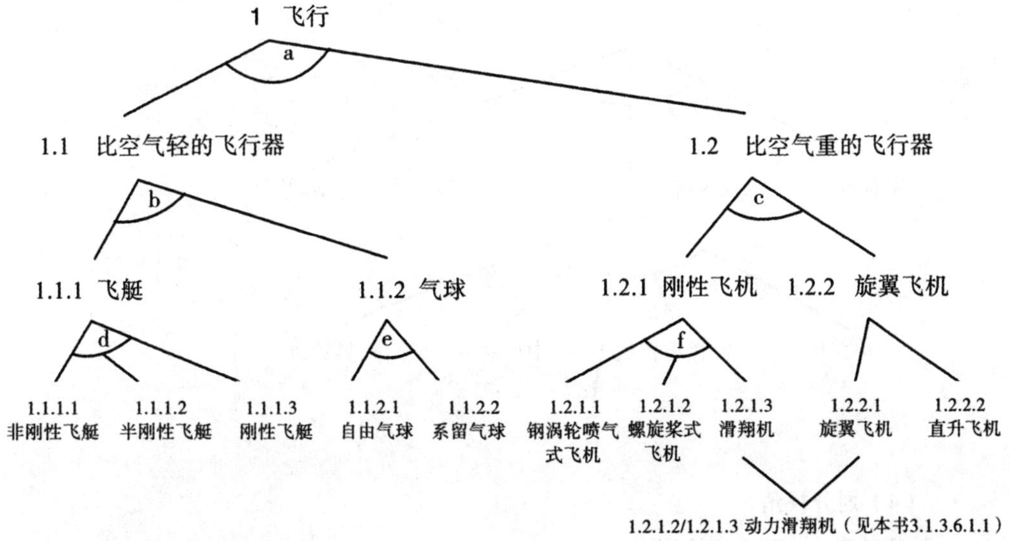

（2）划分视角

特征种类a：起飞和着陆

特征种类a_1：起飞类型

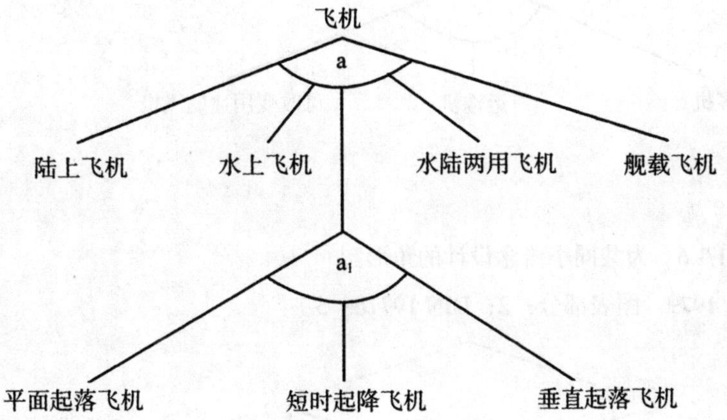

（3）划分视角

特征种类b：翼的数量

特征种类b_1：翼的位置

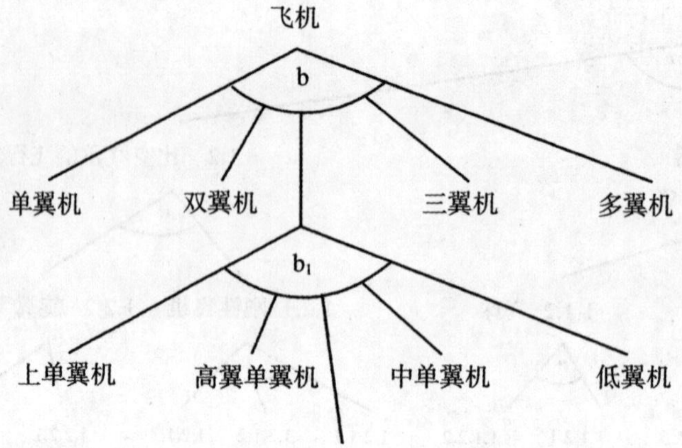

（4）划分视角

特征种类 c：飞机的使用

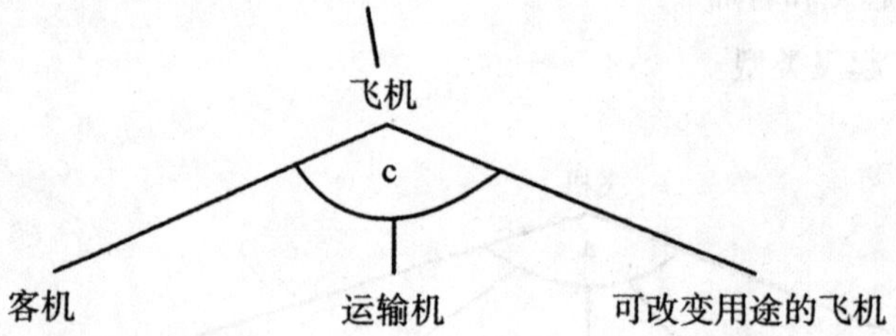

3.1.3.4.3.1.1.6　为共同小概念设计的角形图

（Wüster 1979，图表部分：2；DIN 1971b：5）

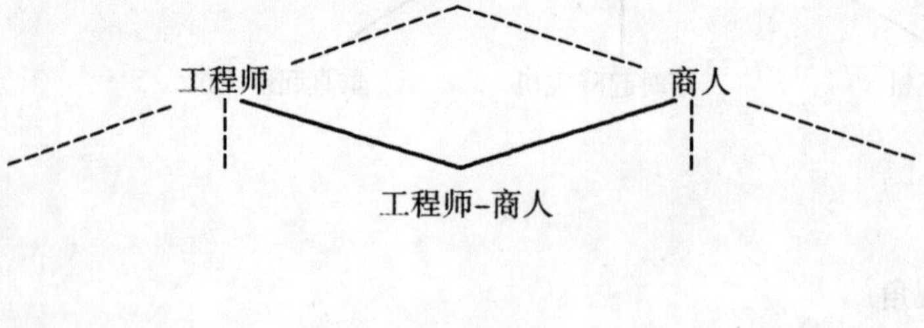

3.1.3.4.3.1.2 桁架图

在某些情况下，桁架图要比角形图更实用。

0	0.1	0.1.1
		0.1.2
	0.2	0.2.1
		0.2.2

（Wüster 1979，图表部分：2；DIN 1971b：6）

例子：

（1）为手锯设计的桁架图

（Wüster 1979，图表部分：3；DIN 1971b：18）

				示例
0 手锯	1 没有预张力的手锯（进一步划分的特征类型：保持单面或者双面）	1.1 有把手的手锯（进一步划分的特征类型：与轴线相对的切开装置）	1.1.1 锯圆木头的有把手的手锯	
			1.1.2 锯板材的有把手的手锯	
		1.2 有自由跨度的手锯（进一步划分的特征类型：有无切割体和切割体是否为叶形）	1.2.1 两人拉的叶片锯	
			1.2.2 有牵引链的手锯	
	2 有预张力的手锯（进一步划分的特征类型：叶片长度大于或者小于500mm）	2.1 弓形锯（进一步划分的特征类型：与轴线相对的切开装置）	2.1.1 树锯	
			2.1.2 线锯和嵌锯	
		2.2 拉伸锯（进一步划分的特征类型：与轴线相对的切开装置）	2.2.1 锯圆木头的拉伸锯	
			2.2.2 锯方材（方木）的拉伸锯	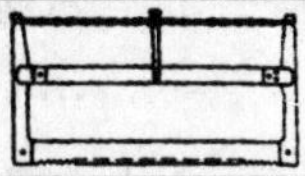
			2.2.3 锯木板的拉伸锯	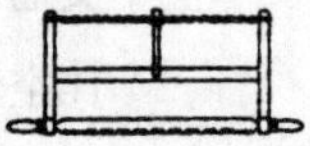

（锯木头的手锯分类。DIN 6493， 1961年2月）

3.1.3.4.3.1.3 清单形式的概念图

一张由划分数字或者行首缩进空格组成的概念清单，描述的同样是一种概念图。

例子：

（1）带有划分数字的概念图

1 交通工具

1.1 陆地交通工具

1.1.1 汽车

1.1.2 ……

……

……

1.2 水上交通工具

1.2.1 内燃机船

1.2.2 ……

……

……

1.3 空中交通工具

1.3.1 比空气轻的交通工具

1.3.1.1 飞艇

1.3.1.2 气球

（2）带有行首缩进空格的概念图

交通工具
  陆地交通工具
    汽车
    ……
  水上交通工具
    汽艇
    ……
  空中交通工具
    比空气轻的空中交通工具
      飞艇
      气球
      ……

3.1.3.4.3.1.4　专业科学分类

在大多数情况下，专业科学分类是以概念系统或者存在系统（Bestandssystem）为基础的。

为概念系统设计的例子：见动物学系统（Garms 1985：XXXVI）

3.1.3.4.3.2　混合概念系统和概念图

有的时候，在实践中可能出现这样的情况：一个逻辑系统必须和一个存在系统相结合。下面给出了一个混合概念图的例子：

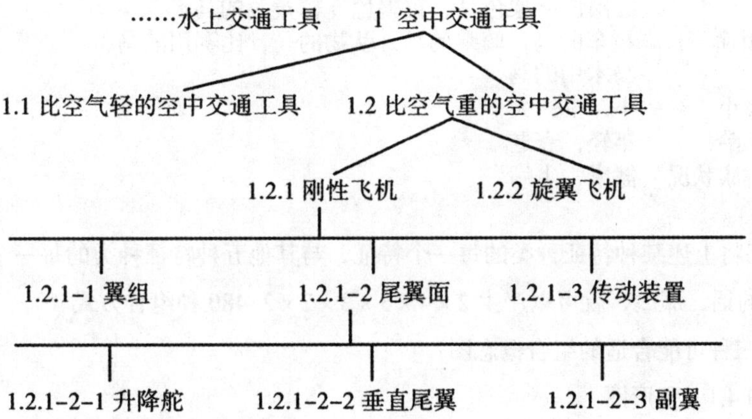

3.1.3.4.3.3　分类符号

在十进制分类符号里，也可能存在着混合的描述方式。例如，一个点标明小概念，一个连字符[①]标明部分概念（Teilbegriff）（见本书例子 3.1.3.4.3.2）。

清单图的例子：

1	
1–1	1 的部分概念
1–1.1	1–1 的小概念
1.1	1 的小概念
1.1–1	1.1 的部分概念
1.1–1.1	1.1–1 的小概念

① 此处所指的连字符在中文里应为半字线。——译者注

3.1.3.4.3.4 组合的概念系统和概念图

只有在明确的本体（关系）前提满足了的情况下，组合的概念系统才可能建立起来。这个前提是：在涉及的具体专业领域里，在与现实不发生矛盾的情况下，一个来自某种特征种类的任意特征，可以与来自另一种特征种类的任一特征组合在一起。

例子： 马

特征种类	特征
（1）性别	雄性 = 牡马，雌性 = 牝马
（2）颜色	黑色 = 黑马，白色 = 白马， 红褐色 = 栗色马，黄褐色 = 棕黄色的马
（3）用途	拉车的马，骑乘的马，驮物的马，比赛用的马， 马术用的马
（4）大小	小，中，大
（5）年龄	年轻，衰老
（6）健康状况	健康，生病

如果人们将上述某种特征种类的每一个特征，与其他五种特征种类的每一个特征组合在一起的话，那么，就可以产生 2×4×5×3×2×2=480 种组合方式。

有下列三种可能合适的组合概念图：

3.1.3.4.3.4.1 角形图

两个分支的一个角或者一个由若干个分支组成的分支束，与每一种特征种类相对应。人们可以在每一个分支的末端放置概念符号。

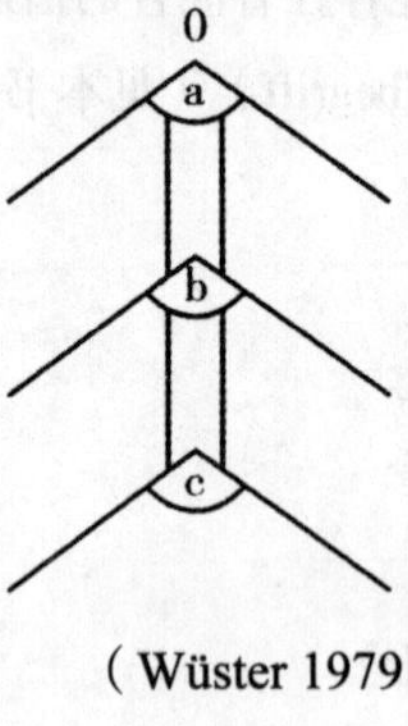

（Wüster 1979，图表部分：3；DIN 1971b：6）

3.1.3.4.3.4.2 特征图

每一种特征种类都有自己的栏目或者扇形面。

例子：（1）

	a	b	c
0	a_1 a_2 a_3	b_1 b_2	c_1 c_2 c_3 c_4

（Wüster 1979，图表部分：3；DIN 1971b：6）

（2）

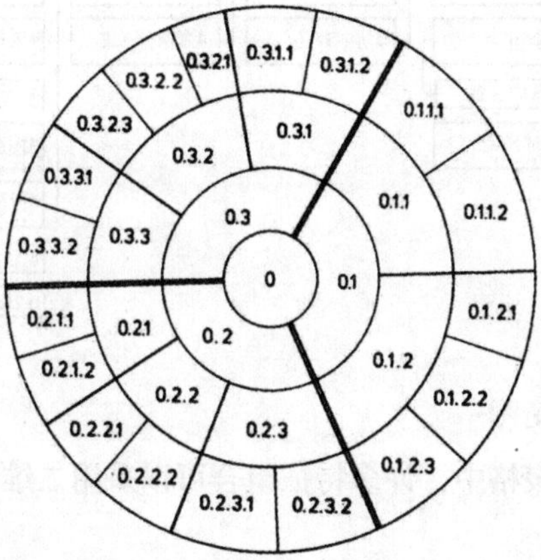

（DIN 1980a：17）

例子：特征图 “开关”

（Wüster 1979，图表部分：4；DIN 1971b：8）

	a	b	c	d	e	f
	开关位置的机械性能	操作	断路电流强度	灭火剂	应用	安装
0 = 开关	a_1 开 a_2 按键 a_3 关	b_1 手或脚 b_2 推动 b_3 通过辅助电源 b_4 通过机械传动等远程操作	c_1 空 c_2 负载下 c_3 一台马达情况下 c_4 大功率下	d_1 空气 d_2 石油 d_3 煤气 d_4 真空	e_1 防护 e_2 分离 e_3 打开辅助电源 e_4 选择等等	f_1 固定 f_2 可伸缩 f_3 插入式

3.1.3.4.3.4.3 特征载体图

在这样的表格中，特征的位置被相应的概念符号替代了。

例子：特征载体图“开关”

（Wüster 1979，图表部分：4；DIN 1971b：9）

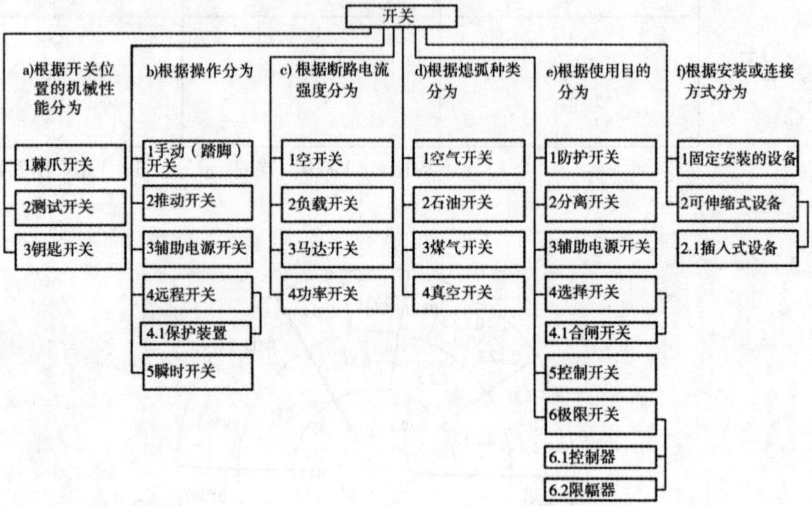

3.1.3.4.3.4.4 交叉图

在一张交叉图的表格中，许多特征组合可以采用二维形式进行描述。

a \ b	a_1	a_2	a_3
b_1			
b_2			

（DIN 1971b：9）

上面的交叉图对应下面这张特征图。

a	b
a_1	b_1
a_2	b_2
a_3	

（DIN 1971b：9）

例子：交叉图“螺钉”

（Wüster 1979，图表部分：5; DIN 1971b：9）

螺钉末端 / 整个螺钉	尖	栓	钉头
四角螺钉			
六角螺钉			
螺纹销			

3.1.3.4.3.5 分解－组合式概念系统和概念图

3.1.3.4.3.5.1 分解式的角形图

它产生于一个简单的角形图（见本书 3.1.3.4.3.4.1）。在这些三角形边的位置上，对概念做了进一步的划分。这种分解式的角形图也被称为“树链”。

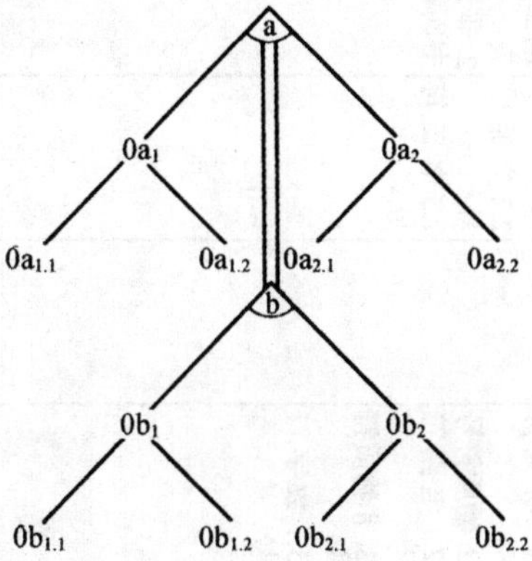

（DIN 1971b：9）

3.1.3.4.3.5.2 分解式的特征载体图

它产生于一个简单的特征载体图（见本书 3.1.3.4.3.4.3）。在一个或者若干个栏中，特征呈分解形式划分。

例子：“符号”的特征载体图

（DIN 1971a: 2）

特征载体类型									拼写字符分类（b1.3.1.1）			
来源与影响	符号形式		意义		学科领域		符号－意义分配		特征载体类型的组合			
									c,f	d,h,i		i,d
a	感觉器官 b	结构 c	与语言的关系 d	所指对象的本质 e	频率，重要性 f	专门性 g	符号形式的记忆辅助作用 h	意义的直接性 i	i	k		l
1. 自然符号 **2. 常规符号** 2.1 描绘型符号 2.1.1 命名型符号 ……	**1. 视觉符号** 1.1 光学符号 1.2 颜色符号 1.3 外形符号 1.3.1 形状符号 …… …… 1.3.2 大小符号 1.4 组合视觉符号 **2. 听觉符号** **3. 视觉接触符号** **4. 物体符号** ……	**1. 基本符号** 1.0.1 具有简单身体特征的符号 1.0.2 具有复合体的符号 …… …… 1.1 自主基本符号 1.2 互补符号 1.2.1 补充符号 1.2.2 结构符号 **2. 复杂符号** ……	**1. 语音符号** 1.1 音节符号 1.2 超音节符号 1.2.1 压力标记 1.2.2 停顿标记 **2. 语义符号** 2.1 代表性语义符号 2.1.1 概念符号 …… …… 2.1.2 情景符号 …… …… 2.2 影响符号 2.2.1 指示符号 **3. 思想符号** ……	**1. 感官印象符号** 1.1 视觉印象符号 1.1.1 颜色符号 1.2 听觉符号 **2. 物质符号** 2.1 电路符号 **3. 非物质符号** 3.1 数字符号 ……	**1. 基本符号** **2. 特殊符号** ……	**1. 非技术符号** **2. 技术符号**选项： 2.1 计算中使用的符号 2.2 交通信号 2.3 电工符号 ……	**1. 模仿性符号** 1.1 解释性符号 1.1.1 直接代表 1.1.2 间接代表 **2. 非说明性书面符号** ……	**1. 主要符号** **2. 次要符号** ……	**1. 基本书面符号** 1.1 偶尔出现的书面符号 1.2 书面符号 1.2.1 基本书面符号 1.2.2 特殊书面符号 …… …… **2. 复杂书面符号** ……	**1. 语音书面符号** 1.0 语音符号 1.1 具象语音书面符号 1.2 非具象语音符号 1.2.1 主要非具象语音书面符号 **2. 语义书面符号** 2.0 形象符号 2.1 具象语义书面符号 2.1.1 主要具象语义书面符号 ……	2.1.2 次要具象语义书面符号 …… …… 2.2 非具象语义书面符号 2.2.1 主要非具象语义书面符号 2.2.2 次要非具象语义书面符号 …… …… ……	**1. 主要书面符号** 1.1 主要语音书面符号 1.2 主要语义书面符号 **2. 次要书面符号** 2.1 次要语音书面符号 2.1.1 画谜符号 2.2 次要语义书面符号 2.2.1 字母符号 ……

说明：

……
……　}＝省略从属概念（四或五位数）

3.1.3.5 概念和概念系统的相适应

在国际层面上，同一种概念的内涵应该统一。做到这一点的意义极为重大。否则，在不同语言共同体或者职业共同体的成员之间，想要实现相互的理解就会困难重重，甚至可能根本无法实现。在本书前面曾经提到过一种事实：一些相同的对象却可能形成代表着它们的不同概念，继而也就在个别的语言共同体或者职业共同体中形成了不同的概念系统。造成这种事实的原因，可以归结到不同视角的选择上。人们从不同的视角出发，也就形成了针对同一对象的不同概念。但是，即使是在不同语言共同体的相同专业里，也可能出现概念以及概念系统不一致的情况。这种情况可能造成更大的理解困难，而且在这里受害的不仅仅是这个领域的专家们，在这个领域里充当语言中介的翻译工作者更是受害不浅。

针对上述存在的问题，人们已经意识到，可能只存在一种解决办法，那就是——通过人为地对概念和概念系统进行协调统一来实现有意识的相互适应。对于这一点，在科学技术领域里，人们通过标准化组织的标准化工作已经成功做到了（Wüster 1959）。遗憾的是，在 20 世纪 80 年代末所存在的大量翻译类词典里，在千篇一律的命名公式的伪装之下，名称背后的概念之间并不完全匹配的真相被掩盖了。只有以概念系统为基础的术语工作以及相应的术语规范化（标准化）工作，才可能消除上述弊端。因此，编纂翻译类词典的工作，也应该以编纂系统化专业词典的工作方法为基础。如果人们在此需要对这类工作的科学性提出一定要求的话，那么，除了要求达到概念完全一致这一理想指标之外，还应该标明“一致性”的程度，以便对存在的偏差进行说明。

在对概念进行比较时，可以对它们之间的一致性程度进行明确。这样的比较是以概念内涵为基础进行的。下文采用图表的形式，叙述了两个概念（A 和 B）之间一致性的几种可能性。

概念 A 和 B 的比较，它们的概念符号属于不同的语言：

概念 A 具有特征 a_1、a_2、a_3……（语言 1）；

概念 B 具有特征 b_1、b_2、b_3……（语言 2）。

概念 A 和 B	比较	概念内容
1 相符一致	A=B	
$A=a_1,a_2,a_3\cdots\cdots$ $B=b_1,b_2,b_3\cdots\cdots$	$a_1=b_1$ $a_2=b_2$ $a_3=b_3$ ……=…… 等等	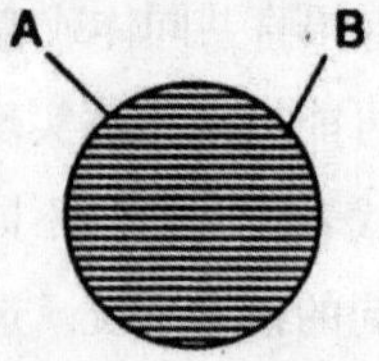
2 交叉重叠	$A\times B$	
$A=a_1,a_2,a_3,a_4\cdots\cdots$ $B=b_1,b_2,b_3,b_4\cdots\cdots$	$a_1=b_1$ $a_2=b_2$ $a_3=b_3$ $a_4\neq b_4$ $a_5\neq b_5$①	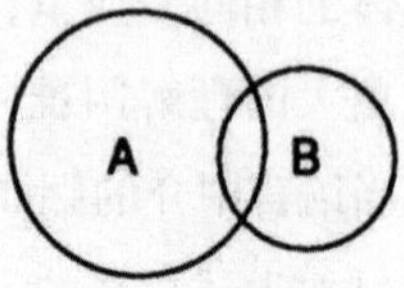
3 上位或下位关系	A>B	
$A=a_1,a_2,a_3\cdots\cdots$ $B=b_1,b_2,b_3,b_4$ A 的含义比 B 宽广	$a_1=b_1$ $a_2=b_2$ $a_3=b_3$ b_4 缺少 a_4	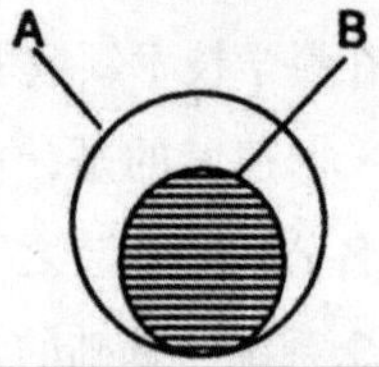
4 不同	$A\neq B$	
$A=a_1,a_2,a_3\cdots\cdots$ $B=b_1,b_2,b_3\cdots\cdots$	$a_1\neq b_1$ $a_2\neq b_2$ $a_3\neq b_3$	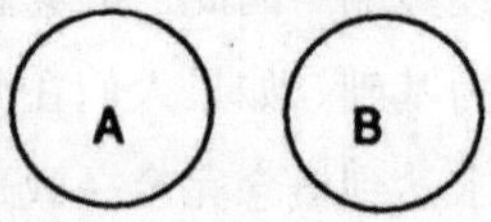

例子：

（1）相符一致

法语 machine-outil ＝ 德语 Werkzeugmaschine（机床）

（2）交叉重叠

英语 cricket（板球）× 德语 Schlagball（棒球）

尽管器具相同，但是比赛规则是不同的。

（3）下位关系

英语 machine tool < 法语 machine-outil，德语 Werkzeugmaschine

machine-outil 或者 Werkzeugmaschine 是"用于切割和铸造的工具"，而 machine tool 只是一台"切割机"。

①原著中此处为 a_5，结合上下文，此处应为 b_5。——译者注

3.1.3.5.1 概念系统的规范化

正如我们已经看到的，如果出于特殊的目的，若干个概念系统可以并列。为了在专业交流中帮助人们实现清晰明了的相互理解，在不同的语言当中，不仅必须要对概念进行规范化，而且也需要实现概念系统的规范化。在对概念系统进行拟定时，人们最有可能从已经存在的分类系统或者文献汇编出发。对具体概念系统的制定，同样需要人们拥有具体专业的相关知识。在着手开展国际性的术语项目时，人们最好从一种已经得到承认的国际分类法出发，或者从这种分类法里得到启发。如果手头找不到国际化的分类法，人们可以从现存的国家（民族）分类法入手。

例子：规范化的“纤维”概念系统（德语、法语、英语和西班牙语）（Bisfa 1968：12，4，22，32）

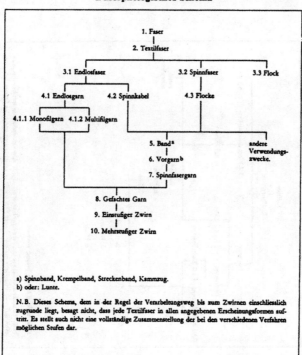

Morphologisches Schema
der Grundbegriffe und ihre Definitionen

I. Morphologisches Schema

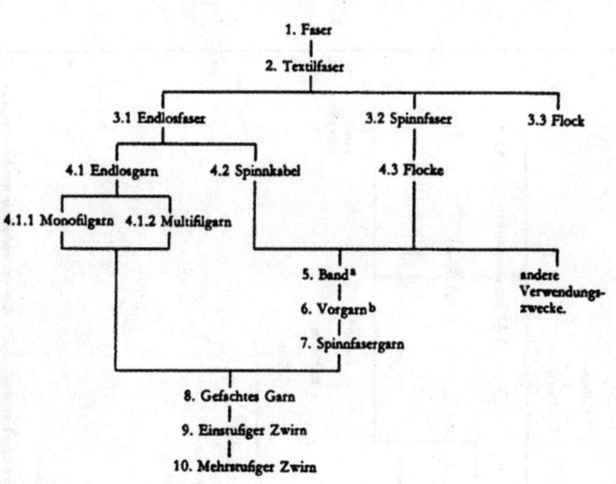

a) Spinnband, Krempelband, Streckenband, Kammzug.
b) oder: Lunte.

N.B. Dieses Schema, dem in der Regel der Verarbeitungsweg bis zum Zwirnen einschliesslich zugrunde liegt, besagt nicht, dass jede Textilfaser in allen angegebenen Erscheinungsformen auftritt. Es stellt auch nicht eine vollständige Zusammenstellung der bei den verschiedenen Verfahren möglichen Stufen dar.

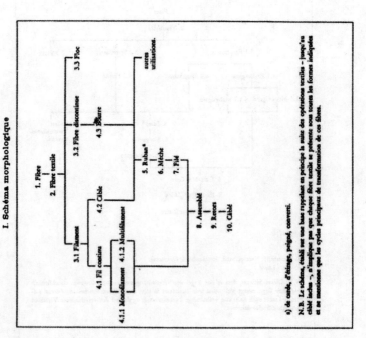

Schéma morphologique
des termes principaux et leurs définitions

I. Schéma morphologique

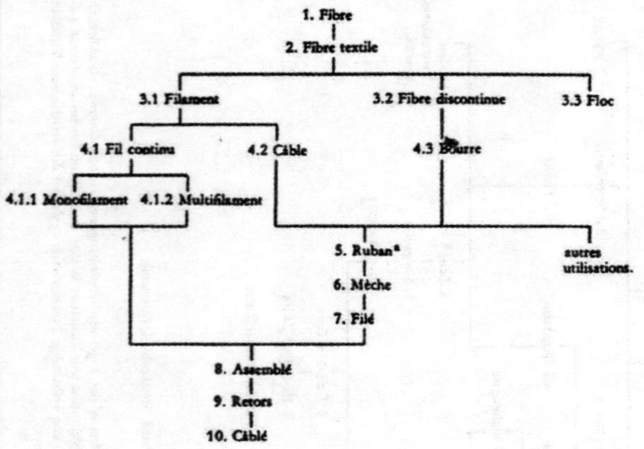

a) de carde, d'étirage, peigné, converti.

N.B. Le schéma, établi sur une base rappelant en principe la suite des opérations textiles – jusqu'au câblé inclus –, n'implique pas que chaque fibre textile se présente sous toutes les formes indiquées et ne mentionne que les cycles principaux de transformation de ces fibres.

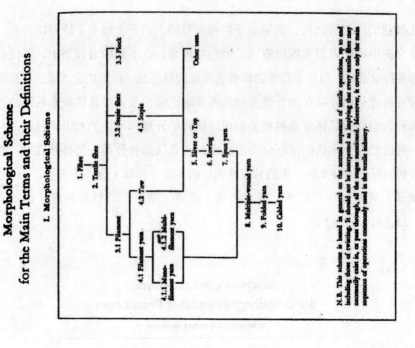

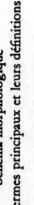

Morphological Scheme
for the Main Terms and their Definitions

I. Morphological Scheme

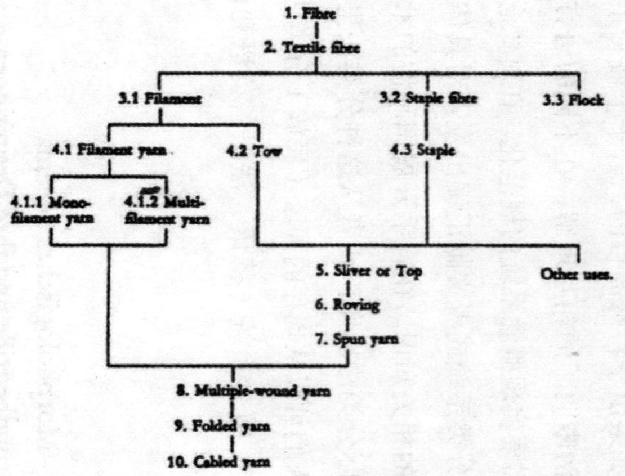

N.B. This scheme is based in general on the normal sequence of textile operations, up to and including those of twisting. It should not be interpreted as implying that every textile fibre may necessarily exist in, or pass through, all the stages mentioned. Moreover, it covers only the main sequences of operations commonly used in the textile industry.

Esquema morfológico
de los términos principales y sus definiciones

I. Esquema morfológico

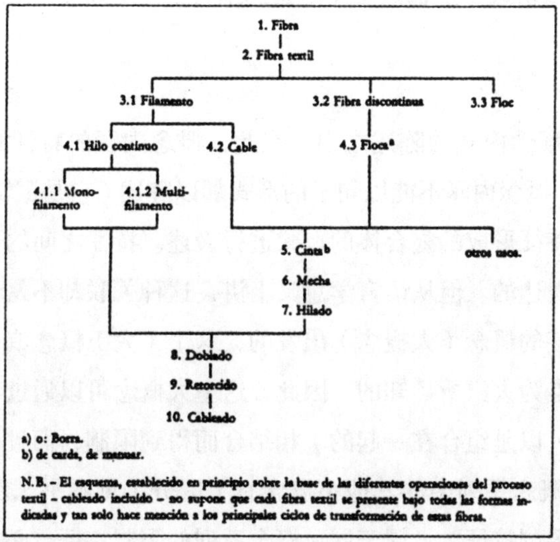

3.1.3.6 概念描述

每一个概念都是借助概念描述而确定下来的。人们采用概念符号（名称、感官符号等等），通过对众所周知的概念（特征）展开陈述，来对概念进行描述。

人们将概念描述分为以下几类：

——内涵描述（定义、概念解释）；

——外延描述（外延确定）。

定义也被称为“概念规定”（Begriffsbestimmung）。定义是指通过对概念内涵特征的陈述而对一个概念进行的规定，这种规定是与某个概念系统相关的。

概念解释是指通过对概念内涵特征的陈述而实现的概念描述，这种描述与概念系统无关。

外延确定是指通过对位于某个概念下的小概念进行列举而展开的概念描述。这种描述是处于一个抽象层次上的。通过对位于这个概念范畴内的对象进行列举，人们得到一个类（种类）（Klasse）。

每一种术语工作都必须从概念描述出发。因此，在概念被描述之前，概念符号不太可能得到确定。

为了描述概念，有三种概念连接方式可供选择：

——确定（见本书 3.1.3.4.2.1）；

——概念 - 逻辑合取（逻辑与）（内涵的结合）（见本书 3.1.3.4.2.2）；

——概念 - 逻辑析取（逻辑或）（外延的结合）（见本书 3.1.3.4.2.3）。

3.1.3.6.1 定义

定义存在于对概念内涵的陈述之中。在此，概念内涵的特征必须与某个概念系统有关。在定义中，概念内涵不能以句子的形式加以陈述（它是逻辑意义上的陈述），而要以相互关联的特征形成的复合体的形式进行表述。特征之间的这种相互关联性是借助语法手段进行表达的。但从语言学意义上讲，这种关联却不是句子。定义过程是从概念阶梯中最直接的概念（大概念）出发的，这个（大）概念或者是经过定义的，或者是人们推测它是为大家所熟知的。因此，这个大概念可以通过与一个或者若干个特征（这些特征也可以是组合在一起的）相结合而得到限制，而且，通过这种方式，这个大概念与同一概念系列中的其他小概念有了区分（见本书 3.1.3.4.1.2.2）。人们也称这些特征为"限制特征"。属于同一概念系列的限制特征，必须属于同一个特征种类。

定义是一种由概念连接而成的语言表达。也就是说，它是一种"确定"（Determination）或者概念 - 逻辑合取（逻辑与）的语言表达。

在"确定"这种情况下，定义的结构是这样的：

概念符号：大概念 + 起限制作用的特征（一个或者多个）

例子：

（1）飞机：带有平面支承结构的飞行器

大概念：飞行器

起限制作用的特征：平面支承结构

（2）水陆两用飞机： 可以在水面上和陆地上起落的飞机

大概念：飞机

起限制作用的特征组合：在水面上和陆地上起落

3.1.3.6.1.1 作为定义的概念 – 逻辑合取

概念 – 逻辑合取（逻辑与）描述一种定义。它将两种内涵结合成一个小概念。

概念符号：内涵（构件 1），并且，同时（也是）内涵（构件 2） 构件 1 ∧ 构件 2

例子： 动力滑翔机 螺旋桨式飞机 ∧ 滑翔机

动力滑翔机 螺旋桨式飞机，并且，同时也是滑翔机

3.1.3.6.1.2 限制特征

定义中起限制作用的特征，是概念排序的基本要素。概念的结构依赖于对限制特征及其特征种类的选择。

3.1.3.6.2 概念解释

概念解释存在于对概念内涵的陈述之中。在这里，概念内涵的特征与概念系统无关。

概念内涵与句子无关，而与相互关联的特征复合体有关。与定义不同的是，在概念解释中，其过程是从概念等级中处于更高等级的概念（内涵贫乏的概念）出发的，这个概念可以假定是众所周知的，限制特征被逐一列举出来——这些特征通常没有相互界定开来——一直达到满足预期的概念外延。因此，一般来说，概念解释要比定义长一些，因为那在定义中概括在大概念里的特征复合体，在概念解释中不是以大概念的形式出现的，而是以一部分特征的形式列举了出来。

一个概念解释的结构：

概念符号：在概念等级中处于更高位置的概念 + 限制特征

例子：

（1）矩形：由一条平面封闭的线条组成的几何图形，带有四个角，每两条对边平行且四个角相等。

特征复合体：由一条平面封闭的线条组成的几何图形，带有四个角，每两条对边平行，对应概念“平行四边形”。

（2）在以字母顺序编排的语言词典中的条目：

矩形：带有四个直角的四边形。

3.1.3.6.3 外延确定（Umfangsbestimmung）

外延确定存在于对概念外延的陈述之中，也就是存在于对概念系统中处于同一抽象层次上的所有小概念的枚举中。它也可以由落到某个概念之下的所有对象组成。对外延确定的详尽阐述不可能一劳永逸，因为随着时间的推移，更多的小概念或者对象会产生出来，诚然，这些小概念或者对象是属于同一个概念范畴的。

外延确定要比定义更容易为人们所理解。因此，定义常常借助外延确定而得到补充。不完全的外延确定常常用来指明猜测的概念（gemeinte Begriff）。

外延确定的结构：

概念符号：概念符号 1，概念符号 2，概念符号 3……

例子：主题分类：文献数据汇编（叙词表）、词典编纂分类、文献数据汇编分类、内容概要。

3.1.3.6.3.1 作为外延确定的概念－逻辑析取（逻辑或）

概念－逻辑析取描述外延确定。两个或者若干个概念的外延结合成一个大概念。

概念符号：外延（构件 1）或者外延（构件 2） 构件 1 ∨ 构件 2 ∨

例子：人类：男人∨女人∨孩子

3.1.3.6.4 插图

常常可以借助插图而让定义变得一目了然。但一般而言，插图不能代替定义使用。因为插图只代表了一个单个的对象，而不代表具有普遍性的对象。

当然，也存在着这种情况：特征概念是借助图示而不是借助名称而得到代表的。在这种情况下，一种图示组合体就可以构成一种定义。然而，在此必须补充一点：在这种情况下，图示代表的是一个普遍性概念（Allgemeinbegriff），而不代表某个个体对象的概念。

例子：“飞兰”（Fliegen-Ragwurz）的特征图（Delforge/Tyteca 1984：92）

“飞兰”的分布地点

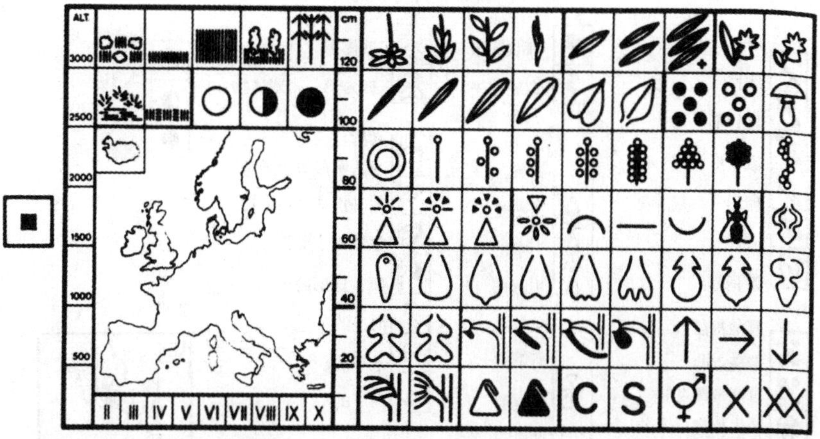

内侧角周叶呈线形，颜色有棕色至黑色。唇瓣颜色较暗，长度大于宽度。花柱呈红色，短而钝。整个扩散区域具有抗变形性。

图标说明

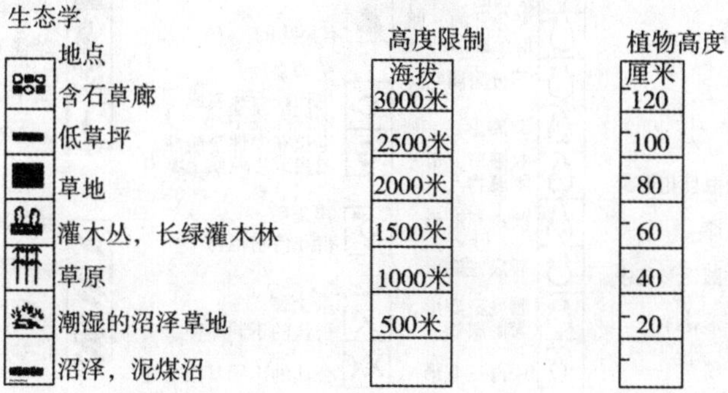

（对图中符号的解释）

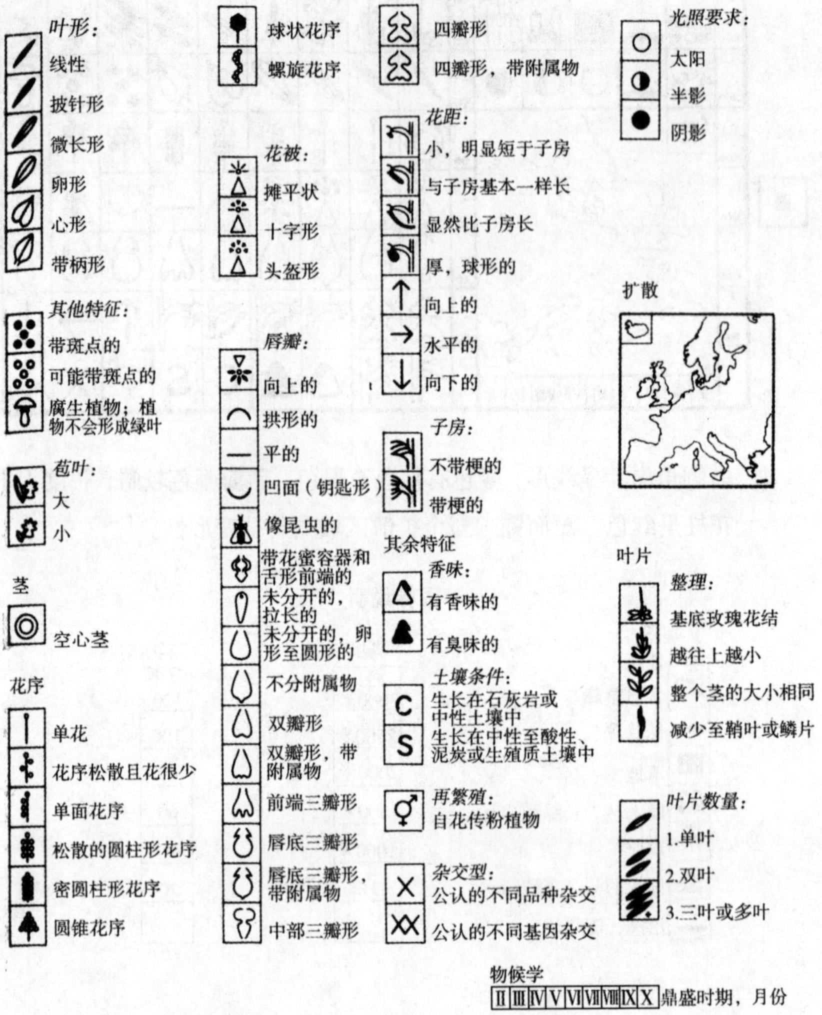
叶形：
线性
披针形
微长形
卵形
心形
带柄形
其他特征：
带斑点的
可能带斑点的
腐生植物；植物不会形成绿叶
苞叶：
大
小
茎
空心茎
花序
单花
花序松散且花很少
单面花序
松散的圆柱形花序
密圆柱形花序
圆锥花序
球状花序
螺旋花序
花被：
摊平状
十字形
头盔形
唇瓣：
向上的
拱形的
平的
凹面（钥匙形）
像昆虫的
带花蜜容器和舌形前端的
未分开的，拉长的
未分开的，卵形至圆形的
不分附属物
双瓣形
双瓣形，带附属物
前端三瓣形
唇底三瓣形
唇底三瓣形，带附属物
中部三瓣形
四瓣形
四瓣形，带附属物
花距：
小，明显短于子房
与子房基本一样长
显然比子房长
厚，球形的
向上的
水平的
向下的
子房：
不带梗的
带梗的
其余特征
香味：
有香味的
有臭味的
土壤条件：
C
S
生长在石灰岩或中性土壤中
生长在中性至酸性、泥炭或生殖质土壤中
再繁殖：
自花传粉植物
杂交型：
公认的不同品种杂交
公认的不同基因杂交
光照要求：
太阳
半影
阴影
扩散
叶片
整理：
基底玫瑰花结
越往上越小
整个茎的大小相同
减少至鞘叶或鳞片
叶片数量：
1.单叶
2.双叶
3.三叶或多叶
物候学
II III IV V VI VII VIII IX X 鼎盛时期，月份

3.1.3.6.5 “是－概念描述”（Ist-Begriffsbeschreibung）和“应该－概念描述”（Soll-Begriffsbeschreibung）

人们还可以依据目的对概念描述进行划分。“是－概念描述”用于断定（feststellen），而“应该－概念描述”用于规定（festlegen）。

3.1.3.6.6 概念描述的原则

在拟定概念描述时，人们需要注意一系列的原则。

3.1.3.6.6.1 术语工作的出发点

每一种术语工作都应该从概念描述出发。

3.1.3.6.6.2 在概念描述中的概念

在概念描述中所使用的概念，必须在同一种或者其他可靠的出版物中是明确的。

3.1.3.6.6.3 概念描述的协调一致

在某一专业领域中的概念描述，必须前后协调一致，以便通过这种描述使概念之间的区分清晰可见。

3.1.3.6.6.4 概念描述的有效性

针对某种概念符号的概念描述，其有效性应该是受到限制的。例如，只针对某种特定出版物，譬如只针对某一种标准而言是有效的。这一点必须引起人们的注意。

3.1.3.6.6.5 概念符号的统一使用

对于某种概念，应该一直使用同一种概念符号，例如，“飞机引擎”（Flugzeugmotor）不能与“飞机的引擎”（Motor des Flugzeugs）交替使用。

3.1.3.6.6.6 定义或者概念解释的精确性

针对不同的目的，某种定义或者概念解释的精确程度应该是确定的。举例而言，专业教科书中的定义或者概念解释，应该要比为普通学校教育编排的教科书中的具有更高的精确程度。

3.1.3.6.6.7 定义或者概念解释的简洁性

定义或者概念解释应该尽可能简洁，不应该包含与定义或者概念解释无关的陈述。

针对定义，以下原则同样适用：

3.1.3.6.6.8 不完全定义

人们必须留心，在下定义时不要错误地省略掉某个限制特征。人们很容易识别出这种不完全的定义：在定义的两侧，也就是被定义项（概念）和定义项（大概念+起限制作用的特征）无法替换。举个例子，“螺丝：紧固件”。这个定义的内容中就缺少了限制特征。

3.1.4 主题

在文献数据和信息领域中，主题是文献所涉及的对象。主题本身是通过概念代表的，并与主题符号相对应。主题符号可以是名称或者其他的概念符号。

3.1.4.1 主题关系

概念内涵的相似性构成了逻辑概念关系的本质；与此相反，主题关系涉及的则不是构件概念（Gliedbegriff）的本质，而是它们在文献或者语篇（文本）关系中的具体存在。在主题关系中，相关对象构件之间的关系是松散的。这样的关系就决定了一个主题可以与另一个主题形成上位关系（主题阶梯）或者并列关系（主题系列）。因此，主题系统中的构件之间要比在逻辑系统中的存在更多的自由。主题关系是“主题系统”或者“主题分类”的基础。在主题分类中，“主题阶梯”和“主题系列”与概念阶梯和概念系列相对应。

符号

≻→　＝宽泛概念　≻→更狭窄概念

→　＝优选概念（Deskriptor）（叙词）

“＝”＝对应性：（优选概念）– 非叙词（Nichtdeskriptor）

主题符号＝叙词

可替代的字母符号

BT（也写作 OB）= 更宽泛概念

NT（也写作 UB）= 更狭窄概念

RT（也写作 VB）= 同源类似的概念

SN（也写作 D）= 解释

BS= 使用

BF= 针对……被使用（benutzt...für）

3.1.4.1.1 直接 - 等级关系

如果人们借助外延比较两个主题的话，有时会发现，一个主题与另一个主题之间呈现出上下位关系。处于上位的主题包含了处于从属地位的主题。这可以借助图解方式加以描述。

上位关系：大主题＝更宽泛概念

从属关系（下位关系）：小主题＝更狭窄概念

图示符号>→：大主题>→小主题

字母符号 BT，NT：BT 大主题；更宽泛概念

NT 小主题；更狭窄概念

BT = 更宽泛的术语

NT= 更狭窄的术语

例子： 引擎飞机

SN 只针对带有刚性机翼的飞机，它们比空气重。

BT 飞机

NT_1 引擎飞机

NT_2 货机

3.1.4.1.2 间接 - 等级关系

存在于水平关系或者对角线关系中的两个主题，如果在它们之间不存在逻辑关系上的或者本体论关系上的区别，则称之为是“同源的”（“有关系的”）(verwandt)。

下面用图解方式对此做形象说明。

图示符号：主题 1

– 主题 2

字母符号 RT： 主题 1

RT 主题 2

RT = 有关系的 / 同源的术语（Related Term）

例子：

（1）飞行术

BF 航空

NT 滑翔飞行

RT 比空气重的飞行器

（2）比空气重的飞行器

BT 飞行器

NT 直升飞机

RT 飞行术

3.1.4.1.3 主题阶梯（Themaleiter）

主题阶梯是对主题进行分类的结果。在此，一个主题处于另一个主题的上位位置上。主题阶梯是以一个阶梯关系为基础的。处于上位位置上的主题包含了处于从属（下位）位置上的主题。没有上位主题的共同参与，处于从属位置上的主题则无法使用。

一种主题阶梯可以是一种概念阶梯，但不一定必须是这样。在后一种情况下，人们说的是“假阶梯”（Scheinleiter）。拟定主题阶梯要比拟定概念阶梯享有更多的自由。

“假阶梯”的例子：电工学 – 电机 – 电枢绕组

3.1.4.1.4 主题系列（Themareihe）

主题系列也是对主题进行分类的结果。在这里，这些主题以并列的形式排在一起，使得它们相互排斥。主题系列以一种系列关系为基础。一种主题系列可以是一种概念系列，但并不一定必须是这样。在后一种情况下，谈的就是“假系列”（Scheinreihe）：蒸汽力 – 水力发动机 – 电工学。

3.1.4.1.5 交叠重合

系列关系存在的前提是：相互并列的主题，其外延不是交叠重合的。但是，交叠重合也是一种常见的主题关系。

对于一个特定的信息系统而言，交叠重合的主题在等效性上做了变换。在这种标准化过程中，人们把一个主题规定为叙词（Deskriptor）（优选概念），而第二个主题由此变成了非叙词。这一点可以使用图解进行说明。

图示符号 = ：主题 1（非叙词，使用小写字母）
= 主题 2（叙词，使用大写字母）
字母符号 BS ：主题 1（非叙词，使用小写字母）
BS 主题 2（叙词，使用大写字母）
或者
图示符号 = ：主题 2（叙词，使用大写字母）
= 主题 1（非叙词，使用小写字母）
字母符号 BF ： 主题 2（叙词，使用大写字母）
BF 主题 1（非叙词，使用小写字母）
GB = 大写字母
KB = 小写字母

例子：

（1）SEGELFLUGZEUG（一种滑翔机）

BF Gleitflugzeug （也是一种滑翔机）

BT 飞机

RT 滑翔

（2）Gleitflugzeug（一种滑翔机）

BS SEGELFLUGZEUG（也是一种滑翔机）

3.1.4.2 主题连接

主题连接与概念连接相类似。但与产生了一个新概念的概念连接不同的是，在主题连接中不出现新概念。主题连接只是表明，在某个确定的文献中，连接起来的构件是作为主题出现的。

3.1.4.2.1 主题 – 逻辑合取（Konjunktion）

主题 – 逻辑合取意味着：在一种文献中，两个或者若干个主题是相互作用的。

例子： 标准∧术语

在文献中，术语与标准之间存在着相互关系。

3.1.4.2.2 主题－逻辑析取（Disjunktion）

主题－逻辑析取意味着：在一种文献中，两个或者若干个主题是相互独立的。

例子：标准∨术语

在文献中，主题标准与术语是分开处理的。

3.1.4.3 主题系统和图表

并不是所有看上去像概念系统（概念分类）的就真的是一个概念系统。如果在系统的构件之间不存在概念关系的话，一些排列起来的概念并不是概念系统，但这些概念形成了主题关系。主题系统与概念系统类似，它们也由概念组成，但主题系统涉及的是构件之间的系统构成关系，它只是利用一下某种文献中出现的概念。主题系统也可以构成某种知识领域的框架，其中结合了与各个主题相对应的概念系统或者存在系统。以这种方式，某种知识系统（专业领域）表明它自身是一种与合并进来（成一体化）的概念系统相结合的主题系统。主题系统也可以借助概念系统或者存在系统对专业部分进行描述，继而将术语词典和术语标准联合成一个整体。主题图表或者主题分类可以是文献数据汇编、词典分类、文献分类、内容一览。

3.1.4.3.1 文献数据汇编（Dokumentationsthesaurus）

文献数据汇编是以术语缩减（术语控制）为基础的。术语缩减由下列部分组成：

（1）剔除了同义词和同音（同形）异义词（术语清理）；

（2）剔除了阶梯同义词、假阶梯同义词、交叠重合同义词以及其他伪同义词（等级清理）。

以上内容足以表明，在这里，小主题的名称或者类似的概念被剔除了，也就是说，人们为众多概念优选出了唯一的概念符号（叙词）。在这里，对阶梯同义词、假阶梯同义词、交叠重合同义词，以及其他伪同义词的剔除，不是术语加工工作，而是一种文献数据汇编工作。

一个文献汇编（Thesaurus）由按字母顺序编排的部分和按系统编排的部分（主题分类）组成，其中只出现叙词。文献汇编的主题分类可以有不同的形式，例如，箭头图形式、树形图形式、清单形状的分类图等等，下面举出了几个例子。

（1）德国标准化研究院“交通总词语汇编”的矩形箭头图：

[rechteckiges Pfeildiagramm Dachthesaurus Verkehr（Ziv 1974）（DIN 1980：22）]

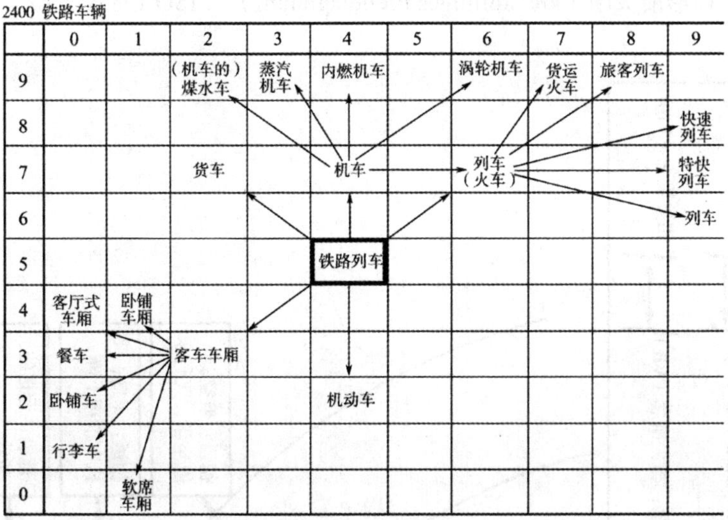
2400 铁路车辆
0
1
2
3
4
5
6
7
8
9
（机车的）煤水车
蒸汽机车
内燃机车
涡轮机车
货运火车
旅客列车
快速列车
货车
机车
列车（火车）
特快列车
列车
铁路列车
客厅式车厢
卧铺车厢
餐车
客车车厢
卧铺车
机动车
行李车
软席车厢

（2）环形箭头图（kreisförmiges Pfeildiagramm）（ISO 1985：58）

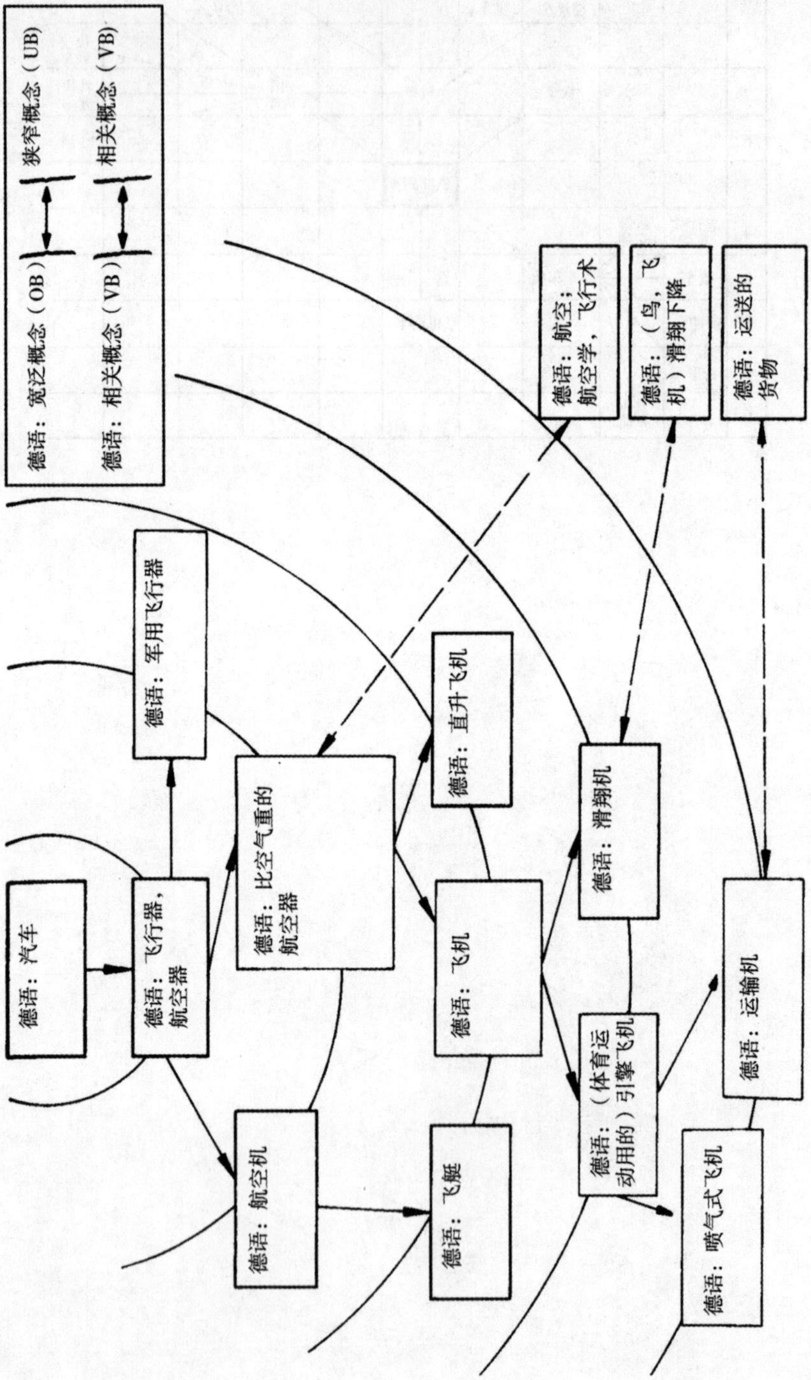

（3）树形图（ISO 1985：56）：见本书 3.1.4.3.2（2.3）

（2.3）德语

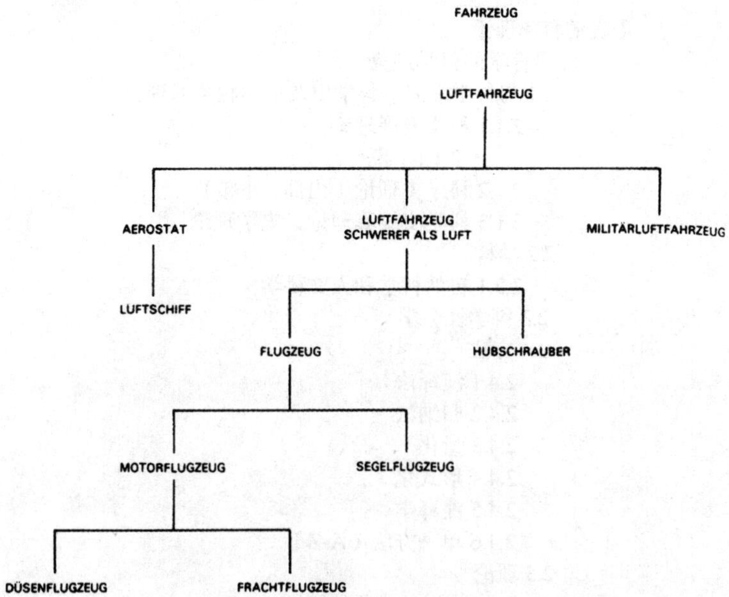

（4）清单形状分类图

语言学的科学理论（Dutz/Kaczmarek/Wulff 1983：34）

语言的科学理论

2. 语言学的科学理论
- 2.1 与科学发展、科学史及史学相关的理论
  - 2.1.1 科学发展理论
    - 2.1.1.1 模型
  - 2.1.2 科学史理论（内部 / 外部）
  - 2.1.3 科学史编纂理论，史学理论
- 2.2 学科
  - 2.2.1 自然科学和人文科学
- 2.3 科学社会学
- 2.4 方法
  - 2.4.1 演绎法
  - 2.4.2 归纳法
  - 2.4.3 量化
  - 2.4.4 形式化
  - 2.4.5 注释学
  - 2.4.6 单一方法（A-Z）
- 2.5 理论
  - 2.5.1 单位 / 对象的问题
  - 2.5.2 图论
  - 2.5.3 经验主义
  - 2.5.4 描述
  - 2.5.5 解释
  - 2.5.6 验证，伪造
  - 2.5.7 对象和元语言
    - 2.5.7.1 科学语言
    - 2.5.7.2 定义学说，定义和下定义
    - 2.5.7.3 递归性，自反性
  - 2.5.8 公理，公理化
  - 2.5.9 还原，抽象
    - 2.5.9.1 充分程度
- 2.6 规范科学哲学

符号学

3. 符号学
- 3.1 一般符号学
  - 3.1.1 符号理论
    - 3.1.1.1 符号过程
      - 3.1.1.1.1 符号学
      - 3.1.1.1.2 符号化
      - 3.1.1.1.3 意义
    - 3.1.1.2 类型学
      - 3.1.1.2.1 图标
      - 3.1.1.2.2 索引

3.1.4.3.2 多语种词语汇编（叙词表）

多语种词语汇编对国际信息系统的建立具有重要意义。这种词语汇编的核心部分，就是统一化的主题分类。下面给出具体例子。

例子：

（1）箭头形式的多语环形图（英语、法语、德语）（ISO 1985：58）

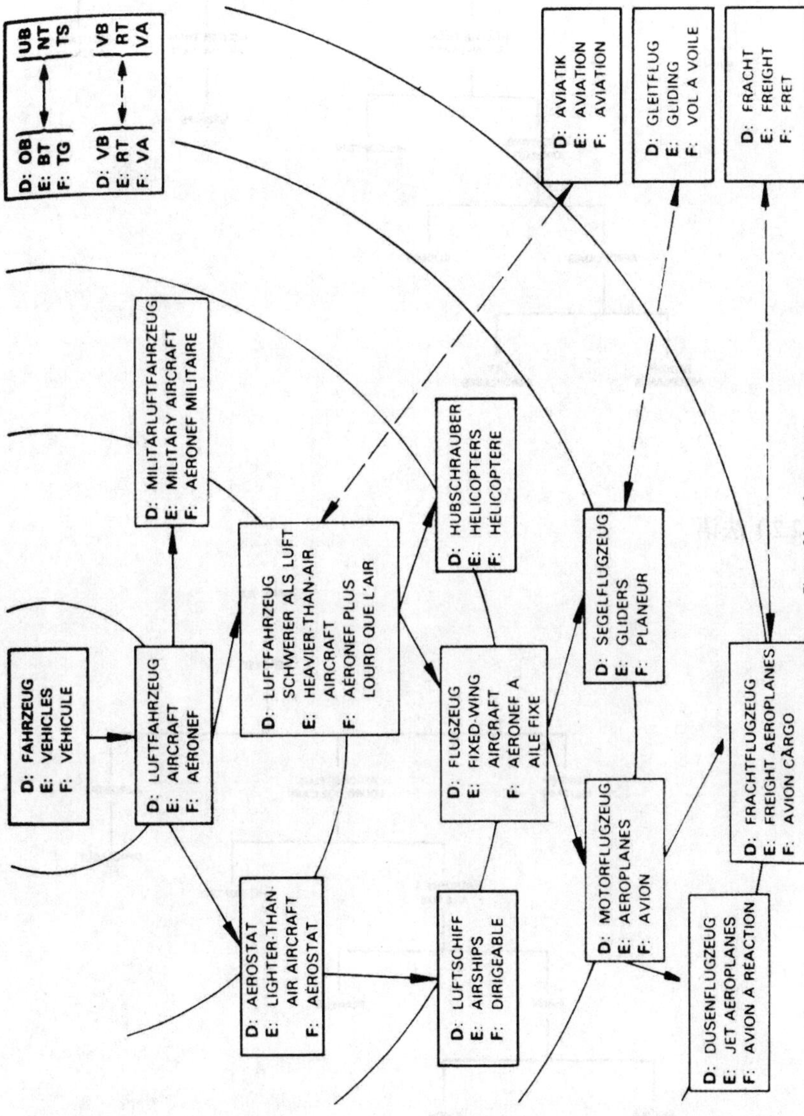

Figure 6A – Arrowgraph

（2）统一的单语树形图（ISO 1985：52，54，56）

（2.1）英语

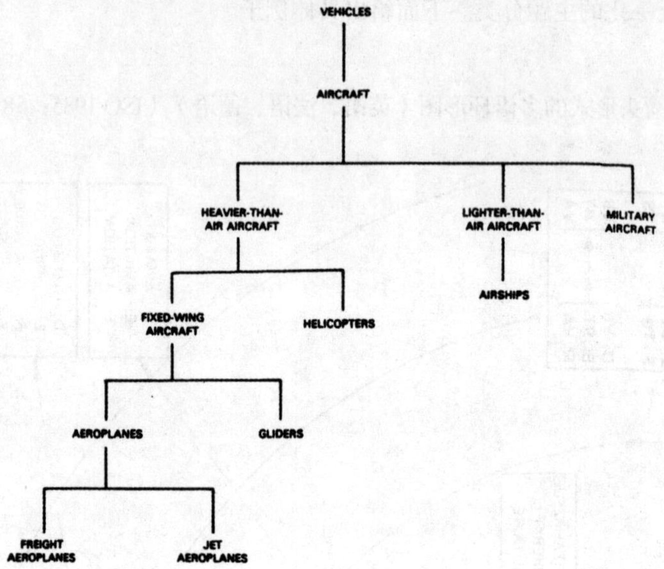

（2.2）法语

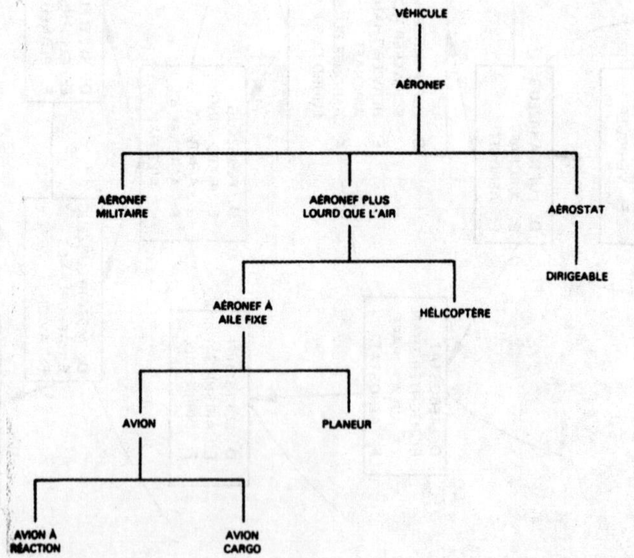

（2.3）德语

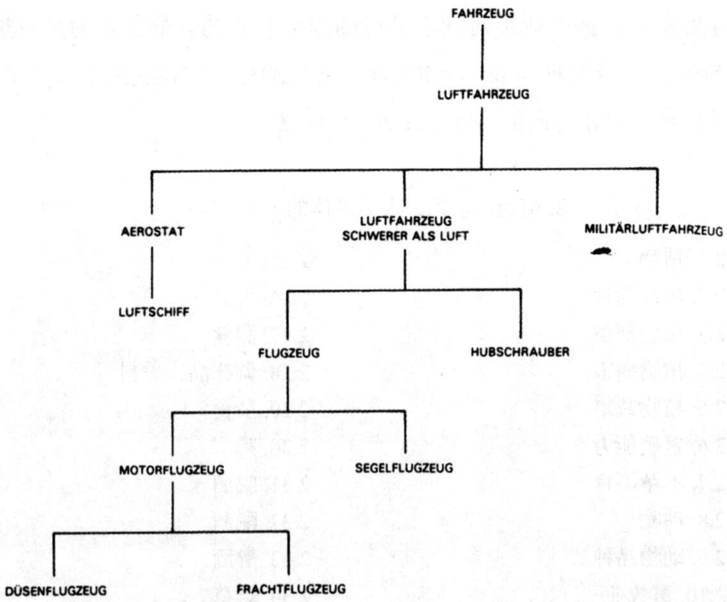
FAHRZEUG
LUFTFAHRZEUG
AEROSTAT
LUFTFAHRZEUG
SCHWERER ALS LUFT
MILITÄRLUFTFAHRZEUG
LUFTSCHIFF
FLUGZEUG
HUBSCHRAUBER
MOTORFLUGZEUG
SEGELFLUGZEUG
DÜSENFLUGZEUG
FRACHTFLUGZEUG

3.1.4.3.3 词典编纂分类

词典编纂分类是为依据专业组对词汇进行的划分服务的。最著名的是罗热词语汇编文体助手(Stilhilfe des Thesaurus von Roget)。概念的精确性在这里不起决定作用。

例子：依据专业组划分的词汇（Dornseiff 1954：8）

2. 植物，动物，人（身体的）

2.1. 植物
2.2. 植物品种
2.3. 植物部位
2.4. 植物病害
2.5. 植物栽培
2.6. 繁殖能力
2.7. 不孕不育
2.8. 动物
2.9. 动物品种
2.10. 畜牧业
2.11. 捕猎
2.12. 动物病害
2.13. 人
2.14. 男人
2.15. 女人
2.16. 人体部位
2.17. 生命
2.18. 繁殖
2.19. 交配
2.20. 怀孕
2.21. 分娩
2.22. 儿童，青少年
2.23. 成年
2.24. 中年
2.25. 老年
2.26. 饭菜
2.27. 甜食
2.28. 调味品，香料
2.29. 节食
2.30. 喝
2.31. 喝酒
2.32. 酗酒
2.33. 醉酒
2.34. 烟草
2.35. 排泄物
2.36. 睡眠
2.37. 醒来
2.38. 健康
2.39. 疲劳
2.40. 恢复
2.41. 疾病
2.42. 受伤
2.43. 毒
2.44. 痊愈
2.45. 死亡
2.46. 谋杀
2.47. 自杀
2.48. 安葬

3.1.4.3.4 术语编纂分类

在专业词典中，有必要将概念组或者概念系统借助主题分类连接起来。

例子：一张概念图的主要部分（Wüster 1967b：6）

一张概念图的主要部分

DK 号		当前号码
5/6	**物理与技术（常用术语）**	**1,2**
53	**物理**	3 到 92
53.08	计量学（常用）	3 到 19
531.1	运动学	20 到 33
531.2/.4	静力学和动力学	34 到 44
531.7	几何和机械测量	45 到 77
532.2	静压	78,79
539.4	强度理论	80 到 92
620.1	**材料测试**	**93 到 107**
621.6	**管道和泵**	**108 到 159**
621.75	**尺寸和配合**	**160 到 206**
621.8	**机械部分**	**207 到 805**
621.81	机械部分常用术语	207 到 210
621.82/.85	传动件	211 到 597
621.88	紧固件	598 到 799
621.89	润滑过程	800 到 805
621.9	**机械工具**	**806 到 1388**
621.9–18	参数	813 到 843
621.9–2/–4	机床的特定零件	844 到 1051
621.9–5/–9	操作和维护设备	1052 到 1323
621.9.0	机械工具常用术语	1324 到 1332
621.91/.97	加工过程	1333 到 1388
658.51	**工作准备**	**1389 到 1397**
667.6	**绘画**	**1398,1399**
669	**冶金**	**1400,1401**

3.1.4.3.5 文献数据分类

尤其是在图书馆管理领域的文献中，除了词语汇编（叙词表）之外，人们还使用多种类型的分类法（Klassifikation）。颇为著名的就是《通用十进制分类法》（*Universal-Dezimalklassifikation*），它已经以多种语言出版。下面就是一个例子。

例子："住宅楼"样本页（DIN 1986b：41）

728　　住宅　　728.81

728 家庭住宅，住宅楼，公寓

→725.17　住宅楼，住宅
728.03　历史住宅，例如
.034（430）德国文艺复兴时期的住宅建筑
728.1　**一般住宅楼和公寓**
→332　地基与土地，不动产，所有权，收益，价值，市场，价格，利润
334　合作系统
347.254　居住权
347.238.3　公寓
351.778.5　住宅
771.58　居住区，邻里，社区中心
911.374.6　具有城市特色的住宅区（已关闭的住宅区除外）
911.375.64:728　居住区
：334　通过建筑合作社和建筑协会建造的房屋
：351.778.532　国家支持的住房建设（社会住房）
：364.65–053.9　养老院
–056.24–053.9　疗养院
.01　住宅建筑的总体设计、布置、比例
728.1.01 ≅ 72.01
.05　特定用途的建筑物、区域和房间的部分
728.05 ≅ 72.05
（1–21）城市住宅建筑，一般的城市公寓
（1–22）农村房屋，一般的乡村住宅
→　631.2　农场建筑
728.6　具有乡村特色的住宅楼
.14　专供员工使用的房屋和公寓
→　331.342.2　员工的住处
.18　临时使用的住宅和公寓，小屋、摊位、森林小屋等
：694.1　木屋

728.2　**多户住宅，公寓楼，小别墅，等等**
：64.024.2　膳宿公寓（供膳寄宿处）
：64.026　提供勤杂服务的公寓（由房东提供服务的公寓）
.011.26　按楼层数划分的公寓楼，如
.261　单层的
.265　五层的
.27　超高层大楼
.22　住宅（街）区（楼层住宅、出租屋等）公寓楼
.222　以低租金提供公寓的大型出租房屋，社会住房
.224　少于10套公寓的小型住宅楼
.226　带有特殊设备的公寓，带有豪华公寓的建筑
.24　复式单位（公寓楼或两层公寓的住宅楼）
.27　膳宿公寓或公寓楼（供长期或临时居住）
→　728.4　宿舍，俱乐部
728.5　旅馆，招待所，客栈
728.3　**单户住宅，具有城市特色的住宅建筑**
→　728.6　具有乡村特色的住宅楼
728.8　别墅，城堡，豪宅，等等
.31　联排房屋
.31　→711.6　建筑物的排列
.34　复式单位
728.37　单户住宅，独立屋，新意义上的别墅
→　728.84　乡村庄园，旧意义上的别墅
.38　单层住宅楼，平房
728.38 ≅ 728.31/.37，例如
.384　双层住宅楼

728.4　**公司或组织的住宅楼，俱乐部**
→　728.5　旅馆，招待所，客栈
.42　企业住宅楼和疗养院
→　725.56　养老院
.45　宿舍，学生宿舍，大学生联谊会之家
→　728.54　青年旅馆
.46　社会团体宿舍及旅馆、基督教青年会之家（CVJM）、军人之家、海员之家、青年中心
.48　俱乐部性质的会所，协会性质的会所
→　725.89　体育建筑和其附属建筑

728.5　**酒店，招待所，客栈，旅馆**
.052.3　接待大厅，问讯处
.057.2　厨房，储藏室
.058.2　普通房
.5　旅馆房间
.51　旅馆，城市旅馆，豪华旅馆，私人旅馆（仅限受邀客人）
.52　沐浴胜地、气候疗养胜地和其他休闲区的酒店（通常是季节性的）
→　728.27　膳宿公寓
.53　乡村旅馆和宾馆，路人休憩所
.531　荒漠商旅（途中的）旅店
.536　汽车旅馆（带车库和过夜的可能）
.537　漂浮旅馆，作为酒店开发的锚泊船（带锚和过夜的可能）
.538　山间小屋
.54　青年旅舍
→　728.45　宿舍，学生宿舍
.55　难民宿舍
→　725.55　为有需要者安排的住所，济贫院

728.6　**位于乡村的较小住宅和房屋**
→　728.12　乡村房屋
728.8　宫殿，农庄
.61　农舍，乡间别墅及类似的（小型）住宅
.67　庄园住宅，包括附属建筑
→　631.2　农场建筑

728.7　**临时公寓，移动公寓**
.71　临时公寓，周末和假日公寓，小屋，小房子，小木屋
（210.5）海边的小屋
（23）山间小木屋
.76　带轮子的公寓，大篷车
→　629.11　陆地车辆
.77　漂浮的酒店，船屋（船、游艇等）
.772　船屋
→　629.12　造船
728.8　**大型住宅，城塞，宫殿，乡村庄园**
→　725.17　城堡
728.6　具有乡村特色的住宅楼
.81　城塞，完全或部分相连
→　725.183　堡垒
.025.21　城塞遗址

3.1.4.3.6 内容一览

内容一览一般位于书和文章的开头，它描述的是主题分类。下面的例子就是一个佐证。

例子：一部教科书的内容一览表（Bakker/Hovestreijdt 1966：XI）

目录 XI

3.1.5 概念符号

与对象或者对象片段相对应，并且描述思想产物的概念，必须通过符号将其确定下来，才可能实现相互理解的目的。为了实现这个目的，概念就要与概念符号进行对应。概念符号代表概念，由此，在专业交流中概念符号也间接地代表了对象。但是，思维的产生不依赖于这些符号（见本书 2.1）。

概念符号指的是名称、感官符号、数字符号、缩略符号或名字。

概念符号要有意识地与概念相对应。在此使用的是已有的词语形式（词形）或者图示符号形式即字位链（Graphemketten），或者由词形、词形要素、图示符号形式或者数字组合构成的概念符号。为了在众多知识和技术领域里实现更有效的专业交流，人们就有必要拟定出概念符号系统，并且，在专业交流中这些概念符号系统代表着各自的概念系统。概念符号最重要的代表就是名称和感官符号。名称也称为专业表达、专业词语和术语（Terminus）。把图形符号，尤其是其中的图片符号（bildförmigen Zeichen）当作概念符号，在最近几十年里的科学和技术领域中获得了广泛使用。

3.1.5.1 名称

名称也是一种概念符号，它是一个词语（单个词的名称）或者一个词组（多个词的名称）。名称由一个或者若干个词语要素构成。

3.1.5.1.1 词语要素（Wortelement）

在语言系统里，词语要素（词素 / 语素）是最小的承载意义的形状单元。

例子：Ein/anker/um/form/er（单枢旋转换流机）

Jahr/es/tag/ung（年会）

在上述名称中，词语要素（词素 / 语素）之间用斜线分隔开了。

3.1.5.1.1.1 词语要素的类型

依照术语学理论，（德文术语）存在着三种词语要素：

词根：*Ein*/*anker*/um/*form*/er

派生要素：*Um*/form/*er*

屈折要素：Jahr/*es*/tag/ung

大多数词根可以作为独立词语使用。

例子：Ein（一），Anker（电枢），Form（形状）。

派生要素和屈折要素不是词语。因此，在一般情况下，它们不能单独作为名称使用。

例子：-er，um-，-ung

3.1.5.1.2 词语

一个词语由一个或者若干个词语要素组成。在术语学理论中，人们依据相互连接的词语要素的类型和数量，区分出三种词语类型：

根词 / 干词

复合词

派生词

3.1.5.1.2.1 根词 / 干词

根词 / 干词是这样一类词语：它只包含一个词根 / 词干，至多再包含两个屈折要素，但不包含派生要素。

例子：

Licht（光）

Licht/er（Licht 的复数第一格）

Licht/er/n（Licht 的复数第三格）

3.1.5.1.2.2 复合词

复合词（Kompositum）指的是这样一类词语：它包含多于一个的词根 / 词干，还可以额外包含一个或者若干个派生要素或者屈折要素。

例子：Glüh/lampe/n/prüf/er（白炽灯测试器）

词根 / 词干：Glüh（灼热）、Lamp（e）（灯）、prüf（测试）

派生要素：-er

屈折要素：-n

3.1.5.1.2.3 派生词

派生词至少带有一个派生要素且至少有一个词干 / 词根的连接。

例子：Prüf/er

Ver/bind/ung

Elektron/ik

派生要素：-er，-ung，-ik

3.1.5.1.3 词组

一个词组由两个或者若干个分开书写的词语构成。

例子：前轮驱动汽车

容许偏差

带有螺母的六角螺钉

而对个别词语如螺丝（螺钉）、螺母、扁销等进行的列举，形成的则不是词组。这样的列举描述的是针对某一个概念的且经常是不完全的外延确定，其目的一般是描写一个主题。

3.1.5.1.4 要素连接

与要被命名的概念数量相比，一种语言中的根词 / 干词的数量则微不足道。根词 / 干词的数量虽以千计，概念的数量却以百万计。因此，大多数的名称可以只是词语要素的连接和改写了的名称。要素连接可以是词组、复合词语或者是派生词。

3.1.5.1.4.1 缩略程度

如果人们为某个概念选择某种词语要素连接作为名称的话，那么，在此，人们给出的就是概念的缩略描述（Kurzbegriffsbeschreibung）。

（1）词组可以是完整的概念描述，也可以是这种描述的缩写。

（2）复合词是缩写程度较高的概念描述。

（3）派生词是要素（词素 / 语素）连接最短的缩略形式。

例子：用于刨光的机器（Maschine zum Hobeln）

刨床（Hobelmaschine）

刨床（口语）（Hobler）

随着缩略程度的加深，多义性也增强了。上述例子中的德文 Hobler 就是这样的例子，它可以指一种机器（刨床），也可以指人（刨工）。

3.1.5.1.4.2 要素连接的类型

要素连接可以表达三种概念连接中的一种，也可以表达本体连接：

确定（见本书 3.1.3.4.2.1）；

概念 – 逻辑合取（逻辑与）（内涵的结合）（见本书 3.1.3.4.2.2）；

概念 – 逻辑析取（逻辑或）（外延的结合）（见本书 3.1.3.4.2.3）；

一体化（见本书 3.1.2.1.2.3）。

3.1.5.1.5 对命名提出的要求

一种名称应该：

——语言上正确；

——恰当；

——简洁；

——容易派生；

——单单义（一对一）。

3.1.5.1.5.1① 语言正确性

名称应该符合语言规范。

3.1.5.1.5.2 确切的（有理据的）名称

为了构成名称，应该使用概念描述中的概念特征。

一个恰当名称构成的例子：

磁带：以带子形状出现的可磁化的信息载体。

一个不恰当名称构成的例子：

大光灯信号（Lichthupe）[德文 Hupe 是“（车辆上的）喇叭”之义，蕴含着声学信号的含义]。

一个中性名称构成的例子：（这样的名称无法让人们推断出概念的内涵）

（德语）Röntgenstrahlen（X-射线）（英语）X-rays（X-射线）

3.1.5.1.5.3 名称的简洁性

名称应该简洁。如果一个名称不必要地过于冗长，这可以视为其一大缺点。因为，名称的长度反映了语言经济的规则。但名称过短，又会诱发多义性的产生。

例子：把“无轨电车”（Oberleitungsomnibus）变为 O-Bus。

3.1.5.1.5.4 可派生性

一种名称应该允许派生。

例子：（酒精）Alkohol...Alkoholiker（酒徒），alkoholisch（含酒精的），alkoholisieren（对……进行酒精处理）

3.1.5.1.5.5 单单义性（Eineindeutigkeit）

尤其在已经标准化了的术语里，人们应该力求给每个概念只分派一种名称，而且这个名称只应该与一个概念相对应（见本书 3.1.6.1）。

---

① 原著中似误写成“3.1.4.1.5.1”。——译者注

3.1.5.1.5.6 单义性（Eindeutigkeit）

现存的、名称构成所必需的名称要素，与概念之间存在着不理想关系，因此，人们对单单义的要求，只能有所限制地得到实现。但无论如何，在某个专业领域内部，概念－名称的单义性（一对一）对应必须得到保证（见本书 3.1.5.1.6.1.1）。

3.1.5.1.5.7 作为系统一部分的名称

某个专业领域中名称的储存量，应该不是对名称的偶然收集，它应该是一个反映了某个概念系统的统一名称系统。名称要素应该这样挑选：通过名称能够表达出系统的秩序。

例子：……（正）己烷，庚烷，辛烷（化学）

……二极管，三极管，四极管，等等（电子学）

3.1.5.1.6 命名原则

3.1.5.1.6.1 一般原则

在挑选和形成名称时，人们应该注意：这些名称要与命名要求相适应，这些命名要求已经在本书 3.1.5.1.5 中提到了。

3.1.5.1.6.1.1 同音（同形）异义现象和同义现象

每一种同音（同形）异义现象和同义现象都应该尽可能排除掉。见本书 3.1.6 中概念符号和概念之间的对应，反之亦然。同音（同形）异义现象会造成理解上的困难。同义现象加重了记忆的负担，而且经常会给人带来困惑——这若干个名称表示的是否为同一个概念。

3.1.5.1.6.1.2 名称应该与概念描述相对应

名称应该包含概念描述的本质性特征（signifikantes Merkmal）（见本书 3.1.5.1.5.2）。这些特征还应该反映概念在概念系统中的位置。

3.1.5.1.6.1.3 概念变化

随着时间的推移，经常会出现这样的情况：一个名称的概念会发生变化。在这种情况下，应该创造出一个带有新概念内涵的新名称。

3.1.5.1.6.1.4 约定俗成的用法（Eingebürgerter Gebrauch）

某个名称已经采纳了的用法，若非具有绝对必要的原因，则不应该更改。倘若名称与其概念内涵没有足够对应的话，那么就要考察一下：对这个名称进行修正是否是可行的。如果修正的前提不成立，那么贸然进行修订，产生的只是一个同义词名称。

3.1.5.1.6.1.5 可派生性

名称应该容易派生。因此，它们应该具有较强的构词能力。

例子：Telephon（电话），telephonisch（电话的），telephonieren（打电话）

3.1.5.1.6.1.6 名称系统

术语集不应该是名称的随意汇编，它应该是一种名称系统，而且表达一个概念系统（见本书 3.1.5.1.5.7）。换句话说，名称结构应该反映概念的系统化。

3.1.5.1.6.1.7 （完全）按字母逐个转写（Transliteration）和拉丁化

有时有必要将某种文字系统的名称转成拉丁语文字进行复述。在这种情况下，就应该——要么使用国际标准化组织（ISO）的转写系统，要么使用国家标准化组织[如德国标准化研究院（DIN）]的转写系统。目前存在为阿拉伯语、希腊语、希伯来语以及为带有西里尔字母的斯拉夫语言设计的转写系统；另外，也有为中文和日文设计的罗马拼音系统（Romanisationssysteme）。

3.1.5.1.6.2 名称构成原则

3.1.5.1.6.2.1 为“确定”设计的要素连接

要素连接应该尽可能精确反映概念连接。在确定（Determination）（详细的确定）（nähere Bestimmung）中，起始概念称为主部（Oberglied），起限制作用的特征为次部（Unterglied）。

在选择要素时，应该尽可能从一个完整的概念描述出发，同时，也应该兼顾系统中与这个概念相邻的所有概念。

3.1.5.1.6.2.1.1 可能的连接形式

次部可以通过不同的方式与主部相连接。依据缩略程度进行整理，最重要的连接方式如下：

关系从句 橱柜（主部），<u>（它）</u>由*钢*（次部）制成。

分词 由*钢* <u>制成的</u>橱柜

介词 （材料）<u>来自</u> *钢*的橱柜

形容词形式 *钢* <u>*制的*</u>橱柜

复合词 <u>*钢*</u> 柜

3.1.5.1.6.2.1.2 缩略程度

名称用法的缩略程度应该恰到好处。如果要介绍一种很常用的做法，那么，人们可以选择一种更简短的形式（派生词），或者选择一种更详尽的形式。有的时候，同时使用更详尽的和更简短的缩略形式，可能也很有必要。

例子：汽车（Kraftfahrzeug） Kfz

3.1.5.1.6.2.1.3 次部中的词语类型

在德语中，下列词语种类可用来描述次部：

词语种类	*例子*
名词	*专业*工人
形容词	*白*热
副词	*额外地*工作
数词	*四*棱形的
动词	*打字*机
介词	*提前*完成 / *预先*做完（*Vor*arbeiten）

另外：

专有名词	*柴油*发动机
缩略形式	*UKW*– 发送器
缩略符号	*OH*– 组

3.1.5.1.6.2.1.4 构件顺序（Gliedfolge）

就德语而言，在“确定”中，主部处于末尾。

如果没有采用正确的构件顺序的话，错误的含义就会产生。

例子：“铂铱”（Platiniridium）必须称为“铱铂”（Iridiumplatin），因为它是“带有微量铱的铂”。

3.1.5.1.6.2.1.5 具有多构件名称的多义性

具有多构件（多项）名称的多义性可以借助连字符[①]抵消。

例子：橡胶 – 鞋底（Gummi-Schuhsohlen）是橡胶制成的鞋底。

橡胶鞋 – 底（Gummischuh-Sohlen）是橡胶制成的鞋的底子。

3.1.5.1.6.2.1.6 次部的删除

包含多个构件（多项）的复合词，常常可以借助以下方式进行缩略，即删掉一个或者另一个确定项。

例子：电视机（Fernsehgerät），可以是一台电视 – 发射机（Fernseh-Sendergerät），也可以是一台电视 – 接收机（Fernseh-Empfangsgerät）。

3.1.5.1.6.2.1.7 主部的删除

对名称进行缩略，也可以通过删除主部来实现。通过这种方式，剩下的次部则

① 此处所指的连字符在中文里应为半字线。——译者注

可能体现了一个新含义。

例子：（压力） Druck 代替了 Druckkraft

（走刀） Vorschub 代替了 Vorschubstrecke（粗轧机组）

3.1.5.1.6.2.1.8 次部的选择

选择的次部应该合适，不要太狭窄，也不要太宽泛，它应该与概念系列的名称构成原则相适应。

次部错误的例子：

（1）太窄的次部

用 Tonaufnahmegerät（音响收录机） 代替 Schallaufnahmegerät（声响收录机）。

（2）错误的次部

Bleistift（铅笔）

（3）概念系列里不相称的次部

Silberstahl（不锈钢）、Chromstahl（铬钢）、Manganstahl（锰钢）

铬（Chrom）和锰（Mangan）是合金的组成部分，而银白色（Silber）描述的只是钢的外表。因此，上述三个复合词放在一个概念系列里时无法匹配。

3.1.5.1.6.2.1.9 主部的选择

主部的选择，也应该是合适的——不要太宽，也不要太窄。

错误主部的例子：（纸杯）用 Papierglas 代替了 Papierbecher。

3.1.5.1.6.2.1.10 国际化因素

长久以来，科学和技术领域里的许多名称是依据拉丁语和古希腊语的词语构成原则创造出来的。这些名称因其含义具有一致性或者类似性，而成为国际化的名称。同样，在上述领域里，也存在着以民族化词语为组成部分而构成的国际化名称。如果可能的话，在进行要素（语素 / 词素）连接时，上述这些名称应该作为优选对象，以求在形成民族化名称之外，还允许再次创造出国际化的名称。时值 20 世纪 80 年代末，在奥地利和其他一些国家里，人们已经为国际化的“术语钥匙”（Wüster 1959）做了很多准备性的工作。“术语钥匙”由国际化的根词 / 干词和派生词素 / 语素（词缀）组成。现代化数据库的建立，必将为国际化名称的形成提供极大帮助。

国际化名称有四种类型：

（1）纯粹的拉丁语（或者希腊语）词语

例子：无轨电车（Omnibus）。

（2）民族化的拉丁语词语

例子：（资本主义）（拉丁语）caput；（英语）capital，capitalism；（德语）Kapital，Kapitalismus。

（3）国际上规范过的民族性词语

例子：（法语）chef，（英语）chief，（德语）Chef，（西班牙语）jefe。

（4）由古老词根 / 词干变化而来的民族化变体

例子：（意大利语）eléttrico（el/ēlectron/），（英语）electric，（法语）électrique，（西班牙语）eléctrico，（德语）elektrisch。

例子：

国际化要素	原始词语（Ursprungswort）	国际化名称
bio	el bios	
graphie	el graphein	Biographie

3.1.5.1.6.2.2　概念－逻辑合取（逻辑与）

在概念的逻辑合取中，两个构件概念（Gliedbegriff）同等级地并行排列。因此在原则上，名称构件的安排具有任意性。也就是说，它们是可逆的。

例子：工程师－商人

工程师同时又是商人，

商人同时又是工程师。

3.1.5.1.6.2.3　概念－逻辑析取（逻辑或）

在概念－逻辑析取中，构件概念处于同一等级上。概念－逻辑析取可以只用一个词组加以表达。

例子：男人或者女人或者孩子

孩子或者女人或者男人

3.1.5.1.6.2.4　一体化

在一体化中，构件也是“平等”的。

例子：

（1）词组：带有螺母的螺钉；

（2）复合词：奥地利－匈牙利，硫化氢；

（3）特殊情况：牛顿米。

3.1.5.1.6.2.5 名称缩略形式的构成

名称如果过长，则会给名称的使用带来困难。因此，人们也使用缩略词来代表概念。毋庸置疑，这样做也具有重大意义。然而，缩略过度也常常会带来多义性的后果。缩略形式的构成如果不受控制，则会给国家层面或者国际层面上的交流带来障碍。解决上述问题的办法，只能是制定出统一的缩略形式构成指南，同时建造能起记录作用的国际化数据库。20 世纪 80 年代末，在德国（DIN 1982a）和苏联（Gosstandart/VNIIKI 1977）都已经制定有这样的指南。

3.1.5.1.6.2.5.1 缩略形式的类型

依据缩略的位置，人们可将缩略形式分为以下几种：

头部缩略形式（首字母缩拼形式）；

（可）折叠的缩略形式；

尾部缩略形式；

躯干缩略形式。

3.1.5.1.6.2.5.2 头部缩略形式（首字母缩拼形式）

头部缩略形式是将词语的头部拆下来，或者将其头部进行拼合。

例子 1（拆除）：

Auto （Automobile）

Uni （Universität）

例子 2（头部拼合）：

Infoterm （Internaionales Informationszentrum für Terminologie）

Kfz （Kraftfahrzeug）

Tbc （Tuberkulose）

由个别字母构成的头部拼合（如 Kfz）称为“首字母缩略”（Initialkürzung）。

3.1.5.1.6.2.5.3 可折叠的缩略形式

可折叠的缩略形式由一个词语的开头部分与下一个词语的词尾部分组成。

例子：

Osram = Osmium + Wolfram

Bit= binary digit（二进制数字）

3.1.5.1.6.2.5.4 尾部缩略形式

尾部缩略形式由一个词语的词尾构成。

例子：Autobus Bus

3.1.5.1.6.2.5.5　缩略词的语法

对于个别字母的大写和小写、屈折(词形的变化)、缩略词的发音等等还没有规定。

（1）大写和小写

只规定了物理量和数学单位缩略词的大写和小写。

例子：W（瓦特）

h（小时）

kW/h（千瓦/时）

另外，还有一些用法不稳定的例子。

例子：KFZ　Kfz

UNESCO　Unesco

（2）词形变化

一些缩略词在形态上的表现和词语的一样，也就是说，它们也做了变格，而且采用了完全形式的性。

例子：des Autos（“汽车”的第二格）

die FNAs（“专业委员会”的复数）

（3）发音

在这里存在着拼写缩略和读音缩略。

例子：

①拼写缩略

AEG

LKW

②读音缩略

Radar

Unesco

（4）缩略复合词接合处

可采用大写字母标明缩略复合词的接合处。

例子：TermNet= Terminology Network

3.1.5.1.6.3　名称选择的原则

在通常情况下，按下面的做法处理则比较实用：不是去创建一种新的要素连接，而是拿一种已经存在的名称，或者把一种鲜活或者消亡了的语言中的词语字母链，去跟要被命名的概念进行对应（将其分派给这个概念）。其中，字母链对应没有词语内涵的词语形式（词形）。依照这种方式，从语言角度来看，语言符号具有双重功能：做多义性的词语以及带有对应概念的名称。

3.1.5.1.6.3.1　转义的 / 借用的名称

名称可以从另一个专业领域，或者从其他外国语中借用过来。

3.1.5.1.6.3.1.1　来自其他专业的借用

存在着下面的情况：一个名称与某个概念相对应，而这个名称在另一个专业领域里与另一个概念也相对应，而这个概念与第一个概念存在着某种思维联系。

例子：膝盖（Knie）　　（人或动物）身体的一部分

（管）弯头（Knie）　管道的一段

弯子（Knie）　河流

3.1.5.1.6.3.1.2　来自外国语的借用

如果要在德语语言中引入某种概念的话，那么，用不着为此找到一种合适的德语名称，而只要借用一种外国语名称就可以了。但由于在许多情况下，外国语的语音形式并不与德语的语音形式相对应，所以，人们必须先考察一下，德语的语音形式或者德语的书写形式是否与外国语的语音形式相适应。

（1）在语音方面与德语相适应的例子：

（法语）rang　　（德语）Rang

（2）如果不具备语音形式相适应的条件，借用来的名称与德语在书写形式方面相适应的例子：

（英语）to crack　　（德语）kracken

（3）书写形式和语音形式相适应的例子：

（法语）bureau　　（德语）Büro

（4）不考虑书写形式和语音形式相适应而进行的借用：

（英语）computer　　（德语）Computer

3.1.5.1.6.3.2　国际名称

如果针对某个概念的某种国际化名称已经存在，那么，除了一种民族化的名称之外，这种国际化的名称的存在应该得到准许。国际化名称的存在，减小了人们进行国际化交流的难度。

3.1.5.1.6.3.2.1　国际适应

在构成名称或者确定概念内涵的时候，还应该力求在国际层面上达到概念（见本书 3.1.3.5）和名称的相互适应。

3.1.5.1.6.3.2.1.1　国际上统一的概念

在为新概念构建名称的时候，首先应该检查一下是否已经存在国际上通用的名称，而且人们还可以把它们逐字翻译过来（仿译）。

例子：（泛光灯）（英语）flood-light　（德语）Flutlicht

（电视）　（英语）television　（德语）Fernsehen

（测距仪）（法语）télémètre　（德语）Entfernungsmesser

为了减小国际交流的难度，除了民族化名称之外，国际化名称也应该允许使用。

3.1.5.1.6.3.2.1.2　名称的国际化适应（DIN 1975： 3 ff）

如果两个名称虽然属于不同的语言，但它们可以追本溯源到一个共同的词语上，那么，这两个名称在词源上就是同源的。如果在其他语言中存在着词源上同源的名称，那么，一个民族化的名称同时也是国际化的。如果这些名称在形式上没有显露出很大的差别，而且，这些语言又属于不同的语言家族，采用上述做法（把民族化名称当作国际化名称使用）则是切实可行的。

有四种国际化的词语形式：

（1）纯粹的拉丁语或者希腊语词语

例子：（拉丁语）公共电车（omnibus）

（希腊语）电子（ēlektron）

（2）民族化的“拉丁语”词语

这些词语的词干（词根）是拉丁语或者希腊语的语素（词素），并且，它们都没有经历过通俗化的改变。它们的词尾具有一个（因语言不同而不同的）民族形式。

例子：（拉丁语）arcus =（意大利语）（西班牙语）（葡萄牙语）arco，（英语）（法语）（罗马尼亚语）arc；

（希腊语）kuklos//（拉丁语）cyclus =（德语）cyclus，Zyklus，（荷兰语）cyclus，（挪威语）cycklus，（意大利语）（西班牙语）（葡萄牙语） ciclo，（罗马尼亚语）ciclu，（英语）（法语）cycle，（斯堪的纳维亚语） cykel，（俄语）/cyckl/，（波兰语）cykl。

（3）新语言中的外来词 / 外来语

直接或者毫无更改地从另一种语言（在大多数情况下，这种语言是更晚形成的）中借用过来的词语，它们的语音规则大多遭到了破坏。

例子：[都从英语 starter（起动器）借用过来的]——（德语）Starter；（法语）（意大利语）（西班牙语）starter；（俄语）/starter/。

（4）语音规则的变体

这里蕴含的国际性是指：若干种新语言接受了相同的古老词根，但按照它们的语音规则，又对这些词根做了相应的改造。

例子：（拉丁语）status，（英语）state，（法语）état，（西班牙语）estado

3.1.5.1.6.3.2.1.2.1 拉丁语的名称要素

在为专业概念制定名称时，拉丁语的名称要素，要比带有其他外国语特征的名称要素，更受到人们的偏爱。

3.1.5.1.6.3.2.1.2.2 原型形式（Prototypformen）

可以采用原型形式对国际化的词语进行中立、统一的描述，从而回避所有民族性的特征。

例子：拉丁语的烙印

norma；normal；norm/al/isa/tor； norm/al/isa/t/ion；trans/form/a/tor；

induc/t/ion； composit/or；composit/ion

民族化语言的烙印

garage；silo；quarz；sputnik

3.1.5.1.6.3.2.1.3 国际术语钥匙

在拉丁语词语的基础上，可以铸造出一把“国际术语钥匙”（internationaler Terminologieschlüssel）。它由两部分组成：词干 / 词根和派生语素（词缀）（Wüster 1970b： 424）。这两部分的每一部分都是依据概念安排的。后缀和词尾是采用标准形式（原型形式）（Prototypform）书写的。采用简单的规则对术语钥匙做一些微不足道的补充，却能生成一种术语语言。对术语钥匙的管理和使用，是借助术语数据库完成的。计算机辅助的术语钥匙描绘出一套以概念定义特征为基础来构成新名称的重要工具。

3.1.5.1.6.3.3 标准化和规范化的名称

如果为一种概念所制定的名称，是由德语标准化组织或者专业组织拟定的，那么，这个名称很可能是借用过来的。

3.1.5.2 除名称之外的其他概念符号

除了采用由文字符号组成的符号连接来描述的名称之外，长期以来，在科学和技术领域里，还存在着许多与概念相对应的其他符号。这些符号可以是：缩略符号、数字、感官符号、颜色符号等等。维斯特已经用一张组合概念图（特征载体图）拟定了概念系统符号（见本书 3.1.3.4.3.5.2）。一个符号是一个个体对象，它长久地对应另一个对象或者概念，以至于它可以代表它们。感官符号也与名称有关联，甚至可以代表名称的一些部分。

例子：Alpha 粒子　α-粒子

3.1.5.2.1　符号构成和符号连接

符号可以依据确定的原则和规则进行构成和连接。这些原则和规则构成了普通符号的研究对象，例如，符号学就对此有所研究。与特殊术语学理论类似，某类特殊符号学也是为确定的专业如化学、数学等创建的。符号躯干的各个部分——它们描述了符号要素并且分别与特定的概念相对应——在总体上构成了概念内涵。

例子：一种字母链（书写的词语）

kVA

在符号连接中，人们也谈及符号的句法。

3.1.5.2.2　符号系统

如果想有效地描述某种概念系统，就不应该孤立地对符号进行构建和选择。这些符号应该描述某种依据确定规则或者原则构成的符号系统。当然，如果个别符号已经在彼此独立的状况下约定俗成了，在这种情况下，再去构建一种符号系统的话，就会遇到不少困难 [见国际标准化组织（ISO）的国际语言符号或者国家符号系统，本书 3.2.4.1]。对符号的选择必须遵循这样的原则：借助符号可以表现出系统的秩序。

化学符号系统的例子：

碳氢化合物

饱和的	不饱和的
C_6H_{14}（正）己烷	C_6H_{12} 己烯
C_7H_{16} 庚烷	C_7H_{14} 庚烯
C_8H_{18} 辛烷	C_8H_{16} 辛烯

诚然，构成符号系统的不仅有符号，还有名称。

3.1.5.2.3 缩略符号

缩略符号是一种概念符号，它由一种缩略的名称组成，或者由一种或者若干种带有数字和 / 或者感官符号的文字符号的复合体组成。

例子：H_2SO_4	硫酸（化学）
Fe	铁（物理）
621.3	DK（电子技术）
5ad	系统学

3.1.5.2.4 数字符号

数字符号以各种各样的方式，单独或者与其他符号相连接而作为概念符号使用（见本书 3.1.5.2.3）。

例子：

（1）在系统中代替一种名称

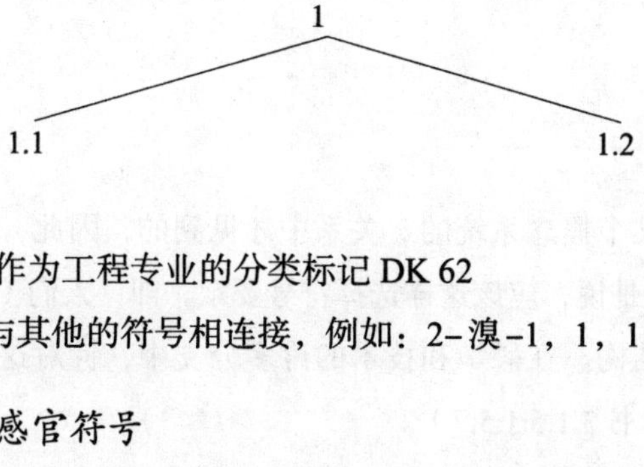

（2）作为工程专业的分类标记 DK 62

（3）与其他的符号相连接，例如：2-溴-1，1，1，2-四氟乙烷（Tetraflurethan）

3.1.5.2.5 感官符号

感官符号是一种概念符号。它既不是文字符号，也不是数字符号；而且，它与一个没有相应语音概念的概念相对应。

例子：

~ =交流电

♂ =男性 / 雄性（生物）

♀ =女性 / 雌性（生物）

¤ =亮度（电视技术）

+=加号

∫ =积分符号

l|l|① =测试码（经济）

3.1.5.2.5.1　颜色符号

颜色符号是一种感官符号，它同样作为概念符号使用。

例子："橘黄色"对应"德语"（语言的颜色编码）

3.1.5.2.6　名字[1]

在科学和技术中，名字[1]作为概念符号或者作为概念符号要素使用。在这里，它们与作为具体对象名称标志的名字[2]有区别（见本书 3.1.7）。

例子：瓦特（单位）

柴油发动机

3.1.5.2.7　组合符号 / 名称

经常会遇上这种情况：带有名称的符号组合（复合体）作为概念符号使用。

例子：A–杆（电子技术）

kVA–值

3.1.5.3　概念符号系统

因为概念一直是在（与某个概念系统的）关系中才见到的，因此，通过概念符号可以表达概念的秩序。也就是说，应该这样选择符号要素，即：人们（通过它们）可以识别出概念系统的内在结构。在科学和技术的许多分支中，针对这样的系统，可举出的例子数不胜数（见本书 3.1.5.1.5.7）。

3.1.6　概念符号和概念的对应

在标准语言（Gemeinsprache）中，词语内涵和词语形状（Wortgestalt）构成了一个单元（统一体）；与此相反，在术语学中，概念和概念符号是彼此分离的单元，它们由相关专业学科的专家们——他们在术语委员会中开展合作——通过一种有意识的活动，借助于对应（Zuordnung）而将它们（概念和概念符号）长期地结合在一起。如果人们在与概念打交道时，总是必须采用概念内涵或者概念外延的话，那么，这对交流来说就太烦琐了。因此，人们把概念符号看成是一种或多或少给缩写了的

① 此符号仅为原著符号的近似形状。第一代术语学家自创了一些符号，这些自创符号的具体形状在今天已难以确定。——译者注

概念描述。与概念和概念符号的对应相类似，在专业语言中，也存在着句子和陈述之间的对应，在这里，人们通过各自语言的句法，在陈述中将各个要素（概念符号、词语等）连接成一个统一体。句子是事态（实情）（Sachverhalt）（对象层次上）的逻辑形式（见本书 2.3.1.3.2）。

起描述作用（进行断定）的术语工作的任务是：在各个专业中找出概念符号和概念的“是－对应关系”（Ist-Zuordnung）以及“是－概念关系”（Ist-Begriffsbeziehung）。起描述作用（进行断定）的术语工作是起规定作用（进行规定）的术语工作的预备阶段。起规定作用的术语工作的目标，是对概念系统进行规定，并对概念符号和概念之间的对应（应该－对应）（Soll-Zuordnung）关系进行规定。如果术语的发展不受任何控制，那么，在术语领域里，则会产生专业交流中的理解上的相互矛盾；如果术语的发展不受任何干预，则会造成术语欠缺的现象。（时值 20 世纪 80 年代末，）描述性的术语工作，正由少数专业专家或者研究普通术语的语言机构进行着；而规定性的术语工作，则由科学和技术专业组织中的术语委员会或者标准化组织承担，他们另外还从事修改有错误的“是－对应”的工作。

存在下列几种概念符号和概念的对应关系：

——单单义；

——同音（同形）异义现象；

——同义现象。

3.1.6.1 单单义

单单义：概念符号和概念的对应。在这种对应关系中，只有一个概念与一个概念符号相对应，并且，只有这个概念符号与这个概念相对应。这是“应该－对应”（Soll-Zuordnung）关系。使用这种对应关系，可以在专业交流中从根本上减少误解。这种对应关系是以下列事实为根据的：就构成名称的可行性而言，一个专业领域的概念数量，大约是词干（词根）数量的千倍之多。

3.1.6.2 同音（同形）异义现象

同音（同形）异义现象：概念符号和概念的对应。在这里，不同的概念对应相同的概念符号。

可以依据同音（同形）异义词的形状或者依据它们的形成过程进行划分。

3.1.6.2.1 依据形状划分的同音（同形）异义词

依据它们的形状，存在语音形式相同的异义词、书写形式相同的异义词和完全同音（同形）异义词。

（1）语音形式相同的异义词（Lauthomonyme）（只限名称中）

语音形式相同的异义词又称为同音异义词（Homophone）。

例子：Waagen （秤） Wagen（车辆）

（2）书写形式相同的异义词（Schreibhomonyme）（只限名称中）

书写形式相同的异义词又称为同形异义词。

例子：rasten（发短 a 的音） rasten（发长 a 的音）

（3）完全同音（同形）异义词（Ganzhomonyme）（只限名称中）

它既是同音异义词，又是同形异义词。

例子：Flügel（翅膀）（鸟）

Flügel（三角大钢琴）（钢琴）

3.1.6.2.2 依据形成过程划分的同音（同形）异义词

依据它们的出现方式，存在偶然同音（同形）异义词、借用同音（同形）异义词、接合同音（同形）异义词和阶梯同音（同形）异义词。

（1）偶然同音（同形）异义词。

偶然出现的同音（同形）异义词

例子： Kiel（羽毛）

Kiel（船的一部分）

△山峰（地理）

△希腊文字的第四个字母（δ）（数学）

（2）借用同音（同形）异义词

借用概念符号之后，又出现了许多的同音（同形）异义词。

例子：Nase （鼻子） （躯体的一部分）

Nase （凸轮） （机械制造）

♀ 金星（天文）

♀ 女性（生物）

（3）接合同音（同形）异义词（只限名称中）

在名称中，只要借助不同的接合方式，就能把同音（同形）异义词区别开来。

例子：橡胶鞋 – 底

橡胶 – 鞋底

（4）阶梯同音（同形）异义词

指的是这样（两个）同音（同形）异义词：一个构成了另一个的大概念，或者，一个构成整体而另一个构成部分。

例子：Schraube ^{I}（螺丝钉 1）（螺纹在里侧或者外侧）

Schraube ^{II}（螺栓 2）（螺纹在外侧）

在大多数情况下，借用同音（同形）异义词和阶梯同音（同形）异义词被称为多义词。

一词多义现象：在这种多义情况下，（一个词语可能对应多个概念，）这些不同的概念存在着一定的依赖性。

3.1.6.3 同义词

同义词：概念符号和概念的对应。在此，两个或者若干个概念符号对应同一个概念。

原因：在概念符号中出现了作为组成要素的等效符号部分，或者平行使用着（对应同一个概念）的另一种概念符号。例如：

（1）国际概念符号和民族概念符号的平行使用

例子：Stoff　　Substanz（材料）

（2）借用概念符号和民族概念符号的平行使用

例子：Rechner　　Computer（计算机）

（3）性质特征和名字（例如发明者、发现者等等）的平行使用

例子：约翰逊效应　　热效应

（4）缩略符号和名称的平行使用

例子：H_2O　　水

R　　电阻

α–粒子　　Alpha 粒子

（5）科学名称和普通名称的平行应用

例子：Zephalagie Kopfschmerz（头痛）

（6）科学名称和商业名称的平行使用

例子：乙酰水杨酸　　阿司匹林

3.1.6.3.1 准同义词

准同义词：两个不同的概念符号，其概念内涵部分有所重叠。

例子：盐　　　　　　　氯化钠

3.1.7 名字[2]

名字是对象符号，它们采用文字符号对具体对象（例如人、山脉、河流等等）进行表达。它们常单独使用，或者与概念符号相结合后使用。从借用（转义）的意义上看，名字[1]也与概念相对应（见本书 3.1.5.2.6）。

例子：Donau（多瑙河）　　　　　（地理）

　　　Donauschiffahrt（多瑙河航运）（交通）

3.1.8 插图符号

插图符号是对象符号。与感官符号相反，它们描摹一个对象，而且表示这个对象的意义。

例子：＝电源接头（电子学）

3.2 术语编纂学的原则和方法

与术语学的原则和方法相类似，术语编纂学（Terminographie）的原则和方法也存在着。术语编纂学是一门科学，更是一项实践活动。科学性的术语编纂学研究关于术语编纂单元的理论基础以及如何在数据载体上对它们进行记载（编排和描述）。

术语编纂活动是一种理论研究，更是一项实践性活动。它需要与信息文献和数据加工等领域建立起紧密合作的关系。一方面，术语编纂活动需要考虑、调查和检验用户的需求；另一方面，要借助为实践设计的试验性计划，对这个领域内的新发展进行测试，就如同 20 世纪 80 年代在知识技术领域里发生的情况一样。这一类研究和开发工作的实例包括术语数据库及其与其他通信系统的融合（Galinski/Nedobity 1986）、术语编纂格式的发展，以及为术语编纂和图书文献鉴定而建立的统一编码系统等等。术语编纂研究活动的目标，是在兼顾实践经验和新的研究成果的同时，开发出指导术语编纂活动的原则和方法。在这里，存在着普遍性的和特殊性的原则和方法。

术语编纂实践性工作指的是：人们借助概念符号和概念的“是－对应”（Ist-Zuordnung）关系以及现存的概念描述和概念系统，对术语编纂数据进行准备、评价、收集，并且为术语项目储存原始数据，以统一的形式在数据载体上记载术语工作成果——这里进行的数据编排，采用的是满足用户需求的形式。

3.2.1 词典编纂和术语编纂

在历史较为悠久的词典编纂领域和（新兴的）术语编纂（领域）之间，究竟存在着什么样的不同呢？在这里谈的（词典编纂）主要是语言词典编纂，而不是专业词典编纂，语言词典编纂是按照字母顺序安排条目的，而且描述的是对象的现实状况。简而言之，在大多数情况下的词典编纂工作中，词汇单元是由个别作者收集、使用的；相关的语言信息是按照词汇单位（词位）的字母顺序进行编排的，然后采用传统常规或者电子化的数据载体形式将其呈现出来。诚然，也存在着以专业词典编纂为导向的词典编纂活动，它们是采用语言学方法对专业表达进行收集的工作［参看 Wiegand （1987）］，而术语编纂工作是为确定的专业领域设计的。在带有概念描述的概念系统中，人们采用专业顺序（概念系统）去描述概念符号和概念的对应关系，或者在本体系统（例如在存在系统）中采用本体顺序去描述对象关系，或者在主题系统中采用结构化的 Abc 顺序或者专业顺序去描述主题关系，然后通过常规的或者电子化的数据载体将它们呈现出来。围绕上述使命而开展的术语工作，则由术语委员会、科技专业组织或者标准化组织承担。针对特定专业领域的描述性（带有概念描述的概念符号和概念的“是 – 对应”关系）术语工作，也可以由个别专家去完成并做术语编纂处理。很显然，对于术语编纂工作而言，人们采用统一的方法，并采用统一的术语编纂符号去描述术语编纂数据，这样做的意义极为重大。对于术语数据而言，名称所需要的语言学信息（例如语法等等），只有在与语言用法发生偏离时才给收入。为此，人们可以查阅为普通语言（Allgemeinsprache）制定语言规则的书籍［例如《杜登词典》（*Duden*）］。词典编纂数据描述的是语言符号及其含义；而术语编纂数据，则是人们借助概念符号和概念描述，对概念和概念系统或者对对象和本体系统进行描述，或者借助概念符号对主题和主题系统进行描述。

3.2.2 术语编纂（回顾和展望）

从事术语编纂工作的最早的一批先驱中就有工程师出身的阿尔费雷德 · 施勒曼（Alfred Schlomann）。1906 年，他开始了一项大型私人专业词典项目（Wüster 1970b：206ff）。从 1906 年到 1939 年，17 卷《带有插图的技术词典》（*Illustrierten Technischen Wörterbücher*，*ITW*）基本卷以六种语言出版——这套词典覆盖了一些具体专业领域，但最后一卷只包含四种语言。为了更好地与同事进行合作，施勒曼制定了统一的术语工作和术语编纂工作指南。在针对机器零件和工具的第一卷里，他指出：在专业词典编纂中，只有进行系统化安排，才能有的放矢地做好工作。20世纪初，德国工程师协会（der Verein Deutscher Ingenieure，VDI）着手采用三种语言进行“技术百科辞典”（Technolexikon）的编纂工作，这部辞典涵盖了当时所有的技术概念。这个项目委托给了语言学家们。到了1905年，他们已经收集并整理了3 000 000多张词语卡片。在这个项目中，语言学家们是以词典编纂的方法为工作基础的。在工作的进行过程中，他们发现：越是以字母顺序向前推进，越是有更多的写有字母表起始字母的卡片无法再使用了。在1907年，德国工程师协会理事会醒悟到，如果继续使用以语言学为导向的词典编纂方法的话，那么，则还需要40年才能编完这部“技术百科辞典”。基于这种事实，这部“技术百科辞典”的编纂工作就停下来了。于是，德国工程师协会转而对《带有插图的技术词典》提供资助，因为施勒曼曾经向德国工程师协会理事会进言：运用术语编纂的工作方法，则更有的放矢一些（Wüster 1979b：207）。这个故事对于其他编纂类似专业词典的行动，无疑是一种告诫。在20世纪80年代，在德语、英语和法语的语言圈子里，有几个语言学研究所的学者们梦想着在语言学的基础上，通过术语数据库的形式，编纂出一部庞大的专业词典。而实际上，真正可以实施的，只可能是为确定的用户群体建立起带有术语编纂数据的小型术语数据库，而且，这个可能性实现的前提是要有维护术语数据的专职人员存在。1909年左右，国际电工委员会（International Electrotechnical Commission，IEC）着手《国际电工技术词汇》（*International Electrotechnical Vocabulary*，*IEV*）的编撰工作。经过30年的辛勤努力，1939年，这部《国际电工技术词汇》的第一版，以一部系统化定义词典的形式，采用六种语言出版了。从1924年开始，在尝试采用字母顺序编纂专业词典的方法多次失败之后，系统化编排的方法才被人们广泛接受。为此，人们不知已经浪费了多少时间（Wüster 1956，1970b：209 ff）。

从实质上说，施勒曼的工作以及国际电工委员会的经验，为术语工作原则和方法的出台做出了贡献。术语工作的原则和方法，从1951年至今[①]，一直是由ISO/TC 37负责制定的（见本书4.4.2.1.3）。但是，这些公布的原则和方法，只有经实践证明是适用的之后，才可能具有实用性。基于这种理由，与维斯特领导的ISO原则制定工作相并行，从1952年到1968年，一个国际专家小组采用三种语言（英语、法语和德语）编纂出了专业词典《工具机器的基本概念》（*Grundbegriffe bei*

① 指20世纪80年代末。——译者注。

Werkzeugmaschinen）。它是联合国经济委员会的试验性项目，旨在为类似的国际性专业词典提供模板（Wüster 1968）。正因如此，在上述这部专业词典的序言之后，人们使用了足够的篇幅对所采用的方法做了说明。这套术语编纂工作方针，直到今天依然有效。当然，随着数据加工手段的日新月异，人们已经从本质上大大削减了编纂工作所需的时间。

近几十年来，人们越来越多地将计算机应用到术语编纂工作中去。于是，“计算机辅助的术语编纂（学）”应运而生。时值20世纪80年代末，就此专题，德语和英语世界已经召开了几次会议：1975年，在德国德累斯顿召开了“计算机辅助的专业语言词典编纂（学）”研讨会（Baumann 1975）；1978年又在德累斯顿召开了“计算机辅助的专业语言词汇学”研讨会（Baumann 1979）；1979年在奥地利维也纳召开了“术语数据库”研讨会（Infoterm 1980）；1982年在伦敦召开了“未来世界的术语库——翻译和计算机”研讨会（Snell 1983）。此外，自1980年开始，一个由国际术语信息中心（Infoterm）召集的专家组，致力于《计算机处理的术语数据收集指南》（*Richtlinien für die Erfassung von terminologischen Daten für eine Verarbeitung mit dem Computer*）的拟定工作，这项工作已经于1986年完成（Infoterm 1986）。

未来的世界是属于小型且与专业相关的术语数据库的。[①] 只有这样的数据库在费用消耗上才是合理的，就维护数据而言，这样才易于管理。把这样的数据库整合成一个整体，才可能从术语的角度覆盖科学、技术和经济等的总体领域。为了使术语编纂数据交换以及数据库的合并成为可能，统一的且至少是兼容的术语编纂数据要素以及标明这些数据要素的术语编纂符号必须首先存在。前面提到的《计算机处理的术语数据收集指南》的制定，就是向着这个方向迈出的一大步。自这部指南出台之后，ISO/TC 37也在向着这个目标努力（见本书4.4.2.1.3）。与此同时，在Infoterm倡导的国际术语网（TermNet）的框架内，各种科学和技术专业组织也积极开展起了合作（见本书5.2.3.4.1.3）。

另外，在国际术语网内部也有必要建立起一个中心，以便检查常规术语和计算机可读的术语。实际上，这个中心已经存在，它就是Infoterm，负责收集、评价并向人们通告与术语及其项目有关的所有数据。Infoterm的所有这些努力，也是为了实现一个目标：帮助潜在的用户获取他期望找到的术语，而且帮助他在他容易到达的地方从国际术语网那里调出数据；或者，可以把这些术语数据以常规的方式或者用磁盘等工具储存起来，以便在必要的时候，可以把储存在磁盘等磁性载体上的数据，

① 此为原著的两位作者在1989年的预言。——译者注。

输入他自己的计算机里。

3.2.3 术语编纂的主要基本原则

（1）所有的术语编纂数据都必须是可靠的。

（2）应该力求做到：术语编纂数据（包括补充数据）是统一的，术语编纂符号也应该统一；而且，以概念记录（条目）形式出现的数据，也应该按统一的顺序排列；术语编纂数据集（专业词典）的概念记录（条目），也应该以统一的顺序排列。

（3）术语编纂数据集的形态：数据集里的记录以及记录中数据的安排，应该与各自的使用情况相符合。

（4）如果一直有可能的话，则应该兼顾术语编纂的民族性标准或者国际性标准。

3.2.3.1 （术语编纂）统一方法的使用

制定统一的术语编纂方法，其目的是把不同地域、不同组织的术语编纂数据进行统一的整理、编辑（加工）和修订，以便统一提供给人们使用。因此，术语编纂数据可以视用户需求的不同而综合成更大的术语编纂单元，例如，概括成概念记录，视用户期望的数据结构的不同，而将数据记载到某种数据载体上。因此，这就不难理解有必要为此形成一种明确的标准的原因。到目前为止（1989 年），人们对此存在着畏难心理（有所顾忌），不敢将精神产品标准化。但是，要想在全世界范围内实现合作，只有在这种情况下才是可能的，那就是：让精神产品的“砖瓦”实现统一而非分崩离析，并且必须把它们转型重组为另外一些单元。

3.2.4 术语编纂符号

为了在术语编纂数据集里对概念信息（术语数据）进行标明，符号自然必不可少。这里说的，就是术语编纂符号。

为此，在兼顾用户利益和尽可能最大限度地实现数据交换的基础上，ISO/TC 37 和国际标准化组织第 46 分委员会（ISO/TC 46）已经开发出了术语编纂符号系统。如果做不到最大限度实现数据交换这一点，那么，这个符号系统至少应该与涉及的术语项目相匹配。

以下是从德国标准化研究院的标准（DIN-Normen）以及奥地利标准（ÖNORM）中节选的一部分，它们与国际标准化组织的相关标准（ISO-Normen）是一致的：

——用于语言名字（Sprachennamen）描述的符号系统［来自 DIN 2335–1986（ISO

639–1988）]；

——用于国家名字（Ländernamen）描述的符号系统[来自 DIN 3166–1983（ISO 3166–1981）]；

——为系统化的定义词典制定的词典编纂符号系统[来自 ÖNORM ISO 1951–1984（ISO 1951–1973）]；

——为文献汇编(Thesauren)制定的缩略符号[来自 DIN 1463 第一部分 1987(ISO 2788–1986）]。

3.2.4.1 描述语言名字和国家名字的符号系统

为了统一标明语言名字和国家名字，国际标准化组织视具体情况依次开发了相应的语言符号系统，并分别采用不同的 ISO 标准进行了发布。德国标准化研究院在 ISO 标准的基础上也制定和公布了 DIN 标准（DIN-Normen）。

3.2.4.1.1 语言名字符号系统（来自 DIN 1986c：3/5）

语言符号	语言（德语名）	语言（自称）
aa	Afar（阿法尔语）	Afar
af	Afrikaans（南非荷兰语）	Afrikaans
am	Amharisch（阿姆哈拉语）	Amarinja
ar	Arabisch（阿拉伯语）	'Arabī
as	Assamesisch（阿萨姆语）	Assami
ay	Aimara（马拉语）	Aymara
az	Aserbeidschanisch(阿塞拜疆语）	Azèrbajǧanǧa
be	Weißrussisch（白俄罗斯语）	Beloruskaja(mova)
bg	Bulgarisch（保加利亚语）	Bălgarski(ezik)
bh	Biharisch（比哈拉语）	Bihari
……	……	……

语言（德语名）	语言符号	语言（自称）
Afar（阿法尔语）	**aa**	Afar
Afghanisch(=Paschtu)(阿富汗语）	**ps**	Paschtu
Afrikaans（南非荷兰语）	**af**	Afrikaans
Aimara（马拉语）	**ay**	Aymara
Albanisch（阿尔巴尼亚语）	**sq**	Shqip
Amharisch（阿姆哈拉语）	**am**	Amarinja
Arabisch（阿拉伯语）	**ar**	'Arabī
Armenisch（亚美尼亚语）	**hy**	Hayeren
Aserbeidschanisch（阿塞拜疆语）	**az**	Azèrbajǧanǧa
Assamesisch（阿萨姆语）	**as**	Assami

3.2.4.1.2 国家名字符号系统（来自 DIN 1983：3）

单位和编码

单位（正式名称形式）[1] 官方完整形式	双字母代码	三字母代码	数字代码	备注
埃及 阿拉伯埃及共和国	EG	EGY	818	
赤道几内亚 赤道几内亚共和国	GQ	GNQ	226	包括科里斯科岛、大埃洛贝岛和小埃洛贝岛、比奥科岛和安诺本岛
社会主义埃塞俄比亚 埃塞俄比亚联邦民主共和国	ET	ETH	230	
阿富汗 阿富汗民主共和国	AF	AFG	004	
阿尔巴尼亚 阿尔巴尼亚社会主义人民共和国	AL	ALB	008	
阿尔及利亚 阿尔及利亚人民民主共和国	DZ	DZA	012	
美利坚合众国 见美国				
美属萨摩亚	AS	ASM	016	
……	……	……	……	……

3.2.4.1.3 语言符号和国家符号的组合

通常情况下，人们有必要限定一下概念符号、定义等的有效范围。因此，在这里，人们就需要为语言符号和国家符号选择一种组合：

例子：（德语）de/DE　　Niet（铆钉）（德国）

（德语）de/AT　　Niete（铆钉）（奥地利）

3.2.4.2 权威符号（Autoritätszeichen）

为了标明经标准化组织标准化过，或者经专业组织规范过的概念符号、概念描述以及概念系统，人们采用权威符号来表示它们。下面的图表就是一系列这样的符号：

（1）国家层面的标准化组织（来自 DIN 1986c：7）

权威符号	标准化组织	国家
ABNT	巴西技术标准协会	巴西
AFNOR	法国标准化协会	法国
ANSI	美国国家标准协会	美国
BDS	国家科学技术委员会	保加利亚
BDSI	孟加拉标准协会	孟加拉
BSA	标准化委员会	阿尔巴尼亚
BSI	英国标准协会	英国
COSQC	中央标准化和质量控制组织	伊拉克
COVENIN	委内瑞拉工业标准委员会	委内瑞拉
CSBS	中国国家标准局	中国
……	……	……

（2）国际层面的标准化组织：

国际标准化组织（ISO）

国际电工委员会（IEC）

（3）国际层面的专业组织（仅举几例）：

ICAO 国际民航组织（International Civil Aviation Organization）

ICC 国际谷物化学协会（International Association for Cereal Chemistry）

IFIP 国际信息处理联合会（International Federation for Information Processing）

IUPAC 国际纯化学和应用化学联合会（International Union for Pure and Applied Chemistry）

3.2.4.3 一些术语编纂符号（来自奥地利标准和国际标准化组织的标准）（ÖNORM/ISO 1951，1984a：13 ff）

符号	解释和例子
;	分隔同义词的概念符号
	例子：计算机（设施）（Rechenanlage）；计算机（Rechner）
:	分隔名称和定义
	例子：柄锯——没有初应力的手锯……
*	新构成的名称
	例子：* 多角联结电压（Polygonspannung）
（）	采用圆括号分离出名称中可以选择省略的部分
	例子：Wähl（er）scheibe （电话上的拨号盘）
[]	采用角括号括住名称的一部分，表示可以做“二者择一”的替代，或者可以做相似的替代。
	例子：纵向 [横向] 波　（“二者择一”的替代）
	longitudinale [Längs-]Welle （纵向波）（相似的替代）
「	采用上方搁置的角形，表示名称部分的边界符号，它们置于角括号前面，表明这个名称到那儿为止。
	例子：「允许静态 [振动] 压力
	「允许静载荷或者带有：「允许摆动负载
>	用于小概念名称之前
	例子：交通工具 > 空中交通工具
<	用于大概念名称之前
	例子：空中交通工具 < 交通工具
×	概念的交叉
	例子：授课 × 教育
≻—	放在某个名称之前，表明这个名称所代表的概念，是前面包含概念（Einschlußbegriff）的一部分。
	例子：飞机 ≻— 尾翼
—≺	放在某个名称之前，表明这个名称所代表的概念，是前面部分的包含概念。
	例子：树木 —≺ 森林

1，2，3	表示不同的概念对应同一个名称 例子： （英语）field（场）（德语）1 Feldraum（场的空间） 2 Feldgröße（场的大小）
$^{1, 2, 3}$	在专业词典中，采用上角标的数字，表明同一个名称的不同概念。 例子： Nabe^{1}（杠杆的一部分） Nabe^{2} [（轮）毂] Nabe^{3}（轴承孔）
$^{\text{I}, \text{II}, \text{III}}$	采用上角标的罗马数字，表明阶梯同义词。 例子： Spitze^{I}（一般意义上的“尖端”“顶端”） $\text{Spitze}^{\text{II}}$（冲子尖端）
$^{\text{A}, \text{B}, \text{C}}$	采用上角标的大写字母，表示“组成部分同义词”（Bestandshomonyme），例如，B 表明是 A 的一部分。 例子： $\text{Gewinde}^{\text{A}}$（螺纹的总和） $\text{Gewinde}^{\text{B}}$（单个的螺纹）
m，f，n	分别表示阳性、阴性和中性 例子： m 部分或者 n 部分
≈	表示近似的概念 例子： Erziehung（德语）≈[①]Bildung（德语），二者都有“教育”的意思

① 此处原著中为“≻—”，但结合文意来看，“≈”更为恰当，故译文中为“≈”。——译者注

3.2.4.4 为文献汇编制定的缩略符号（DIN 1987a：11）

德语名称的缩略符号			英语名称的缩略符号	
缩略符号		名称	缩略符号	名称
双字母	单字母			
当抽象关系和组成部分关系没有做区分时：				
TT		Top Term [某个层级关系的上位概念 （Kopfbegriff）]	TT	Top Term （顶级术语 / 上位术语）
OB		上级概念	BT	更宽泛的术语（Broader term）
UB		下级概念	NT	更狭窄的术语 （Narrower term）
VB	V	同源概念（联想 / 关联关系）	RT	同源术语（Related term）
对层级关系中的“种差”进行表示，或者：				
OA	O	大概念（抽象关系）	BTG	更宽泛的属术语 （Broader term generic）
UA	U	小概念（抽象关系）	NTG	更狭窄的属术语 （Narrower term generic）
或者：				
SP	S	连接概念（组成部分关系）	BTP	更宽泛的部分术语 （Broader term partitive）
TP	T	部分概念（组成部分关系）	NTP	更狭窄的部分术语 （Narrower term partitive）
归属关系的缩略符号：				
BS	B*）	正在使用的同义词或者准同义词	USE	Use
BF	B*）	使用了的同义词或者准同义词	UF	Used for
BK		正在使用的叙词连接	USE	Use
KB		被用于连接	UFC	Used for combination
BO		正在使用的大概念	USE	Use
FU		用于小概念	UF	Used for

*）如果使用缩写的 B，则叙词和非叙词必须采用不同的表示法（例如字体设计）来标识。

在多语种的文献汇编中，大多统一采用以英语名称为基础的缩略符号。

3.2.5 术语编纂数据集

在现代社会，出于不同的目的，例如出于知识和技术传播、知识表达、语言翻译工作以及文献信息工作的需要，人们都对以不同数据载体形式存在的术语编纂数据集（terminographische Datensammlung）有着迫切需求。一种术语编纂数据集，可以是一部系统化的专业词典，也可以是一部翻译专业词典，或者是一套专业词汇卡片，更可以是一个术语数据库、一部文献汇编或者一份专业概念符号清单。至于术语编纂数据的类型、结构及其编排，则取决于与它们相关的资源。这些数据的编排组织以及结构安排，则因其用途不同而存在差异。要论各种术语编纂数据集的基本共同点，则应该归纳为：其中的记录（条目）都是由结构化的术语编纂数据编排组成的。时值20世纪80年代末，欧洲已经出现了用途各异且数量庞大的术语编纂数据集。因此，在这部书里，作者只介绍几种具有代表性且最重要的例子。这些例子可以作为模板提供给广大读者，读者们可以根据自己实际工作的具体需求加以参考。从理论上讲，计算机辅助的术语编纂工作（见本书3.2.9）有助于人们生产出编排结构满足用户需求的术语编纂数据，同时，也能保证术语编纂数据状态的经常性更新。由于术语编纂数据集里所有数据之间都存在着彼此依赖的关系，计算机辅助的术语编纂工作所能实现的“梦想”，都是令传统常规的术语工作手段“望尘莫及”的。

3.2.5.1 系统化的专业词典（定义词典）

术语编纂数据集最重要的类型，就是系统化的专业词典（定义词典）。这类词典中的条目（Einträge）是按照专业顺序（概念系统）编排的，因此人们也称其为“以概念为导向的条目”，也就是说，这些条目是依据概念系统的顺序排列的。这类词典包含了某个专业领域全部或者一部分的概念，并且带有定义。有的时候，这类词典中的概念也综合成概念组，然后依照主题系统进行编排。概念组中的概念，还可以进一步依照专业顺序（概念系统）或者依照概念符号的字母顺序进行排列。如果是多语种系统化专业词典，其编排方式则是：所有的语言都按照统一的概念系统对条目进行编排。说到多语种的条目，它们要么按语言呈横向排列，要么按各种语言呈条状垂直排列。当然，在每一部系统化的专业词典里，都有一份按照各自语言的字母顺序排列的名称索引。

3.2.5.2 按字母顺序编排的专业词典

在按字母顺序编排的专业词典里，条目是以概念符号为导向的。也就是说，它的条目是依照名称的字母顺序进行编排的。这类词典分为“解释词典”（Erklärungswörterbuch）和“等同词典”（Gleichsetzungswörterbuch）。在双语或者多语种按字母顺序编排的专业词典里，名称是依据一种语言的字母顺序进行排列的，这种语言也就是人们常说的“主导语言”（Leitsprache）或者“起始语言”（出发语/源语）（Ausgangssprache）。在这类词典中，只有名称是按照字母顺序排列的，其他概念符号则只能依照概念系统进行编排。在“解释词典”中，除非其中的释义来源于某部系统化的专业词典，否则，各种释义之间并不协调。在这类词典里，如果在释义的位置上出现了图画（图片），人们在此说的就是“图解词典”（Bildwörterbuch）。

这里说的“等同词典”要么是“同义词词典”，例如带有相应普通语言词汇的科学名称；要么干脆就是带有两种或者更多语种的“翻译词典”，里面不包含对概念的解释。在一部“翻译词典”中，其“起始语言”以及与之相对应的（一种或者多种）“目标语言”（Zielsprache）中的名称，则是按照字母顺序编排的。

3.2.5.3 文献汇编（文献叙词表）

文献汇编（文献叙词表）大都体现为一个系统化安排的部分（以矩形或者环形箭头示意图、树状图、格栅或者坐标系统等形式表示的主题系统，见本书 3.1.4.3）再加上由主题符号（概念符号、词语、名字等）组成的条目。这些主题符号要么由一个叙词（Deskriptor）（优先主题符号）、更高级别主题（更宽泛的概念）、更低级别主题（更狭窄的概念）以及相关主题组成，要么由一个标有“使用”（Benutze）主题（叙词）提示的非－叙词（Nicht-Deskriptor）组成。条目可以由一个主题阶梯的一部分组成。如果与语言习俗相偏离，则可以采用一个简短的解释 [使用范围说明（Scope Note）] 加以说明。在一部含有多种语言的文献叙词表中，等效条目没有经过翻译。叙词成为某种语言与其他语言之间仅有的“链节”（连接部分）。

3.2.5.4 系统化专业词典（Fachwörterbuch，FW）与文献汇编（文献叙词表）（Dokumentationsthesaurus，DT）的比较

3.2.5.4.1 概念符号 - 主题

系统化专业词典（FW）：概念符号应该由概念内涵的特征（Merkmale）构成。

文献汇编（文献叙词表）（DT）：主题可以由概念符号、词语、人名或者地名等等组成，它们与某个信息系统中所使用的概念相对应。

3.2.5.4.2 概念图 - 主题图

FW：概念系统和对象系统是借助相应的逻辑关系和本体关系确定的。在此不允许有空缺。

DT：主题系统是叙词概念的松散连接。一个主题系统只接纳对于信息搜索具有必要性的概念。在一个主题阶梯中，概念是可以跳越的。

3.2.5.4.3 概念内涵 - 主题内容

FW：概念内涵将相邻的两个概念严格界定开来了，它对应概念系统中的一个确定的位置，而且它借助定义得以表达。

DT：主题内容同样是概念内涵——它可以通过相应的主题内容说明（叙词解释）与信息系统相匹配。例如，摩托车（Motorrad）[也包括了轻型摩托车（Moped）]。

3.2.5.4.4 概念关系 - 主题关系

FW：逻辑关系或者本体关系，必然导致概念之间的严格界定。

DT：主题关系则导致主题之间的界定是松散的——等级关系（Hierarchische Beziehung）（更宽泛的概念、更狭窄的概念）、概念的亲缘关系（Begriffsverwandtschaft）（相关 / 同源概念）（verwandte Begriffe）。

3.2.5.4.5 概念符号总体（Begriffszeichenbestand）- 主题总体（Themabestand）

FW：某个专业领域中某个概念系统的全部概念符号，在系统化专业词典中，必须作为概念符号总体（术语总体）予以接受，而不管人们是否经常使用这些概念符号。

DT：在文献叙词表（文献汇编）中，人们只接纳特定的主题——它们是人们在

信息系统中进行信息搜寻时必不可少的。在这里，人们力求缩减概念。

3.2.5.4.6 借助现存主题的结合形成新主题

FW：不可能。

DT：为了将概念的数量最大程度地限制住，新的主题是通过把现存的主题结合在一起而生成的。例子："有轨电车"（Straßenbahn）= "铁路"（Eisenbahn）+ "城市交通"（Stadtverkehr）。

3.2.6 术语编纂数据

与概念相关的信息可以拆分成较小的单元，人们称之为"术语编纂数据"（terminographische Daten）。

术语编纂数据由以下方面组成：

——术语数据；

——术语数据的补充性数据（Zusatzdaten）（伴随信息）（Begleitinformation）。

其中补充性数据（伴随信息）所起的作用，一方面是对术语数据及其关系进行标记说明，另一方面，也是对术语数据的来源进行说明。正如其他的科学性工作一样，在术语工作中，人们也必须说明数据的来源，也就是说，必须附上术语数据的资料源。

3.2.6.1 术语数据

术语数据是关于某个概念及其（与其他概念之间的）概念关系、某个组成部分（Bestand）及其（与其他组成部分之间的）存在关系、某个主题及其（与其他主题之间的）主题关系的最小信息载体。它们可以分为三组：

——概念符号或者主题；

——概念描述或者组成部分描述；

——概念关系、存在关系或者主题关系。

3.2.6.1.1 概念符号（见本书 3.1.5）或者主题（见本书 3.1.4）

概念符号与概念之间，可以通过"应该 –"（Soll-）对应关系或者"是 –"（Ist-）对应关系进行对应。最重要的概念符号有：

名称（见本书 3.1.5.1）；

同义词（一个概念的多专业名称）（见本书 3.1.6.3）；

——优先名称；

——允许使用的名称；

——弃用名称；

——过时名称；

——新的构成（新词）；

——外语对应物（等效的名称）；

——名称变体。

名字（见本书 3.1.5.2.6 以及本书 3.1.7）；

缩略符号（见本书 3.1.5.2.3）；

名称的缩略形式（见本书 3.1.5.1.6.2.5）；

数字符号（见本书 3.1.5.2.4）；

感官符号（见本书 3.1.5.2.5）；

颜色符号（见本书 3.1.5.2.5.1）；

等等。

针对概念符号的术语编纂原则：

（1）名称的书写形式：

一个条目（记录）中某个名称的首字母要大写，即使这个名称出现在句子里，其首字母也大写。在文献叙词表（文献汇编）中则已经“约定俗成”，叙词（Deskriptor）（优先名称）则全部大写。

（2）名称的语法形式：

名称以其基本语法形式（原始形式）出现：

——名词采用主格单数；

——动词采用不定式；

——形容词采用阳性名词形式。

如果名称的语法形式与上述基本形式有出入，则必须加以说明。

例子：plt 表示“复数名词”（pluraletatum），pl 表示“复数”（Plural），等等。

（3）缩略符号

物理量大小及其单位的书写方式在国际上已经实现了标准化，有一部分甚至以法律形式做了明文规定。

例子：km（公里）、W（瓦特）、h（小时）

3.2.6.1.2 概念描述（见本书 3.1.3.6）或者组成部分描述（见本书 3.1.2.3）

概念描述是对概念内涵或者概念外延的陈述说明。最重要的概念描述有：

——定义（见本书 3.1.3.6.1）；

——解释（释义）（见本书 3.1.3.6.2）；

——外延确定（见本书 3.1.3.6.3）；

——公式；

——对概念描述起补充作用的图解（见本书 3.1.3.6.4）。

组成部分描述是指对由哪些部分构成了一个“组成部分”（Bestand）进行说明，或者说明某个部分属于哪一个整体。组成部分描述是：

——对整体的描述；

——对部分的描述。

从术语学角度上看，无论是定义（见本书 3.1.3.6.1）还是解释（释义）（见本书 3.1.3.6.2），它们都不是陈述（断言）（Aussagen），因为它们并没有对在对象层面上的事态（实情）（Sachverhalt）进行描述。在概念层面上，事态是由句子代表的；在符号层面上，事态则是借助陈述通过语言表达出来的。定义和解释（释义）是一种由部分处于相互关系中的特征所构成的复合体，它们用冒号或者其他方式与概念符号分隔开来。

3.2.6.1.3 概念关系、存在关系或者主题关系（见本书 3.1.3.4.1、3.1.2.1 和 3.1.4.1）

概念关系有：

超大概念（Überbegriff）

大概念（Oberbegriff）

小概念（Unterbegriff）

并列概念（nebengeordnete Begriffe）

存在关系有：

整体

部分

并列部分（Mitteile）（并列）

主题关系有：

更宽泛概念

更狭窄概念

相关概念（有亲缘关系的概念）

3.2.6.1.4 更深入的术语数据

除了上述对术语数据的处理方法以外，尤其是在计算机辅助的术语编纂工作中，将组合形式的概念符号拆分为概念符号要素，并把它们逐个提取出来，这已经成为现实。这种技术也特别适用于复杂的名称复合体，人们可以按照字母索引对名称的各部分进行搜索。除此之外，针对不同语种的记录（条目）——在其中，采用不同语言所表达的数据，它们所描述的概念，其内涵大多只是部分重叠，在这种情况下，人们可以采用相应的术语编纂符号（“=”表示“同一的”，“×”表示交叉重合，“>”表示“大概念”，等等，见本书 3.2.4），对这些数据的等效程度进行标示。至于那种对并不等价的概念数据也进行了简单并列的处理——正如在许多“翻译词典”里所发生的那样，如果这样做，其科学性则很值得怀疑。

3.2.6.2 补充性数据（伴随信息）

补充性数据指的是标明术语数据所涉及的语言学、逻辑学、具体专业以及管理方面的信息，或者说明其来源的数据。它们既可以与单个数据相关，也可以与以完整句子形式出现的数据（记录 / 条目）相关。

3.2.6.2.1 补充性数据一览表

补充性数据的选择取决于与之相关的术语项目的需要。以下只罗列了最为重要的补充性数据。人们在 1951 年公布的奥地利 /ISO（ÖNORM ISO）标准中，也可以找到一系列的补充性数据（ON 1984a）。

3.2.6.2.1.1 针对单个术语数据要素的补充性数据

——权威符号（概念符号和 / 或概念描述，例如：BS，DIN，IUPAC）；

——语言符号（概念符号和 / 或概念描述，见本书 3.2.4.1.1）；

——国家符号（概念符号和 / 或概念描述，见本书 3.2.4.1.2）；

——使用 / 用途限制（例如：“只限于这部书”“从标准化的意义上

说”）；

——来源（图书目录数据）；

——注释（对概念符号或者概念描述等的补充性说明）；

——分类符号（说明概念在概念系统中的位置）；

——具体专业说明；

——对可靠性的说明（例如：源于标准化组织、专业委员会、翻译人员等等）。

用于特殊目的：

——语法说明：名词、专有名称、动词、副词、阳性、阴性、中性、单数、复数，等等；

——频率。

程度：标准语言（规范语言）、车间（工厂）语言，等等

——借助叙词对概念进行描述；

——对起始语言和目标语言进行说明（针对翻译人员）。

3.2.6.2.1.2　与数据记录（条目）相关的补充性数据

——记录（条目）的序号；

——与记录（条目）及其补充性信息相关的缩略符号；

——数据加工或者进行信息补充的日期；

——序号（专业词典中）。

如果是出于标准化的目的：

——标准的行标题；

——发布日期、注销日期；

——与其他标准和其他规定的对应物；

——标准的状态（草案、试行标准、标准）；

——专业标准委员会；

——标准类型［术语标准或者实体法（Sachnorm）］。

3.2.6.2.1.3　术语编纂的最小数据记录

以下的术语编纂数据是作为最小数据记录（Mindestdatensatz），为术语编纂数据不断拓展其应用领域（包括数据交换）而规定的（Infoterm 1980b：23）。

术语数据	针对每种语言的可重复性	
具体专业领域		
语言符号		
术语单元（名称或者术语措辞）		√
来源		√
使用注释		√
概念描述 / 上下文语境		√

补充性数据

序号

第一条和 / 或最后一条记录（条目）生成的日期

记录（条目）的来源

术语措辞（terminologische Wendung）是一种术语单元，它由一个词组（动词词组）构成。例如，“关掉设备”。翻译人员在翻译工作中常常用到。

3.2.7 条目（记录）

一个传统常规或者计算机辅助的术语编纂数据集（专业词典、术语汇编）的最小单元就是条目（记录）。一个条目（记录）或者包含了有关某个概念、某个组成部分、某个主题的所有数据，或者包含了有关某个名称（不同的概念与之对应）的所有数据。

某个专业领域或者某个专业领域分支的条目的总体，也就生成了这个专业领域或者这个专业领域分支的专业词典。一部以概念为导向的术语编纂数据集就是一部系统化的专业词典。在这里，条目的编排是依照专业顺序（概念系统）进行的。若干个单语种的条目可以组合成一个多语种的（垂直）条目域（Eintragsfeld）。如果单语种的条目相互跟随，人们在此谈的就是条目或者条目栏的垂直编排；如果它们是彼此并肩排列的，人们说的就是条目或者条目（条）带的水平编排。一部以名称为导向的术语编纂数据集，则是一部按字母顺序编排的专业词典，也就是“等同词典”（Gleichsetzungswörterbuch）或者“翻译词典”。

单个的术语数据可以连同补充性数据一起记录在参考卡片、概念符号卡片、图示卡片、概念系统卡片等等的上面，而这些资料则构成了术语工作的原稿。这些卡片上的所有数据不需要都出现在条目里。这些卡片的总体构成了一个卡片档案，人们可以采用传统常规或者电子化数据载体的形式，把卡片档案里的数据储存起来。可以视术语项目的规模来决定储存这些卡片档案的方式——采用常规方式还是电子化的方式。就拟定一个概念系统而言，有时手工制作的卡片档案过于简单。

数据结构和数据编排顺序则由术语编纂数据集的具体用途决定。本书的作者在20世纪80年代末设想：在不久的将来，术语数据库将具备为确定的用户群提供最佳形式的术语数据集的实力。

3.2.7.1 条目（记录）中的术语数据排列顺序

一个条目包含了有关某个概念、对象或主题的所有信息。在一部印刷出来的专业词典或者术语汇编里，带有补充性数据的术语数据应该遵循优选顺序（Vorzugsreihenfolge）进行编排。在计算机辅助的术语编纂工作中，只要开发出相应的程序，那些可从数据库中提取的数据，则可以按照“随心所欲”的顺序进行排列。

下面列举的是术语编纂数据集的条目（记录）中的数据记录（Datensatz），同时标明了数据的排列顺序：

（按照下列顺序进行介绍）

单语种的条目（记录）

——标准专业词典；

——非标准专业词典；

——叙词表（术语汇编）。

多语种的条目（记录）

——标准专业词典；

——非标准专业词典；

——叙词表（术语汇编）。

按力求实现的数据排列顺序进行编排的纲要性条目，要放在从现存专业词典或者术语汇编中提取出来的条目之前。以下例子可以作为模板供人们参照使用。

3.2.7.1.1 单语种条目（记录）

3.2.7.1.1.1 （经标准化组织协调过的）标准专业词典

（1）序号；

（2）分类符号；

（3）优先概念符号（Vorzugsbegriffszeichen）；

（4）权威符号或者国家符号（针对优先概念符号）；

（5）第二个优先概念符号；

（6）权威符号或者国家符号（针对第二个优先概念符号）；

（7）概念描述（采用“：”与概念符号分隔）；

（8）权威符号（针对概念描述）；

（9）允许使用的概念符号；

（10）弃用概念符号；

（11）插图（图解）。

上述标准专业词典的条目中（4）、（6）、（8）所包含的数据，则是经该标准化组织出版公布的。

例子：从德国标准化研究院制定的标准中，摘取出的一条标准专业词典条目（记录）（DIN 1964：2）。

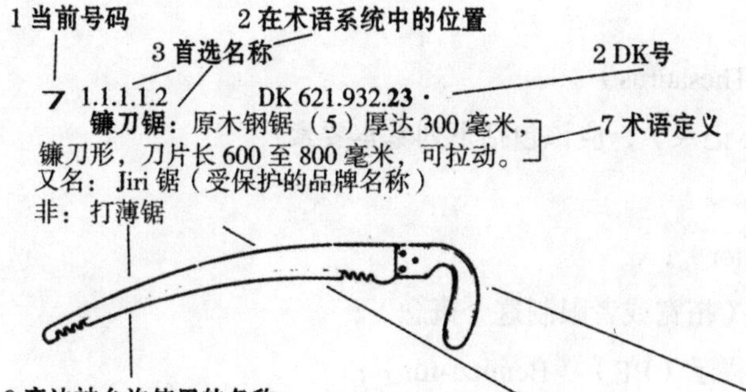

3.2.7.1.1.2　非标准专业词典

（1）序号；

（2）分类符号；

（3）概念符号（同义词之间用“；”隔开）；

（4）针对概念符号的权威符号或者国家符号；

（5）概念描述（采用“：”与概念符号分隔）；

（6）针对概念描述的权威符号（从一份标准化的概念描述中借用过来）；

（7）过时的概念符号；

（8）插图（图解）。

例子：造船业词汇表中的术语（Kobylinski，L. and Wisniewski 1972：7）

1.1. 体轴系统　固定在体内的右手正交轴系统，Z 轴垂直于基面，X 轴在纵向中心平面上。

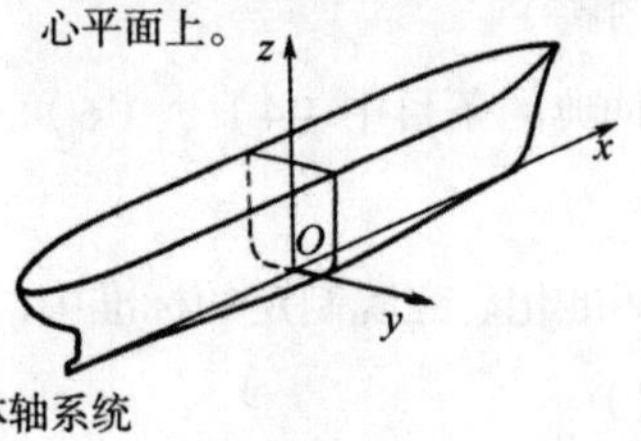

体轴系统

3.2.7.1.1.3　汇编（Thesaurus）

一部汇编中的条目（记录），应该包括下列基本要素：

叙词条目（记录）：

（1）叙词（Deskriptor）；

（2）解释（释义）（拓宽或者限制这个概念）；

（3）“使用范围”提示（BF）（Benutzt-für）；

（4）宽泛概念（OB）；

（5）（更高抽象程度上的）宽泛概念（OB 1，2……）；

（6）狭窄概念（UB）；

（7）（更低抽象程度上的）狭窄概念（UB 1，2……）；

（8）相关概念（VB）（verwandte Begriffe）。

非叙词条目（记录）

（1）非叙词（Nichtdeskriptor）；

（2）“使用”提示（BS）（“Benutze”-Hinweis）。

创建“叙词条目”（叙词记录）的可能数据要素：

叙词（Deskriptor）

D 解释（释义）（拓宽或者限制这个概念）

BF 非叙词

OB 1 最宽泛的概念 （最高等抽象程度上）

OB 2 更宽泛的概念 （次高等抽象程度上）

OB 3 宽泛的概念 （第三级高等抽象程度上）

……

等等

UB 1 最狭窄概念（最低等抽象程度上）

UB 2 更狭窄概念（次低等抽象程度上）

UB 3 狭窄的概念

……

等等

VB 相关概念

例子 1：欧洲共同体委员会（KEG）的一份“叙词条目”（“叙词记录”）（KEG 1979：54）

肠胃病

uf *传染性肠胃炎 +*

BT1 器官疾病

NT1 肠道疾病

NT2 肠炎

NT2 结肠炎

NT2 肛门脱垂

NT2 盲肠炎

NT1 肠胃炎
NT1 肝病
NT2 胆囊炎
NT2 肝炎
NT2 黄疸
NT2 肝硬化
NT1 胃病
NT2 胃炎
NT2 胃溃疡
NT2 中耳炎
NT1 口腔疾病
NT2 唾液腺疾病
NT2 牙龈炎
NT2 口腔炎
NT2 舌病
NT3 舌炎
NT1 胰腺疾病
NT2 胰腺炎
NT1 腹膜炎
NT1 咽炎
NT1 咽喉疾病
NT1 牙病
rt 消化系统

例子2：欧洲共同体委员会（KEG）的另一份“叙词条目”（“叙词记录”）（KEG 1979：54）

味觉
uf *硬质腭*
uf *腭痣*
BT1 咽

BT2 消化系统

rt 唇颚裂

例子 3：欧洲共同体委员会（KEG）的一份“非 – 叙词条目”（“非 – 叙词记录”）（KEG 1979：54）

整副假牙

用途 牙齿

3.2.7.1.2 多语种条目（记录）

术语编纂数据集里的一条以概念为导向的多语条目（记录），则由单语种部分组成，它们呈垂直或者水平的状态排列。

3.2.7.1.2.1 以概念为导向的多语种条目（记录）模型

（1）语言部分按垂直方向排列

概念序号		例子：05–20–250
第一语言	语言符号、概念符号、概念描述、同义词	（英语）voltage：The line integral...-potential difference.
第二语言	语言符号、概念符号、概念描述、同义词	（法语）tension：Integral de line...-différence de potentiel
第三语言	语言符号、概念符号、概念描述、同义词	（德语）Spannung：Linienintegral...-Potential-differenz
……	……	……

（2）语言部分按水平方向排列（带有两种定义语言和三种补充语言的专业词典）

概念序号

第一语言	第二语言	其他语言
语言符号、	语言符号、	语言符号、
概念符号、	概念符号、	概念符号 – 同义词、
概念描述、	概念描述、	语言符号、
同义词	同义词	概念符号 – 同义词、
		语言符号、
		概念符号 – 同义词

3.2.7.1.2.2　以概念符号为导向的多语种条目（记录）模型

语言符号	概念符号	例子：（法语）champ（场）
概念 1	概念描述	1（质的意义上）
	语言符号、概念符号、同义词	（德语）Feld；Feldraum
概念 2	概念描述	2（量的意义上）
	语言符号、概念符号、同义词	（德语）Feld；Feldgröße（范围）

3.2.7.1.2.3　标准专业词典

3.2.7.1.2.3.1　以概念为导向的条目（记录）

其多语种条目（记录）的应备要素有：

——序号；

——分类符号（概念系统）。

标准专业词典所采纳的定义语言应该具备的数据要素 [补充性语言则没有“概念描述”，也就是没有下面的（6）和（7）]：

（1）语言符号；

（2）优先概念符号；

（3）权威符号或者国家符号（针对优先概念符号）；

（4）第二个优先概念符号（如果手头上有）；

（5）权威符号或者国家符号（针对第二个优先概念符号）；

（6）概念描述（采用“：”与概念符号分隔）；

（7）权威符号（针对概念描述）；

（8）允许使用的概念符号；

（9）弃用概念符号；以及

（10）插图（图解）。

例子 1：语言部分垂直排列的条目（记录）（ISO 1969b：21）

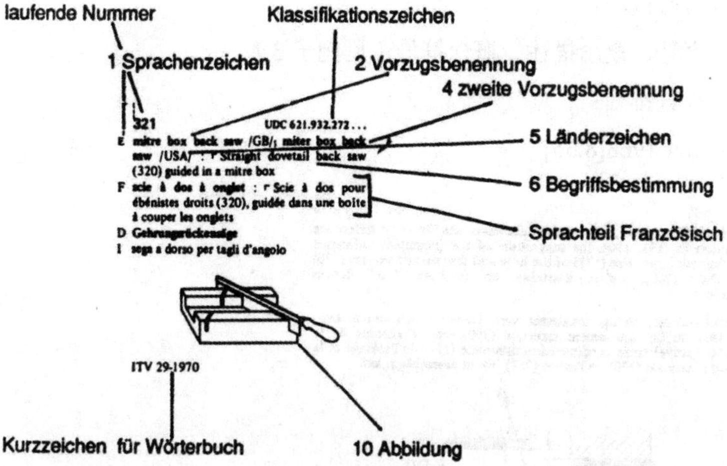

例子 2：语言部分水平排列的条目（记录）

条目 8611 [国际灌溉排水委员会（ICID）1967：510]

8611. Hoisting plug: Connecting link between the hoisting line and the drill pipe, also used with casing plug or adapter to run or pull casing.

8611. Tête de levage: Elément de liaison entre le câble de levage et la tige de forage, employé aussi avec un raccord ou tête de tubage pour descendre ou extraire le tubage.

3.2.7.1.2.4 非标准专业词典

3.2.7.1.2.4.1 以概念为导向的条目（记录）

其多语种条目（记录）的应备要素有：

——序号；

——分类符号（概念系统）。

非标准专业词典所采纳的定义语言应该具备的数据要素 [补充性语言则没有“概念描述”及相关要素，也就是没有下面的（4）和（5）]：

（1）语言符号；

（2）概念符号（也是经过标准化的）；

（3）权威符号和国家符号（针对标准概念符号）；

（4）概念描述；

（5）针对概念描述的权威符号或者国家符号（从一份标准概念描述中借用过来）；

（6）弃用概念符号；以及

（7）插图（图解）。

以下顺序也是可行的：

分类符号，序号，概念描述，概念符号（见例子 3）。

语言部分的垂直排列：

例子 1：Wüster 1968[8.55]

187 UDC 621.753.2

maximum interference ASA, ISO; **negative allowance** ASA: In an ⌜interference or ⌜transition fit (191, 190), the magnitude of the (negative) difference between the ⌜minimum size (171) of the hole and the ⌜maximum size (170) of the shaft (268), before assembly ISO (without "the" before "magnitude").

serrage maximal ISO; **serrage maximum** NBN: Dans un ⌜ajustement avec serrage (191) ou un ⌜ajustement incertain (190), valeur absolue de la différence (négative) entre la ⌜dimension minimale (171) de l'alésage et la ⌜dimension maximale (170) de l'arbre (268), avant assemblage ISO.

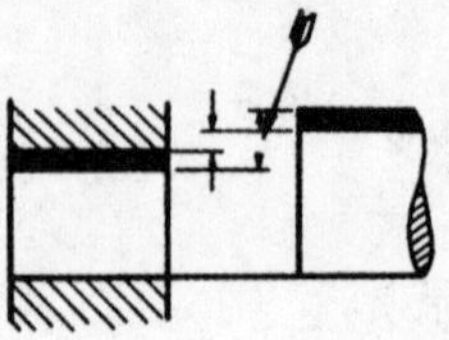

例子 2：《国际消防技术服务词典》（Havelka s.d.：222）

614.843.1/.2
HYDRANTS AND HOSES/HYDRANTEN UND SCHLÄUCHE/HYDRANTS ET TUYAUX/ ГИДРАНТЫ, РУКАВА

E **hydrant**
Implement for the obtaining of water from a piped water supply, including: pillar hydrant, ground hydrant, double hydrant, inside and outside hydrant, landing valve and wall hydrant

D **Hydrant**
Einrichtung zur Löschwasserentnahme aus einer Versorgungsleitung. Beispiele: Überflurhydrant, Unterflurhydrant, Großhydrant, Innenhydrant, Außenhydrant, Wandhydrant

F **bouche d'incendie, hydrant**
Engin destiné à la fourniture d'eau d'extinction, branché sur une conduite d'alimentation. Exemples: bouche d'incendie privée (France), robinet d'incendie (France), hydrant mural (Belgique), poteau d'incendie (France), borne d'incendie (Belgique)

R **Гидрант**
Приспособление для забора воды из водопроводной сети для целей пожаротушения.

Eo	hidranto (akvoprenejo)	Pl	hydrant
Nl	brandkraan /NL/, hydrant /B/	Cs	hydrant
No	hydrant	Sc	hidrant
Sv	brandpost	He	berez srefa
Da	hydrant, brandhane	Tr	hidrant
I	bocca da incendio, idrante	Hu	tüzcsap
Ro	hidrant	Fi	paloposti
S	boca de incendio, hidrantes	J	shokasen
Pt	boca de incêndio	Bg	Хидрант

E **frost-proof hydrant**

D **frostfreier Hydrant**

F **bouche d'incendie anti-gel**

R **Незамерзающий гидрант**

Eo	senfrosta hidranto	Pl	hydrant niezamarzający
Nl	vorstvrije brandkraan	Cs	mrazuvzdorný hydrant
No	frostfri hydrant	Sc	hidrant zastićen od smrzavanja (mraza)
Sv	frostfri brandpost	He	beres srefa amid kipaon
Da	frostsikker brandhane	Tr	donmayan hıdrant
I	idrante incongelabile	Hu	fagymentes tüzcsap
Ro	hidrant protejat contra îngheţului	Fi	pakkasen kestävä paloposti
S	hidrante anti-hielo, boca de incendios anti-hielo, hidrante a prueba de heladas	J	toketsuboshi shokasen
Pt	boca de incêndio anticongelante	Bg	

例子 3：《锯子词典》（Plehn 1934：9）

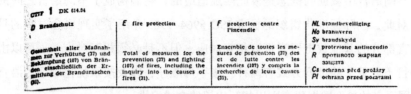

(31) Lochsäge, deren Spitze als Bohrer ausgebildet ist:	**Bohrersäge** **Drill saw** **Scie à vrille** **Foretto a trapano** **Borilo-segilo**

语言部分的水平排列：

例子 1： DIN 1965a：4

CTIF **1** DK 614.84

D Brandschutz	*E* fire protection	*F* protection contre l'incendie	*NL* brandbeveiliging *No* brannvern *Sv* brandskydd *J* protezione antincendio *R* противопожарная защита *Cs* ochrana před požáry *Pl* ochrana przed pożarami
Gesamtheit aller Maßnahmen zur Verhütung (37) und Bekämpfung (107) von Bränden einschließlich der Ermittlung der Brandursachen (31).	Total of measures for the prevention (37) and fighting (107) of fires, including the inquiry into the causes of fires (31).	Ensemble de toutes les mesures de prévention (37) des et de lutte contre les incendies (107) y compris la recherche de leurs causes (31).	

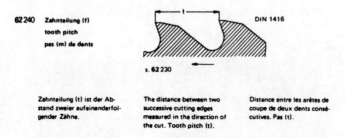

例子 2：《制造技术词典》（CIRP 1974：78/79）

62 240 Zahnteilung (f)
tooth pitch
pas (m) de dents

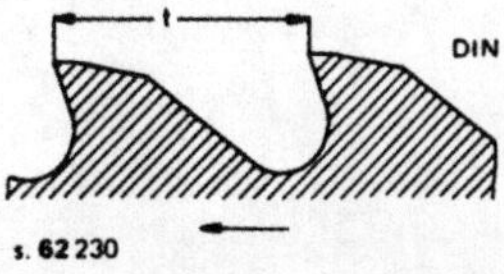

DIN 1416

s. 62 230

Zahnteilung (t) ist der Abstand zweier aufeinanderfolgender Zähne.

The distance between two successive cutting edges measured in the direction of the cut. Tooth pitch (t).

Distance entre les arêtes de coupe de deux dents consécutives. Pas (t).

两个部分彼此相邻。

3.2.7.1.2.4.2 以概念符号为导向的条目（记录）

多语种条目（记录）所必备的要素：

（1）序号；

（2）概念符号；

（3）第一个概念描述；

（4）第二个概念描述；

（5）进一步的概念描述；

（6）其他语言的概念符号。

例子：Kamp 1970：60

281	Speicher	Eine Funktionseinheit, die Informationen, Signale* oder physikalische Größen aufnehmen und zu einem späteren Zeitpunkt wieder zur Verfügung stellen kann (s. DIN 44 300)	memory, store, storage	mémoire	memoria

3.2.7.1.2.5　汇编（Thesaurus）

多语种汇编的条目（记录）包含每一种语言在本书 3.2.7.1.1.3 中所列出的数据要素。其中，不同语言中叙词的概念是彼此匹配适应的，它们构成了不同语言之间的联系纽带。对此，国际标准化组织的标准 ISO 5964–1985 介绍了实现概念对应的具体方法。语言部分的其他数据要素可以相互对应，但不是必须相互对应——可以出现空位。条目（记录）的排列方式有两种：按字母顺序，以及按系统化顺序。语言部分或者不同语言的单个数据要素则以相互比较的方式编排。

例子 1：语言部分按并列方式编排的系统化叙词表（ISO 1985：47）

601	FAHRZEUG	VEHICLES	VÉHICULES
602	LUFTFAHRZEUG	AIRCRAFT	AÉRONEF
603	AEROSTAT	LIGHTER-THAN-AIR AIRCRAFT	AÉROSTAT
		UF Aerostats	
604	LUFTSCHIFF	AIRSHIPS	DIRIGEABLE
605	LUFTFAHRZEUG SCHWERER ALS LUFT	HEAVIER-THAN-AIR AIRCRAFT	AÉRONEF PLUS LOURD QUE L'AIR
		UF Aerodynes	
	VB AVIATIK 671	**RT** AVIATION	**VA** AVIATION
	FLUGZEUG	FIXED-WING AIRCRAFT	AÉRONEF À AILE FIXE
	MOTORFLUGZEUG	AEROPLANES	AVION
	D nur für Luftfahrzeuge mit befestigten Flügeln, die schwerer als Luft sind	**SN** fixed-wing, powered, heavier-than-air aircraft	**NE** aéronef plus lourd que l'air, propulsé, à aile fixe
608	DÜSENFLUGZEUG	JET AEROPLANES	AVION À RÉACTION
609	FRACHTFLUGZEUG	FREIGHT AEROPLANES	AVION CARGO
	VB FRACHT 692	**RT** FREIGHT	**VA** FRET
610	SEGELFLUGZEUG	GLIDERS	PLANEUR
	BF Gleitflugzeug		
	VB GLEITFLUG 675	**RT** GLIDING	**VA** VOL À VOILE
611	HUBSCHRAUBER	HELICOPTERS	HÉLICOPTÈRE
612	MILITÄRLUFTFAHRZEUG	MILITARY AIRCRAFT	AÉRONEF MILITAIRE

例子 2：单语种叙词按系统化顺序编排，并附有其他语种按字母顺序排列的对应叙词表（ISO 1985：51）

601 FAHRZEUG
602 LUFTFAHRZEUG
603 AEROSTAT
604 LUFTSCHIFF
605 LUFTFAHRZEUG SCHWERER ALS LUFT
VB AVIATIK 671
606 FLUGZEUG
607 MOTORFLUGZEUG
D nur für Luftfahrzeuge mit befestigten Flügeln, die schwerer als Luft sind
608 DÜSENFLUGZEUG
609 FRACHTFLUGZEUG
VB FRACHT 692
610 SEGELFLUGZEUG
VB GLEITFLUG 675
611 HUBSCHRAUBER
612 MILITÄRLUFTFAHRZEUG

AEROSTAT 603
E: LIGHTER-THAN-AIR AIRCRAFT
F: AÉROSTAT
AVIATIK 671
E: AVIATION
F: AVIATION
BF Flugwesen
VB LUFTFAHRZEUG SCHWERER ALS LUFT
DÜSENFLUGZEUG 608
E: JET AEROPLANES
F: AVION À RÉACTION
FAHRZEUG 601
E: VEHICLES
F: VÉHICULES
Flugwesen **BS** AVIATIK
FLUGZEUG 606
E: FIXED-WING AIRCRAFT
F: AÉRONEF À AILE FIXE
FRACHT 692
E: FREIGHT
F: FRET
BF Kargo
Ladung
VB FRACHTFLUGZEUG
FRACHTFLUGZEUG 609
E: FREIGHT AEROPLANES
F: AVION CARGO
VB FRACHT
GLEITFLUG 675
E: GLIDING
F: VOL À VOILE
VB SEGELFLUGZEUG

Gleitflugzeug **BS** SEGELFLUGZEUG
HUBSCHRAUBER 611
E: HELICOPTERS
F: HÉLICOPTÈRE
Kargo **BS** FRACHT
Ladung **BS** FRACHT
LUFTFAHRZEUG 602
E: AIRCRAFT
F: AÉRONEF
LUFTFAHRZEUG SCHWERER ALS LUFT 605
E: HEAVIER-THAN-AIR AIRCRAFT
F: AÉRONEF PLUS LOURD QUE L'AIR
VB AVIATIK
LUFTSCHIFF 604
E: AIRSHIPS
F: DIRIGEABLE
MILITÄRLUFTFAHRZEUG 612
E: MILITARY AIRCRAFT
F: AÉRONEF MILITAIRE
MOTORFLUGZEUG 607
E: AEROPLANES
F: AVION
D nur für Luftfahrzeuge mit befestigten Flügeln, die schwerer als Luft sind
SEGELFLUGZEUG 610
E: GLIDERS
F: PLANEUR
BF Gleitflugzeug
VB GLEITFLUG

例子 3：以德语为主导语言，按字母顺序排列的叙词表（语言部分呈水平排列）（ISO 1985：39）

AEROSTAT **OB** LUFTFAHRZEUG **UB** LUFTSCHIFF	**LIGHTER-THAN-AIR AIRCRAFT** **UF** Aerostats **BT** AIRCRAFT **NT** AIRSHIPS	**AÉROSTAT** **TG** AÉRONEF **TS** DIRIGEABLE
AVIATIK **BF** Flugwesen **UB** GLEITFLUG **VB** LUFTFAHRZEUG SCHWERER ALS LUFT	**AVIATION** **NT** GLIDING **RT** HEAVIER-THAN-AIR AIRCRAFT	**AVIATION** **TS** VOL À VOILE **VA** AÉRONEF PLUS LOURD QUE L'AIR
DÜSENFLUGZEUG **OB** MOTORFLUGZEUG	**JET AEROPLANES** **BT** AEROPLANES	**AVION À RÉACTION** **TG** AVION
Flugwesen **BS** AVIATIK		
FLUGZEUG **OB** LUFTFAHRZEUG SCHWERER ALS LUFT **UB** MOTORFLUGZEUG SEGELFLUGZEUG	**FIXED-WING AIRCRAFT** **BT** HEAVIER-THAN-AIR AIRCRAFT **NT** AEROPLANES GLIDERS	**AÉRONEF À AILE FIXE** **TG** AÉRONEF PLUS LOURD QUE L'AIR **TS** AVION PLANEUR
FRACHT **BF** Kargo Ladung **VB** FRACHTFLUGZEUG	**FREIGHT** **UF** Cargo **RT** FREIGHT AEROPLANES	**FRET** **EP** Cargaison **VA** AVION CARGO
FRACHTFLUGZEUG **OB** MOTORFLUGZEUG **VB** FRACHT	**FREIGHT AEROPLANES** **BT** AEROPLANES **RT** FREIGHT	**AVION CARGO** **TG** AVION **VA** FRET
GLEITFLUG **OB** AVIATIK **VB** SEGELFLUGZEUG	**GLIDING** **BT** AVIATION **RT** GLIDERS	**VOL À VOILE** **TG** AVIATION **VA** PLANEUR
Gleitflugzeug **BS** SEGELFLUGZEUG		
HUBSCHRAUBER **OB** LUFTFAHRZEUG SCHWERER ALS LUFT	**HELICOPTERS** **BT** HEAVIER-THAN-AIR AIRCRAFT	**HÉLICOPTÈRE** **TG** AÉRONEF PLUS LOURD QUE L'AIR

例子 4：以德语为主导语言，按字母顺序排列的叙词表（不同语言的数据要素相互比较）（ISO 1985：57）

AEROSTAT T600
E: LIGHTER-THAN-AIR AIRCRAFT
F: AÉROSTAT
OB LUFTFAHRZEUG E: AIRCRAFT F: AÉRONEF
UB LUFTSCHIFF E: AIRSHIPS F: DIRIGEABLE

AVIATIK R620
E: AVIATION-
E: AVIATION
BF Flugwesen
UB GLEITFLUG E: GLIDING F: VOL À VOILE
VB LUFTFAHRZEUG SCHWERER ALS LUFT
E: HEAVIER-THAN-AIR AIRCRAFT
F: AÉRONEF PLUS LOURD QUE L'AIR

DÜSENFLUGZEUG T600
E: JET AEROPLANES
F: AVION À RÉACTION
OB MOTORFLUGZEUG E: AEROPLANES
F: AVION

FAHRZEUG T600
E: VEHICLES
F: VÉHICULE
UB LUFTFAHRZEUG E: AIRCRAFT F: AÉRONEF

Flugwesen **BS** AVIATIK

FLUGZEUG T600
E: FIXED-WING AIRCRAFT
F: AÉRONEF À AILE FIXE
OB LUFTFAHRZEUG SCHWERER ALS LUFT
E: HEAVIER-THAN-AIR AIRCRAFT
F: AÉRONEF PLUS LOURD QUE L'AIR
UB MOTORFLUGZEUG E: AEROPLANES
F: AVION
SEGELFLUGZEUG E: GLIDERS F: PLANEUR

HUBSCHRAUBER T600
E: HELICOPTERS
F: HÉLICOPTÈRE
OB LUFTFAHRZEUG SCHWERER ALS LUFT
E: HEAVIER-THAN-AIR AIRCRAFT
F: AÉRONEF PLUS LOURD QUE L'AIR

Kargo **BS** FRACHT

Ladung **BS** FRACHT

LUFTFAHRZEUG T600
E: AIRCRAFT
F: AÉRONEF
OB FAHRZEUG E: VEHICLES F: VÉHICULE
UB AEROSTAT E: LIGHTER-THAN-AIR AIR-CRAFT F: AÉROSTAT
LUFTFAHRZEUG SCHWERER ALS LUFT
E: HEAVIER-THAN-AIR AIRCRAFT
F: AÉRONEF PLUS LOURD QUE L'AIR
MILITÄRLUFTFAHRZEUG E: MILITARY AIR-CRAFT E: AÉRONEF MILITAIRE

LUFTFAHRZEUG SCHWERER ALS LUFT T600
E: HEAVIER-THAN-AIR AIRCRAFT
F: AÉRONEF PLUS LOURD QUE L'AIR
OB LUFTFAHRZEUG E: AIRCRAFT F: AÉRONEF
UB FLUGZEUG E: FIXED-WING AIRCRAFT
F: AÉRONEF À AILE FIXE
HUBSCHRAUBER E: HELICOPTERS
F: HÉLICOPTÈRE
VB AVIATIK E: AVIATION F: AVIATION

LUFTSCHIFF T600
E: AIRSHIPS
F: DIRIGEABLE
OB AEROSTAT E: LIGHTER-THAN-AIR AIR-CRAFT F: AÉROSTAT

3.2.7.2 条目（记录）的编排

术语编纂数据集里最小的独立部分就是它的条目（记录）。要在数据集里对条目（记录）进行编排，“秩序要素”（Ordnungselement）是必不可少的。通常情况下，人们大多把概念，或者对象，或者与概念相对应的概念符号作为“秩序要素”使用——在特殊情况下，也可以根据需要把其他一些术语数据要素当作“秩序要素”使用。在依据概念进行编排时——人们在此说的就是“按专业顺序”，概念之间的相似性则成为排序原则。人们采用概念系统的分类编号（Klassifikationsziffern）来指明条目（记录）的排列顺序。在依据对象之间“时空相聚”的存在关系（也就是部分合并为整体的存在关系）进行编排时，这种现实存在状况决定了条目（记录）的排列顺序。除了依照专业顺序之外，还有依照名称的字母顺序进行排列的条目（记录），换句话说，就是依据概念符号进行排序。在排列条目（记录）时，各门具体学科的专家们偏爱依照专业顺序，而语言学专家们则喜欢按照字母顺序。但唯有依照专业顺序进行编排，才可能保证某个术语编纂数据集的完整性。汇编（叙词表）（Thesaurus）则是一种例外情况，它实际上是人们进行概念缩减的工具。

在实际工作中，人们经常遇到的情况却是：完全按照概念系统对某个专业进行描述，是很难完全做到的。在这种情况下，人们在进行术语编纂工作时，可以将条目（记录）按主题进行分组，然后在主题组内部依据概念系统或者按照名称的字母顺序对条目（记录）进行排序。

计算机辅助的术语编纂工作，使依照不同的标准对条目（记录）进行编排成为可能。以下展示的是条目（记录）编排的几种主要类型，人们可以将其当作模板使用。

3.2.7.2.1 单语种术语编纂数据集

3.2.7.2.1.1 条目（记录）的系统化编排

专业词典的条目按照概念系统的系统化顺序编排。分类符号充当“秩序要素”。

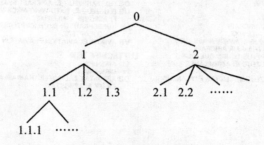

概念系统

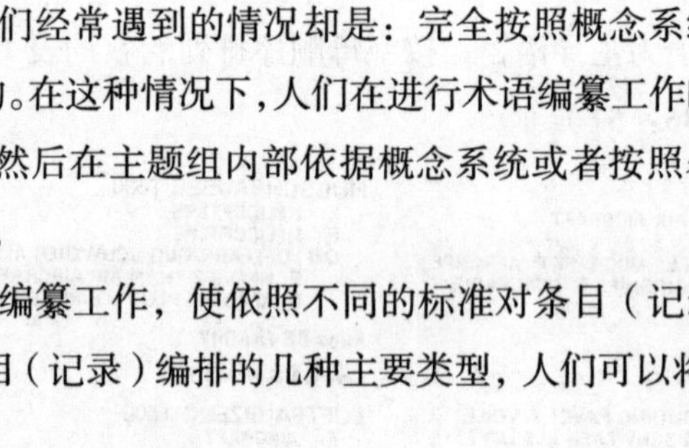

条目顺序

0

1

1.1

……

1.1.1

1.2

……

2

3.2.7.2.1.1.1 标准专业词典

概念系统是规定性标准的组成部分。

例子 1：锯木头的手锯（DIN 1973：5）

主要划分

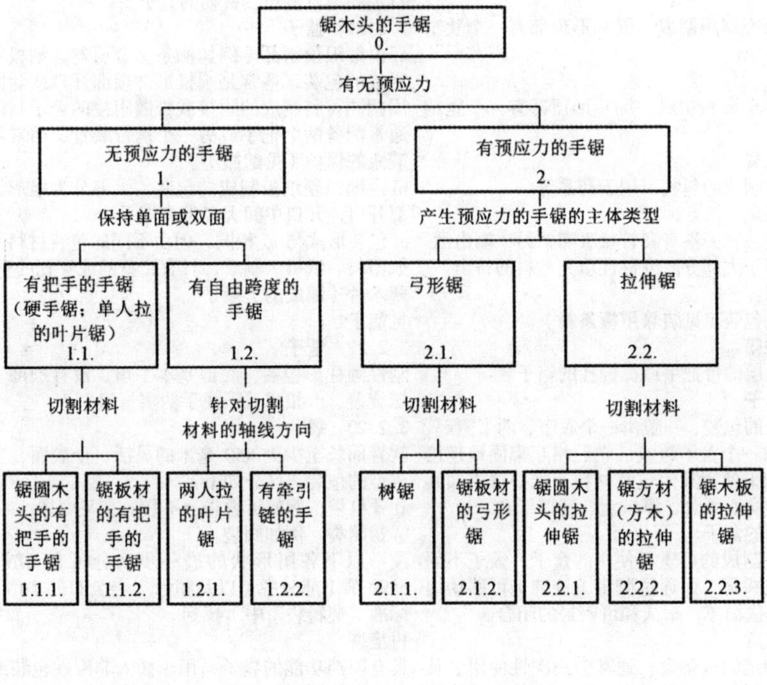

例子 2：部分呈系统化编排顺序，且带有主题化中间标题，术语数据按照主题概括成组（ON 1984b：3）

奥地利标准 A 5405 部分 3 页面 11

3. 2. 14　电缆卷筒
用于电缆和绳索的包装，由圆柱形芯和连接到末端的较大直径法兰组成。

3. 2. 15　罐
尺寸稳定的液体包装，大部分为矩形横截面，体积可达约 60 升；在罐身的顶部或一侧设有倾倒口；常见的携带装置。

3. 2. 16　壶
容量高达约 60 升的包装，主要为圆形横截面、光滑或波纹状的主体，带有倾倒和必要时的通风口和携带装置。

窄颈壶
见**漏斗壶**。

扁壶
平顶锡罐。

瓶罐
见**漏斗壶**。

漏斗壶
壶，主要由金属板制成，漏斗形顶部有一个狭窄的开口。

宽颈水壶
壶，主要由金属板制成，漏斗形顶部有一个宽阔的开口。

3. 2. 17　胶囊
主要由明胶制成的包装，用于药品等。

3. 2. 18　墨盒
刚性管状包装，一端有套管状吸嘴，另一端由活塞封闭；用于大部分高度黏性填充材料的挤出。

3. 2. 19　箱
无盖可堆叠包装（见**装箱用板条箱**）。

装瓶用板条箱
带或不带隔层的带把手或抓握孔的箱子。

3. 2. 20　盒子
由木头制成的包装，一般由一个底座、两个侧部、两个头部和一个盖子组成，它们相互牢固地连接在一起。如果使用其他包装材料，则必须添加其名称，例如实心纸盒、厚纸盒、瓦楞纸盒。

可重复使用的盒子
主要由木头制成的可重复使用的盒子。盖子不固定在侧面或头部，而通过胶带（铰链）可移动地连接，并提供简单、永久和可密封的闭合。

金属丝线束盒
可折叠的特定的板条盒，通常为一次性使用。其各个部件之间相互连接并通过退过火的金属线加固，板条箱部件是平放的。关闭是通过扭转线束末端或者连接预制的拎环来完成的。

折叠盒
可折叠的盒子，其侧面可移动地相互连接和 / 或连接到底部。

盒子套装
用于制造盒子的所有成品盒子部件。

盒子零件
单独的成品部件——板、条、块、滑道，从中组装一个盒子和它的壁。

盒子裁剪
切割成盒子尺寸的板、板条、条带或类似物。

板条盒
所有部件均由间隔板条制成的盒子。侧面和头部部件（头部）连接到头部或角条。

托盘盒
带有底座的盒子，可以用运输叉将其捡起。

框架盒
盒体的框架在本质上决定了盒体的承载能力和刚度。

重型货盒
特定和绝对重包装货物的盒子。

3. 2. 21　篮子
a) 由编织预制品（例如柳条、金属丝、钢板带）制成的包装，通常是圆锥形，顶部开口或封闭，用相同材料制成的附接或松散附接的盖子封闭，通常配备两个把手或另一个携带装置，通常用作酸瓶的保护（见**酸瓶**）。
b) 由编织硬纸板制成的包装，大部分为矩形，顶部开口，开口中间大多带有把手。
c) 包装形式与 a) 相同，但由不同的包装材料（例如塑料、纸板）制成，具有完整的或穿孔的壁。

薄木片（编成的）篮子
见**篮子**。

3. 2. 22　管子
刚性圆柱形包装，底部基本平坦，没有颈部，用螺旋盖、卡扣式盖子或手柄塞封闭。

3. 2. 23　袋
软管周长至少为 550 毫米的灵活、全表面、空间成型的包装。区分如下：
a) 开口袋，例如折叠袋、平袋、交叉底袋；
b) 封闭袋，例如阀袋。
注：以下各组形状的进一步区分可在 DIN ISO 6590 第 1 部分中（以及稍后[①] 会公布的 DIN ISO 标准“塑料袋”中）找到。

衬垫袋
具有阻挡功能的袋子，用于插入非刚性包装或不允许调整的刚性包装。

储存袋
具有阻隔功能的袋子，用于储存在硬包装中。

① 指 1989 年后。——译者注。

3.2.7.2.1.1.2 非标准专业词典（Kobylinski L. and Wisniewski 1972：7）

1. 轮廓线条和形状

1.1. 体轴系统 固定在躯干中的右手正交轴系统，Z 轴垂直于基平面，X 轴在纵向中心面。

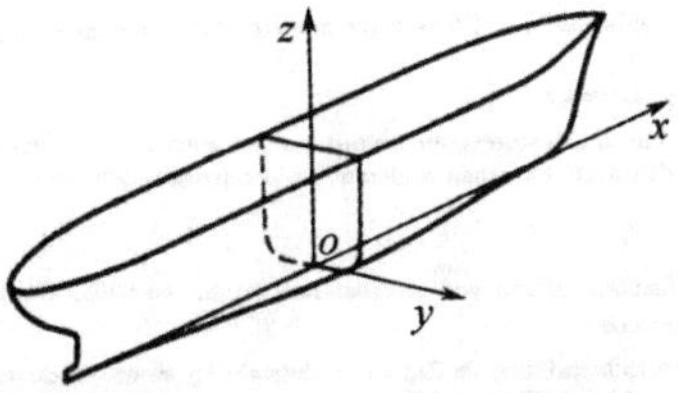

体轴系统

1.2. 固定系统 右手正交轴系统，相对于地面固定，Z_0 轴垂直于水位，X_0 轴在初始运动的大方向。

1.3. 漂浮的初始位置，直立位置 船舶的位置，其中固定系统和船身系统的垂直 Z 轴彼此平行。

1.5. 纵向中心平面 船体的纵向对称平面。

1.6. 模制底面 平行于自由水位并通过龙骨顶部（船中）在设计漂浮位置的平面。

1.7. 船中剖面 与前后垂线等距的横向垂直平面。

1.8. 漂浮平面 水位平面。

1.9. 船型 船体成型面的几何形状。

1.10. 水下船体，水下体 漂浮船体的浸入部分。

1.11. 水上船体，水上体 漂浮船体的浮出部分。

1.12. 润湿面 水下船体表面。

1.13. 船体线、线图、线（模制） 船体模制面与平行于三个数据平面（基准面、纵向中心平面和船中剖面）的平面的相交线的集合。

3.2.7.2.1.2 条目（记录）按字母顺序编排

专业词典条目按照名称的字母顺序编排。

3.2.7.2.1.2.1 标准词典

例子：ON 1984b：1

1 Begriffsbestimmungen (im Sinne dieser ÖNORM):

1.1 Abnahmeprüfung: Prüfung zur Feststellung der Annehmbarkeit eines Produktes oder einer Dienstleistung auf der Basis einer Vereinbarung zwischen dem Kunden und dem Lieferanten (siehe ÖNORM A 6675).

E *acceptance inspection*

1.2 Ausführungsqualität: Ausmaß der Übereinstimmung zwischen geplanter und tatsächlicher Ausführung.

E *quality of conformance*

1.3 Ausschuß: Produkt, das die festgelegten Anforderungen auch durch Nacharbeit oder Reparatur nicht erfüllen kann und das auch für einen anderen Verwendungszweck (mit anderen Anforderungen) nicht geeignet ist.

E *scrap*

1.4 Eingangsprüfung: Qualitätsprüfung von angelieferten Produkten (siehe ÖNORM A 6675).

E *receiving inspection*

1.5 Endprüfung: letzte Qualitätsprüfung im Zuge der Entstehung eines Produkts oder der Erbringung einer Dienstleistung (siehe ÖNORM A 6675).
Für Produkte, Waren und Dienstleistungen wird auch der Sammelbegriff Güter verwendet.

E *final inspection*

1.6 Fehler: Nichtübereinstimmung eines Merkmalswertes mit einer spezifierten Anforderung (siehe ÖNORMEN A 6649 und A 6650).

E *defect*

1.7 Fehlerkosten: Kosten, die dadurch entstehen, daß Produkte oder Dienstleistungen die festgelegten Qualitätsanforderungen nicht erfüllen.

E *failure costs*

1.8 Fehlerverhütungskosten: Kosten für vorbeugende Qualitätssicherung.

E *prevention costs*

1.9 Freigabe fehlerhafter Einheiten: Genehmigung der Weitergabe einer geprüften Einheit trotz Nichterfüllung vorgeschriebener Anforderungen.
Oftmals auch als „Tolerierung" bezeichnet.

E *waiver*

3.2.7.2.1.2.2 非标准专业词典（Sharp 1981：239）

hydrazine, N_2H_4. M.p. 1·4 C, b.p. 114 C. Has structure $H_2N{\cdot}NH_2$ in the gauche form. Manufactured from NH_3 or urea and NaOCl or Cl_2 in the presence of a ketone and gelatin (Raschig process). Forms an azeotrope with water, anhydrous N_2H_4 is obtained by distillation over NaOH or precipitation of the sulphate which reacts with liquid NH_3 to give $(NH_4)_2SO_4$ and N_2H_4. Hydrazine is a weak base giving hydrazinium salts, e.g. $(N_2H_5)Cl$ with strong acids. Aqueous solutions can be oxidizing giving $(NH_4)^+$ in acid with Ti^{3+} (E +1·27 volt) in slow reactions but are more generally reducing giving N_2(E acid + 0·23 volt; E alkaline + 1·15 volt). Forms complexes but generally acts only as a monodentate ligand. Burns in oxygen, reacts with halogens. Used for removing O_2 from boiler-feed water, etc. and in the manufacture of hyydrazides. Organic derivatives have many uses including use as high-energy fuels, blowing agents for foam plastics, antioxidants, herbicides.

hydrazinium salts *See* hydrazine.

3.2.7.2.1.3　汇编（叙词表）

单语种汇编（叙词表）的条目可以按照概念系统进行编排，也可以按照叙词的字母顺序进行编排。

3.2.7.2.1.3.1　按系统顺序编排的条目

例子：Merve 1976：104

Category	Descriptors	Unauthorized terms	Related terms
E.221.5 Telephone interview	*Telephone interview*	Telephone survey Interview by telephone	
	- *Coincidental method*		Information questions (E.231)
E.221.6 Interview by television	*Interview by television*		Accidental sampling (D.332.2) Self-administered questionnaire (E.21)
E.222 Interview situation	*Interview situation*	Interaction interviewer - respondent Interpersonal relations in interview	Rapport (E.222.11) Place of interview (E.223.1) Research relations (M.1)
	Third person in interview		Family interview (E.221.3) Group interview (E.221.3) Errors of situation (L.0)
E.222.1 Interviewers: efficiency and appearance	*Interviewers*		Staff (M.23)
	Interviewer effect	Interviewer reliability	Interview models (E.221) Recording responses (E.223.2) Errors of staff (L.0)

3.2.7.2.1.3.2　按字母顺序编排的条目

例子：真空叙词表（DAGV 1969：26）

Fortsetzung: SORPTION
  NT GASAUFZEHRUNG (clean up)
    KAPILLARKONDENSATION
    KRYOSORPTION
    SORPTIONSFALLEN
    SORPTIONSMITTEL:
  RT DESORPTION
    GETTERN

SORPTIONSFALLEN
  UF Absorptionsfallen
  BT SORPTION
    VAKUUMBAUTEILE

SORPTIONSMITTEL
  UF Getter
  BT ANORGANISCHE VERBINDUNGEN UND LEGIERUNGEN
    CHEMISCHE ELEMENTE UND ISOTOPE
    SORPTION
    STOFFE
  NT AKTIVKOHLE
    ZEOLITHE

SORPTIONSPUMPEN
  UF Absorptionspumpen
    Adsorptionspumpen
  BT VAKUUMPUMPEN
  NT GASAUFZEHRPUMPEN
    GETTERPUMPEN
    IONENGETTERPUMPEN

Sorptionsvermoegen
  U SORPTION

Spaltprodukte
  U KERNPHYSIK UND KERNTECHNIK

Speicherringe
  U TEILCHENBESCHLEUNIGER

SPEKTRALANALYSE
  UF Vakuumspektroskopie
  BT VAKUUMANWENDUNGEN UND VAKUUMVERFAHREN

Sperrfluessigkeiten
  U DICHTUNGSMITTEL

Sperrschiebervakuumpumpen
  U VERDRAENGERVAKUUMPUMPEN

Spezialkammern fuer Weltraumforschung
  U WELTRAUMPHYSIK UND WELTRAUMTECHNIK

Spezifische Waermekapazitaet
  U WAERME

STAHL
  BT ANORGANISCHE VERBINDUNGEN UND LEGIERUNGEN

Standanzeige
  U STEUERGERAETE UND REGELGERAETE

STEUERGERAETE UND REGELGERAETE
  UF Automatik
    Druckregler
    Fernsteuerung
    Fuellstandsueberwachung
    Manostate
    Oelstandsueberwachung
    Regelgeraete
    Regeln
    Regelventile
    Relais
    Schalter
    Sicherung (Cutoff)
    Standanzeige
    Steuergeraete
    Steuervorrichtung
    Torrostate
    Vakuumwaechter
    Wasserdurchflussregler
  NT ELEKTRONIK FUER VAKUUMMESSGERAETE
    TEMPERATURREGELUNG:
  RT ELEKTRONIK

Steuervorrichtung
  U STEUERGERAETE UND REGELGERAETE

STOFFE
  UF Werkstoffe
  NT ANORGANISCHE VERBINDUNGEN UND LEGIERUNGEN:
    BETRIEBSMITTEL FUER VAKUUMPUMPEN
    CHEMISCHE ELEMENTE UND ISOTOPE:
    DICHTUNGSMITTEL
    ORGANISCHE VERBINDUNGEN:
    SCHMIERMITTEL
    SORPTIONSMITTEL:

3.2.7.2.2 多语种术语编纂数据集

3.2.7.2.2.1 条目的系统化编排

按照一个统一的概念系统顺序，对专业词典的条目进行系统化编排。分类符号充当“秩序要素”。

3.2.7.2.2.1.1 标准专业词典

条目中语言部分呈垂直排列。

例子：锯子（ISO 1969b：21）

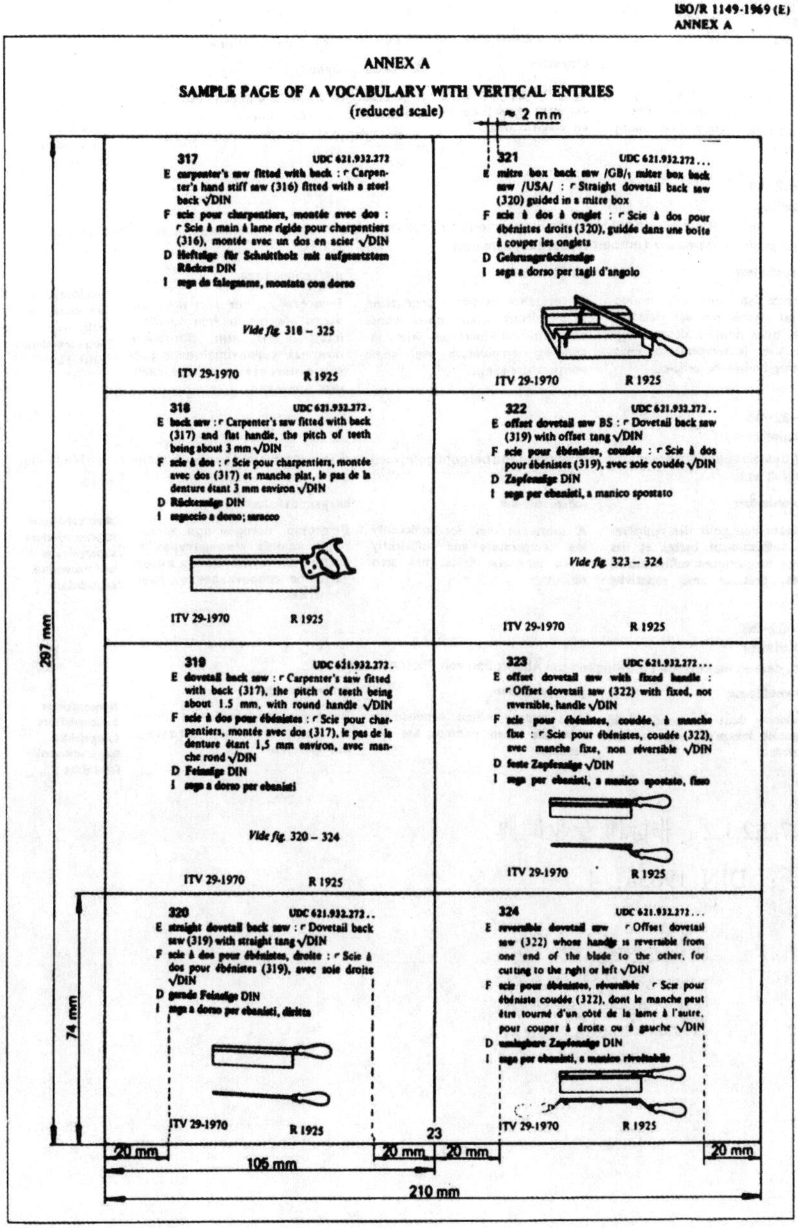
ISO/R 1149-1969 (E)
ANNEX A

ANNEX A

SAMPLE PAGE OF A VOCABULARY WITH VERTICAL ENTRIES
(reduced scale)

≈ 2 mm

317 UDC 621.932.272
E carpenter's saw fitted with back : ⌜ Carpenter's hand stiff saw (316) fitted with a steel back √DIN
F scie pour charpentiers, montée avec dos : ⌜ Scie à main à lame rigide pour charpentiers (316), montée avec un dos en acier √DIN
D Heftsäge für Schnittholz mit aufgesetztem Rücken DIN
I sega da falegname, montata con dorso

Vide fig. 318 – 325

ITV 29-1970 R 1925

321 UDC 621.932.272 . . .
E mitre box back saw /GB/; miter box back saw /USA/ : ⌜ Straight dovetail back saw (320) guided in a mitre box
F scie à dos à onglet : ⌜ Scie à dos pour ébénistes droits (320), guidée dans une boîte à couper les onglets
D Gehrungsrückensäge
I sega a dorso per tagli d'angolo

ITV 29-1970 R 1925

318 UDC 621.932.272 .
E back saw : ⌜ Carpenter's saw fitted with back (317) and flat handle, the pitch of teeth being about 3 mm √DIN
F scie à dos : ⌜ Scie pour charpentiers, montée avec dos (317) et manche plat, le pas de la denture étant 3 mm environ √DIN
D Rückensäge DIN
I segaccio a dorso; saracco

ITV 29-1970 R 1925

322 UDC 621.932.272 . .
E offset dovetail saw BS : ⌜ Dovetail back saw (319) with offset tang √DIN
F scie pour ébénistes, coudée : ⌜ Scie à dos pour ébénistes (319), avec soie coudée √DIN
D Zapfensäge DIN
I sega per ebanisti, a manico spostato

Vide fig. 323 – 324

ITV 29-1970 R 1925

319 UDC 621.932.272 .
E dovetail back saw : ⌜ Carpenter's saw fitted with back (317), the pitch of teeth being about 1.5 mm, with round handle √DIN
F scie à dos pour ébénistes : ⌜ Scie pour charpentiers, montée avec dos (317), le pas de la denture étant 1,5 mm environ, avec manche rond √DIN
D Feinsäge DIN
I sega a dorso per ebanisti

Vide fig. 320 – 324

ITV 29-1970 R 1925

323 UDC 621.932.272 . . .
E offset dovetail saw with fixed handle : ⌜ Offset dovetail saw (322) with fixed, not reversible, handle √DIN
F scie pour ébénistes, coudée, à manche fixe : ⌜ Scie pour ébénistes, coudée (322), avec manche fixe, non réversible √DIN
D feste Zapfensäge √DIN
I sega per ebanisti, a manico spostato, fisso

ITV 29-1970 R 1925

320 UDC 621.932.272 . .
E straight dovetail back saw : ⌜ Dovetail back saw (319) with straight tang √DIN
F scie à dos pour ébénistes, droite : ⌜ Scie à dos pour ébénistes (319), avec soie droite √DIN
D gerade Feinsäge DIN
I sega a dorso per ebanisti, diritta

ITV 29-1970 R 1925

324 UDC 621.932.272 . . .
E reversible dovetail saw : ⌜ Offset dovetail saw (322) whose handle is reversible from one end of the blade to the other, for cutting to the right or left √DIN
F scie pour ébénistes, réversible : ⌜ Scie pour ébéniste coudée (322), dont le manche peut être tourné d'un côté de la lame à l'autre, pour couper à droite ou à gauche √DIN
D umlegbare Zapfensäge DIN
I sega per ebanisti, a manico rivoltabile

ITV 29-1970 R 1925

23

条目中语言部分呈水平排列。

例子：《国际电工技术词汇》（*IEV*）（DIN 1982b：16）

121-02-03
Leiter

Stoff mit freien Ladungsträgern, die mittels eines elektrischen Feldes bewegt werden können.

conducteur

Substance dans laquelle des porteurs de charges libres peuvent se déplacer sous l'action d'un champ électrique.

conductor

A substance having free charge carriers which can be moved by an electric field.

проводник

Вещество, в котором свободные заряды могут перемещаться под действием электрического поля.

conductor
conduttore
geleider
przewodnik
ledare

121-02-04
Halbleiter

Stoff, in dem die Stromleitung mit Hilfe von Elektronen und Löchern erfolgt, wobei deren Konzentration mit wachsender Temperatur in einem gewissen Temperaturbereich zunimmt.

semi-conducteur

Substance dans laquelle la conduction est assurée par des électrons et des trous dont la densité augmente avec la température, entre certaines limites de celle-ci.

semiconductor

A substance in which conduction is by electrons and holes whose concentration increases with increasing temperature over some temperature range.

полупроводник

Вещество, в котором проводимость обеспечивается электронами и дырками, плотность которых увеличивается с ростом температуры в определенных пределах.

semiconductor
semiconduttore
halfgeleider
półprzewodnik
halvledare

121-02-05
Supraleiter

Stoff, dessen spezifischer elektrischer Widerstand bei genügend niedriger Temperatur und genügend schwachen Magnetfeldern Null ist.

supraconducteur

Substance qui, pour des températures suffisamment basses et des champs magnétiques suffisamment faibles, présente une résistivité nulle.

superconductor

A substance that, for sufficiently low temperature and sufficiently weak magnetic fields, has zero resistivity.

сверхпроводник

Вещество, которое при достаточно низких температурах и слабых магнитных полях имеет удельное сопротивление, равное нулю.

superconductor
superconduttore
supergeleider
nadprzewodnik
supraledare

121-02-06
Photoleiter

Stoff, dessen elektrische Leitfähigkeit bei Absorption von Photonen zunimmt.

photoconducteur

Substance dont la conductivité augmente lorsqu'elle absorbe des photons.

photoconductor

A substance whose conductivity increases when photons are absorbed.

фотопроводник

Вещество, проводимость которого возрастает при поглощении фотонов.

fotoconductor
fotoconduttore
fotogeleider
fotoprzewodnik
fotoledare

3.2.7.2.2.1.2　非标准专业词典

例子：DIN 1965a：4

Musterseite für waagerechte Anordnung der Sprachteile innerhalb der Wortstellen (verkleinert auf Satzspiegelgröße 171 mm × 187 mm)

CTIF 1 DK 614.84			
D Brandschutz Gesamtheit aller Maßnahmen zur Verhütung (37) und Bekämpfung (107) von Bränden einschließlich der Ermittlung der Brandursachen (31).	*E* fire protection Total of measures for the prevention (37) and fighting (107) of fires, including the inquiry into the causes of fires (31).	*F* protection contre l'incendie Ensemble de toutes les mesures de prévention (37) des et de lutte contre les incendies (107) y compris la recherche de leurs causes (31).	*NL* brandbeveiliging *No* brannvern *Sv* brandskydd *J* protezione antincendio *R* противопожарная защита *Cs* ochrana před požáry *Pl* ochrana przed pożarami
CTIF 2 DK 614.841.11 : 536.46 : 662.611			
D Verbrennung Schnelle chemische Vereinigung eines Stoffes mit Sauerstoff unter Entwicklung von hohen Temperaturen und von Lichterscheinungen.	*E* combustion Rapid chemical reaction of a material with oxygen under development of high temperatures and light.	*F* combustion Combinaison chimique rapide d'une substance avec l'oxygène, avec production de températures élevées et accompagnement de phénomèmes lumineux.	*Nl* verbranding *No* forbrenning *Sv* förbränning *J* combustione *R* горение *Cs* hoření *Pl* spalanie
CTIF 3 DK 614.841.11 : 536.662			
D Verbrennungswärme Bei der vollkommenen Verbrennung (2) eines bestimmten Stoffes erzeugte Wärmemenge.	*E* heat of combustion Quantity of heat produced by the complete combustion (2) of a material.	*F* chaleur de combustion Quantité de chaleur produite par la combustion (2) complète d'une substance déterminée.	*Nl* verbrandingswarmte *No* forbrenningsvarme *Sv* förbränningsvärme *J* calore di combustione *R* теплота сгорание *Cs* teplota spalování *Pl* ciepło spalania
CTIF 4 DK 614.841.12 : 536.45			
D Glut Zustand eines Stoffes, bei dem Wärme- und Lichtstrahlen ausgesandt werden.	*E* embers Condition of material, under which rays of heat and light are emitted.	*F* incandescence Etat d'une substance émettant des rayons calorifiques et lumineux.	*Nl* gloed *No* glo, glodebrann *Sv* glöd *J* brace *R* гление *Cs* žhnutí *Pl* żar
CTIF 5 DK 614.841.12 : 536.46			
D Flamme Äußere Erscheinungsform einer Verbrennung (2) von Gas oder Dampf.	*E* flame External appearance of the combustion (2) of gases or vapours.	*F* flamme Aspect extérieur de la combustion (2) d'un gaz ou d'une vapeur.	*Nl* vlam *No* flamme *Sv* flamma, låga *J* fiamma *R* пламя *Cs* plamen *Pl* płomień

3.2.7.2.2.2 按字母顺序编排的条目

专业词典的条目，依照主导语言名称的 ABC 字母顺序进行排列。

例子：存储器（Kamp 1970：60）

281	**Speicher**	Eine Funktionseinheit, die Informationen, Signale* oder physikalische Größen aufnehmen und zu einem späteren Zeitpunkt wieder zur Verfügung stellen kann (s. DIN 44 300)	memory, store, storage	mémoire	memoria
282	**Speicher-kapazität**	Maß für die maximale Aufnahmefähigkeit eines Speichers an zu speichernden Informationen	store capacity	capacité de mémoire	capacità di memoria
283	**Speicherzelle, Speicherplatz**	Speicher für eine Dateneinheit (z. B. für ein Wort*)	storage location	emplacement de mémoire	cella di memoria
284	**Spiegelbild-Schalter**	Schalter, der es ermöglicht, die programmierten Koordinatenwerte einer oder mehrerer Achsen* mit „−1" zu multiplizieren	mirror image switch	commande en image symétrique	commutatore di immagine speculare
285	**Spiel**	Ältere Bezeichnung für Lose*	blacklash	jeu	gioco
286	**Spur**	Eine Längsreihe an einem Lochstreifen* oder Magnetband*. Senkrecht zu den Spuren liegen die Spalten	track	piste	pista

3.2.7.2.2.3　汇编（叙词表）

多语种汇编的条目，可以依照一个针对所有参与语言的、统一的系统化顺序进行编排，也可以依照叙词的字母顺序进行编排。

例子 1：（同本书 3.2.7.1.2.5 的例子 1）语言部分按并列方式编排的系统化叙词表（ISO 1985：47）

601	FAHRZEUG	VEHICLES	VÉHICULES
602	LUFTFAHRZEUG	AIRCRAFT	AÉRONEF
603	AEROSTAT	LIGHTER-THAN-AIR AIRCRAFT UF Aerostats	AÉROSTAT
604	LUFTSCHIFF	AIRSHIPS	DIRIGEABLE
605	LUFTFAHRZEUG SCHWERER ALS LUFT VB AVIATIK 671	HEAVIER-THAN-AIR AIRCRAFT UF Aerodynes RT AVIATION	AÉRONEF PLUS LOURD QUE L'AIR VA AVIATION
	FLUGZEUG	FIXED-WING AIRCRAFT	AÉRONEF À AILE FIXE
	MOTORFLUGZEUG D nur für Luftfahrzeuge mit befestigten Flügeln, die schwerer als Luft sind	AEROPLANES SN fixed-wing, powered, heavier-than-air aircraft	AVION NE aéronef plus lourd que l'air, propulsé, à aile fixe
608	DÜSENFLUGZEUG	JET AEROPLANES	AVION À RÉACTION
609	FRACHTFLUGZEUG VB FRACHT 692	FREIGHT AEROPLANES RT FREIGHT	AVION CARGO VA FRET
610	SEGELFLUGZEUG BF Gleitflugzeug VB GLEITFLUG 675	GLIDERS RT GLIDING	PLANEUR VA VOL À VOILE
611	HUBSCHRAUBER	HELICOPTERS	HÉLICOPTÈRE
612	MILITÄRLUFTFAHRZEUG	MILITARY AIRCRAFT	AÉRONEF MILITAIRE

例子 2：（同本书 3.2.7.1.2.5 的例子 2）单语种叙词按系统化顺序编排，并附有其他语种按字母顺序排列的对应叙词表（ISO 1985：51）

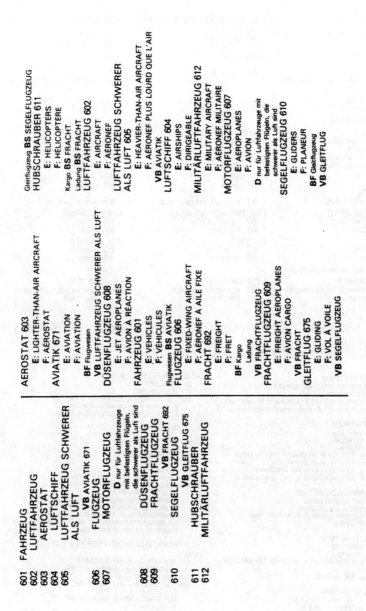

601 FAHRZEUG
602 LUFTFAHRZEUG
603 AEROSTAT
604 LUFTSCHIFF
605 LUFTFAHRZEUG SCHWERER ALS LUFT
VB AVIATIK 671
606 FLUGZEUG
607 MOTORFLUGZEUG
D nur für Luftfahrzeuge mit befestigten Flügeln, die schwerer als Luft sind
608 DÜSENFLUGZEUG
609 FRACHTFLUGZEUG
VB FRACHT 692
610 SEGELFLUGZEUG
VB GLEITFLUG 675
611 HUBSCHRAUBER
612 MILITÄRLUFTFAHRZEUG

AEROSTAT 603
E: LIGHTER-THAN-AIR AIRCRAFT
F: AÉROSTAT
AVIATIK 671
E: AVIATION
F: AVIATION
BF Flugwesen
VB LUFTFAHRZEUG SCHWERER ALS LUFT
DÜSENFLUGZEUG 608
E: JET AEROPLANES
F: AVION À RÉACTION
FAHRZEUG 601
E: VEHICLES
F: VÉHICULES
Flugwesen **BS** AVIATIK
FLUGZEUG 606
E: FIXED-WING AIRCRAFT
F: AÉRONEF À AILE FIXE
FRACHT 692
E: FREIGHT
F: FRET
BF Kargo
Ladung
VB FRACHTFLUGZEUG
FRACHTFLUGZEUG 609
E: FREIGHT AEROPLANES
F: AVION CARGO
VB FRACHT
GLEITFLUG 675
E: GLIDING
F: VOL À VOILE
VB SEGELFLUGZEUG

Gleitflugzeug **BS** SEGELFLUGZEUG
HUBSCHRAUBER 611
E: HELICOPTERS
F: HÉLICOPTÈRE
Kargo **BS** FRACHT
Ladung **BS** FRACHT
LUFTFAHRZEUG 602
E: AIRCRAFT
F: AÉRONEF
LUFTFAHRZEUG SCHWERER ALS LUFT 605
E: HEAVIER-THAN-AIR AIRCRAFT
F: AÉRONEF PLUS LOURD QUE L'AIR
VB AVIATIK
LUFTSCHIFF 604
E: AIRSHIPS
F: DIRIGEABLE
MILITÄRLUFTFAHRZEUG 612
E: MILITARY AIRCRAFT
F: AÉRONEF MILITAIRE
MOTORFLUGZEUG 607
E: AEROPLANES
F: AVION
D nur für Luftfahrzeuge mit befestigten Flügeln, die schwerer als Luft sind
SEGELFLUGZEUG 610
E: GLIDERS
F: PLANEUR
BF Gleitflugzeug
VB GLEITFLUG

例子 3：（同本书 3.2.7.1.2.5 的例子 3）主导语言叙词按字母顺序排列，语言部分呈水平排列（ISO 1985：39）

AEROSTAT **OB** LUFTFAHRZEUG **UB** LUFTSCHIFF	LIGHTER-THAN-AIR AIRCRAFT **UF** Aerostats **BT** AIRCRAFT **NT** AIRSHIPS	AÉROSTAT **TG** AÉRONEF **TS** DIRIGEABLE
AVIATIK **BF** Flugwesen **UB** GLEITFLUG **VB** LUFTFAHRZEUG SCHWERER ALS LUFT	AVIATION **NT** GLIDING **RT** HEAVIER-THAN-AIR AIRCRAFT	AVIATION **TS** VOL À VOILE **VA** AÉRONEF PLUS LOURD QUE L'AIR
DÜSENFLUGZEUG **OB** MOTORFLUGZEUG	JET AEROPLANES **BT** AEROPLANES	AVION À RÉACTION **TG** AVION
Flugwesen **BS** AVIATIK		
FLUGZEUG **OB** LUFTFAHRZEUG SCHWERER ALS LUFT **UB** MOTORFLUGZEUG SEGELFLUGZEUG	FIXED-WING AIRCRAFT **BT** HEAVIER-THAN-AIR AIRCRAFT **NT** AEROPLANES GLIDERS	AÉRONEF À AILE FIXE **TG** AÉRONEF PLUS LOURD QUE L'AIR **TS** AVION PLANEUR
FRACHT **BF** Kargo Ladung **VB** FRACHTFLUGZEUG	FREIGHT **UF** Cargo **RT** FREIGHT AEROPLANES	FRET **EP** Cargaison **VA** AVION CARGO
FRACHTFLUGZEUG **OB** MOTORFLUGZEUG **VB** FRACHT	FREIGHT AEROPLANES **BT** AEROPLANES **RT** FREIGHT	AVION CARGO **TG** AVION **VA** FRET
GLEITFLUG **OB** AVIATIK **VB** SEGELFLUGZEUG	GLIDING **BT** AVIATION **RT** GLIDERS	VOL À VOILE **TG** AVIATION **VA** PLANEUR
Gleitflugzeug **BS** SEGELFLUGZEUG		
HUBSCHRAUBER **OB** LUFTFAHRZEUG SCHWERER ALS LUFT	HELICOPTERS **BT** HEAVIER-THAN-AIR AIRCRAFT	HÉLICOPTÈRE **TG** AÉRONEF PLUS LOURD QUE L'AIR

例子 4：（同本书 3.2.7.1.2.5 的例子 4）主导语言叙词按字母顺序排列，不同语言的数据要素按相互比较的顺序排列（ISO 1985：57）

AEROSTAT T600
E: LIGHTER-THAN-AIR AIRCRAFT
F: AÉROSTAT
OB LUFTFAHRZEUG E: AIRCRAFT F: AÉRONEF
UB LUFTSCHIFF E: AIRSHIPS F: DIRIGEABLE

AVIATIK R620
E: AVIATION-
E: AVIATION
BF Flugwesen
UB GLEITFLUG E: GLIDING F: VOL À VOILE
VB LUFTFAHRZEUG SCHWERER ALS LUFT
E: HEAVIER-THAN-AIR AIRCRAFT
F: AÉRONEF PLUS LOURD QUE L'AIR

DÜSENFLUGZEUG T600
E: JET AEROPLANES
F: AVION À RÉACTION
OB MOTORFLUGZEUG E: AEROPLANES
F: AVION

FAHRZEUG T600
E: VEHICLES
F: VÉHICULE
UB LUFTFAHRZEUG E: AIRCRAFT F: AÉRONEF

Flugwesen **BS** AVIATIK

FLUGZEUG T600
E: FIXED-WING AIRCRAFT
F: AÉRONEF À AILE FIXE
OB LUFTFAHRZEUG SCHWERER ALS LUFT
E: HEAVIER-THAN-AIR AIRCRAFT
F: AÉRONEF PLUS LOURD QUE L'AIR
UB MOTORFLUGZEUG E: AEROPLANES
F: AVION
SEGELFLUGZEUG E: GLIDERS F: PLANEUR

HUBSCHRAUBER T600
E: HELICOPTERS
F: HÉLICOPTÈRE
OB LUFTFAHRZEUG SCHWERER ALS LUFT
E: HEAVIER-THAN-AIR AIRCRAFT
F: AÉRONEF PLUS LOURD QUE L'AIR

Kargo **BS** FRACHT

Ladung **BS** FRACHT

LUFTFAHRZEUG T600
E: AIRCRAFT
F: AÉRONEF
OB FAHRZEUG E: VEHICLES F: VÉHICULE
UB AEROSTAT E: LIGHTER-THAN-AIR AIR-
CRAFT F: AÉROSTAT
LUFTFAHRZEUG SCHWERER ALS LUFT
E: HEAVIER-THAN-AIR AIRCRAFT
F: AÉRONEF PLUS LOURD QUE L'AIR
MILITÄRLUFTFAHRZEUG E: MILITARY AIR-
CRAFT E: AÉRONEF MILITAIRE

LUFTFAHRZEUG SCHWERER ALS LUFT T600
E: HEAVIER-THAN-AIR AIRCRAFT
F: AÉRONEF PLUS LOURD QUE L'AIR
OB LUFTFAHRZEUG E: AIRCRAFT F: AÉRONEF
UB FLUGZEUG E: FIXED-WING AIRCRAFT
F: AÉRONEF À AILE FIXE
HUBSCHRAUBER E: HELICOPTERS
F: HÉLICOPTÈRE
VB AVIATIK E: AVIATION F: AVIATION

LUFTSCHIFF T600
E: AIRSHIPS
F: DIRIGEABLE
OB AEROSTAT E: LIGHTER-THAN-AIR AIR-
CRAFT F: AÉROSTAT

3.2.7.3 卡片档案和术语编纂卡片

从根本上说，术语工作从来都不是故步自封、与世隔绝的，因为它折射了人类文明，以及人类活动的所有领域中的点滴进步。但只有在术语数据库诞生后的今天，过去人们的一些梦想才成为现实——术语数据可以保持在最先进的水平上，术语用户可以根据自身的需求进行术语数据检索（见本书 3.2.9.2）。术语数据库并不“神秘”，它在本质上是一个卡片档案（Kartei），只不过它实现了电子化管理罢了。卡片档案是术语工作不可或缺的文献数据管理工具。在一个卡片档案里，人们不仅可以找到带有资料来源的术语数据——在这些术语数据里，隐含着在一个术语项目的实施过程中人们所收集到的“是 – 调查”（Ist-Erhebung）数据，而且，术语工作的成果也在这里供人们使用、研究和进行管理。即使术语工作是在某个委员会中发生的，这里的人们也应该采用恰当的方式，把术语编纂的工作成果仔细地记录下来。此外，在某个特定术语项目的实施过程中，需要与各专业的专家以及各相关组织发生文字上的往来，对这些书面资料进行管理的工作以及相关的文献资料汇编工作，也是术语编纂工作的一部分。在传统的术语工作中，人们使用卡片把这些术语数据记载下来，天长日久也就积累成了一个卡片档案。人们可以借助这些卡片实现手动管理，根据术语工作的进展情况，随时把卡片（哪怕是一些纸条）上所有不再需要的数据用笔划掉。这种“用笔划掉”的做法优点很多：在必要时，人们可以找回某个术语项目的详细实施过程。在计算机辅助的术语编纂工作中，人们也同样应该把所有的背景数据及时储存起来。术语卡片的基本工作原则不仅对传统手动制作的术语卡片适用，也对计算机化的术语数据管理适用。使用卡片档案和数据文档，则从本质上保证了数据处理和管理的可靠性，同时也保证了数据格式和术语编纂符号在使用上的统一。

制作术语卡片有以下优点：

（1）针对术语项目中发生的每一次变化，人们都可以通过交换术语卡片（甚至纸条）的方式轻松把握；

（2）每一个代表着某个概念的卡片记录（Kartensatz），都可以（根据需要）在（卡片档案的）任意位置上，供人们将其“组装”进去或者“拆除”下来；

（3）在卡片档案的任何位置上，人们都可以插入“问题”或者“答案”卡片。

这些卡片都为人们进一步完善概念系统打下了基础，人们也很容易使其实现计算机化。

下面列举几个关于术语卡片和术语工作手稿的详细例子。如果人们还想看到其他的详细示例，则可以从维也纳的“国际术语信息中心”（Infoterm）处获取。

3.2.7.3.1 术语编纂卡片档案

一部术语编纂卡片档案，应该由下列卡片组成：

——一份针对每一种语言都带有理想化术语编纂数据的卡片，见本书 3.2.6；

——一张图解（插图）卡片。

至于卡片格式，则推荐：

ISO A6 = 105 mm × 148 mm

ISO A7 = 74 mm × 105 mm

例子：手稿卡片 [Wüster 1968：（2.30）]

三张卡片，前两张分别是写满英文或者法文信息的术语数据记录，第三张则是用德文书写的一份术语数据记录。

[2.30] *Lexicographical Notes*

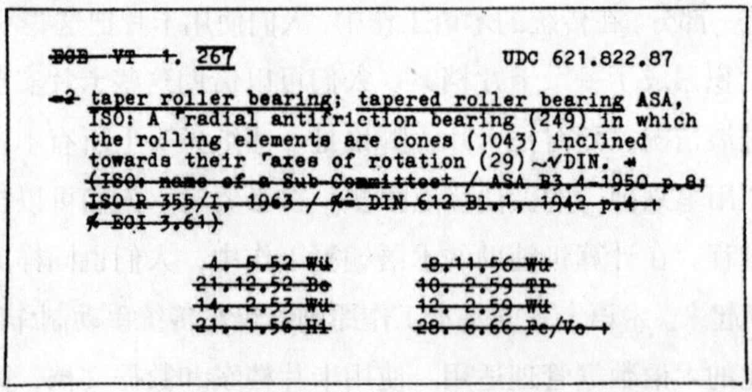
~~BOB VT 1~~. 267 UDC 621.822.87

~~2~~ taper roller bearing; tapered roller bearing ASA, ISO: A ⸢radial antifriction bearing (249) in which the rolling elements are cones (1043) inclined towards their ⸢axes of rotation (29) ~√DIN. ~~(ISO: name of a Sub-Committee† / ASA B3.4-1950 p.8; ISO R 355/I, 1963 / %^ DIN 612 Bl.1, 1942 p.4 + % EOI 3.61)~~

~~4. 5.52 Wü~~ ~~8.11.56 Wü~~
~~21.12.52 Be~~ ~~10. 2.59 TP~~
~~14. 2.53 Wü~~ ~~12. 2.59 Wü~~
~~21. 1.56 H1~~ ~~28. 6.66 Pe/Vo +~~

An English-language Word Slip（英语词卡片）

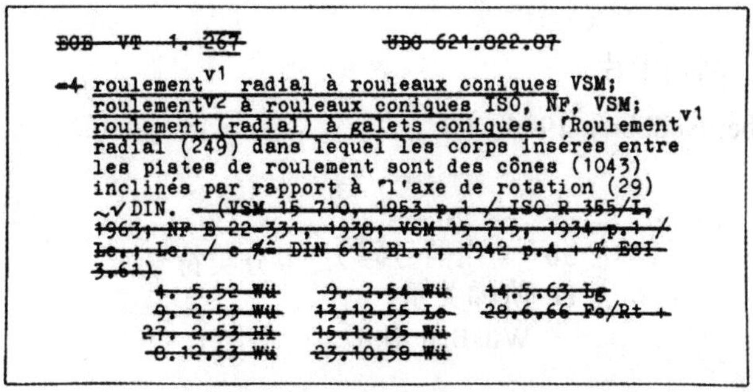

EOB VT 1. 267 UDC 621.822.07

-4 roulement v1 radial à rouleaux coniques VSM;
roulement v2 à rouleaux coniques ISO, NF, VSM;
roulement (radial) à galets coniques: Roulement v1
radial (249) dans lequel les corps insérés entre
les pistes de roulement sont des cônes (1043)
inclinés par rapport à l'axe de rotation (29)
~✓DIN. – (VSM 15 710, 1953 p.1 / ISO R 355/I,
1963; NF E 22-331, 1938; VSM 15 715, 1934 p.1 /
Lc.; Lc. / c %≙ DIN 612 Bl.1, 1942 p.4 + % EOI
3.61)

4. 5.52 Wü 9. 2.54 Wü 14.5.63 Lg
9. 2.53 Wü 13.12.55 Lc 28.6.66 Fe/Rt +
27. 2.53 Hi 15.12.55 Wü
8.12.53 Wü 23.10.58 Wü

A French-language Word Slip（法语词卡片）

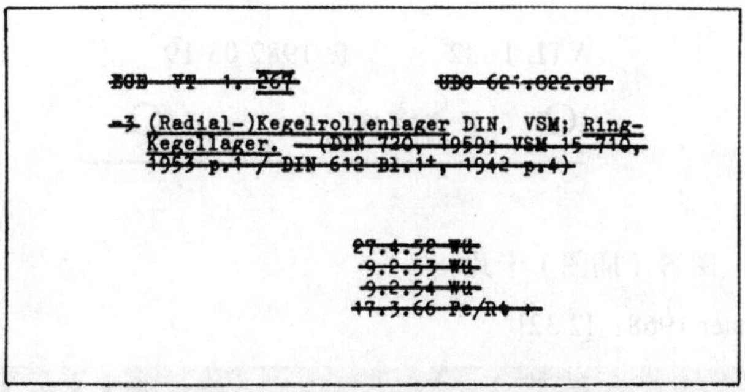

EOB VT 1. 267 UDC 621.822.07

-3 (Radial-)Kegelrollenlager DIN, VSM; Ring-
Kegellager. – (DIN 720, 1959; VSM 15 710,
1953 p.1 / DIN 612 Bl.1+, 1942 p.4)

27.4.52 Wü
9.2.53 Wü
9.2.54 Wü
17.3.66 Fe/Rt +

A German-language Word Slip（德语词卡片）

3.2.7.3.2 用作术语数据参考证据的卡片

有一类卡片，它们作为单个数据的参考证据或者图解使用。这类卡片也构成了卡片档案的组成部分。

下面列举几个实例。

3.2.7.3.2.1 参考卡片

例子：定义（DIN 1965b：3）

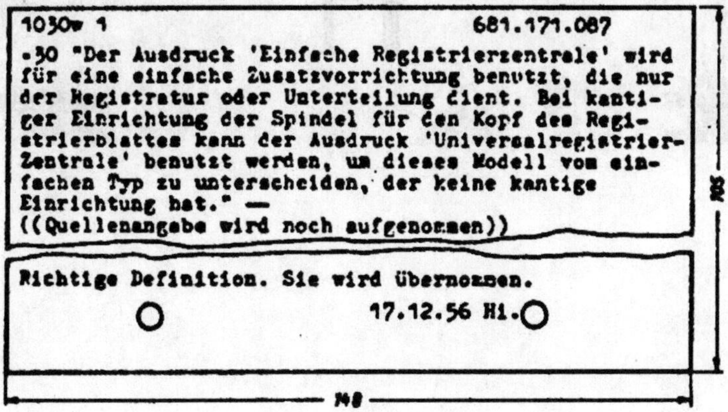

1030w 1 681.171.087

-30 "Der Ausdruck 'Einfache Registrierzentrale' wird
für eine einfache Zusatzvorrichtung benutzt, die nur
der Registratur oder Unterteilung dient. Bei kanti-
ger Einrichtung der Spindel für den Kopf des Regi-
strierblattes kann der Ausdruck 'Universalregistrier-
Zentrale' benutzt werden, um dieses Modell vom ein-
fachen Typ zu unterscheiden, der keine kantige
Einrichtung hat." —
((Quellenangabe wird noch aufgenommen))

Richtige Definition. Sie wird übernommen.
17.12.56 Hi.

3.2.7.3.2.2　名称卡片

例子：Felber/Nedobity 1986：98

30　（当前号码）　分类符号
D　阶梯关系
WüsB. 1.100

WTL 1–82　　fe 1982 03 19

○　参考文献列表　○

3.2.7.3.2.3　图解（插图）卡片

例子：Wüster 1968：[2.32]

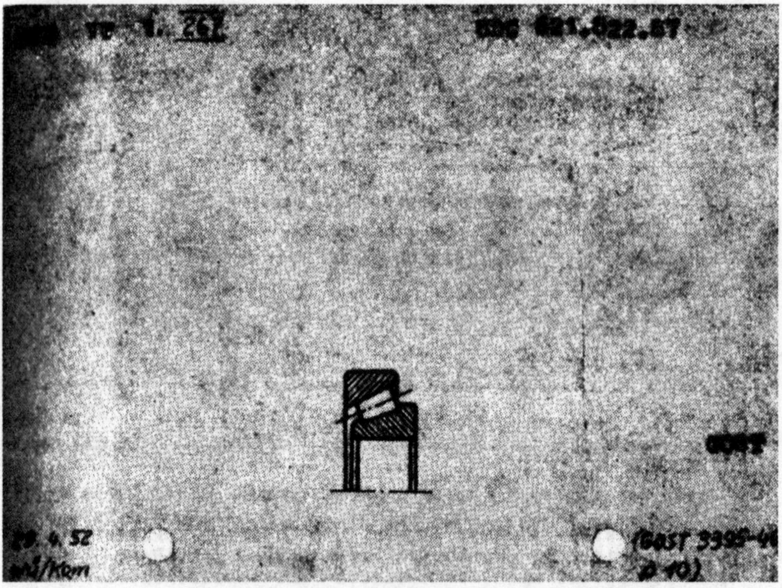

3.2.7.3.2.4 概念系统卡片

例子：Felber/Nedobity 1986：98

41（当前号码） 分类符号

树图

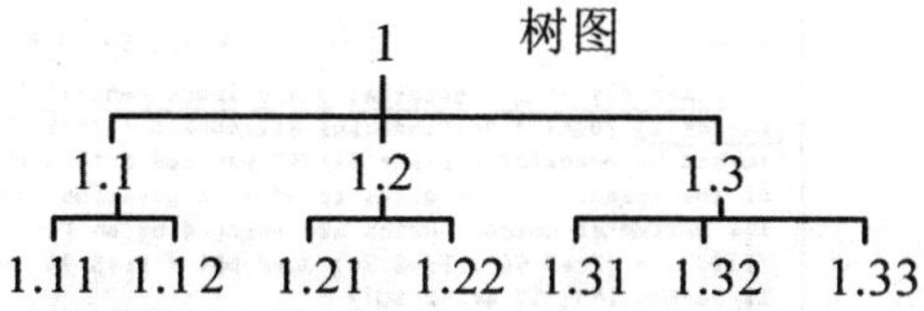

WüsB. 1.100

WTL 1-82 fe 1982 03 19

○ 照片收据单 ○

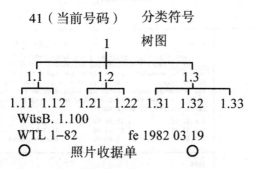

3.2.7.3.2.5 名称和定义卡片（文本卡片）

例子：Felber/Nedobity 1986：98

30 （当前号码） 分类符号

D 阶梯关系是一种一个系统成员比另一个系统成员具有更广泛范围的关系。
WüsB. 1.100（1.11）

对，还需要调整。

WTL 1-82 fe 1982 03 19

○ 文字例证 ○

3.2.7.3.3 供讨论使用的手稿

术语委员会的术语学家们和外围的各具体学科的专家们，需要对术语工作中的各类术语数据资料进行细致讨论。为此，需要准备出“问题－答案”卡片。下面给出某讨论稿的示例页面。

例子：ISO 1969b：23

SAMPLE PAGE OF A DISCUSSION MANUSCRIPT

(reduced scale)

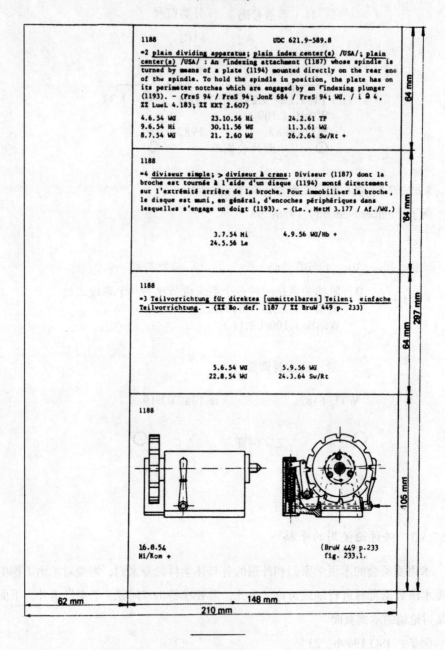

1188 UDC 621.9-589.8

=2 plain dividing apparatus; plain index center(s) /USA/; plain center(s) /USA/ : An ⌜indexing attachment (1187) whose spindle is turned by means of a plate (1194) mounted directly on the rear eno of the spindle. To hold the spindle in position, the plate has on its perimeter notches which are engaged by an ⌜indexing plunger (1193). – (FreS 94 / FreS 94; JonE 684 / FreS 94; WÜ. / i ≙ 4, ZZ LueL 4.183; ZZ KKT 2.607)

4.6.54 WÜ 23.10.56 Hi 24.2.61 TP
9.6.54 Hi 30.11.56 WÜ 11.3.61 WÜ
8.7.54 WÜ 21. 2.60 WÜ 26.2.64 Sw/Rt +

64 mm

1188

=4 diviseur simple; > diviseur à crans: Diviseur (1187) dont la broche est tournée à l'aide d'un disque (1194) monté directement sur l'extrémité arrière de la broche. Pour immobiliser la broche, le disque est muni, en général, d'encoches périphériques dans lesquelles s'engage un doigt (1193). – (Le., MetM 3.177 / Af./WÜ.)

3.7.54 Mi 4.9.56 WÜ/Hb +
24.5.56 Le

64 mm

1188

=3 Teilvorrichtung für direktes [unmittelbares] Teilen; einfache Teilvorrichtung. – (ZZ Bo. def. 1187 / ZZ BruW 449 p. 233)

5.6.54 WÜ 5.9.56 WÜ
22.8.54 WÜ 24.3.64 Sw/Rt

64 mm

1188

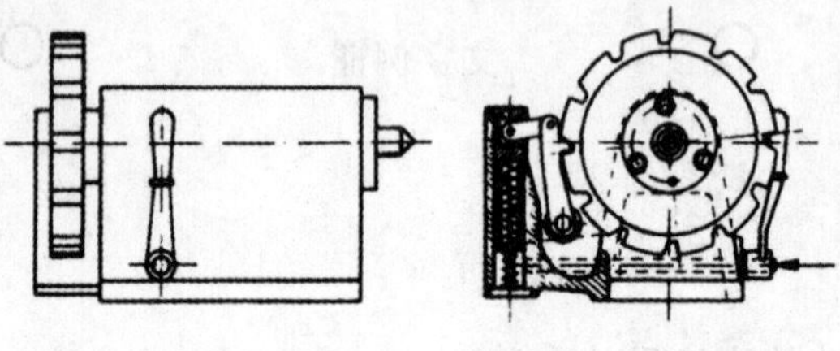

16.8.54 (BruW 449 p.233
Hi/Kom + fig. 233,1.

105 mm

297 mm

62 mm 148 mm

210 mm

3.2.7.3.4 汇编（叙词表）卡片档案中的卡片

为汇编（叙词表）准备的术语编纂数据，同样需要使用卡片档案对其进行编辑。

以下就是一个汇编（叙词表）卡片档案里的卡片例子——上图是卡片正面，下图是卡片背面。

例子：ZIID 1977:32f

正面

<table>
<tr><td colspan="2">1. 关键词：</td><td>2.
D</td><td>3.
S</td></tr>
<tr><td rowspan="2">4. 符号或学科组编号</td><td colspan="3">5. 俄语</td></tr>
<tr><td colspan="3">6. 英语</td></tr>
<tr><td>7. 使用 D</td><td colspan="3">D 的符号或学科组编号</td></tr>
<tr><td colspan="4">8. 国家 S</td></tr>
<tr><td colspan="4">9. O</td></tr>
<tr><td colspan="4">10.U</td></tr>
<tr><td>11.A</td><td colspan="3">A 的符号或学科组编号</td></tr>
</table>

符号说明

D= 描述符

S= 同义词

O= 上位概念

U= 下位概念

A= 相关概念

背面

<table>
<tr><td colspan="3">12. 来源</td></tr>
<tr><td colspan="3">13. 定义 / 解释</td></tr>
<tr><td colspan="3">14. 使用频率</td></tr>
<tr><td>15. 注册点</td><td>16. 日期</td><td>17. 编辑者</td></tr>
</table>

3.2.7.3.5 来源卡片档案

对于术语项目而言，人们不仅需要记载术语编纂数据的卡片档案，也需要标有数据来源的卡片档案，其中包含相关图书目录等信息的说明。在这类卡片档案的卡片上，人们采用缩略符号对数据来源进行标注（见本书 3.2.7.3.1 的例子中，根据加工术语编纂数据的具体需要而采用括注或者删除线划掉的方法处理过的文本部分）。

（以下为本书 3.2.7.3.1 的例子。）

[2.30] *Lexicographical Notes*

~~EOB VT 1~~. 267 UDC 621.822.87

~~-2~~ taper roller bearing; tapered roller bearing ASA,
ISO: A ⌜radial antifriction bearing (249) in which
the rolling elements are cones (1043) inclined
towards their ⌜axes of rotation (29) ~√DIN. #
~~(ISO: name of a Sub-Committee† / ASA B3.4-1950 p.8;~~
~~ISO R 355/I, 1963 / %ĉ DIN 612 Bl.1, 1942 p.4 +~~
~~% EOI 3.61)~~

~~4. 5.52 Wü~~ ~~8.11.56 Wü~~
~~21.12.52 Be~~ ~~10. 2.59 TP~~
~~14. 2.53 Wü~~ ~~12. 2.59 Wü~~
~~21. 1.56 Hi~~ ~~28. 6.66 Pe/Vo +~~

An English-language Word Slip（英语词卡片）

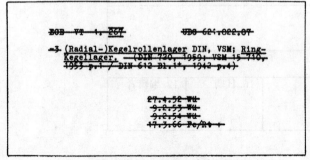

~~EOB VT 1. 267~~ ~~UDC 621.822.87~~

~~-4~~ roulement^v1 radial à rouleaux coniques VSM;
roulement^v2 à rouleaux coniques ISO, NF, VSM;
roulement (radial) à galets coniques: ⌜Roulement^v1
radial (249) dans lequel les corps insérés entre
les pistes de roulement sont des cônes (1043)
inclinés par rapport à ⌜l'axe de rotation (29)
~√DIN. ~~(VSM 15 710, 1953 p.1 / ISO R 355/I,~~
~~1963; NF E 22-331, 1938; VSM 15 715, 1934 p.1 /~~
~~Le.; Le. / e %ĉ DIN 612 Bl.1, 1942 p.4 + % EOI~~
~~3.61)~~

~~4. 5.52 Wü~~ ~~9. 2.54 Wü~~ ~~14.5.63 Lg~~
~~9. 2.53 Wü~~ ~~13.12.55 Le~~ ~~28.6.66 Pe/Rt +~~
~~27. 2.53 Hi~~ ~~15.12.55 Wü~~
~~8.12.53 Wü~~ ~~23.10.58 Wü~~

A French-language Word Slip（法语词卡片）

~~EOB VT 1. 267~~ ~~UDC 621.822.87~~

~~-3~~ (Radial-)Kegelrollenlager DIN, VSM; Ring-
Kegellager. ~~(DIN 720, 1959; VSM 15 710,~~
~~1953 p.1 / DIN 612 Bl.1†, 1942 p.4)~~

~~27.4.52 Wü~~
~~9.2.53 Wü~~
~~9.2.54 Wü~~
~~17.3.66 Pe/Rt +~~

A German-language Word Slip（德语词卡片）

下面是另外几个来源卡片的例子。

例子：Felber/Nedobity 1986：98

DIN 2330

DIN 2330-79 Begriffe und Benennungen
Allgemeine Grundsätze

Infoterm

WTL 1-82 fe 1982 03 19

Buchzettel
(Norm)

UlrL

ULRICH, W. Wörterbuch. Linguistische
Grundbegriffe. Kiel: Hirt, 1972, 141 S

Infoterm

WTL 1-82 fe 1982 03 19

Buchzettel
(Buch)

WüsB. 2

WÜSTER, E. Begriffs- und Thema-
klassifikation (2. Teil). Nach-
richten für Dokumentation 22(1971),
No. 3, S. 143 - 150.

Infoterm

WTL 1-82 fe 1982 03 19

Buchzettel
(Zeitschriftenartikel)

3.2.8 术语编纂数据集的构成部分

以印刷形式出现的术语编纂数据集包含若干个部分；而按字母顺序编排的单语种专业词典，大多数只由一个部分组成。

3.2.8.1 系统化专业词典

系统化专业词典应该由以下部分组成：

——内容一览表；

——序言；

——对术语编纂符号的解释；

——概念组清单、概念图或者组成部分图，以及（或者）概念或者组成部分总览（在词典主体部分之前）；

——按专业顺序编排的条目；

——多语种专业词典按字母顺序编排的索引，或者为每一个语种都安排有按字母顺序编排的索引（在词典主体部分之后）。

3.2.8.1.1 序言

在序言里，应该介绍这部专业词典的适用范围、编纂目的、所针对的读者群，以及所采用的编纂方法。

3.2.8.1.2 对术语编纂符号的解释

这部专业词典中所使用的术语编纂符号，应该以一份清单的形式予以说明。

3.2.8.1.3 概念组一览表

在专业词典的开头部分，应该有针对性地提供一份系统化的概念组一览表（见本书 3.1.4.3.4 的例子）。

一张概念图的主要部分

DK 号		当前号码
5/6	**物理与技术**（常用术语）	**1,2**
53	**物理**	**3 到 92**
53.08	计量学（常用）	3 到 19
531.1	运动学	20 到 33
531.2/.4	静力学和动力学	34 到 44
531.7	几何和机械测量	45 到 77
532.2	静压	78,79
539.4	强度理论	80 到 92
620.1	**材料测试**	**93 到 107**
621.6	**管道和泵**	**108 到 159**
621.75	**尺寸和配合**	**160 到 206**
621.8	**机械部分**	**207 到 805**
621.81	机械部分常用术语	207 到 210
621.82/.85	传动件	211 到 597
621.88	紧固件	598 到 799
621.89	润滑过程	800 到 805
621.9	**机械工具**	**806 到 1388**
621.9–18	参数	813 到 843
621.9–2/–4	机床的特定零件	844 到 1051
621.9–5/–9	操作和维护设备	1052 到 1323
621.9.0	机械工具常用术语	1324 到 1332
621.91/.97	加工过程	1333 到 1388
658.51	**工作准备**	**1389 到 1397**
667.6	**绘画**	**1398,1399**
669	**冶金**	**1400,1401**

3.2.8.1.4 概念图或者组成部分图

概念图或者组成部分图，可以让读者对概念系统或者存在系统的结构有一个整体性认识，还可以让使用这部词典的行业专家们快速把握这部词典的总体内容；对于那些不是这个领域的专家的读者而言，他们则可以按照依据字母顺序排列的索引表，找到自己在非专业词典里找不到的数据。

例子：“真空泵”的概念图式分类表（ISO 1981a：21）

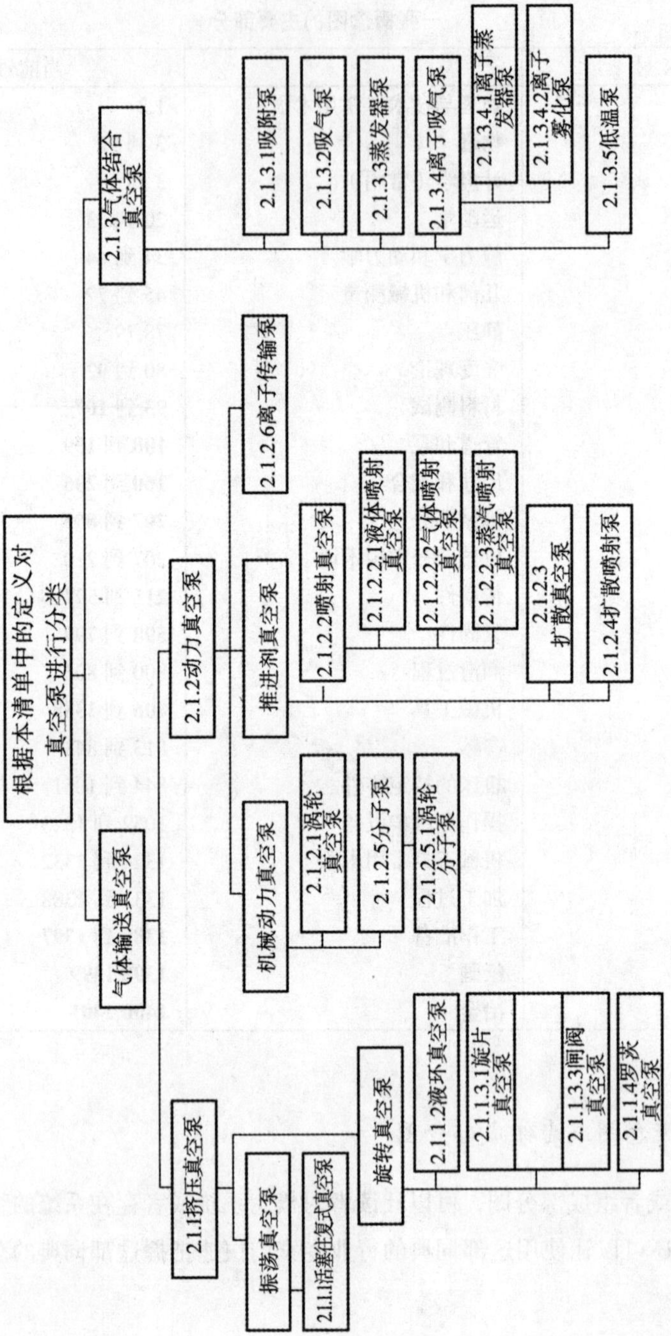

3.2.8.1.5 概念或者组成部分一览表（清单形式的概念图或者组成部分图）

在概念或者组成部分一览表里，人们按照专业顺序，采用带有优先概念符号的分类符号和序号，罗列出了这部专业词典里的所有概念或者组成部分。这份一览表应该置于这部专业词典的主体部分之前。

例子：“包装”领域概念的系统化一览表（ON 1984c：3）

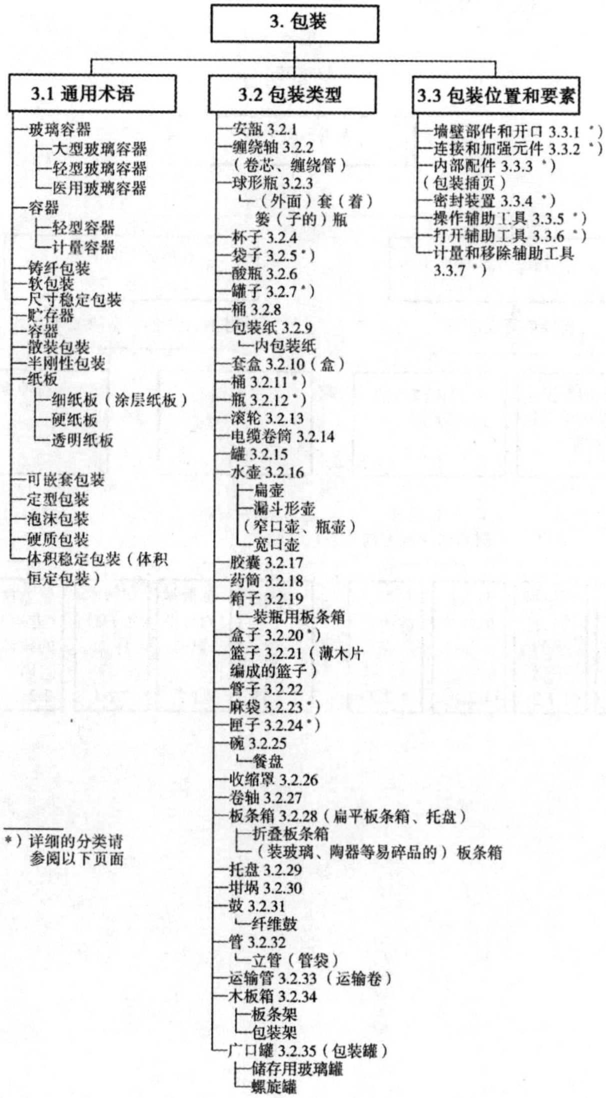

3.2.8.1.6 按专业顺序编排的条目

按专业顺序编排的条目，构成了系统化专业词典的主体部分。

3.2.8.1.6.1 单语种的专业词典

例子：见本书3.2.7.2.1.1.1的例子1以及3.2.7.2.1.1.2的例子。

（以下分别为3.2.7.2.1.1.1的例子1和3.2.7.2.1.1.2的例子。）

锯木头的手锯（DIN 1973:5）

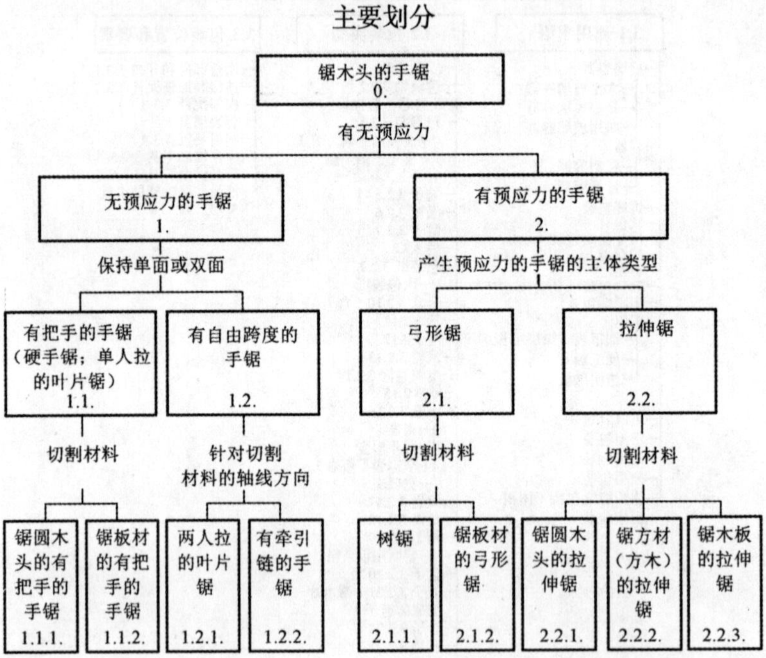

非标准专业词典（Kobylinski L and Wisniewski 1972：7）。

1. 轮廓线条和形状

1.1. 体轴系统 固定在躯干中的右手正交轴系统，Z 轴垂直于基平面，X 轴在纵向中心面。

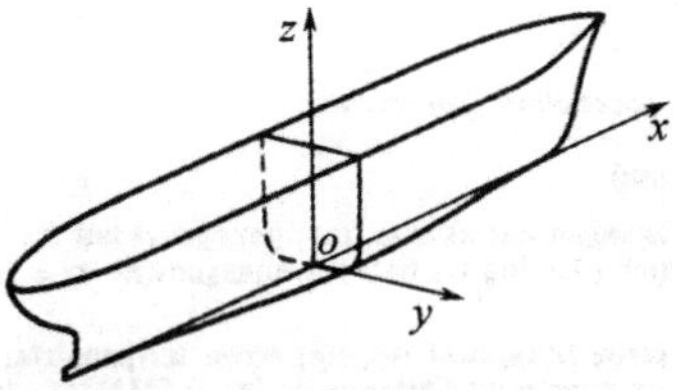

体轴系统

1.2. 固定系统 右手正交轴系统，相对于地面固定，Z_0 轴垂直于水位，X_0 轴在初始运动的大方向。

1.3. 漂浮的初始位置，直立位置 船舶的位置，其中固定系统和船身系统的垂直 Z 轴彼此平行。

1.5. 纵向中心平面 船体的纵向对称平面。

1.6. 模制底面 平行于自由水位并通过龙骨顶部（船中）在设计漂浮位置的平面。

1.7. 船中剖面 与前后垂线等距的横向垂直平面。

1.8. 漂浮平面 水位平面。

1.9. 船型 船体成型面的几何形状。

1.10. 水下船体，水下体 漂浮船体的浸入部分。

1.11. 水上船体，水上体 漂浮船体的浮出部分。

1.12. 润湿面 水下船体表面。

1.13. 船体线、线图、线（模制） 船体模制面与平行于三个数据平面（基准面、纵向中心平面和船中剖面）的平面的相交线的集合。

3.2.8.1.6.2　多语种的专业词典

如果系统化专业词典是由一个“主带”（Hauptband）（定义语言）和一个“补充带”（Zusatzbände）（概念符号语言）组成的话，那么，带有定义的条目则位于“主带”部分，在“补充带”里只有“主带”部分定义中所使用的概念符号。

例子 1：Wüster 1968：［8.197］

Vocabulary *Vocabulaire* **[8.197]**

698 UDC 621.882.31

hexagon nut ASA, BS, ISO; **hexagonal nut** ISA; **hex nut; six-sided nut:** A nut (697) having six flats for engagement by a spanner (731).

écrou hexagonal ISO, NF; **écrou six-pans** ISA, VSM: Ecrou (697) présentant six pans pour l'attaque de la clé (731).

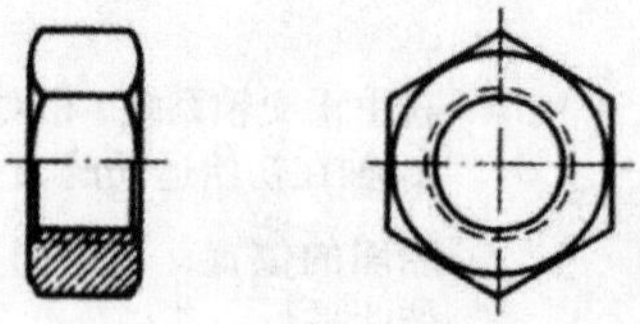

DIN

699 UDC 621.882.32

> **hexagon slotted nut** (700) or > **hexagon castle nut** (701): A ⸢hexagon nut (698) provided with a radial slot on each face for the reception of a ⸢split pin (767).

écrou à créneaux NF; **écrou crénelé** VSM: ⸢Ecrou hexagonal (698) muni d'une fente radiale sur chaque face pour recevoir une ⸢goupille fendue (767).

Vide spec. fig. 700, 701

700 UDC 621.882.32

hexagon slotted nut ASA: A nut, as defined under 699, whose external shape is similar to that of a non-slotted ⸢hexagon nut (698).

écrou normal à créneaux NF; **écrou HK** NF: ⸢Ecrou à créneaux (699) dont la forme extérieure est semblable à celle d'un ⸢écrou hexagonal (698) non crénelé.

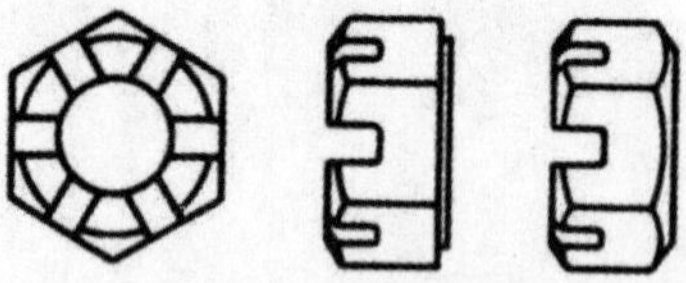

ASA

例子 2：Wüster 1967b：［8.25］

691 **Durchsteck-Senkschraube für Holz; >Senkschraube mit Nase** DIN, ÖN **zum Einlassen in Holz** *od.* **>Senkschraube mit Vierkantansatz** DIN, ÖN **zum Einlassen in Holz** DIN

692 **Innenschraube**

693 **Gewindeloch** DIN, ÖN, VSM; **Gewindebohrung**

694 **durchgehendes Gewindeloch; Durchgangsbohrung mit Gewinde; Gewindedurchgangsbohrung**

695 **Grundloch [Grundbohrung] [Sackloch] mit Gewinde; Gewindesackloch; Gewindegrundbohrung**

696 **Gewindekernloch** DIN; **Kernloch** VSM; **Gewindekernbohrung; Kernbohrung**

697 **Schraubenmutter; Mutter** DIN, ÖN, VSM

698 **Sechskantmutter** DIN, ISA, ÖN, VSM

699 **Kronenmutter** DIN, ÖN, VSM

700 **Kronenmutter ohne Hals** DIN

3.2.8.1.7 按字母顺序编排的索引

所有按字母顺序编排的名称索引——在多语种专业词典中为每一种语言都配备了一份——都应该排在词典的主体之后。索引中的序号要跟在每一个概念符号的后面，依据这些序号，人们可以在词典的主体部分找到相应的内容。

3.2.8.1.7.1 符号以及符号顺序的编排

针对不同的语言，人们已经为系统化专业词典中的符号以及符号顺序（ABC 规则），制定了应该遵守的相关标准。就德语而言，德国标准（DIN-Norm）（DIN 1985）和奥地利标准（ÖNORM 1981）都存在。在进行具体排序之前，人们必须先做一下充分的考察研究工作（Wüster 1974b）。一般来说，不应该制作语言混合的索引。

在对概念符号进行编排时，应该遵循“空格 / 间隔、数字、非拉丁语字母、拉丁语字母”的顺序。

3.2.8.1.7.1.1 空格 / 间隔

如果两个名称仅借助连字符进行区分的话，那么，没有连字符的名称，应该排在有连字符的名称之前。

例子：Terminologienormung

　　　Terminologie-Normung

3.2.8.1.7.1.2 数字

在一般情况下，阿拉伯数字依据其数值大小排在罗马数字和字母之前。

例子：0，2　拉伸极限（Dehngrenze）

2　行（zeilig）

100% 品牌　（Marke）

罗马数字依据其数值大小排在阿拉伯数字之后和字母之前。

例子：Ⅲ - 区域（Zone）

XV. 行政区（Bezirk）

XX. 世纪（Jahrhundert）

3.2.8.1.7.1.3　非拉丁语字母

非拉丁语字母排在拉丁语字母之前，并依据相关语言的顺序值进行排列。

例子：α - 粒子（Partikel）

σ - 紧张度（Spannung）

ω - 程序（Verfahren）

3.2.8.1.7.1.4　变元音字母（Umlautbuchstaben）

在图书馆学中，规定德语的变元音字母 ä、ö、ü 可以按照看不见的 ae、oe 和 ue 的顺序进行转换；但是在术语学中，做这样的转换则是不允许的。在术语学中，对于变元音字母 ä、ö、ü，人们可以这么处理——首先按照就像变音符号（¨）不存在似的顺序进行编排，然后才“关照”这些变音符号，让变元音字母 ä 跟在 a 之后，ö 跟在 o 之后，ü 跟在 u 之后。

例子：Oberschlitten（上滑板）900

Oese（孔眼）VSM 758

Oesenmutter（吊环螺母）VSM 709

offen（开放的）

Ohr（耳朵）

Öhr（针孔）758

Okular（目镜）DIN，ON 54

Öl（油）DIN 804

Öse（孔眼）DIN 758

Ösenmutter（吊环螺母）709

3.2.8.1.7.2　混合语言符号的排序

如果把两种或者更多语种的概念符号，放在一份索引中进行排序的话，那么，人们应该执行国际 ABC 规则（ABC-Regeln）（Wüster 1976）。除了前面提过的普遍性规则“空格 / 间隔、数字、非拉丁语字母、拉丁语字母”的顺序之外，还有一种规则也生效：变音符号和连字符在第一次排序时先给忽略掉。

3.2.8.1.7.3　组合概念符号的编排

为了减少人们在专业词典中寻找条目的困难，针对组合起来的概念符号，人们应该依照这些概念符号组合所对应的所有有意义的名称要素对其进行归类，以方便查找。

例子：《机器工具》中的基础性概念 [Wüster 1967b：（10.2）（10.11）（10.36）]

压缩空气驱动 1320
空气[1]/< 气体 /
——压缩空气驱动 1320
——气刹 DIN 1206
——……
空气[2]/< 冲程 /
驱动[1]
——压缩空气驱动 1320
——单驱驱动 IEC 1322
——电驱动 1319

3.2.8.1.7.4　同音异义词的特征（Kennzeichnen）

事实证明，在按照字母顺序编排的一览表里，如果给同音异义词标上数字上标，或者使用括号加上解释的话，则会给用户带来极大方便（见本书 3.2.4.3）。

例子：《机器工具》中的基础性概念 [Wüster 1967b：（10.14）（10.40）]

轮毂[1] / 杠杆 / 342
——杠杆轮毂 342

轮毂[2] DIN, ISA, ON, VSM/ 车轮 / 350
——花键毂 DIN, ISA, ON, VSM 351
——车轮轮毂 DIN 350
——多辐条轮毂 352

轮毂[3]/ 轴承眼 / 221

除尘[I]/ 粉尘控制 / 1313
除尘[II]/ 粉尘分离 / 1315

3.2.8.2 汇编（叙词表）

汇编（叙词表）大多由若干个部分组合而成。

3.2.8.2.1 单语种汇编（叙词表）

单语种汇编（叙词表）可以由下列部分组成：

——内容一览表；

——序言；

——按字母顺序编排的主体部分（见本书 3.2.7.2.1.3.2）；

——系统化的概念图（见本书 3.1.4.3.1）。

3.2.8.2.2 多语种汇编（叙词表）

多语种汇编（叙词表）可以有下列部分：

——内容一览表；

——序言；

——按字母顺序编排的主体部分（或者采用平行的语言条块，或者在一个混合的条块中，将不同语言的等效物并排）（见本书 3.2.7.1.2.5 的例子 3 和例子 4）。

例子 3：以德语为主导语言，按字母顺序排列的叙词表（语言部分呈水平排列）（ISO 1985：39）

AEROSTAT	LIGHTER-THAN-AIR AIRCRAFT	AÉROSTAT
	UF Aerostats	
OB LUFTFAHRZEUG	**BT** AIRCRAFT	**TG** AÉRONEF
UB LUFTSCHIFF	**NT** AIRSHIPS	**TS** DIRIGEABLE
AVIATIK	AVIATION	AVIATION
BF Flugwesen		
UB GLEITFLUG	**NT** GLIDING	**TS** VOL À VOILE
VB LUFTFAHRZEUG SCHWERER ALS LUFT	**RT** HEAVIER-THAN-AIR AIRCRAFT	**VA** AÉRONEF PLUS LOURD QUE L'AIR
DÜSENFLUGZEUG	JET AEROPLANES	AVION À RÉACTION
OB MOTORFLUGZEUG	**BT** AEROPLANES	**TG** AVION
Flugwesen **BS** AVIATIK		
FLUGZEUG	FIXED-WING AIRCRAFT	AÉRONEF À AILE FIXE
OB LUFTFAHRZEUG SCHWERER ALS LUFT	**BT** HEAVIER-THAN-AIR AIRCRAFT	**TG** AÉRONEF PLUS LOURD QUE L'AIR
UB MOTORFLUGZEUG SEGELFLUGZEUG	**NT** AEROPLANES GLIDERS	**TS** AVION PLANEUR
FRACHT	FREIGHT	FRET
BF Kargo Ladung	**UF** Cargo	**EP** Cargaison
VB FRACHTFLUGZEUG	**RT** FREIGHT AEROPLANES	**VA** AVION CARGO
FRACHTFLUGZEUG	FREIGHT AEROPLANES	AVION CARGO
OB MOTORFLUGZEUG	**BT** AEROPLANES	**TG** AVION
VB FRACHT	**RT** FREIGHT	**VA** FRET
GLEITFLUG	GLIDING	VOL À VOILE
OB AVIATIK	**BT** AVIATION	**TG** AVIATION
VB SEGELFLUGZEUG	**RT** GLIDERS	**VA** PLANEUR
Gleitflugzeug **BS** SEGELFLUGZEUG		
HUBSCHRAUBER	HELICOPTERS	HÉLICOPTÈRE
OB LUFTFAHRZEUG SCHWERER ALS LUFT	**BT** HEAVIER-THAN-AIR AIRCRAFT	**TG** AÉRONEF PLUS LOURD QUE L'AIR

例子 4：以德语为主导语言，按字母顺序排列的叙词表（不同语言的数据要素相互比较）（ISO 1985：57）

AEROSTAT T600
E: LIGHTER-THAN-AIR AIRCRAFT
F: AÉROSTAT
OB LUFTFAHRZEUG **E:** AIRCRAFT **F:** AÉRONEF
UB LUFTSCHIFF **E:** AIRSHIPS **F:** DIRIGEABLE

AVIATIK R620
E: AVIATION-
E: AVIATION
BF Flugwesen
UB GLEITFLUG **E:** GLIDING **F:** VOL À VOILE
VB LUFTFAHRZEUG SCHWERER ALS LUFT
E: HEAVIER-THAN-AIR AIRCRAFT
F: AÉRONEF PLUS LOURD QUE L'AIR

DÜSENFLUGZEUG T600
E: JET AEROPLANES
F: AVION À RÉACTION
OB MOTORFLUGZEUG **E:** AEROPLANES
F: AVION

FAHRZEUG T600
E: VEHICLES
F: VÉHICULE
UB LUFTFAHRZEUG **E:** AIRCRAFT **F:** AÉRONEF

Flugwesen **BS** AVIATIK

FLUGZEUG T600
E: FIXED-WING AIRCRAFT
F: AÉRONEF À AILE FIXE
OB LUFTFAHRZEUG SCHWERER ALS LUFT
E: HEAVIER-THAN-AIR AIRCRAFT
F: AÉRONEF PLUS LOURD QUE L'AIR
UB MOTORFLUGZEUG **E:** AEROPLANES
F: AVION
SEGELFLUGZEUG **E:** GLIDERS **F:** PLANEUR

HUBSCHRAUBER T600
E: HELICOPTERS
F: HÉLICOPTÈRE
OB LUFTFAHRZEUG SCHWERER ALS LUFT
E: HEAVIER-THAN-AIR AIRCRAFT
F: AÉRONEF PLUS LOURD QUE L'AIR

Kargo **BS** FRACHT

Ladung **BS** FRACHT

LUFTFAHRZEUG T600
E: AIRCRAFT
F: AÉRONEF
OB FAHRZEUG **E:** VEHICLES **F:** VÉHICULE
UB AEROSTAT **E:** LIGHTER-THAN-AIR AIR-
CRAFT **F:** AÉROSTAT
LUFTFAHRZEUG SCHWERER ALS LUFT
E: HEAVIER-THAN-AIR AIRCRAFT
F: AÉRONEF PLUS LOURD QUE L'AIR
MILITÄRLUFTFAHRZEUG **E:** MILITARY AIR-
CRAFT **E:** AÉRONEF MILITAIRE

LUFTFAHRZEUG SCHWERER ALS LUFT T600
E: HEAVIER-THAN-AIR AIRCRAFT
F: AÉRONEF PLUS LOURD QUE L'AIR
OB LUFTFAHRZEUG **E:** AIRCRAFT **F:** AÉRONEF
UB FLUGZEUG **E:** FIXED-WING AIRCRAFT
F: AÉRONEF À AILE FIXE
HUBSCHRAUBER **E:** HELICOPTERS
F: HÉLICOPTÈRE
VB AVIATIK **E:** AVIATION **F:** AVIATION

LUFTSCHIFF T600
E: AIRSHIPS
F: DIRIGEABLE
OB AEROSTAT **E:** LIGHTER-THAN-AIR AIR-
CRAFT **F:** AÉROSTAT

3.2.9 计算机辅助的术语编纂工作

早在 20 世纪 60 年代，计算机的使用就进入术语编纂工作中了。传统的、常规化的术语编纂工作的弱势，就是它全靠手工操作；而大量的术语编纂数据却很难通过传统的手工形式加以操作，更不用说，想让这些术语数据在出版之前处于最前沿状态了。在术语编纂工作中，许多数据以不同的组合方式出现，但只有重要的数据才会被保留下来。因此，计算机辅助的术语编纂工作，确保了术语数据总是处于最新状态，还可以让人们在相对较短的时间内汇编出最多样的数据组。

计算机辅助的术语编纂工作的目标，是要建造一个术语数据库（术语卡片档案）。这是一种机器可读的术语编纂数据集。在这里，术语数据可以通过"机读"的方式供人们研究、加工和储存。借助对实时数据的及时储存，对任意的术语编纂数据集进行组合就具有了一定的可能性。对于术语数据的需求是因人而异的。例如，科学家对术语数据的需求可能就不同于翻译工作者的需求，或者不同于标准化行业的专家们或者术语规划者们的需求。只要术语数据是针对不同用户而准备的，它们在理论上就能满足不同用户的需求。术语数据库还能对术语的统一及合理使用进行监督管理。

3.2.9.1 基本原则

与传统的、常规的术语编纂工作一样，针对计算机辅助的术语编纂工作，人们也制定了相应的基本原则。

一部计算机辅助的术语“卡片档案”应该满足下列要求：

——有清晰明确（以用户为导向）的任务。要纳入的数据要素必须是规定性的，因为数据结构的每一次更改都会耗费大量资金；

——只储存可靠性高的术语数据（不完整的数据可以单独放在另外一个“卡片档案”里）；

——包括一个经过定义的具体专业领域。普遍性的卡片数据比较实用和大众化，但其新鲜度一般得不到保证，因此不值得投入过多资金。这些数据不够完整，可靠性差。故而，就专业性使用而言，一般性数据库并不具有美好前景；

——使用术语数据要素以及术语编纂符号，并且它们要与其他数据库的相关要素兼容和统一；

——不是松散的数据集，而是呈现出概念化结构的数据集；

——包括术语编纂数据的最小数据集（Mindestsatz）（见本书 3.2.6.2.1.3）；

——要具备相应具体专业领域的专家团队，协同进行术语数据的准备及其加工工作。

3.2.9.2 术语数据库

依据其结构，术语数据库可分为：

——以语言为导向的术语数据库；

——以专业为导向的术语数据库（Felber 1983）。

许多数据库是混合型的。

3.2.9.2.1 以语言为导向的术语数据库

以语言为导向的术语数据库把重点放在具有语言学意义的数据上。为翻译人员和术语规划者设计的所有数据库都属此类。因为对于翻译人员来说，术语跟惯用语（Phraseologie）（措辞）（Wendungen）一样重要，所以，对于翻译人员而言，概念符号或者措辞都可以是术语单元的主导要素。措辞属于专业语言，因为它描述一种专业陈述，所以它不属于术语。它在对象层面上表达一种事态（实情），而事态在概念层面上是一个句子，在符号层面上则是一种陈述（Bochenski 1954）。对于术语规划工作而言，普通术语——它们不表达专业术语——则更为重要。所有发挥着专业语言词典编纂功能的数据库，也属于以语言为导向的术语数据库。在以语言为导向的术语数据库里，人们是从语言学的角度去考察术语单元的。在概念符号和具体专业的对应关系上，这类术语数据库一直具有普通数据库的某些特点。

3.2.9.2.2 以专业为导向的术语数据库

以专业为导向的术语数据库的特色在于：它把重点放在概念描述上，尤其放在定义和概念系统上。与普通数据库和专业数据库不同的是，它们只储存专业术语数据。在此，为个别专业设计的术语数据库也归于此类，例如，为土壤机械工程学，或者为标准化术语所建造的术语数据库（见本书 3.1.3.6.4 的例子）。尽管标准化术语数据库经常给人留下一种普通数据库的印象——这里面的标准化术语涵盖了人类生活的众多领域，但实际上，它们是一体化的专业术语库。

3.2.9.3 记录

与传统常规的术语编纂工作类似，在计算机辅助的术语编纂工作中，也存在概念记录（条目）或者概念符号记录（条目），也就是——这些记录的主导要素要么是概念或概念符号，要么是措辞单元（phraseologische Einheit）。在大多数以语言为导向的数据库里，存在的主要是概念符号记录；而在以专业为导向的数据库里，人们则只使用概念记录。记录由术语编纂数据组成，而且，这些记录都依据一定的分类格式（Kategorienschema）实现了结构化。人们把这种分类格式称为“数据加工格式”（Datenverarbeitung Format）。人们在这里区分了三种格式：注册 / 输入格式（Erfassungsformat）、内部格式（Internformat）和输出格式（Ausgabeformat）。记录与传统条目的不同之处，则是计算机化的记录可以涵盖大量数据。计算机辅助的数据处理技术，让人们有可能实现对大量结构化的数据的操作。有关术语编纂数据的内容可见本书 3.2.6。

3.2.9.3.1 与普通术语学理论相适应的数据分类格式

人们可以把以下数据分类格式当作模板使用（尤其针对以专业为导向的术语数据库）。

术语编纂符号列表：

字母符号：

A＝权威符号

B＝表示图书目录来源的缩略符号（ISO/R 919）

L＝国家符号（ISO 3166）

N＝注释

S＝语言符号（ISO 639）

图示符号：

=　等效于（ISO 1951）

X　交叉重叠（ISO 1951）

> 比……小（ISO 1951）

< 比……大（ISO 1951）

≻—部分（ISO 1951）

—≺整体（ISO 1951）

‖　并列（逻辑关系）

⊩ 并列（本体关系）

对整条记录的说明：

000 识别符号（Identifikationszeichen）（序号）

001 概念数字

002 撰写日期和更改日期

003 更负责任一些

004 分类符号

005……

006 采用缩略符号[①]

007……

---

① 人们有必要为“图书目录说明”建立单独的卡片档案。例如，为缩略符号建立档案：MetM3.89（ISO 919）。

（1）第一语言

11 概念符号

110 概念符号[①③]

111 同义词符号[①③]（112 和 113 无区别）

112 优先概念符号[②③]

113 其他可靠的符号[②③]

114 缩略符号

115 弃用概念符号[①③]

116 ……

119 注释

伴随信息（具有相关性）

1100 A，B，L，N，S 针对 110

1110 A，B，L，N，S 针对 111

1120 A，B，L，N，S 针对 112

1130 A，B，L，N，S 针对 113

1140 A，B，L，N，S 针对 114

12 概念描述或者组成部分描述

120 概念描述或者组成部分描述（121 和 122 无区别）

121 定义

122 解释

123 上下文

124 图示

125 例子

126 公式

……

---

① 概念符号的状态（过时的、科学的、再生的等）可以借助图示符号（例如，+、§、* 等）或者字母符号（ISO 1951）加以说明。

②优先符号必须与定义（121）对应。其他同义的概念符号，则可以采用下列符号表示其相符的程度：X，>，<，≻—，—≺。

③组合概念符号应该借助分隔符分开，以便独立找到和列出概念符号。见本书 3.2.8.1.7.3。

129　注释

伴随信息（具有相关性）

1200　A，B，L，N，S　针对　120

1210　A，B，L，N，S　针对　121

1220　A，B，L，N，S　针对　123

1230　A，B，L，N，S　针对　123

1240　A，B，　N　针对　124

1250　B，　N，S　针对　125

1226　A，B，　N　针对　126

13　<u>概念关系、组成部分关系或者主题关系</u>

130　宽泛概念（OB）

131　窄概念（UB）（132 到 138 无区别）

132　＜大概念

133　＞小概念（1，2，3，等等）

134　‖（若干）并列概念

135　—<整体

136　>—部分（1，2，3，等等）

137　⊩中间部分

138　或者对角线关系

139　其他关系

伴随信息

1300　A，B，L，N　针对　130

1310　A，B，L，N　针对　131

等等，

一直到

1390　A，B，L，N　针对　139

（2）第二语言

概念描述或者组成部分描述 220 要与 120 相比较。采用第一种语言所做的概念描述或者组成部分描述与第二种语言对应物之间的相符程度，可以借助以下符号进行标示：=，X，>，<，>—，—<。

21　概念符号

210　（见前面的 110 到 119）

……

22　概念描述或者组成部分描述

220　（见前面的 120 到 129）

23　概念关系、组成部分关系或者主题关系

230　（见前面的 130 到 139）

（3）第三语言

与第二语言处理方式类似。

（4）第四语言

与第二语言处理方式类似。

等等。

没有语言限制。

例子：奥地利标准数据档案的数据分类（ÖNORMEN-Datei）（Manu 1987：附录 1）

术语名称（英语）	释义	输入类别 （德语和英语）
<u>Complementary documentary information</u>		
number of entry	用于明确标识条目概念的运行编号。 它由机器自动分配。	Schlüssel (key)
user code	有权进行输入的人员代码	User-ID
typist code	完成输入的打字员的代码	Kurzzeichen (abbreviation)
input date	输入或修改的日期，依据为奥地利术语标准（ÖNORM）A 2740, 1972 年 12 月发布。	Datum (date)
designation of standard	例如：奥地利术语标准。	Normat (type of standard)
identification code of standard	标准的字母和编号，包括进一步的数据，如哪个部分、补充表。	Normnummer (standard number)
date of standard	标准上注明的日期	Ausgabedatum (date of publication)
number of division	标准中分配给术语的编号。 有时只有一个数字分配给一组术语。	Abschnitt der Norm (section of standard)
technical committee	负责标准的技术委员会的三位数编号	FNA (TC)
UDC number	取自通用十进制分类法的数字，在整个标准的分类标准上注明。	DK-Zahl (UDC number)
stage of standard document	奥地利术语标准（已批准的标准）的初步标准、标准草案、提案草案	Art (type)
code for the formal contents of the standard	代码，表明它是一个纯粹的术语标准。	Code für die Normengruppe T (code for the standard group T)
<u>Terms</u>		
quality -without restrictions	概念和术语不受限制地有效	Code für die Wertigkeit OK (code for quality OK)
-outdated	术语或概念已不再有效；要么换一个新的，要么直接删除。	Code für die Wertigkeit NO (code for quality NO)

术语名称（英语）	释义	输入类别（德语和英语）
-with restriction	从这个奥地利标准来看	Code für die Wertigkeit E (code for quality E)
entry term	分配给该概念条目的第一个德语术语。术语字段中第一个术语之后的同一级别术语输入到“附加信息”部分下的“同义词”类别中。	Benennung D (German term)
foreign language equivalents -English	概念条目的英语术语	Benennung E (English term)
-French	概念条目的法语术语	Benennung F (French term)
-Russian	概念条目的俄语术语	Benennung R (Russian term)
broader concept	由术语表示的概念，其意图包含的限制性特征比概念条目的少。 它不等同于“大概念”。	Überbegriff (broader concept)
genus	由术语表示的概念，其意图包含的限制性特征比概念条目的少，并通过逻辑关系成为其上级概念。	Oberbegriff (broader term)
whole	概念，用术语表示，指的是包含概念条目的对象。	Ganzes (entity)
Definition		
indication of quality and allocation	确定概念定义的质量和 / 或将评论（如果给出）分配给相关输入类别的代码。	Code (code)
definition by intention	通过指示概念的意图特征来定义概念，即通过大概念和限制性特征的指示。	Code D + Definition (code D + definition)
definition by intention DR	与奥地利标准协会第 6 号指南在形式上不符的定义	Code R+ Definition (code R+ definition)
explanation of a concept	通过指示与概念系统无关的特征来定义概念	Code E+ Definition (code E+ definition)
definition by extension	通过枚举同一抽象层次上的物种来定义概念	Code U+ Definition (code U+ definition)
description of the collocation of individual objects	通过枚举同一抽象层次上的部分来描述搭配	Code B+ Definition (code B+ definition)

术语名称（英语）	释义	输入类别（德语和英语）
remark	关于“定义”字段的说明	Code A+ Definition (code A+ definition)
other representation of the concept	概念条目的非语言指示	Code I+ Definition (code I+ definition)
remarks relating to the entry term and the foreign language equivalents	指明、解释或限制条款的指示	
term D		Code AD+ Definition (code AD + definition)
term E		Code AE+ Definition (code AE + definition)
term F		Code AF+ Definition (code AF + definition)
term R		Code AR+ Definition (code AR + definition)
<u>Additional information</u>		
synonym	概念条目的其他术语	Code SY + Wort (code SY + word)
abbreviated form	以完整形式给出的概念条目的词首字母缩略词、缩写、首字母缩略词	Code SK + Wort (code SK + word)
full form	以缩写形式给出的概念条目的完整形式	Code SL + Wort (code SL + word)
degree of equivalence	指示同义词或准同义词的概念与 / 从词条概念的等价 / 偏离的程度	Grad der Übereinstimmung (degree of equivalence)
=	等于	ÄQV
>	大于	GRÖ
<	小于	KLE
X	重合	ÜBS
∽	近似	ÄHN
≠	不等于	NÄQ
.	弃用	ABG
variant	术语的其他正字法表示	Code VA + Wort (code VA + word)
term element	术语的一部分	Code BE + Wort (code BE + word)

术语名称(英语)	释义	输入类别（德语和英语）
thematic classification	条目概念被分配给它的概念分类。ISONET词汇汇编的描述符用作主题类别。	Sachgebiet (subject field)
subheading	标准中一组术语的主题性名称	Code ZT + Wort (code ZT + word)
characteristics	故意从定义中提取的描述性要素	Code MM + Wort (code MM + word)

1988 11 02　　奥地利标准术语数据库的校正打印输出　　第 1 页

1　一般信息
条目数　0000000044　用户代码　INF　缩写　MN　日期
标准名称　奥地利术语标准　标准识别码　S　1516
标准公布日期　1985 09 01　标准章节　1.3.2　FNA 143

DK-代码　687.078.7.001.11　文件类别　奥地利术语标准
专业领域
价值代码　OK/NO/E　OK　标准组代码　T/P　T　规则码　0

德语名称　**可分拉链**
英语名称
法语名称
俄语名称
超大概念
大概念
整体

2　定义
代码　D
文本　**可分拉链，其中拉链的两半可以通过下拉链边框的特殊设计相互分开。**

3　关键词
关键词－代码（ST, SW, DE, SY）ZT　一致程度
单词　**可分拉链**
关键词－代码（ST, SW, DE, SY）BE　一致程度
单词　**拉链**
关键词－代码（ST, SW, DE, SY）ZT　一致程度
单词　**可分拉链种类和可分性元素**

3.2.9.3.2 不同数据库的记录（条目）

3.2.9.3.2.1 标准化术语

3.2.9.3.2.1.1　奥地利标准化研究院（Österreichisches Normungsinstitut，ON），维也纳，奥地利

奥地利标准数据档案的数据分类（ÖNORMEN-Datei）（见本书 3.2.9.3.1）

3.2.9.3.2.1.2　德国标准化研究院（Deutsches Institut für Normung，DIN）

20 世纪 80 年代末，DIN 的数据库由位于慕尼黑的西门子公司（Siemens AG）

语言服务部负责管理，其数据分类的例子如下：

例子：记录（条目）（Blaha 1980：154）

00 AA0001
03 N
04 0480
05 DINP
06 E0290
07 001.4：003.62
09 概念系统及其表现
10 抽象阶梯
11 f.
12 DIN 2331
13 3.3.1.（第 3 页）
14 抽象阶梯（逻辑阶梯，通用阶梯）是一种阶梯，其中两个相邻术语中的一个包括范围较大，另一个包括范围较小，即该术语的内容在至少一个限制或概括特征上有所不同
16 抽象链；f; 逻辑阶梯；通用阶梯
17 例子 1：下降的梯子
机器
机床
磨床
例子 2：上升的阶梯
磨床
机床
机器
18 抽象关系
74 105.00[德国标准化研究所（DIN）的术语标准委员会（NAT）]
92 概念系统和其表现形式
93 一组相关概念及其介绍
97 TE

3.2.9.3.2.1.3 苏联标准化组织（Gosstandart）

1973 年，设在苏联莫斯科的“全苏联技术信息、分类和编码研究院”（Allunions-Forschungsinstitut für Information，Klassifikation und Kodierung，VNIIKI）的自动化术语信息服务中心（Automatischen Terminologie-Informationsdienst，ASITO）建造了一个术语数据库（Spravocnyj Bank Terminov，SBT）。“全苏联信息、分类和编码研究院”（VNIIKI）是苏联标准化组织（Gosstandart）的一个研究院。

这个数据库存储了苏联（国家）标准以及各项专业标准中的术语数据，另外还存储了国际标准化组织（ISO）、国际电工委员会（IEC）以及经济互助委员会（Rat für gegenseitige Wirtschaftshilfe，RGW）的各项标准。

数据分类：

①记录符号

②带有定义且标准化的概念符号

③缩略符号

④用概念符号

⑤英语对应物

⑥法语对应物

⑦德语对应物

⑧标准序列标题

例子：SBT 术语数据库中的一个记录（AAA 1975：10）

I. 03000890045

2. Промывочный канал коронки — Вырез или отверстие в коронке, предназначенное для прохода очистного агента

3. Промывочный канал

4. Промывочная канавка
Окно

5. E. Waterway
Watermill

6. F. Canal á boue

7. D. Spuelungskanal

8. ГОСТ I6275-70

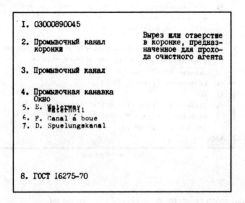

3.2.9.3.2.2 非标准化术语

3.2.9.3.2.2.1 慕尼黑西门子公司（Siemens AG）语言服务部 TEAM 数据库 [Terminologie-Erfassungs-und Auswertungsmethode，TEAM（术语获取与评估方法）]

例子：Vollnhals 1982：160

```
00  CA2317
03  d
04  1179
05  0201
06  E37
07  ZFE
10  farbmetrische Verzerrung
12  ZFE
14  Die Änderung der Farbvalenz einer Körperfarbe
    bei Änderung der beleuchtenden Lichtart.
16  Farbverzerrung;f.
20  colorimetric shift
22  ZFE
24  The change in chromaticity and luminance factor of
    an object colour due to change of the illuminant.
30  distorsion colorim£1etrique
32  ZFE
34  Changement de la chromaticit£1e et du facteur de
    luminance d'une couleur de surface d£3u au
    changement d'illuminant.
50  kolorimetri£7ceskij sdviq
52  ZFE
54  Izmenenie cvetnosti i ko£9effizienta jarkosti
    ob£8ekta, vyzvannoe izmeneniem spektral£1 nogo
    sostava izlu£7cenija.
99£a
```

Input format, OCR-B sheet

3.2.9.3.2.2.2 欧洲共同体委员会（KEG），卢森堡

欧洲共同体委员会的术语数据库（Eurodicautom）。

例子：记录（条目 ）（AAA 1979：12）

```
    DOCUMENT NUMBER = 000152709          DOC = 0001   PAG = 001
BE= BTB    TY= NAC74   NI= 0000332   DCA = 771109
CF= 4
CM=     BAF CEO N04 S14 S19 SIC SIJ
FG-VE   palplanche
FG-DF   les palplanches sont des produits laminés à chaud dont la
        forme est telle qu ils puissent s assembler entre eux par
        emboîtement latéral, ou au moyen d'agrafes spéciales, pour,
        après battage dans le sol, constituer des éléments de cloisons
        ou de murs
FG-RF   Euronorm 79-69 5.12
DG-VE   Spundbohle
DG-DF   Spundbohlen sind warmgewalzte Erzeugnisse, die auf Grund ihrer
        Form durch seitliches Ineinanderschieben oder mit besonderen
        Klammern zusammengefuegt werden koennen und nach dem Einrammen
        in den Boden Zwischenwaende oder Mauern bilden
DG-RF   Euronorm 79-69 5.12
IT-VE   palancola
IT-DF   le palancole sono dei prodotti laminati a caldo la cui forma e
        tale da poter essere uniti tra di loro mediante incastro
        laterale o mediante speciali aggraffature: sono destinati,
        dopo conficcamento nel suolo, a costituire elementi di pareti
        PRESS C FOR NEXT PAGE OR GIVE ANOTHER COMMAND
*
```

3.2.9.3.2.2.3 奥地利维也纳技术大学日语专业词典系统

例子：记录（条目）（Simoncsics 1983：9）

KANJI	日	本
CHINESISCHE LESUNGEN	NICHI JITSU	HON
japanische Lesungen	hi ka	moto
mogliche Lesungen	NICHIHON JITSUHON hiHON kaHON NICHImoto JITSUmoto himoto kamoto	
Bedeutung der Einzelzeichen	Tag Sonne	Ursprung Buch
richtige Lesung	NIHON NIPPON	
Ubersetzung	JAPAN	

日	本			

CODE	010401.050104
MIKROFILMNUMMER	30/F01
JAP. AUSSPRACHE UBERSETZUNG	NIPPON JAPAN
MIKROFILMNUMMERN	1/B10. 4/C10

3.2.9.4 术语编纂数据的交换

为了减轻术语编纂数据之间交换的难度，德国标准化研究院（DIN）在 1980 年就公布并出版了 DIN 标准 2341（DIN-Norm 2341）《术语数据 / 词典编纂数据的磁带交换格式》（*Magnetband-Austauschformat für terminologische/lexikographische Daten*，*MATER*）（DIN 1980b）。20 世纪 80 年代中后期，这个标准被重新修订。1986 年，DIN 又出台了一个有关“分类目录”（Kategorienkatalog）的新标准草案（DIN 1986d）。1987 年，国际标准化组织也出台了具有等效内容的标准——ISO 标准 6156（ISO-Norm 6156）（ISO 1987）。

3.2.9.5 术语编纂数据集的数据载体

术语编纂数据集的数据可以储存在下列数据载体上：

——资料卡片；

——出版物（印刷品）；

——缩微胶片；

——电子化的数据载体（机器可读）。

随着现代科技的蓬勃发展，资料卡片的功能逐渐让位给缩微胶片和计算机文档了。

4. 术语工作

在术语活动中，除了与术语学基础研究紧密相关的术语学理论以及术语文献研究之外，术语工作也是术语活动的核心部分。术语工作的具体目标，就是要生产出术语编纂集这类的产品。因此，为了使术语工作顺利地开展起来，人们就需要为它制定出术语工作指南， 这些工作指南通常以基本原则和工作方法的形式出现，同时还需要对相关的具体专业里的现存术语数据的全貌进行调查——这就是术语文献工作。人们对术语学和术语工作实践的认识日益加深，一方面有助于对术语原则和工作方法进行不断改进，另一方面推动术语工作实践以及术语文献工作的成果得到不断丰富；而人们用于理解专业知识的工具也不断得到完善，愈加精致。为了让人们更好地理解术语学、术语工作以及术语文献工作理论和实践的全貌，作者在这部书后面第 7 部分（7.1）里为读者提供了一份“全貌图”（Felber 1979）。

4.1 术语工作是什么？

针对某一特定的专业领域，术语工作一般包括下列活动：

（1）对概念和概念符号之间的“是 – 对应”（Ist-Zuordnung）关系、对概念描述或者组成部分描述，以及对各种术语学意义上的关系（概念关系或者存在关系）——一句话，对术语编纂数据进行收集、整理和研究（见本书 3.2.6）；

（2）对术语系统（概念系统、存在系统等）进行考察、研究、构建和 / 或者规定（见本书 3.1.3.4.3 或者 3.1.2.2）；

（3）对概念和概念符号之间的“应该 – 对应”（Soll-Zuordnung）关系进行考察、研究、构建和 / 或者规定（见本书 3.1.6）；

（4）对概念描述或者组成部分描述进行考察、研究、构建和 / 或者规定（见本书 3.1.3.6 或者 3.1.2.3）；

（5）在上述术语工作的各个环节中，需要随时记录和保存好已经形成的术语数据（见本书 3.2.6）。

除此之外，针对多语种的术语工作还需要补充下面一点：

（6）采用不同语言表示的概念（见本书 3.1.3.5）、组成部分、概念描述或者组成部分描述、概念系统或者存在系统，它们之间必须可以进行比较对照和 / 或者协调适应。另外，要弄清楚采用不同语言表示的概念或者组成部分之间的对应程度如何，还要标明不同语言中概念符号等效物之间的等效程度。

上述（1）和（5）所描述的活动，可以称为“术语编纂”（Terminographie）活动，它也包括了文献管理方面的内容。

4.2 为什么术语工作如此重要?

如前所述，术语工作的具体目标，就是生产出术语编纂集这类的产品。然而，更为重要的则是——术语工作是以下活动的基础：

——知识秩序；

——知识和技术传播；

——科学和技术信息的构建；

——语言传递（笔译和口译）；

——科学和技术信息的搜索（查找）和储存（汇编、分类）；

——知识加工、储存、获取和搜索（查找）；

——知识库和专家系统。

20世纪80年代末，信息系统和信息网络的高速发展，已经为知识系统和知识网络的构建和发展奠定了基础。在科学技术领域中，人们在知识加工、储存和搜索（查找）方面面临着新的挑战。“知识技术”（Wissenstechnik）作为一门新兴学科随之诞生了（Czap/Galinski 1987）。在这里，知识系统不仅仅是简单的“复制”（reproduktiv）——只是简单地把储存起来的知识再现出来。在知识系统中，人们使用概念执行从认识到推理的操作，这就需要人们运用一定的方案及策略去解决问题。知识是概念与事实的结合，它通过概念操作而导致新的事实关系和事实组合（新知识）的产生。从这个角度来看，术语学理论的发展和术语工作的开展，则需要人们“如履薄冰”。术语工作的真正进步，只有在实现了下列前提的情况下才是可能的，那就是——在术语工作实践中，术语学原则学说得到了完全的实施。

4.3 术语工作的四个维度

维斯特不仅在维也纳大学举办过术语学讲座，还曾在德国的格尔默尔斯海姆（Germersheim）开设过以术语学为主题的讨论会。他针对术语工作做过广泛细致的研究，许多见解在今天也依然有效。下面介绍维斯特就术语工作这个专题进行过的一些思考。

术语工作的四个维度，可以采用“特征图”（Merkmaltafel）的形式表示。图中的每一列，在原则上，可以与其他三列中的任何一列进行组合。

领域类型		术语工作阶段	
a 专业领域	b 语言	c 语言入口	d 语言展望
单专业术语工作	单语言术语	**c1 术语工作协调**	**d1 个案工作**
a1	b1	**c11 文献工作（一次性的）**	（补充：个别领域工作）
a2	b2	**c12 信息工作（多次重复）**	
a3	b3	**c2 术语使用（多次重复）**	**d2 基础性原则工作**
		c21 拟定	
		c211 独立拟定	
		c212 笔译和口译	
		c22 术语授课	
		c3 术语系统化工作（一次性）	
……	……	c31 研究（是－标准）（Ist-Norm）	
a300	b60	c32 塑造	
a0 跨专业术语工作	b0 跨语言和语言之外的术语工作	c321 个体性的	
（另外：专业比较和适应性的术语工作）	（另外：语言比较和适应性的术语工作）	c322 规范（化）（应该－标准）（Soll-Norm）	
		c323 官方规定（必须－标准）（Muß-Norm）	
		c33 描述（词典、法规）	

术语工作“特征图”（Wüster 1969：2）

4.3.1 借“五斗柜”（带抽屉的柜子）所做的形象说明

人们可以把两个二维结构嵌套在一起，从而得到一个“四维结构”，如下图所示，这就产生了一个“五斗柜”（带抽屉的柜子）。

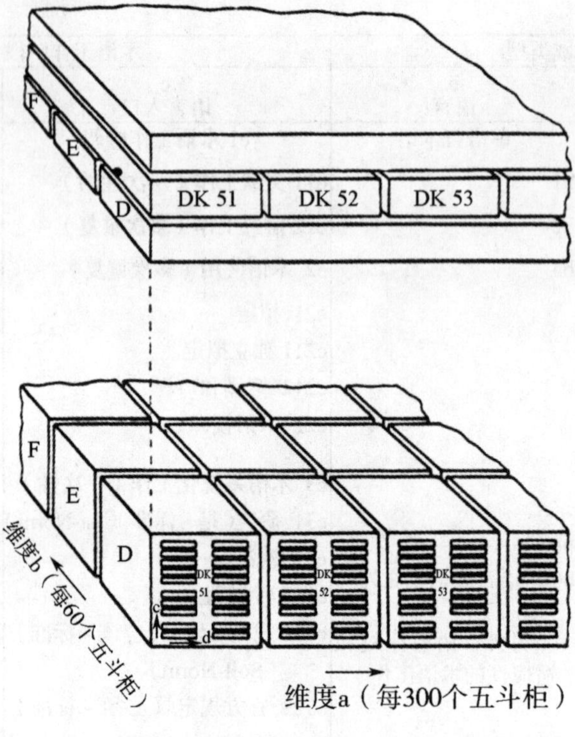

术语工作的四个维度（借“五斗柜”所做的形象说明）（Wüster 1969：3）

首先，我们只考虑这张图片的下半部分。前两个维度（a 和 b）完全覆盖了这个矩形底座上的所有小方块。在维度 a 上，左右顺次排列着相同数量的小方块（例如 300 个一组）；在维度 b 上，前后顺次排列着相同数量的小方块（例如 60 个一组）。每个小方块里都有许多个抽屉，整个“五斗柜”都是如此。（每个小方块里又有 c 和 d 两个维度）。在图中维度 c 上，每 10 个抽屉向上叠加；而在维度 d 上，每 2 个抽屉彼此相邻。

4.3.2 两个域，类型 a 和 b

4.3.2.1 个别专业和个别语言的概念域

上述特征图中的特征维度 a 和 b，由概念域（Begriffsfelder）（= 概念系统）的类型决定，并与某种术语工作有关。

4.3.2.1.1 专业领域（维度 a）

在术语工作中，如果把相关问题放到具体的专业领域里去理解，则会更容易一些。但要进行更深入的考察，目前还无法做到。因此，我们在这里选择 300 这个数字只是一种虚指。专业领域中术语活动的开展，取决于具体的需求和所具备的现实条件，也就是取决于：

（1）专业领域对新概念的“生产能力”；

（2）概念构成的清晰性，以及这个专业领域中科学性所达到的程度；

（3）在这个专业领域里国际合作开展的程度。

这些先决条件也就意味着：与人文社会科学领域中的术语塑造（Terminologiegestaltung）相比，自然科学中的术语塑造——无论是纯粹的自然科学还是应用性的自然科学——都是无比活跃的。

4.3.2.1.2 语言（维度 b）

与标准语言的使用者和研究者相比，术语学家有着极大的优势：他们不用去研究成百上千种独立的语言，而只需要跟与术语有关的相对少量的语言打交道就行了。

然而，即使是跟术语有关的语言，情况也各不相同。在此，人们必须在“具有发达术语的语言”（Sprache mit ausgebildeten Terminologien）和“术语处于发展中的语言”（terminologische Entwicklungssprache）之间做个区分。

4.3.2.1.2.1 具有高度发达术语的语言（Die terminologisch voll entwickelten Sprachen）

从严格意义上说，术语标准就是术语高度发达的语言。

4.3.2.1.2.2 术语处于发展中的语言

与本书 4.3.2.1.2.1 的情况相反，就术语处于发展中的语言而言，人们不是在概念之间进行界定，也不是在概念和长期“约定俗成”的概念符号之间进行解读，而是要重新创建出整个概念符号系统。只要某个语言群体还未拥有自己的独立术语，这个语言群体的科学家们和技术工作者们，就不得不使用一种“术语发达”的语言进行工作——即使他们在自己的国土上工作。在今天，这种占据主导地位的辅助语言主要是英语。然而，在中国、许多阿拉伯国家、非洲国家以及拉丁美洲国家，人们正在为发展本国语言的通用术语和专业术语进行着持之以恒的努力（Felber 1985b）。在这个方面，人们通常采用的办法是：将主导语言（英语、法语）中的名称翻译成相应的自己国家的语言；而大量的“新创造”则可以在希伯来语、印地语和南非荷兰语中找到。

4.3.2.2 跨专业和跨语言的术语工作

术语工作有一些分支涉及术语原则研究和术语学理论，跟普通术语学和特殊术语学有关系，那就是跨专业和跨语言的术语工作。这项工作常以专业适应和语言适应的术语工作或者术语原则制定工作的面目出现。通常情况下，这二者都必须发生在专业比较和语言比较的术语工作之前。特殊术语学研究的是：或者跟语言有依赖关系，或者跟单个专业领域有依赖关系的术语原则和工作方法。

4.3.2.2.1 跨专业和单语种的术语塑造

跨专业的术语工作，指的是在所有或者几个领域的术语之间进行比较以及协调适应的工作。跨专业和单语种的术语工作，举例而言，对与不同学科具有相关性的德语术语进行加工处理，就属于此类。相应的原则可见本书 4.4.2.1.1。

4.3.2.2.2 跨语言和单专业的术语塑造

与跨专业相类似，跨语言的术语工作意味着在国际层面上开展术语比较与对照工作，以及开展国际化的术语适应协调工作。术语适应（Angleichung）就是术语塑造（Terminologiegestaltung）。术语适应也包括人们针对自己语言领域里还没有语言对应物的专业概念而进行的“借用”和命名工作。举例而言，由植物学家、动物学家、医学家、化学家、物理学家等等组成的各自领域的国际术语委员会，它们所开展的，针对各自相关专业术语的统一协调工作，就是一种跨语言的术语工作。

4.3.3 术语工作阶段（维度 c 和 d）

我们现在进入工作原理（工作方式）部分。

4.3.3.1 语言入口（Sprachzugang）（维度 c）

术语工作如果从语言入手，则可以有三个主要阶段：

（1）在语言入口的第一阶段（c1）中，人们只是从远处、从外面去看术语或者说是“术语的语言证明”（terminologische Sprachzeugnisse）。这是一种术语文献家的视角。他们对他人的术语工作进行协调；

（2）在语言入口的第二阶段（c2）中，人们则像（专业）作家或者（专业）翻译人员那样使用术语；

（3）在语言入口的第三阶段（c3）中，人们则完全闯入了术语世界。在这一阶段中，人们对概念系统和名称系统进行研究和塑造。这些人是且只是术语学家(术语师)。在下文中，我们把他们的工作称为“系统化工作”（Systemarbeit）。

人们也可以把上面的三个阶段倒过来看。首先，术语必须“存在”。也就是说，在人们可以对术语进行使用，或者对术语及其使用进行注册（登记）之前，必须先把术语识别出来。这种“存在顺序”（Daseinsfolge），正如说过的，就是上述“进入顺序”（Zugangsfolge）的颠倒。现在，我们从第三阶段（c3）——术语系统化工作开始介绍。

4.3.3.1.1　术语系统化工作（阶段 c3）

术语系统化工作和纯粹的术语使用之间存在着区别。这正如作为语言系统的语言和对这门语言进行说与写这两者之间也存在区别一样。这种区别可以追溯到索绪尔（Ferdinand De Saussure）那里。对于名称系统的研究和构建（塑造），也就是与此相关的永久性对应，从理论上说，一次性过程就足够了。说话或写作时所发生的现实状况，则可以经常随意重复。

4.3.3.1.1.1　术语系统化工作的步骤

术语系统化工作有三个不同的步骤：

步骤一：对术语系统进行研究；

步骤二：系统塑造（构建）；

步骤三：系统描述。

（1）步骤一——研究阶段：确定一种“是－标准”（Ist-Norm），也就是调查当时的语言用法，并期望通过研究来不断对其做出改进。

（2）步骤二——塑造阶段：本身也是改进阶段。

（2.1）有意识或者无意识的系统塑造，也可以在少数人的狭小范围内进行——至少是为了维护自身的语言用法；

（2.2）一般而言，有意识的术语塑造活动，可能会在协商后产生推荐形式（的术语），甚至可能出台（官方形式的）相关法律规定。经协商后产生的推荐形式（的术语），则是一种“应该－标准”（Soll-Norm）（或者从更严格的意义上讲，就是“标准”）；而官方的规定，则是一种“必须－标准”（Muß-Norm）。如果一份“应

该 - 标准”公布了，那么，它就与已经存在的“是 - 标准”（Ist-Norm）形成了长期的竞争态势；它以最快的速度渗入科学化的专业语言当中去。视各个专业领域的自身结构而定，这类标准也会融入车间（工厂）语言（Werkstattsprache）以及标准语言（Gemeinsprache）中去。由此，“应该 - 标准”——从它自己这方面——最终变成了“是 - 标准”，而旧的“是 - 标准”也就销声匿迹了。但是，如果“应该 - 标准”不能向下贯彻的话，那么它就会导致“语言分裂”（Sprachspaltung）。不言自明，每个标准化过程（步骤二）都必须以全面细致的研究工作为后盾（步骤一）。实际上，就连研究工作的开展，也经常是由标准化的愿望引发的。

（3）系统化工作的步骤三——前面称之为“系统描述”：在这种情况下发生的个案工作，可以是为词典编纂所需要的概念及其概念符号制定出一些原则。就算为了专业词典编纂本身，也必须制定出必要的原则。为专业词典编纂制定原则，其最重要的意义，举例而言，就是要让为某个专业领域所编纂的基础性词典能够尽可能清楚地反映这个专业概念系统的面貌。因此，对于这样的“基础性手册”，（在编排条目时）不应该采用 ABC 的顺序，而只能采用专业顺序。尤其是在编纂这类词典所需要使用的所有符号时，也必须考虑“系统描述”的需要。

（4）正如前面提到过的，概念系统不仅构成了标准语言的基础，也构成了术语的基础。然而，标准语言的概念系统，或多或少是无意识的，而且多少带有“前科学”（vorwissenschaftlich）的特点；而术语的概念系统，则是人们有意识去构建的，并且必须反映各门具体科学的最新面貌。在科学分类和标准语言概念系统的中间地带的某处，存在着“第三种”东西。在这里，存在着文献学家们所擅长的“同样是有意识的，但经常只是半科学化的分类方法”，人们称文献学家所编纂的“系统化词典”为“汇编”（“叙词表”）（Thesauren）。分类（Klassifikation）对于计算机化的术语系统化工作尤其不可少。现代化信息时代的迅速发展，更加迫切地需要术语学家们和文献学家们携起手来，为创造出共同的分类方法献计献策，并为建立起共同的基础性科学——分类学（Klassifikationslehre）贡献自己的力量。

（5）术语系统化工作必须留给术语学家（术语师）去完成，他们是在术语学方面接受过培训的各专业的专家们。

4.3.3.1.2 术语的使用（阶段 c2）

术语的使用主要涉及两个方面：使用术语表达和使用术语授课。

4.3.3.1.2.1 使用术语表达

这一方面的术语使用者主要是每个具体专业领域里的成员，他们需要采用口头或者书面的形式把相关的专业问题表达出来。对于这种自然而然的术语表达，一般而言，并不需要对这些具体专业的专家们进行术语学基本原则培训，只要大家受过良好的专业教育就可以了。针对笔译和口译工作者而言，这种术语表达工作则是其职业活动中最为重要的环节。

4.3.3.1.2.2 使用术语授课

使用术语授课的每一种形式，都属于术语使用的范畴。因为在这个过程中，人们有针对性地对概念系统和名称系统进行了传授。这种授课，与术语工作中为构建术语系统而进行的授课是不一样的，因为后者是以术语学理论和术语原则方法为基础的（见本书 2.5）。

4.3.3.1.3 术语工作协调（阶段 c1）

鉴于日益增长的专业词典数量以及供不应求的术语项目的存在，出于追求经济利益和对应一致的考虑，所有与术语相关的利益群体——词典使用者、词典著作者（撰写者），都需要围绕自己所涉及的具体专业术语，去查阅相关的专业术语出版物，这也是在接受一种特殊形式的“术语授课”。这类任务又分化成两个阶段：在文献中查找和在信息中搜寻。文献（Dokumentation）是对数据的收集和准备，例如，二手资料（书目等）；而信息（Information）（信息化过程）则是把术语向相关利益者传递。在文献和信息之间存在的区别，则与“语言”和“讲话”（Sprechen）之间的区别颇为相似：就文献工作而言，从原则上说，经历一次性工作就足够了；而针对这些数据的信息，人们在使用它们时，则经常是任意重复的。

由此可见，人们可以（也应该）在很大程度上对文献实现集中化（管理），却必须将信息分散在许多地方（信息点）进行传递。

显然，针对术语工作的文献工作和信息工作，围绕它们所进行的培训，必须包含下面四个部分：

（1）相关专业概念域的知识；

（2）与各自语言相关的词汇域的知识；

（3）术语学基本原则方法培训；以及

（4）文献学家式的培训。

关于在国际层面上针对上述方面所开展的术语协调活动，读者可参阅本书 5.2.3 的内容。

4.3.3.2 语言层面上的展望（维度 d）

在这个维度上，术语工作可以分为两个展望阶段：

（1）第一个展望阶段可视为“个案”阶段，下面将其称为“个案工作”（Einzelfall-Arbeit）；

（2）第二个展望阶段，则是基本原则（制定）阶段。

之所以做如上划分，主要基于下述理由：在确定甚至规定术语工作的原则之前，人们都必须对大量的个别事例进行考察（归纳法）（Induktion）。一旦某些原则确定了下来，针对个别事例，又允许人们（也要求人们这样做）对每一个已经确定的原则进行具体调整，甚至建立起非常明确的规则（演绎法）（Deduktion）。

4.4 确定性的（feststellend）和规定性的（festlegend）术语工作

在本书前文 4.3.3.1.1 中已经谈到，术语工作可以有非常不同的目标。这要视这种术语工作是在做术语的“是－调查”（确定术语的“是－标准”）工作——人们在此谈的便是“确定性的术语工作”，还是应该将其引向制定术语标准的“应该－状态”（“应该－标准”或者“必须－标准”）。在后一种情况下，人们谈的就是“规定性的术语工作”。

4.4.1 确定性的术语工作

确定性的术语工作，要么是一种专业语言的词典编纂工作，要么就是术语塑造（术语构建）工作的术语编纂阶段。确定性的术语工作，对于普通术语而言是其自身的目标，但对于规定性的术语工作而言，这只处在工作的第一阶段中。

确定性的术语工作，不仅是术语学家（术语师）所从事的工作的一个阶段，它也是个别词典编纂家、术语编纂工作者、翻译人员、语言服务人员，乃至从事语言规划和术语规划工作的官员们所致力的工作。人们在具体专业里大量使用的概念符号，其实还只处于概念符号和词语符号之间的状态，换句话说，它们的内涵还只具有概念语义的天然（最初）本性。所有这些概念符号的概念尚未经人们采用概念描述的形式进行理解消化，它们还只存在于上下文语境里，或者陷在同义词的各种关系之中。确定性的术语工作，也是应用语言学的代表人物们深入研究的一个领域。但是，如果没有相关的具体专业专家的协助，确定性的术语工作则无法进行。一位也从事术语学研究工作并且颇具影响力的法语语言研究者，说过下面一段感想：

> ……因此，人们针对术语问题所进行的任何研究，都必须以技术人员或者科学家的直接知识为基础。他们（技术人员或者科学家）是那些可以真正干预命名过程，并给专业术语标准化工作带来决定性可靠标准的人物。而语言学行家却只能借助“第二手”的文本（语篇），对所有涉及具体专业的问题进行处理，他并不具备必要的（具体专业）知识，因此也就无法对每个领域中出现的新术语进行识别；并且，他还冒着采用一个他并不认识的名称去创造一个新名称的风险。（Guilbert 1976b：245 f）

4.4.1.1 与翻译相关的术语工作

与翻译相关的术语工作，属于确定性的术语工作。专业翻译工作者是规定性术语不足（这一现实）的最大受害者。在翻译过程中，专业翻译工作者常常不得不自己动手，亲自去制作翻译所需要的辅助工具（专业词典、专业卡片档案和专业术语清单）。所以，对于专业名称所存在的概念语义的不确定性及其给翻译工作带来的难题，专业翻译工作者早就不太陌生。而且，迫于职业压力，专业翻译工作者还不得不为自己所面对的新概念，到其他语言中寻找概念符号。因此，专业翻译工作者对术语工作的需求也极为迫切（Hohnhold 1985a）。另外，职业性的翻译工作还要求专业翻译工作者能够透过术语领域捕捉到整个专业语篇的含义，也就是说，他们还需要处理专业措辞（Fachwendung）。

但是，专业措辞属于陈述（Aussage）的范畴——如果在其中主语和谓语一项都不少的话。关于这一点，读者可以参见本书2.1、2.3.1.3.2和2.3.1.6中讲述的内容。因此，像许多专业翻译工作者那样，把专业措辞看成术语单元，从严格意义上说，这是不对的（Hohnhold 1983a）。专业措辞应该是专业语言单元。与翻译相关的术语工作，其实是一种“第二手”的术语工作——只要专业翻译者并不同时是这个相关专业的专家的话，也就是说，这种术语工作只是以文本（语篇）为依据。在一定程度上，它和与语言符号相关的术语学研究有一定相似之处。

在长期跟某个具体专业的术语打交道之后，一位专业翻译工作者完全可以成长为术语学家（术语师）。

4.4.2 规定性的术语工作

规定性的术语工作可以分为：

——原则（制定）工作；

——术语规范化（Terminologie-Regelung）工作或者术语标准化（Terminologie-Normung）工作。

4.4.2.1 原则（制定）工作

正如我们在本书 4.3.2.2 中探讨过的，原则（制定）工作可以是：

——跨专业和单语种的；

——跨语言和单专业的；

——跨专业和跨语言的。

4.4.2.1.1 跨专业和单语种的原则（制定）工作

特殊术语学（也）研究与语言有着依赖关系的术语工作的原则和方法。这类原则和方法可以在科学院、官方语言机构以及从事语言规划工作的部门的工作手册里找到。

术语应该在语言上正确（见本书 3.1.5.1.5.1）。它们应该让说这种语言的人感到自然和亲切。诚然，对其专业化的要求是排在第一位的。

这里的术语原则（制定）工作的目的，是对某种语言中的术语进行统一处理（见本书 4.3.2.2.1）。在此可以将苏联科学院出版的《科学和技术术语制定和规范方法简明手册》（Siforov 1979）当作示例。

在国际层面上进行的术语原则（制定）工作，则是由国际标准化组织第 37 分委员会（ISO/TC 37）开展的。与之相对应的，则是在国家层面上的国家级标准化组织所开展的术语原则（制定）工作（见本书 5.2.2.1.2.3.3）。人们在国家层面上所做的工作，主要是将 ISO/TC 37 的 ISO 标准（ISO-Normen）改写为国家标准。

4.4.2.1.2 跨语言和单专业的原则（制定）工作

在不同的具体专业里开展术语拟定工作，则需要有为相关具体专业制定的具有专业特殊性的术语工作原则和方法（见本书 4.3.2.2.2）。

特殊术语学也研究与具体专业有着依赖关系的术语工作的原则和方法。因此，依据植物学、动物学和化学的国际命名原则，人们为差不多两百万个概念确定了拉丁语或者拉丁语化的名称。

许多国际性的科学和技术专业性组织也制定了本专业的术语工作原则和方法。我们可以将国际纯化学和应用化学联合会（IUPAC）为化学名称和术语制定的 IUPAC 命名法（IUPAC-Nomenklatur）当作示例。在植物学、动物学、医学以及其他领域中，也存在着类似的规则。

在技术领域里也同样存在着研究和制定术语工作原则和方法的术语工作委员会。例如，国际电工委员会（IEC），它堪称是术语工作的先驱者之一。

4.4.2.1.3 跨专业和跨语言的原则（制定）工作

跨专业和跨语言的术语原则（制定）工作的目标，是制定出对所有（或者非常多）的具体专业领域和各类语言都适用的术语工作原则和方法。这方面工作的巨大推动力，来自维斯特开创性的术语学研究工作。在维斯特的积极努力下，1936 年，在国家标准化协会国际联合会（ISA）中成立了第 37 技术分委员会（术语委员会）。1952 年，在荷兰和奥地利的积极推动下，国际标准化组织（ISO）（ISA 的后继者）指定国际标准化组织第 37 分委员会（ISO/TC 37）继续 ISA 的工作。从自己的研究工作中，维斯特也发展出了普通术语学理论——术语学的重要分支，它奠定了术语学维也纳学派的基础。普通术语学的理论研究成果，也融入了术语工作原则和方法的制定当中。ISO/TC 37 的秘书处由位于维也纳的奥地利标准化研究院负责管理，数十年来一直致力于术语工作原则和方法的制定工作。在 20 世纪 80 年代末，维也纳的术语学家们也期望着在不远的未来，人们能专门成立一个研究所，以继续从事普通术语学理论的发展性研究。国际层面的术语工作表明：制定旨在协调跨专业和跨语言的术语工作的原则和方法，这项工作是必不可少的。有关术语学原则学说在 20 世纪 80 年代末的发展状况，在本书前面第 3 部分“普通术语学原则学说”中有详细阐述。在补充了针对个别语言的原则之后，国际性的术语工作原则为各个国家术语工作的开展奠定了良好的基础；而世界各国的术语工作，也为国际性术语工作做出了自己应有的贡献。

在术语标准化工作刚兴起时，人们把目光只局限于对个别名称和个别术语的标准化上。但很快人们就发现，集体性的术语协调工作（也就是实现术语规范化和标准化）是必不可少的，也就是说，为概念符号的选择和构成、为概念描述的起草、为概念系统的创建、为术语编纂集（专业词典等）的制作制定出统一的原则和方法，是不可或缺的。

ISA 37 已经做了许多准备性的工作：

——命名规则；

——名称的国际化统一；

——单语种或者多语种专业词典的编纂；

——术语编纂符号；

——系统化专业词典拟稿指南。

20 世纪 80 年代末，ISO/TC 37 的工作项目如下：

——术语学理论词典（ISO 1087）；

——术语学原则和方法（ISO 704）；

——概念系统及其描述；

——概念和概念系统的国际协调；

——术语标准的起草和成形；

——计算机辅助的专业词典系统化编纂；

——语言名称描述代码（ISO 639）；

——（尤其针对系统化定义词典的）词典编纂符号（ISO 1951）；

——术语数据 / 词典编纂数据的磁带交换格式（MATER）（ISO 6156）。

在 20 世纪 80 年代末，ISO/TC 37 所面临的任务包括：

——概念和名称的国际适应（Angleichung）；

——术语编纂数据目录；

——国际术语（学）钥匙；

——术语编纂数据集的编制；

——术语编纂数据集编制指南；

——符号和符号组编排指南（ABC 规则）；

——缩略形式和简称构成指南。

在两位作者编写本书时，ISO/TC 37 的上述任务中的部分已经完成。而且，其中有一部分已经在具体的术语工作实践中发挥其应有的作用了。

与国际化的术语学原则和方法相对应，国家层面的标准化组织也制定了相应的、具有民族特色的术语工作原则和方法。

4.4.2.2 术语规范化（Terminologieregelung）工作或者术语标准化（Terminologienormung）工作

（规范化的或者标准化的）术语工作应该采用集体工作的形式，通过专业组织中的术语委员会进行协调与规范，或者通过标准化组织中的专业标准化委员会进行标准化。在此，人们要遵循在术语工作原则的制定过程中生成的工作指南。

4.4.2.2.1 术语规范化（Terminologieregelung）工作

世界上一直存在着许多国际性和国家层面的科学技术专业组织，它们都在为统一本专业的术语进行着不懈努力。不过，人们对于这些术语的使用只做了推荐性的而非强制性的规定。在大多数情况下，术语工作是从一个国际性的科学专业组织开始的，然后在国家层面的相关组织中产生相应反响。而在技术领域里，则常常是将国际技术专业组织协调过的术语的全部或者部分为国家层面的相关组织作为标准予以采纳。但不同组织的具体工作方式之间存在着差异。遗憾的是，在以往的这些专业组织所开展的术语协调工作中，极少有本专业专家的参与；而且，各个术语委员会的协调工作经常是短期性的。然而，就专业术语这个话题而言，我们的信息社会更需要长期稳定的术语协调工作。

4.4.2.2.2 术语标准化（Terminologienormung）工作

科学技术的发展一再提示人们，如果没有了术语标准，具体专业领域中的各项标准就只能流于空谈（Wüster 1970a）。在术语领域里，标准化的术语占据着特殊地位，因为它们是专家们集体工作的成果，而且人们在此所追求的是相关专业术语领域中的“应该－标准”（Soll-Normen）。各领域中的专家群体以及对术语工作充满着热情的广大公众，都可以积极参与术语的规定性工作，并发表自己的看法。术语标准化工作是从概念入手的。具体步骤如下：

——对概念和名称的现存状况进行调查研究；

——对毗邻的概念进行界定；

——确定概念系统（在国际术语标准化工作中，还需要针对不同语言对概念系统进行协调平衡）；

——确定概念描述；

——评估、选择或者创造与概念相对应的概念符号。

在术语确定下来之后，必不可少的术语编纂工作也就开始了。

可以对以下术语实施标准化：

——某个专业领域或者这个领域中某一部分的术语；

——属于某个特定标准化主题的术语，在这种情况下，术语应该按主题化的概念分组进行划分；

——个别标准中的个别性概念和概念符号。

4.4.2.2.3 拟定程序

术语标准化（对术语进行规定）可以在两个层面上进行：

——国家层面上；

——国际层面上。

如果在国家层面上的概念系统已经是约定俗成的了，那么国际术语标准化工作的目标则是对这些概念和概念系统进行平衡和协调（适应）。然后，这些经过国际标准化后的概念，又循序渐进地渗入相关的国家标准中去。就新兴领域中出现的概念及其概念系统而言，可以先在国际层面上进行协调和标准化，然后由国家层面上的相关标准化组织进行采纳。这种方法的使用让概念和概念系统在全世界范围内的统一得以实现。

术语工作从了解术语的现存状况入手。只有在把握了某个专业领域的全貌之后，方可着手对这个领域的术语数据进行收集和评估的工作。在对现存术语的状况进行考察的过程中，人们必须检查一下，在眼前的这个相关专业领域里，存在着哪些普遍性的概念，又有哪些概念是属于相关专业领域的。完成这一步之后，人们才可以着手拟定相关的概念系统。如果某些概念系统已经存在，人们则要对它们的可用性进行考察。如果现成的概念系统尚未存在，但是存在着某个分类系统（Klassifikation），人们则需要去考察这个分类系统的使用能否满足标准化的目标；如果这样做并不可行，人们则需要去创建一个概念系统。通常情况下，为标准化意图而起草的概念系统在短时间内很难生成。

再接下来，则要对概念进行概括分组。为了实现进一步的划分，人们需要生成概念子系统（Teilbegriffssystem）。这种情形在术语标准化工作中经常发生。人们在此应该牢记：眼前的这个正在进行术语标准化工作的领域，常常是由不同的专业领域组合而成的。概念系统确定了每个概念在系统中的位置，由此概念描述也给确定下来了。只有当所有的概念在某个系统中“各就各位”了，概念符号和概念之间的对应关系才能开始。只选择常用的概念符号肯定是不够的，这就相当于人们在认可现有的某种语言用法时，常常发现这种用法违反了语言规则。而且，从术语角度上看，概念符号的构成也可能并不合适，或者具有一些缺陷，例如，容易产生歧义（Mehrdeutigkeit）。因此，对概念符号的存在状况进行“净化”，则构成了术语标准化工作中的重要一环。在此人们需要注意：每一个概念只能与一个概念符号相对应，概念描述也要与之保持一致。在此也不可避免会出现这种情况——人们需要去生成新的概念符号。在创建概念系统时，人们可能会发现，系统中存在着需要为其创造概念符号的概念。接下来就要进行必不可少的术语编纂工作了。每一个标准化组织都为其标准的制定拟定有工作细则。如果国家层面上的不同标准化组织所制定的所有术语标准都是统一的，那么，这个统一的术语标准就具有很强的实用性。尤其要考虑到——在今天，国际性的术语比较工作以及术语编纂数据的收集和整理工作，都已经实现计算机化了。

4.4.2.2.4 协调商定（Vereinbarung）

国际标准化组织（ISO）、国际电工委员会（IEC）以及各个国家层面的标准化组织都有自己的一套拟定起草标准以及进行协调的详细程序。一般而言，标准提案是由工作组或者工作委员会进行准备或者处理的。通过这种途径得到的最终标准提案，又将提交给相应的专业标准化委员会，由该委员会对其进行讨论。在经过深入讨论之后，这份标准提案要么被接受，要么被否决。如果该标准提案获得了批准，它就变成了一份草案。这份草案又将提交给相关专业组织和有关当局，并公示给公众以广泛征求意见。然后，人们将征集到的详细意见发送给有关的技术标准委员会，最后由技术标准委员会进行裁决（决定是加以考虑还是不接受）。获得批准的草案则将作为标准通过。

国际标准化组织（ISO）的标准主要有四种拟定状态：工作提案（Arbeitsentwurf）、初步提案（Vorentwurf）、国际标准化组织草案（ISO-Entwurf）、国际标准化组织标准（ISO-Norm）。其中，ISO 标准草案将发送给 ISO 所有成员国和国际专业组织，以征求意见和进行协调。这些程序的实施，有利于让专业领域的专家们和普通公众有机会受到术语协调工作的影响。但想在这方面取得良好的预期效果，还需要很长的时间。

4.5 术语拟定程序

除了术语工作原则和方法的运用之外，术语拟定程序也是术语工作的重要组成部分。每一个术语项目的实施都有着自己的一套工作步骤，而且每一个步骤都需要经过人们的小心论证和精心策划，然后按照一定的要求，严谨认真地予以贯彻和实施。人们需要事先把所有的细节确定下来，还要与未来的合作伙伴达成一致性意见。每一个合作伙伴都必须知道：在这个术语项目中，他应该承担什么样的工作；在项目进行的每个阶段中，他需要（参与）做出哪些决定。此外，人们还必须为术语项目的实施制定出时间表。

各个专业组织和术语工作机构都有与术语拟定程序相关的工作指南。其中，国际术语工作先驱——国际电工委员会（IEC）也制定了一份涉及术语拟定程序的工作指南，在此建议人们把 IEC 的这份术语工作指南当作开展类似的国际性专业词典编纂工作的依据（模板）（IEC 1986）。

ISO/TC 37 也为系统化专业词典的编纂工作制定了详尽的工作指南（ISO 1969c）。作为示例，下面就介绍一下以 ISO 推荐版工作指南为基础的工作程序，建议可以将其当作集体性术语工作的模板。

4.5.1 术语项目开始之前需要做的决定

4.5.1.1 对要处理的专业领域进行界定

人们首先要做的就是对要着手处理的专业领域进行界定。光是给这个专业领域起个名字，则是远远不够的。对于这个领域的范围，人们应该尽可能地进行细分和描述。如果针对这个专业领域已经有了现成的分类系统 [例如，十进制分类法（Dezimalklassifikation）]，或者这个领域的专业书籍中有系统化编排的目录索引，人们则可以对其可利用性进行考察。

刚开始只能接纳几百个术语（最多 1000 个）。

4.5.1.2 术语编纂数据的选择

根据术语项目的类型，人们选择出适合的术语编纂数据（见本书 3.2.6）。在此，也需要与将使用计算机对这些数据进行处理的有关机构进行讨论与协商。然后，人们还有必要检查一下——是否已经有一个相同的程序存在，或者是否必须将这些数据写入程序。人们还必须试运行测试数据——究竟应该如何具体操作，则取决于这些数据是以何种形式递交给这个数据处理中心的。

4.5.1.3 语言的选择（在多语种项目中）

在多语种的术语项目中，如果其中有一门语言是参与工作的具体专业专家的母语，那么这位专家就具有很大的工作优势。通常情况下，人们有必要对定义语言和补充性语言做一下区分。就补充性语言而言，只要列出术语在相关语言中的等效物就可以了——只是在此人们应该对等效程度做一下说明。同时，针对一些使用区域比较广泛的语言，人们也需要对这种语言在不同区域里用法上的细微差异进行说明（例如，同是德语，在联邦德国、民主德国，以及在奥地利和瑞士， 它的用法都有一定的细微差异）。

4.5.1.4 术语编纂符号

在术语项目中，所有需要使用的符号必须事先规定好。符号的规定可以依据 ISO 639、ISO 1951 等等（见本书 3.2.4）。

4.5.1.5 原则和方法

人们必须小心谨慎地选择需要使用的原则和方法——它们必须与眼前要实施的具体项目相适应（见本书第 3 部分）。

4.5.2 术语数据源的使用

下列出版物应该可以为术语项目提供一些资源：

（1）标准化和规范化的术语；

（2）科学和技术专业词典，术语学论文；

（3）参考书、教科书，以及公司的目录等；

（4）分类。

4.5.2.1 图书目录文献档案（卡片档案 ）

针对用作术语项目来源的每一种出版物，人们都应该制作一个卡片档案，用来收集与该来源相关的书目数据。在卡片上，人们还应注明术语来源的原始位置、评估日期和评估者的名字（缩写）。有关这方面的例子，可以参看本书 3.2.7.3.5。

在卡片原稿上，可以使用图书目录数据来创建缩略符号，把这些缩略符号当作概念符号并在概念描述等步骤中使用，这样做比较具有实用性。

下面是一个可能存在的缩略符号的例子：

WüG 2.30 = WÜSTER，E. Grundbegriffe bei Werkzeugmaschinen. Band 2. London：Technical Press，1968，p.30.

4.5.3 从数据源中获取数据

在审查术语来源时，项目工作人员总会发现（项目所需要的）某个概念符号、某种概念描述、某张解释性的图片或者某种概念关系（例如，在某个分类中），它们都带有与相关图书目录和管理技术有关的完整信息或者一部分信息（日期、输入员等）。为此，人们应该及时插上一张“位置卡片”，并且对这些“位置卡片”做一些区分——它们有些应该包含所有找到的数据，而有些仅需要使用一个附注对概念符号进行标注即可。在附注里，应该对在同一来源中存在的概念描述、图解以及对某种概念关系的提示信息进行说明（见本书 3.2.7.3.2）。

4.5.4 术语系统（概念系统或者存在系统）的拟定

最困难且耗时最多的工作就是拟定概念系统。在这里，无论如何都要有相关具体专业的专家们参与其中。如果人们手头上正好有一份可以使用的分类框架的话——即使人们还必须根据自己的具体需要对其进行调整——那就再好不过了。对构建术语系统而言，概念系统或者存在系统是起决定性作用的因素（见本书 3.1.3.4 或者 3.1.2.1）。

如果没有规则，一个概念系统或者存在系统是创建不起来的。因为概念并不像人们所期望的那样以相互协调的方式发展，因此，概念系统或者存在系统的拟定并不是一件轻而易举的事情。系统工作是科学性的工作，即：它是一项专业化工作。概念首先可以划分为以下几组：

——所考察的专业领域的概念；

——跨专业的概念（专业群体特有的概念）；

——来自其他专业领域的概念。

这些概念组本身也构成了各自的系统。就创建概念系统而言，概念的特征和种类是确定系统结构的关键要素。概念是依据这些特征和种类排序的，由此形成了一个带有水平系列的垂直阶梯。

就概念系统的详细拟定而言，通常只需要用一个已有的概念符号来标注某个概念就可以了。但是，人们后来可能会发现必须更改概念符号，甚至需要创建新的概念符号。一旦这个临时的概念系统初步形成，就必须分配给每个概念一个分类符号和一个序列号。整个系统工作在进行过程中可能需要插入概念。在这种情况下，人们可以使用“字母”加“数字符号”的标注法，如 8a、8b、8c 等；在重新插入概念时，则使用 8a1、8a2、8a3 等等。

对于多语种的术语项目来说，使用一种语言起草临时拟定的概念系统即可。

如果到了适当的时刻仍然无法构建出一个系统，人们则应该将这些概念概括并分成粗略的主题小组。在这些主题小组里，名称可以按照专业顺序或者按照 Abc 的顺序排列。

4.5.5 概念描述或者组成部分描述的起草

在概念系统或者存在系统构建完成之后，每个概念或者每个对象都有了一个特定的位置。依据这些位置，人们就可以拟定概念描述或者组成部分描述了（见本书 3.1.3.6 或者 3.1.2.3）。通常人们只需将现成可用的概念描述进行一些调整即可。

4.5.6 概念符号的选择或者创造

以概念描述为依据，人们可以把一个已经存在的概念符号原封不动地接纳过来，或者对它做一些改造，或者创造出一个新的概念符号（见本书 3.1.5）。这取决于这个概念符号与眼前的概念描述相符合的程度。

就“是 - 调查”（Ist-Erhebung）类型的专业词典而言，它的概念符号一般是将所有属于同义词类的概念符号一并接受而来的，并不对它们进行评定。如果可能的话，则说明一下它们的相似程度，而且也只有在解释某个具体概念时才这样做。

就术语标准而言，人们需要尽最大可能地把一个概念符号与某个概念相对应。对于那些人们已经使用了的同义词类的概念符号，则应该将其评定为：

——优先概念符号；

——允许使用的概念符号；

——弃用的概念符号。

优先概念符号的构成和使用，必须与术语原则相符合（见本书 3.1.5）。

允许使用的概念符号一般是从得到国际认可并且在国家层面上使用的语言符号中产生的，通常其缩略符号（Kurzzeichen）或者缩写形式（Abkürzung）也必须同时允许使用。而且，有时还会出现缩略符号或者缩写形式是优先概念符号的情况。

弃用的概念符号只应该在避免发生混淆的情况下使用。

4.5.7 术语编纂工作

术语编纂数据的生成，可以通过手工制作或者借助计算机来完成。大型数据记录（Datensätze）则只能借助计算机完成（见本书 4.5.8）。

4.5.7.1 数据的手工制作

就手工制作数据而言，人们可以利用卡片（见本书 3.2.7.3.2）和卡片档案（见本书 3.2.7.3），它们可以随时转换为一份机器可读的数据文档（术语数据库）。为了建立一个卡片档案（Kartei），人们需要把所有的条目都写在这些卡片（Karteikarte）上（见本书 3.2.7）。这些条目可以供人们在制作专业词典时使用。在这种情况下，人们则需要在开始工作之前，就专业词典的结构和布局，按照以下问题的答案做出一些决定：

——按字母顺序还是按系统化方式编排（见本书 3.2.5.1 和 3.2.5.2）？

——是否应该插入解释性图片？

——大小规格 / 开本？

——条目按水平方向排列还是垂直方向排列（见本书 3.2.7.2）？

——应该使用哪些术语编纂符号（见本书 3.2.4）？

4.5.7.2 术语数据的获取

尽管计算机化的数据处理手段已经有了空前的发展，卡片和卡片档案依旧是术语编纂工作的有效工具，尤其是因为它们能随时转换成机器可读的产品。

4.5.7.3 手稿卡片

对多语种的专业词典而言，应该为每一个概念都制作一份卡片记录（Kartensatz）。人们围绕这些记录，可以为每一种语言准备好卡片，每一张卡片都应带有概念符号和概念描述（尤其针对定义语言而言），而且准备的最好是图片卡片（见本书 3.2.7.3.2.3）。卡片记录一般采用句子的形式。定义语言必须有概念描述，而补充性语言只要求有概念符号。

4.5.7.4 序号

在卡片档案里，依照序号（laufende Nummer）及分类符号，人们为每一条记录都分配好了位置，而且，这个位置与相关概念在概念系统中的位置是对应的。在系统化工作的整个过程中，可以根据实际情况，通过必要时插入一些序号或者更改临时安排的序号来适应一些变化。只有当整个系统化工作完全结束时，所安排的序号才是最终的版本。

4.5.7.5 讨论稿和终稿

当术语编纂数据草稿完成之后，便可以将它作为讨论稿，交送给参与编纂工作的其他同事以及相关具体专业的专家们讨论并征求意见（见本书 3.2.7.3.3）。待人们就此讨论稿进行了充分讨论之后，就可以制作最终稿件了。如果人们想让这最终的卡片档案保持在最新状态，则最好再建立一个计算机辅助的数据文档（Datei）。

4.5.7.6 按字母顺序编排的卡片档案（Kartei）

为每种语言准备的、按字母顺序排列的卡片档案，也属于系统化的卡片档案，因为它们也是按照符号序列及其顺序编排的（见本书 3.2.8.1.7.1）。

4.5.8 计算机辅助的术语工作

计算机辅助的术语工作，并不涉及科学化的术语工作本身，而只涉及术语工作中所使用的程序。尽管如此，人们还是应该尽可能地把计算机辅助术语编纂工作的方法也纳入术语工作中去。术语工作的最终成果，也就是所有的术语编纂数据，最后都应该以术语文件档案或者术语数据库的形式予以储存，而且应该在术语项目不断进行的过程中，使这些数据一直处于最新状态中。

在计算机辅助的术语工作中，重要的是要生成这类术语数据——这些数据有可能在经过随后的加工处理之后，变成对术语用户来说有价值的术语数据集的一部分。但要实现这一点，人们必须选择好合适的数据要素，以便通过连接这些数据要素而生成满足术语用户需求的新数据集。

就特定用户组的屏幕检索来说，用户只需要用基本数据文件生成自己所需要的数据，因此，针对一个特定的用户组，屏幕上只会显示部分数据。整个数据记录的操作，则留给负责维护数据文档的术语编纂家（术语编纂师）去完成。对数据文档的科学性维护，唯有专业术语学家（专业术语师）和术语编纂家（术语编纂师）的密切合作方可实现。

在计算机辅助的术语工作中，格式（Formate）——某条记录里术语编纂数据的编排方式——具有很重要的作用。计算机辅助的术语编纂格式可以分为：注册格式（Erfassungsformat）、内部格式（Internformat）和输出格式（Ausgabeformat）。它们都以分类目录（Kategorienkatalog）为基础（见本书 3.2.9.3.1）。内部格式仅涉及计算机内部的文档数据结构。数据目录（Datenkatalogen）或者各种术语数据库输出格式的例子可参见本书 3.2.9.3.1 和 3.2.9.3.2。

4.5.8.1 注册格式（Erfassungsformat）

注册格式（Erfassungsformat）是一种系统化编排的数据目录（Datenkatalog）。也就是说，按照数据类别进行的排列对注册者（Erfasser）来说最方便。注册格式是面向注册者的。

4.5.8.2 输出格式（Ausgabeformat）

输出格式是按照用户的要求，以逻辑组合的形式进行编排的术语数据。输出格式是面向用户需求的。对术语编纂数据进行加工处理，可以为不同的用户组在屏幕上生成任意输出格式；或者，为印刷版的专业词典的不同“造型”或布局进行设计，也可以生成人们所需要的输出格式。

4.5.8.3 术语数据文档（Datei）的基本类型

与专业词典按系统化编排和按字母顺序编排的“二分法”相对应，存在着：

——关于系统化专业词典的术语数据文档；以及

——关于字母顺序专业词典的术语数据文档。

上述第一类术语数据文档的用户主要是具体专业领域的专家、标准化领域的专家等等，而第二类术语数据文档的用户则主要是翻译工作者、语言学家、专业语言教师、语文学家等等（Felber 1983）。

4.5.8.4 数据的加工

对术语编纂数据进行加工处理，就必须对硬件和软件等提出较高的要求。就国际性的术语项目而言，对非拉丁文字的符号进行处理也至关重要。

4.6 术语工作的协调和组织

专业术语学家是掌握了术语工作原则与方法的具体专业领域的专家，在他们在专业实践之余编写术语的同时，与术语编制工作有着直接关系的术语工作组织——通常由职业术语学家（职业术语师）（见本书 4.8.9）或者专业委员会的秘书处负责管理——也在开展着术语工作。尤其是国际性术语项目的开展，更离不开许多国际层面和国家层面上的专业组织的积极参与。

术语工作的协调和组织需要解决好以下问题：

谁，必须在什么时间，为取得哪种特定的工作成果进行合作，或者需要承担什么样的工作职责？

在本书前面的 4.4.2.2.3 中，我们已经对术语工作中应当包含的不同工作阶段有所了解了。现在，我们可以借助现代术语工作先驱，也就是国际电工委员会（IEC）的例子，详细展示应该如何对规定性的术语工作进行组织。

进行规定性术语工作的例子：IEC 术语工作组织示意图（IEC 1986：23）

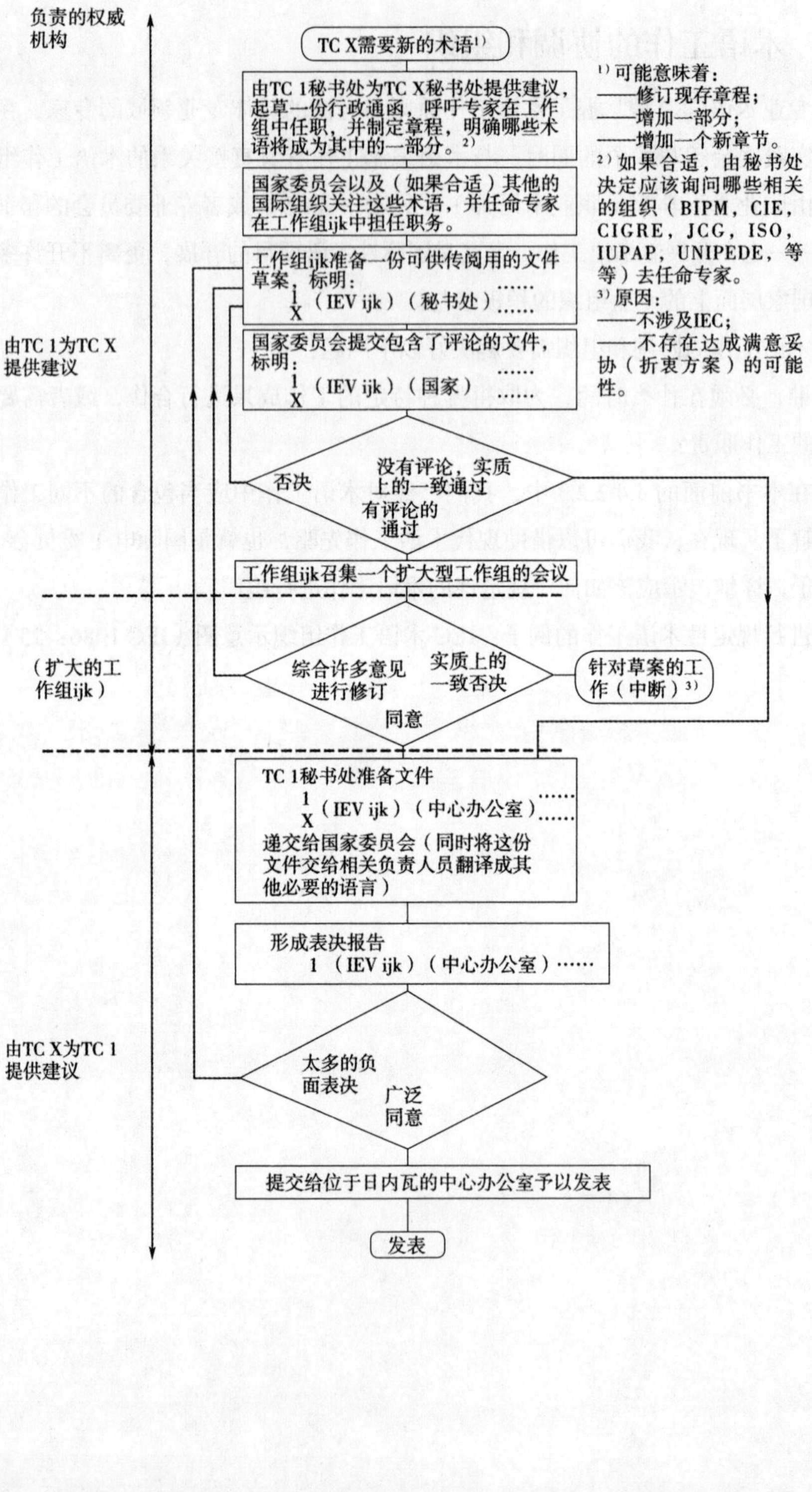
负责的权威机构
TC X需要新的术语[1)]
由TC 1秘书处为TC X秘书处提供建议，起草一份行政通函，呼吁专家在工作组中任职，并制定章程，明确哪些术语将成为其中的一部分。[2)]
[1)] 可能意味着：
——修订现存章程；
——增加一部分；
——增加一个新章节。
[2)] 如果合适，由秘书处决定应该询问哪些相关的组织（BIPM，CIE，CIGRE，JCG，ISO，IUPAP，UNIPEDE，等等）去任命专家。
[3)] 原因：
——不涉及IEC；
——不存在达成满意妥协（折衷方案）的可能性。
国家委员会以及（如果合适）其他的国际组织关注这些术语，并任命专家在工作组ijk中担任职务。
工作组ijk准备一份可供传阅用的文件草案，标明：
1/X（IEV ijk）（秘书处）……
由TC 1为TC X提供建议
国家委员会提交包含了评论的文件，标明：
1/X（IEV ijk）（国家）……
否决
没有评论，实质上的一致通过
有评论的通过
工作组ijk召集一个扩大型工作组的会议
（扩大的工作组ijk）
综合许多意见进行修订
实质上的一致否决
针对草案的工作（中断）[3)]
同意
TC 1秘书处准备文件
1/X（IEV ijk）（中心办公室）……
递交给国家委员会（同时将这份文件交给相关负责人员翻译成其他必要的语言）
形成表决报告
1（IEV ijk）（中心办公室）……
由TC X为TC 1提供建议
太多的负面表决
广泛同意
提交给位于日内瓦的中心办公室予以发表
发表

针对多语言确定性的术语工作组织，贝克斯进行了一些思考（Baakes 1984: 203ff）：

> （一项行将酝酿的）时间表，（应该）由来自应用语言学、各门技术领域和逻辑学的代表们组成的研究小组进行制定。该研究小组应该有目的地以语言学或者技术领域为重点实现制度化，需要开展的术语工作主要包括：对科技术语进行系统记录、调查和标准化，以及与产学研机构和语言中介等组织开展必要的合作。我们应该把术语工作理解为这样一个过程——在这个过程中，我们不仅把在特定时间点记录下来的专业语言的术语清单作为调查对象，而且，要把这个对象看成是随着知识状态的不断变化而变化的。

[时间表的提议见贝克斯（1984：205f）]

Infoterm 在协调术语活动中发挥着特殊作用（见本书 5.2.3.4.1），主要体现为记录和评估所有的术语活动、术语项目和现有的术语，以及出版《世界指南》（*World Guide*）（Krommer-Benz 1985）、国际参考书目、《Infoterm 通讯》（*Infoterm Newsletter*）和《TermNet 新闻》（*TermNet News*），并在国际层面上对术语工作进行协调。

4.7 术语工作的成果是什么？

具体来说，术语工作的成果就是形成不同类型的术语编纂数据集，其中最为重要的成果，就是编制以下内容：

——传递知识和技术时不可或缺的系统化专业词典，它们体现“应该 – 标准”（Soll-Norm）；

——按字母顺序编排的专业词典，它们描述“是 – 调查”状况；

——为翻译工作提供的翻译类专业词典；

——文献汇编（Dokumentationsthesauren）。

单语种的专业性工作，甚至单语种的知识和技术传递工作，都需要：

——系统化的单语种专业词典。其中包含相关专业领域全部或者部分的概念系统，同时附有相关定义和一份按字母顺序编排的索引。在国家层面上，它作为术语规范或者标准使用；

——按字母顺序编排的单语种专业词典。其中包含描述专业词汇“是－调查”状况的概念解释（释义），或者包含对新术语的介绍性说明。它可以用作具体专业或者语言专业授课的辅助工具。

双语或者多语种的专业性工作，甚至双语或者多语种的知识和技术传递工作，都需要：

——系统化的双语或者多语种专业词典。其中包括对于本部词典所有语言都统一的，关于相关专业领域的全部或者部分的概念系统，同时附有相关定义（采用本部词典所有或者部分语言撰写），并为本部词典的每一种语言都配有按字母顺序编排的索引。它可以用作在各语种之间统一概念的工具，更可以作为国际层面上的规范和标准使用；

——按字母顺序编排的双语或者多语种专业词典。其中包括概念解释（释义），以及在使用主导语言和相应的非主导语言撰写的索引里按字母顺序排列的概念符号。它描述专业词汇的“是－调查”状况并带有使用非主导语言撰写的等效物。如果有可能，各种语言等效物之间的等效程度，也应该得到标明。这类词典可以有不同的用途，例如，作为翻译工作或语言专业授课的辅助工具等。

对于翻译工作而言，需要：

——按字母顺序编排的翻译类专业词典。其中包括采用两种或者多种语言撰写的概念符号，并且主导语言的概念符号按字母顺序排列；同时附有一份按字母顺序编排，并且采用两种或者多种语言撰写的概念符号索引。

对于信息和文献工作，需要：

——单语种或者多语种的汇编（叙词表），以便在信息系统中对需要的文献或者其中一部分内容进行定位和检索。

4.8 谁履行着术语工作的职责？

现代社会科学和技术的发展日新月异，为专业领域生成其所需要的术语也迫在眉睫。16 世纪以来，一些学者、科学家或者科学工作者，自发地为创造自己职业领域或者专业领域中的术语付出了心血。再后来便是技术人员、工程师，例如，技术领域中的阿尔贝蒂（Alberti）和列奥纳多·达·芬奇（Leonardo da Vinci）、数学家莱布尼茨（Leibniz）、几何学家丢勒（Dürer），以及化学家贝托莱（Berthollet）、伯齐利厄斯（Berzelius）、拉瓦锡（Lavoisier）等等。到了 18 世纪，大科学家们则开始为自己的领域创建名称（命名）系统，例如，卡尔·冯·林奈（Carl von Linné）（1735）为动物学和植物学、德莫沃（de Morveau）（1782）为化学命名所做的贡献。以此为基础，国际专业大会分别通过了为植物学、动物学、化学和医学制定的命名规则。

在19世纪，一些以术语学家或者专业词典编纂家身份进行工作的人物又出现了。但直到这时人们才普遍接受这种观点：专业组织必须肩负起拟定专业术语的职责，同样重要的是，必须设有专门人员负责本专业领域的术语发展工作。于是，与人们的这种共识相呼应，术语委员会在国际和国家层面上的专业组织里建立起来了。时值20世纪，术语标准化工作具有了新的意义。国际和国家层面上标准化组织中的专业标准化委员会，为拟定标准化术语又纷纷成立了相关的分委员会和工作组。除此之外，在国际和国家层面上，人们还成立了旨在制定术语工作原则和方法，以及对术语工作进行协调的专业标准化委员会，例如，ISO/TC 37、IEC/TC 1，以及在德国标准化研究院（DIN）和奥地利标准化研究院（ON）中负责术语（原则和协调）工作的机构。针对文献汇编工作，同样存在着相应的委员会。而在国际和国家层面上，针对语言调解而成立的大型国际、国有或者非国有组织，则更是犹如雨后春笋般建立起来，例如，联合国及其各专业组织、欧洲共同体委员会、各国家政府的语言服务部门和相关机构、各大型国际跨国公司、大学、大型私人翻译组织等等，都设置了术语工作的相关岗位或者办公室，上述大多数机构和组织都拥有和管理着自己的术语数据库。综上所述，术语工作就是通过以上方式，由来自不同专业领域的专家们承担了起来。对于上述大多数的领域专家来说，术语工作只是其职业生涯的一小部分；但是对于另外一部分专家而言，术语工作是他们主要的职业工作。

针对术语工作的不同方面，存在着承担不同职责的专家：

——术语学（研究工作）；

——原则学说（研究制定工作）；

——原则制定工作；

——系统化工作；

——术语编纂工作；

——专业词典编纂工作；

——汇编（叙词表）编制工作；

——数据库的管理和维护工作；以及

——对术语工作进行组织和协调。

4.8.1 术语学（Terminologiewissenschaft）和原则学说

从一方面来说，人们可以把术语学看作一个独立的知识领域，并且它是跨学科的；而从另一方面来说，它也是语言研究的分支，属于应用语言学（见本书第2部分）。由于这门学科的入口（或者通道）不同，从事着术语工作和研究工作的专家也就来自不同的领域。然而，人们不能把术语学等同于术语工作。术语学只为术语工作的原则学说奠定基础，为术语原则制定工作提供理论框架。

鉴于术语学的跨学科特性，哲学家，尤其是科学理论家、知识论理论家（Erkenntnistheoretiker）、逻辑学家、本体论学家、秩序理论（Ordnungslehre）研究者、信息和文献领域的研究者、知识技术研究者、各门具体科学的研究者以及语言学研究者，都为术语学的发展做出了自己的贡献；而如果把术语学看成语言研究的分支的话，那么，参与到术语学研究中来的，还有语言学家、语文学家、专业语言研究者、词典编纂学家、词汇学家，另外还有专业语言教师。

4.8.2 原则制定工作

术语原则制定工作，则由下列组织负责：

——专业组织中的术语委员会，它由来自相应的不同专业的代表（如化学家、植物学家和医学家等等）组成；

——专业标准化委员会，它由职业术语学家（职业术语师）、专业术语学家（专业术语师）、逻辑学家、分类学研究者、语言学家、专业翻译工作者、文献学家以及标准化领域的专家们组成。

4.8.3 系统化工作

系统化工作则留给相关专业领域的专业术语学家（专业术语师）去做。他们是某个具体专业领域的专家，并且掌握运用术语工作原则的相关知识，具有丰富的术语工作实践经验。

4.8.4 术语编纂工作

在大多数情况下，术语编纂工作由职业术语学家（职业术语师）负责。作为一名职业术语师，他的教育背景可以是某个具体专业或者是某种语言专业（语言学、翻译等等）。

4.8.5 专业词典编纂工作

以实现术语的“是 - 调查”为工作目标（如实描述专业术语的存在状态）的专业词典编纂工作，在大多数情况下由语言专业的专家们负责。

4.8.6 汇编（叙词表）编制工作

汇编（叙词表）编制工作，由文献学家、分类学领域和信息领域的专家们负责。

4.8.7 数据库的管理和维护工作

术语数据库的管理和维护工作，要视数据库的类型而定。因此分为：

——语言服务部门的术语库，由职业术语学家（职业术语师）或者有着翻译（语言调解）教育背景的术语编纂家（术语编纂师）进行维护；

——具体专业的术语库，由具有具体专业教育背景（如具有术语工作知识的气象学家）的术语学家（术语师）进行维护；

——标准化研究院的术语库，由术语学家（术语师）或者从事标准化工作的专家进行维护；

——政府语言部门（如术语规划部门）的术语库，由术语学家（术语师）或者具有语言教育背景（如罗马语族语言文学专家、阿拉伯语语言专家等）的术语编纂家（术语编纂师）进行维护。

4.8.8 术语工作的组织和协调

术语工作的组织和协调应该由（一位）职业术语学家（职业术语师）来负责。

4.8.9 谁是术语师？

从前文中我们已经看到，术语活动可以是非常多样化的。在20世纪70年代初，语言服务机构和政府的相关语言部门就已经出现了“术语师”（Terminologe）这一职业名称。人们一般认为，具有这个名称的人应该是一个受过语言专业教育的人——通常是翻译工作者，负责对术语数据的收集、整理和获取工作，这样的人就是人们今天所说的“术语编纂家”（术语编纂师）。

学者贝尔纳（Berner）（1970：118）曾经用下面一段话描绘了一位术语师的活动：

> 在我们看来，术语师就是术语学理论的运用者和实践者。诚然，（术语学）这门学问，我们还无法在别的什么地方学到。因为这是基于维斯特的见识而建立起来的，并且仍然具有很大的实用特征。

而在今天，我们则必须在专业术语师、职业术语师和术语编纂师之间做出区分。

专业术语师需要对现有的术语数据进行评估，必要时，他还需要为概念创造新的数据。例如，他需要确定概念关系，并在此基础上拟定概念系统（系统化工作）；对概念进行描述，并在一种或者多种语言中对概念系统进行比较。对于某一个具体专业领域来说，他是一位专家；同时，他又是术语学理论的运用者。

职业术语师则是一位具有术语学理论以及术语工作和术语协调工作知识的专业行家和/或者语言行家。他在术语委员会中承担着术语工作，负责对术语数据进行记录和加工处理。

而汇编术语师（Thesaurusterminologe）所接受的职业培训，与专业术语师或者职业术语师的很类似。只是他还额外需要具备文献学、信息学和分类学理论的知识。

术语编纂师大多数是语言专家，负责收集、整理或者获取术语数据，在大多数情况下，他借助数据库对术语数据进行管理。

时值20世纪80年代末，就如何培养术语师而言，一套完整的方案尚未出台。大多数情况下，术语师们应该先在某个具体专业领域——或者在语言专业领域，或者在翻译专业领域，或者在信息学专业领域——完成学业，然后再进行与术语学理论相关的大学后进修和培训。20世纪80年代末，在术语学领域进行的培训工作正在全面展开（Picht 1985b）。

全世界范围内的许多大学已经开设了术语学课程（Felber 1988）（见本书2.5.3）。第一次讨论开设术语学课程的国际代表大会于1978年在加拿大的魁北克召开（Rondeau 1981c）。

如果想成为一名术语师，一位大学毕业生应该具备的良好先决条件就是：他在大学里的学习包括了语言专业和具体专业的学习内容。这种语言专业学习和具体专业学习结合得比较好的例子，德国希尔德斯海姆科学高等学校（Wissenschaftlichen Hochschule von Hildesheim）“专业翻译”硕士阶段的学习内容是其中之一（Arntz 1984）。

4.9 术语工作指南（规范、标准……）

拟定统一的术语离不开为此制定工作指南（规范、标准……）。早在 19 世纪，人们就对这一常识不太陌生。当时，人们为了实现这一目的，还成立了为动物学、植物学、化学、医学制定命名原则的委员会。在今天存在着大量的关于术语工作的工作指南，它们或者是为个别语言或者跨语言的术语工作制定的，或者是为个别具体专业领域或者跨专业的术语工作制定的，或者是为确定性的或者规定性的术语工作制定的。

作为一种介绍，本书作者在书后第 7 部分的附录 2（7.2）里，摘选了一些标准化或者非标准化的术语工作指南。它们是在 20 世纪 80 年代末，从国际术语信息中心（Infoterm）最新的图书目录 *BT* 6 中摘选出来的。

下面就对重要的术语工作指南分组进行简要概述。

4.9.1 跨专业和跨语言的术语工作指南

这类工作指南对于任何一种术语工作来说都是必不可少的，因其确保了对术语数据进行协调和交换的可靠性。在这一方面，人们可以参看 ISO/TC 37 为确定性的或者规定性的术语工作而制定的术语原则与标准。

4.9.2 个别专业和跨语言的术语工作指南

这些工作指南是由国际性的科学和技术专业组织制定的。举例而言，它们是为动物学工作者、植物学工作者、化学工作者和医学工作者制定的命名原则。此外还有各技术领域中的术语工作指南。

4.9.3 个别语言和跨专业的术语工作指南

针对一些工作而必不可少的术语工作指南：

——术语标准：国家层面的标准化组织依照 ISO/TC 37 的 ISO 标准改版形成的国家标准 [见本书第 7 部分的附录 2（7.2）]；

——专业术语规范：科学院 [例如苏联科学院（AN SSSR）科学和技术术语委员会（KNTT）]，尤其是（苏联与东欧国家）经济互助委员会（RGW）所制定的这类术语工作指南；

——普通术语规范：如加拿大法语局（Office de la langue française）为相关语言办公室制定的术语工作指南（Auger/Rousseau 1977）。

5. 术语活动及其在世界范围内的协调工作

5.1 总述

随着术语工作在全球范围内的不断推进，在全世界术语工作领域内，对日益成长起来的术语学家（术语师）以及所有从事术语工作的机构进行工作协调，已经是大势所趋。唯有这样，才可能避免重复性术语工作的产生，也才可能更有力地促进各类术语活动的开展。术语工作日益表现出来的复杂性，以及这种复杂性以各种特殊形式的进一步扩展，都在提醒人们：应该对术语活动及其协调工作的方方面面做一番反思（见本书 4.3）。

实际上，早在技术和科学的专业语言发展掀起第一波浪潮的时候，人们就已经认识到了这种必要性：需要将某个专业领域里的名称记录下来，而且要将其系统化。到了后来，人们又将它们规定了下来。正如前面提到过的，在 19 世纪后半叶，人们就已经开始为植物学和动物学拟定命名原则了（Wüster 1969； Felber 1984；也见本书 4.3）。诚然，早在 18 世纪，林奈（Linné）就已经创造了生物命名法，直到 20 世纪 80 年代末，它们也还没有失去其存在的价值。而在化学领域，19 世纪就已经召开了轰轰烈烈的国际性代表大会，人们为化学术语的系统化构建拟定了科学的命名原则。与此同时，词典编纂家们以及一些具体专业领域的专家们，也满腔热情地为专业词典的编纂工作倾注了心血。然而，由此诞生的第一批专业词典，却有着不可避免的缺陷：它们的可靠性不是很高，而且，通常情况下，它们只反映了个别专家的学术见解。因此可以说，以团队形式开展术语工作的思想，是逐渐被人们认同的；而一旦人们对此达成了共识，成立术语工作委员会的行动便迅速且广泛地开展了起来，术语命名原则以及很具体的专业术语，都相继拟定了出来，有的甚至还被规定了下来。

带给术语工作一个新的重要变革的，正如前面提到过的，就是施勒曼（Schlomann）的 17 卷《带有插图的技术词典》（*Illustrierten Technischen Wörterbücher*, *ITW*）的出版。对于这些词典，施勒曼都不是按照字母顺序编排的，而是按照系统化方式编排的。另一部依据系统化结构编排的，可能是最为著名的术语词典，便是维斯特在 1968 年出版的《机器工具》（*The Machine Tool*）。到了 20 世纪 80 年代末，这部划时代的词典已经被翻译成了许多种文字的版本，而且制作了微缩胶片版本。在编订这部词典的过程中所形成的集体性术语工作的组织模式，也一直是人们开展术语项目的理想样板。

5.2 术语活动的类型

正如在本书前面 4.3 里已经详细阐述过的，维斯特将术语活动分为四类，并且为每一类活动都分配了一个维度。

术语活动的第一个维度包括与专业领域相关的术语工作。在此，人们自然会提出一个问题：究竟存在着多少个专业领域（见本书 4.3）？不管怎么说，随着新兴专业领域的创建，专业学科的数量是在不断增加的。

术语活动的第二个维度则对应单语种的术语工作。这个术语工作的“入口”有着极为重要的意义。因为独立于语言而存在的概念，是借助各门语言中的名称才得以表示的。

当然，术语活动的上述两种类型是可以进行组合的，随着已经拥有术语储存量（或者正在创建术语）的语言数量的增加，这种组合的官方统计数字也会产生。某个专业领域的概念系统，在每一种与之相关的语言当中，是借助名称系统得以表达的。但是，到 20 世纪 80 年代末为止，经过人们的具体研究，将上述这两个维度组合在一起的可能性，还只实现了极少的部分。除此之外，却又经常有迹象表明：开展跨专业或者跨语言的术语工作存在着迫切性。不仅是在跨专业的领域里，而且也在跨语言（语际）的领域里，让确定性的（deskriptiver）术语比较工作，发生在规定性的（präskriptiven）术语适应（Angleichung）工作之前，做这样的处理是明智的。

第三个维度和第四个维度，则与前面两个维度不大相同，因为它们影响到术语工作的各个阶段。

维斯特称第三个维度为“语言入口”（或曰“语言通道”）（Sprachzugang），并将其划分为三个层次。他将最深的层次称为“术语系统化工作”，在这个层次上的工作，只能由术语学家（术语师）自己去完成。这里再次有三个部分需要付诸实践：①首先要对术语进行研究，也就是要对专业概念（及其特征）进行理解和掌握，其次要将其记录下来，对其进行描述，然后再进行定义，同时对这些概念之间的关系进行探索，再次对相应的名称系统进行分析；②与在第二个维度上的情况相同，在这里，规定性的步骤要放在描述性的步骤之后，也就是说，现在要对那些已经考察和研究过的术语进行重新构建，这样做通常能更好地改善专业交流的质量。这种术语构建的可能性范围，则可以从纯粹的推荐性建议延伸到个人的研究成果，再延伸到官方规定和具有法律约束力的，采用一种或者多种语言进行表述的，关于某个专业领域的概念和名称的标准；③对标准化文献以及各种标准词典中已经按照上述方式清理过的或者重新创建的术语，（主要以系统化的方式）进行相应描述。

在此基础上，下一个层次便是术语的使用（Terminologieverwendung）。维斯特将其做如下细分：

（1）“表达”（Formulieren）：在此说的是各个具体专业中的专家、笔译工作者或者口译工作者等等——人们在心里所想到的那些人，对专业概念和专业名称的实际使用。到20世纪80年代末，针对专业名称的使用所存在的实用条件，人们还未能充分调查清楚。但无论如何，在固定的或者规定的术语与人们以口头或者书面形式实际运用的术语之间是存在“鸿沟”的，这种“鸿沟”（的深浅程度）是与各自专业领域或者与所使用的语言存在着依赖关系的。这种概念上的“动态”发展，在很大程度上是通过新知识的产生而体现的，在现实的术语工作中，人们绝不能忽视掉这一点。术语数据库得到越来越广泛的使用，甚至可以说，这是人们第一次可以立刻记录下术语的所有变化并对其进行管理，而且在必要时，人们还可以对规定性的术语进行修改。

（2）术语学课程的开设愈来愈具有重要的现实意义。这一点首先体现在培养笔译人员和口译人员的教育中，对术语原则以及术语编纂方法进行传授，在这个领域中已经生根发芽。与此同时，术语学课程的设置也极大地丰富了科学专业的教育内容。

术语活动第三个维度上的第三个层次，则是术语工作的协调活动。术语工作在各个维度和各个阶段中取得成效的前提条件，是做好对现存术语资源的文献管理工作，并在此基础上，为各种术语活动的顺利开展建立起最广泛的信息渠道。

术语活动的第四个维度，维斯特称之为“语言展望”（Sprachüberblick）。在此标题下，人们应当把这一维度理解成维斯特对术语工作抽象程度的探讨。这个维度首先涉及的是我们在前面已经讨论过的术语系统化工作，但也涉及术语的使用问题。所谓的“个案工作”具有较低的抽象水平，在其中人们对现有的术语原则进行了演绎性的运用。但是，如果人们把这些具体的个别性研究成果归纳起来，则又在更具抽象性和概括性的层面上，对术语学研究的理论基础和术语工作原则造成了反作用力，进而丰富了它们。如果有可能，应该对这种“个案工作”进行扩展或者总结，开展更广泛的，针对专业领域或者与语言相关的研究和考察。

5.2.1 个体性术语工作

在20世纪80年代末，尽管集体性的工作方式在术语工作中占据着主导地位（例如在各类术语委员会中），但个人的术语活动对于术语学理论和实践的发展仍然具有很重要的作用。个体性术语学研究，可以发生在机构性的术语工作（以集体协同方式进行的术语工作）之前，故而人们可以利用个体性术语工作这种方式获得更多的科学知识。尤其是在术语系统化工作的第一阶段中对概念系统和名称系统的研究，人们完全可以将之交付给个别专家，他们就能很好地完成。这些个体性术语学研究成果，同样可以为术语工作的第二个阶段带来启发性的建议，因而在这个阶段中，人们能够对已经研究过的术语进行更富有创造性的改进，然后再把它们提交给相关的委员会进行讨论。

在使用术语的现实性维度上，个体性术语学研究也是最活跃的。例如，它既存在于科学交流活动中，也存在于笔译和口译活动中。在这种环境下，前面已经提到的归纳法和演绎法之间所存在的富有创造性的“紧张”关系，也发挥着作用。个体性术语研究往往具有较强的演绎性，也就是说，术语原则在新的专业领域里，或者在为术语工作而新开拓的语言里得到了运用。事实证明，下列现象并不稀奇：出于语言或者专业的特殊性，一般性术语原则需要发生改变（归纳法）；或者人们必须创建出特殊类型的术语工作原则，以便让这些原则符合某个特殊对象领域的要求，或者与某种具有特定特色（如具有某类形态学特点）的语言相适应。

但是，个体性术语研究工作的成果只有部分可用。因为许多个体研究者，无论他们是自由职业者还是在术语工作相关的组织里工作，都没有把自己的成果发表出来。即便如此，大量提到个体作者编纂的单语种和多语种专业词典的图书目录，的确还是存在的。国际术语信息中心（Infoterm）就收集了关于专业词典的各类图书目录数据，而且还将它们作为国际书目进行公布。例如：《术语图书目录2》（*Biblio Term* 2，*BT* 2）——标准专业词典；《术语图书目录3》（*BT* 3）——多语种专业词典；《术语图书目录4》（*BT* 4）——单语种专业词典。国际术语信息中心以国际术语网（TermNet）（见本书5.2.3.4.1.3）为依托，对这些数据的获取和出版工作进行组织。通过上述文献工作和信息工作，Infoterm为人们提供了一个了解全世界术语工作发展概貌的窗口。一方面，这些工作推动了作者之间的合作；另一方面，这些工作也为术语委员会输送了有参考价值的个体性术语研究的成果。与此同时，这些文献工作也暴露了术语工作中存在的缺陷和不足，它们需要在今后的国际性合作中加以弥补。

《术语图书目录 3》（*BT* 3）和《术语图书目录 4》（*BT* 4）中的图书目录数据，连续发表在国际术语信息中心的术语图书目录系列刊物（*Biblio Term Reihe*）中（Biblio Term 1983ff）。

5.2.1.1 术语编纂活动

个体性术语工作中最重要的类型之一就是术语编纂（见本书 2.3.1.8）。计算机支持的大规模的术语编纂工作，主要留给相关机构通过集体性工作去完成；即便如此，在一定的子领域里，个体性术语工作仍然具有意义。

在确定性的术语编纂工作中，科学家（科学工作者）或者翻译工作者（笔译人员 / 口译人员）可以依据（尽最大可能达成一致的）统一的术语编纂工作指南，对某个专业领域或者具有语言特殊性的全部（或者其中一部分）术语进行把握。但即便如此，术语编纂实践同样证明：对词典或者汇编中的术语编纂数据的描述和加工，交给相关机构去进行则更为适宜。

在许多国际或者国家层面的组织里，如联合国及其特别组织、欧洲共同体、欧洲议会、各种标准化组织、各大企业（公司）、语言机构、大学等等，都设有特殊部门用以开展对术语数据的收集、编辑、整理和储存的工作。当然，大多数机构都利用计算机辅助相关工作。人们称这些特殊部门为“术语工作部”（Terminologiestellen）。属于此类的有：欧洲共同体术语办公室、欧洲议会术语办公室（这两个办公室都设在卢森堡）、加拿大政府术语办公室、（加拿大）魁北克法语局术语办公室，以及联合国在纽约总部和在日内瓦分部的术语办公室。此外，联合国的一些特别组织如联合国教科文组织、联合国工业发展组织（United Nations Industrial Development Organization，UNIDO）、国际原子能机构（International Atomic Energy Agency，IAEA）、国际民用航空组织（International Civil Aviation Organization，ICAO），以及西门子公司（Siemens）等等，都设有术语工作部。一方面，这些部门有翻译人员或者相关领域的专家对术语进行管理，从而为人们使用统一的术语起到积极的促进作用；而另一方面，这些部门还起着语言调节的作用（例如魁北克法语局术语办公室）。在国际术语信息中心（Infoterm）出版的《世界指南》（*World Guide*）中，人们可以找到对上述各术语部门的工作的详细介绍（Krommer-Benz 1985）。自 1975 年起，国际术语信息中心就借助国际术语网（TermNet）这个平台，把上述分散的术语活动连接到了一起（Infoterm 1976，1986a）。

5.2.1.2 以翻译为导向的术语工作

在以翻译为导向的术语工作中，术语编纂工作也同样起着至关重要的作用。笔译工作者和口译工作者通常是在多语种－单专业的术语环境下，对术语数据进行收集、记录和整理的。他们主要靠自己动手对术语数据进行处理，但在有条件的情况下，他们也向相关专业领域中的专家求助，以获得后者的专业支持，来保证自己所获得的术语资源具有可靠性。

个体性术语编纂工作，是笔译工作者和口译工作者的职业生涯中不可缺少的一个工作环节。在笔译和口译学院中设置的术语编纂课程，就是以翻译人员的具体工作实践为导向的。术语数据的记载和准备构成了翻译工作实践中非常有益的部分。只有这一部分的工作做好了，一项高效率、高质量的一流翻译任务才可能圆满完成。

20 世纪 80 年代末，欧洲的好几所大学都已经开设了术语学课程。例如，丹麦哥本哈根（Picht 1979）、德国希尔德斯海姆（Hildesheim）（Arntz 1984），以及奥地利维也纳（Bühler 1983）等地的大学。在此值得一提的是：自 20 世纪 70 年代至 20 世纪 80 年代末，在维也纳大学笔译和口译人员教育学院里，超过 250 篇的术语学毕业论文获得通过，而且术语学论文的质量也在逐年提高。

国际术语信息中心《术语图书目录 12》（*BT* 12）里所收集的图书目录资料，就与国际术语信息中心和哥本哈根高等商学院（Handelshochschule Kopenhagen）合作实施的术语项目有关——其中收藏的都是涉及术语学的毕业论文和博士论文，通过 *BT* 12 的出版，这些关于术语学的学术思想也得到了广泛传播。

在信息社会的大环境下，个体翻译工作者也感受到了需要接受新型工作理念的压力——他们需要学会采用计算机支持的术语工作方法去处理自己的术语任务。（而实际上，）这样一来则给翻译工作者们带来了一系列的工作方面的简化，尤其是在对术语数据的维护和管理方面。为了确保在翻译工作领域里开展术语工作的效率，最为重要的是要确保这个领域里术语数据的顺利交换。为此，制定出适用于这个领域的术语工作指导方针，并认真地遵守它们，则是绝对必要的。为实现这一目的，国际术语信息中心联合奥地利笔译和口译者协会以及相关大学组成了工作组，制定出了相应的，旨在为翻译工作者提供术语工作指南的指导方针——其重点放在计算机辅助的术语工作上。这些指导方针还提到了翻译团队工作（团体性术语工作）的重要性。

1985 年，第一届“德国术语日”（Deutsche Terminologie Tag）活动在科隆举办。

活动期间在科隆举办，人们围绕三个主题就以翻译为导向的术语工作进行了讨论，其中第三个主题——如何在翻译工作者之间以及如何在翻译工作者和专家（或者术语师）之间开展合作——成为了讨论的热点问题。

自 1987 年起，联邦德国（BRD）“专业翻译同志会”（Tra.e.G）举行的研讨会一直有“计算机支持的术语工作”这项内容。

5.2.2 团体性术语工作

时值20世纪80年代末，术语工作的重点早已从个体性术语工作转移到团体性（集体性）术语工作上来了。这主要是因为专业组织的术语委员会在制定术语时所选择的视角不受个体术语拟定者观点的影响，因此，这些术语更容易为专业同行所接受和使用。其他具体学科的专家、各类管理人员、专业记者们等等也可以使用这些术语，并通过此举为科学传播服务——人们通过传播这些专业名称而宣传了它们所代表的专业概念。

个体性术语工作则穿插在团体性术语工作之间，一如既往地发挥着其补充性的过渡作用。

5.2.2.1 术语原则的制定工作

从事术语原则制定工作的主要是科学院、语言学院、专业组织、标准化组织和术语规划组织（Krommer-Benz 1985）。在这里——正如前面提到的——也要对普遍性和特殊性的原则制定工作进行区分。

5.2.2.1.1 普遍性术语原则的制定工作

维斯特划时代的著作《技术（尤其在电工技术领域）中的国际语言标准化》（*Die internationale Sprachnormung in der Technik，besonders in er Elektrotechnik*）在 1931 年的出版，极大地推动人们把这个主题放到国际层面上进行讨论（见本书 2.4.1.1）。在维斯特的这部著作受苏联科学院之托翻译成俄文之后，1935 年，苏联向国家标准化协会国际联合会（Internationalen Bund der nationalen Normenvereinigungen，ISA）提出了一项议案，其中建议在国际层面上为术语原则的制定成立一个专业委员会。于是，在 1936 年，国家标准化协会国际联合会第 37 技术分委员会（术语分委员会）（ISA 37 Terminologie）成立。这个术语分委员会所承担的使命，早在 1936 年于布达佩斯召开的成立大会上就已经确定了（Wüster 1951），包括：

（1）为 ISA 词典的编纂工作制定工作指南；

（2）编纂一部 ISA 词典；

（3）制定国际性跨语言（Sprachunabhängig）的命名规则；

（4）（统一）国际专业表达；

（5）（拟定）术语和专业词典的图书目录。

就上述这五项任务而言，在第二次世界大战爆发之时，它们都已经或多或少地拥有成熟的草案了。ISA 词典的编纂工作随后转交给 ISA 的其他技术委员会去完成。ISA 第 37 技术分委员会（ISA 37）只承担其工作指南的制定工作，以及监督这部工作指南的遵守及执行情况。在第二次世界大战爆发时，ISA 词典已经有了 18 部草稿。令人遗憾的是，第二次世界大战摧毁了这项前途无量的国际性合作。

国家标准化协会国际联合会（ISA）的后继者——国际标准化组织（ISO）所制定的术语工作规则，则是跨专业的（überfachlich）和跨语言的（übersprachlich），它们以 ISO 标准（ISO-Norm）的形式出现。这些术语标准不仅为国际标准化组织服务，而且为世界各地的其他机构的术语工作服务。它们能满足个别的具体学科的特殊需求，除了植物学、动物学、医学、化学等方面的术语标准之外，还有其他专业技术方面的术语标准（见本书 5.2.2.1.2）。国家层面上的标准化组织则以国际性的术语原则为依据，制定出相应的国家标准——从严格意义上讲，这些国家层面上的术语标准，应当属于特殊性的术语原则（见本书 5.2.2.1.2.3.3）。

5.2.2.1.2 特殊性术语原则的制定工作

特殊性的术语原则或者适用于某个特定的具体专业领域，或者适用于某种特定的语言。

5.2.2.1.2.1 学院层面

在一些科学院或者语言学院里，承担术语原则制定工作的，则是相应的专业术语委员会。语言学院所制定的术语原则，则是以语言学为导向的。

5.2.2.1.2.1.1 苏联科学院

在此可以将苏联科学院当作典范。苏联科学院堪称是术语学苏联学派的摇篮（见本书 2.4.1.3）。

5.2.2.1.2.1.2 捷克斯洛伐克的学院

20 世纪 80 年代末，位于布拉格的科学院下属的捷克语研究所，承担着大量且内容广泛的术语原则制定工作。与此类似，在位于布拉迪斯拉发（Bratislava）的科学院下属的斯洛伐克语研究所，也从事制定术语原则的研究工作（见本书 2.4.1.2）。

5.2.2.1.2.1.3　语言学院（Sprachakademien）

5.2.2.1.2.1.3.1　阿拉伯国家

早在公元 9 世纪和 10 世纪，许多阿拉伯学者就孜孜不倦地将希腊语的哲学和科学著作翻译成阿拉伯语。阿拉伯语成为传播哲学、数学、医学、天文学等知识的载体，以至于从 11 世纪开始，长久以来，在从波斯到比利牛斯山脉的广大领域里，阿拉伯语一直是人们在知识交流中不可或缺的语言手段。然而，直到 20 世纪，为阿拉伯语设立的语言学院才建立起来，它们也逐渐成为术语阿拉伯化的学术中心。在此值得一提的，就是 1934 年在埃及开罗成立的阿拉伯语学院。20 世纪 80 年代末，这所语言学院的术语原则制定工作，还只处于初始阶段；而且，它是以语言学为导向的（Kassem 1985）。

5.2.2.1.2.2　专业组织

在全世界范围内，一系列的专业性组织（大多数是国际性的）存在着，它们根据自身需要而制定了一些特殊的术语原则。其中，在植物学、动物学、医学和化学领域里，人们所开展的术语原则制定工作，大多数是跨语言的、单专业的。20 世纪 80 年代末，在上述领域里所取得的成果，便是为这些领域里的专业概念制定了国际命名原则。

5.2.2.1.2.2.1　植物学领域

自 1867 年国际植物学大会确定了植物学命名规则以后，这个领域的国际命名法也就诞生了。

5.2.2.1.2.2.2　动物学领域

1889 年，国际动物学大会确定了动物学命名规则。1895 年，国际生物科学联合会（International Union of Biological Sciences）成立了国际动物学命名委员会（International Commission on Zoological Nomenclature，ICZN）。

5.2.2.1.2.2.3　医学领域

在医学领域中，三种独立的拉丁语命名系统存在着，它们是有区别的，分别是解剖学的、病理学的和药学的专用语言（Teilsprache）。解剖学语言不是国际性的，它于 1895 年在位于巴塞尔（Basel）的德语解剖学会第 9 次会议上通过，故被称为“巴塞尔命名法”（Baseler Nomenklatur）。在法语和英语世界，人们则使用自己的命名系统。

药学命名系统的国际化程度甚至更低。药物命名法是由国际药学联合会（Fédération Internationale Pharmaceutique，FIP）制定的。

诸如国际医学科学组织理事会（Council for International Organizations of Medical Sciences，CIOMS）（Manuila，A./Manuila，L. 1965）等医学国际组织，也从事着医学术语原则的制定工作。世界卫生组织（World Health Organization， WHO）为术语工作制定了相关指南（WHO 1977），它还与国际医学科学组织理事会一起制定了“国际疾病命名法”（International Nomenclature of Diseases，IND）。

5.2.2.1.2.2.4 化学领域

自 18 世纪以来，化学家们就致力于统一的化学命名法的创建工作。1892 年，有史以来，人们第一次有可能为有机化学中重要化合物类的物质建立起国际公认的命名规则。国际纯化学和应用化学联合会（IUPAC）的各个部门承担起了这项任务。国家层面上的化学专业组织也发布了与国际标准相一致的指导方针，同时兼顾了自己民族语言的特殊性。在涉及跨学科的问题时，国际纯化学和应用化学联合会也与其他专业组织进行合作，共同制定术语原则。 在此可以举一个例子：国际生物化学联合会（International Union of Biochemistry，IUB）在 1921 年建立了生物化学命名委员会（Commission on Nomenclature in Biological Chemistry）。20 世纪 80 年代，这个由国际纯化学和应用化学联合会和国际生物化学联合会共同支持的生物化学命名委员会，正在开展系统命名酶的规则制定工作（Hoffmann-Ostenhof 1976，1983）。

5.2.2.1.2.2.5 其他专业领域

在许多国际性的和国家层面的专业组织 [例如，国际纯物理和应用物理学联合会（International Union for Pure and Applied Physics）] 里，人们也可以找到术语工作的原则和方法。

5.2.2.1.2.3 标准化组织

5.2.2.1.2.3.1 国际标准化组织（ISO）

国际标准化组织第 37 分委员会 [ISO/TC 37“术语（原则和协调）”] 是在 1952 年成立的，它接手的是 ISA 37 的工作任务（见本书 5.2.2.1.1）。20 世纪 80 年代末，ISO/TC 37 的秘书处由位于维也纳的奥地利标准化研究院（Österreichisches Normungsinstitut，ON）负责管理，当时，ISO/TC 37 主要由下列分委员会和工作组组成：

ISO/TC 37/SC 1“术语原则”（秘书处在苏联）；

ISO/TC 37/SC 2“专业词典的布局设计”（秘书处在加拿大）；

ISO/TC 37/SC 3“计算机辅助的术语和词典编纂”（秘书处在联邦德国）；

WG 5（第 5 工作组）“术语词典”（秘书处在奥地利）。

当时在 ISO/TC 37 中，一共有 15 个成员国积极参与工作，另外还有 37 个国家作为“观察员”成员国参与其中；此外还有 35 个国际性组织也参与了合作。

5.2.2.1.2.3.2　国际电工委员会（IEC）

自 1906 年成立以来，国际电工委员会一直致力于术语原则的制定工作。1910 年，国际电工委员会第 1 技术委员会（IEC/TC 1）成立，这个分委员会不仅负责本行业术语工作指南的制定工作，还负责在国际电工委员会内部对术语工作进行协调（Tunbridge 1983）（见本书 4.6）。

5.2.2.1.2.3.3　国家层面的标准化组织

ISO/TC 37 的普遍性术语原则（见本书 5.2.2.1.1）为大多数国家的标准化组织所接受，它们大多数也负责为本国语言制定相关的特殊术语原则。举例而言，这些标准化组织有：法国标准化协会（AFNOR）（法国）、德国标准化研究院（DIN）（德国）、苏联国家标准化委员会（GOST），以及奥地利标准化研究院（ON）（奥地利）等等。

在这个层面上，也存在着跨国家的，在相同（或者近似）语言之间开展的术语工作合作（例如，德国标准化研究院和奥地利标准化研究院之间，以及在斯堪的纳维亚半岛上各个国家之间开展的术语工作合作）。

对于大多数国家层面上的标准化组织而言，它们大多数是把国际术语原则制定工作所产生的成果，作为制定自己民族语言 [例如，阿拉伯语（突尼斯）、汉语（中国）和日语等] 术语工作原则的基础。就阿拉伯国家而言，区域性标准化组织——阿拉伯标准化与计量组织（the Arab Standardization and Metrology Organisation，ASMO）在约旦首都安曼（Amman）为术语原则制定工作专门成立了 05 专业委员会。

20 世纪 80 年代末，位于联邦德国的德国标准化研究院（DIN）下属的术语标准化委员会（Normenausschuß Terminologie，NAT）主要负责：

（1）为专业概念的规定和定义及专业名称的制定拟定原则；

（2）为专业词典的设计拟定原则；

（3）为词典编纂数据和术语数据的加工处理制定工作方法；

（4）为术语工作拟定所需的术语。

为了完成上述工作任务，这个术语标准化委员会（NAT）又成立了以下工作委员会（Arbeitsausschüsse，AA）：

AA 1 “命名原则”；

AA 2“词典编纂原则”；

AA 3“术语实践”；

AA 4“正字法和专业语言”；

AA 5“术语数据和词典编纂数据的加工处理”。

奥地利标准化研究院（ON）也为术语原则的制定特设了 033“术语（原则和协调）”[Terminologie（Grundsätze und Koordination）] 专业标准委员会。

5.2.2.1.2.4　术语规划机构

从全世界范围来看，人们为许多语言都成立了从事语言规划工作的机构，其中包含术语规划机构，它们以语言学方法为基础，从事术语原则的制定工作。

下面就具体举几个实例。

5.2.2.1.2.4.1　国际法语委员会（Conseil International de la langue française，CILF）

1967 年，国际法语委员会在巴黎成立。这个委员会覆盖了所有说法语的国家。在实施语言规划活动的框架内，人们也拟定法语术语。在 1981 年，该委员会出版了一部《新词指南》（*Guide de néologie*）。

5.2.2.1.2.4.2　加拿大魁北克法语局（Office de la langue française，OLF）

自 1961 年成立以来，加拿大魁北克法语局就一直开展着内容广泛，旨在保护法语的语言规划活动。这些语言规划活动也包括以语言学为基础的术语原则制定工作（见本书 2.4.2.1）（Auger 1976，1982，1984）。随着加拿大科技和经济的发展对全世界影响的扩大，与此相对应，魁北克法语局进行术语规划活动的范围也更加广泛。魁北克法语局与开展术语学研究的大学保持着密切联系，局中的几位业务骨干同时也在大学里从事教学工作。

5.2.2.1.2.4.3　拉巴特阿拉伯世界阿拉伯化协调办公室（摩洛哥）（Bureau de Coordination de l' Arabisation dans le Monde Arabe in Rabat）（Marokko）

这个办公室于 1961 年成立。它以从事语言规划和术语规划为宗旨，隶属阿拉伯联盟教科文组织（Arab League Educational，Cultural and Scientific Organization，ALECSO）。在 20 世纪 80 年代末，这个办公室的术语原则制定工作尚处于初始阶段，其术语工作的主要方法是把（新兴外来语）专业名称翻译成阿拉伯语。

5.2.2.1.2.4.4　其他机构

除上述机构之外，在全世界范围内，一系列以术语规划为目标的机构也存在着。

在20世纪80年代末，它们的术语原则制定工作也尚处于初始阶段：

北欧语言秘书处（Nordisk Språksekretariat）（奥斯陆）；

丹麦语言委员会（Dansk Sprognaevn）（哥本哈根）；

（西班牙）高级科学研究委员会（Consejo Superior de Investigaciones Científicas）（CSIC）（马德里）；

加泰罗尼亚政府巴塞罗那术语中心（Termcat-Centre de terminologia in Barcelona Generalitat de Catalunya in Barcelona）；

等等。

5.2.2.1.3 从事术语基础性研究的国际组织

5.2.2.1.3.1 应用语言学国际联合会术语委员会（AILA/COMTERM）

应用语言学国际联合会术语委员会（Die Association Internationale de Linguistique Appliquée，AILA）在1970年成立了若干个分委员会，其中就有一个委员会负责术语学研究的协调工作（Wüster 1971b）。这个委员会的名称为COMTERM（术语委员会）。

5.2.2.1.3.2 国际术语协会（Termia）

国际术语协会（Die Association Internationale de Terminologie，Termia）于1982年成立。这个国际性协会的工作目标，就是支持和推动术语学基础性研究工作和术语学课程的设置工作（尤其在大学层面上）的开展。这个国际性协会得以成立的原因可以追溯到加拿大著名术语学家龙多的积极倡议。龙多一直担任这个国际术语协会（Termia）的总秘书长，直到1987年去世。1984年之前，这个国际性协会也发行一份以Termia命名的刊物。

5.2.2.2 术语专业工作（Terminologische Facharbeit）

围绕术语专业工作所开展的活动，在本质上是与术语工作（terminologische Arbeit）有区别的。术语工作包含的仅仅是对概念符号的收集和记录工作；而术语专业工作则需要对术语数据进行评估或者创建，以及对概念进行系统化整理。

术语专业工作只能由各类学院、专业组织、标准化组织或者与术语机构对应的术语委员会承担。各类学院（例如科学院、语言学院）和专业组织出版规范化的（geregelt）术语，而标准化组织发布标准化的（genormt）术语。

5.2.2.2.1 术语规范化（Terminologieregelung）

各类学院和专业组织从事着术语规范化工作。在许多国家（例如芬兰、挪威和瑞典），术语规范化工作都十分具有自己的特色。这里只做一个概括性介绍。以下是从《世界术语工作要览》（*World Guide to Terminological Activities*）（Krommer-Benz 1985）中摘取的一部分。

5.2.2.2.1.1 学院

DK 437 捷克斯洛伐克：
捷克斯洛伐克科学院捷克语研究所（布拉格）；
捷克斯洛伐克科学院斯洛伐克语研究所（布拉格）

DK 438 波兰：
波兰科学院术语委员会（华沙）

DK 44 法国：
法国科学院科学语言委员会
（Comité du Langage Scientifique，Academie des Sciences）
（巴黎）

DK 46 西班牙：
西班牙皇家学院（Real Academia Española）（马德里）

DK 47+48 苏联：
苏联科学院科学和技术术语委员会
（Komitet Naucno-TehničeskojTerminologii，KNTT）（莫斯科）（见本书 2.4.1.3）

DK 497.1 南斯拉夫：
斯洛文尼亚科学和艺术学院术语委员会（Terminoloska Komissija Slovenska Akademija na Naukite i Umetnostite）（卢布尔雅那）
马其顿科学和艺术学院（Makedonska Akademija na Naukite i Umetnostite）（斯科普里）

DK 510 中国：
中国科学院自然科学名词审定委员会（北京）

DK 569.4 以色列：

以色列希伯来语学院（耶路撒冷）

DK 569.1 叙利亚：

叙利亚阿拉伯语学院（大马士革）

DK 567 伊拉克：

伊拉克科学院（巴格达）

DK 569.5 约旦：

约旦阿拉伯语学院（安曼）

5.2.2.2.2 术语标准化

5.2.2.2.2.1 标准化组织（ISO）

5.2.2.2.2.1.1 国际标准化组织

在国际层面上，国际标准化组织（ISO）和国际电工委员会（IEC）编订了标准化的词典。国际术语信息中心（Infoterm）在全世界范围内对国际和国家层面上涉及标准词典编纂工作的信息都进行了收集，并整理编订成图书目录数据予以出版（Felber/Krommer-Benz/Manu 1979）。1986 年以后，国际术语信息中心又出版了针对上述这些标准词典图书目录的一系列增补版（*StandardTerm*）。

（1）国际标准化组织（ISO）

除了上面介绍过的 ISO 所从事的术语原则和方法的拟定工作之外，国际标准化组织还拥有 163 个专业领域广泛，承担各种个体性术语专业工作的专业委员会及其分委员会和工作组（总共 2 300 个委员会）。另外，国际标准化组织顾问委员会（ISO-Ratsausschüssen），例如国际标准化组织国家标准化管理委员会（STACO）（ISO/IEC 1986a）以及国际标准化组织的技术咨询小组 [ISO（TAGs）]，也做制定术语的工作。国际标准化组织技术委员会术语专业工作的成果，以 ISO 标准的形式进行发布，每五年修订一次或者将最新术语公布为有效术语以供使用。20 世纪 80 年代末，ISO 已经生成了大约 350 种术语标准和 250 种术语草案（French 1986）。

（2）国际电工委员会（IEC）

除了上面介绍过的术语原则拟定工作之外，国际电工委员会还以《国际电工词汇》（*International Electrotechnical Vocabulary*，*IEV*）的形式，对其在专业术语工作中取得的成果予以出版。1910 年就曾以书的形式出版了第一版，其中共包括 2 500 种专业概念。在 1949—1970 年期间，又分为 24 个专业领域以分册的形式出版了第二版，其中包括 8 500 个专业概念。此后，直到 20 世纪 80 年代末，再没有其他版次出版。

《国际电工词汇》是根据具体需要才出版涉及个别专业及其分支领域的分册的。也就是说，个别专业领域的电工词汇是否需要重新发布，则取决于这个领域的术语的变化速度。除此之外，IEC 还出版了一部《多语种电气工程词典》，以便为非专业人员了解这一领域架设桥梁。在术语工作领域中，IEC 还与国际电信联盟（International Telecommunication Union，ITU）等其他国际机构一起开展工作（Tunbridge 1983）。

5.2.2.2.2.1.2 区域性标准化组织

除了国际性的合作之外，在西欧和东欧国家之间还存在着区域性的合作。在术语工作领域中，经济互助委员会（RGW）的国家术语统一委员会（die Vereinheitlichung der Terminologie der Länder des Rats für Gegenseitige Wirtschaftshilfe）发挥了非常重要的作用。在 RGW 相关成员国中，人们采用各国自己的语言，将同一内容的 RGW 术语标准作为国家层面的 RGW 标准（RGW-Normen）予以出版。1978 年，已经有带有 15 000 种名称和定义的 18 种 RGW 术语标准及其推荐版产生，并采用 RGW 成员国各国语言予以公布和出版。

5.2.2.2.2.1.3 国家标准化组织

单个国家层面的标准化组织所开展的专业术语工作，大多通过出版相应国家标准词典的形式体现出来。通过对 ISO 专业概念进行接纳，并与各自国家层面的名称进行对应，术语领域的国际性统一得以实现，这样做的益处是为通畅的专业交流提供了重要工具。

由于国与国之间进行标准化时的侧重点不同，因而与国际标准相适应的国家术语标准化的范围和深度也因国而异。在国际术语信息中心编纂出版的国际图书目录 *BT* 2[《术语图书目录 2》(*Biblio Term* 2)] 中，人们可以找到国家术语标准一览表(Felber/Krommer-Benz/Manu 1979；*StandardTerm* 1986）。

5.2.2.2.2.2 专业组织

在全世界范围内存在着大量的国际性或者国家性的专业组织，它们也开展使本领域术语规范化的工作，大多有常设的术语委员会。在国际术语信息中心（Infoterm）出版的《世界指南》（*World Guide*）中，人们可以找到有关这类组织的一览表（Krommer-Benz 1985）。

5.2.2.2.3 工业企业

（特别是）跨国公司越来越认识到对其企业术语进行协调统一的紧迫性。例如，西门子公司（Siemens）、博世（Bosch）、法国宇航（Aerospatiale）、荷兰皇家壳牌集团（Shell）等等。

5.2.3 全世界的术语协调活动

5.2.3.1 总述

术语工作的多样化特点及其复杂性，决定了在这项工作中隐藏着巨大的危险性——无效率的重复性工作或者在理论上出现自相矛盾的情况，这首先会体现在术语标准化工作中。因此，对全球术语活动开展中心性的协调工作，愈发显示出其重要性和必要性。时值20世纪80年代末，这一类协调活动已经在几个层面上开展了起来，而且涵盖了各种术语活动。

5.2.3.2 术语原则制定工作的协调活动

在术语原则制定工作的领域中开展协调活动，具有特别重要的意义。因为术语基本标准如果不一致，就会给术语工作带来许多混乱，更会导致不一致的系统化工作的产生。首先应该做的工作，就是国际标准化组织应该担负起这份责任，在其组织内部实现统一，不让自己制定的术语标准产生相互矛盾的情况。在术语工作中使用的概念和名称，在产生时就要统一。然而，国际标准化组织中不同的技术委员会（如TC 46、TC 37、TC 97等）所生成的标准文件，是由它们众多的分委员会（SCs）以及工作组（WGs）各自制定的，因此，通常很难做到让各个委员会都使用术语学意义上“相同的术语”。尤其是当涉及其他的专业领域（如信息学、文献学、词典编纂学等）时，就更难做到这一点；出现相关的多义词、同音异义词和同义词的情况也不可避免。

在此级别的机构内部的术语协调活动，也包括国家标准化组织和专业组织内部的协调工作。在开展机构内部的术语协调工作的同时，机构之间的术语协调工作也必须得到保证。在这一方面的协调工作做得比较成功的例子，ISO和IEC在制定术语标准化原则方面的精诚合作可供参考。国际术语网（TermNet）实施的“时代信条”（Gebot der Stunde）项目，就是人们在国际层面上所开展的制定术语原则的联合项目。

5.2.3.3 术语专业工作的协调

5.2.3.3.1 先决条件

在这个层面上开展术语协调工作，人们需要注意：同一领域的机构之间或者个人之间在开展术语工作合作的时候，要尽量避免重复性劳动的发生。在此需要重申，（在术语工作中）进行术语数据的有效交换是必不可少的，但在开展术语工作合作的过程中，人们一定要使用统一的数据类别。

1987年，在维也纳举办的术语专业工作“研讨会”（Workshop）上，与会者就如何在这个领域开展国际性合作的问题，提出了一个很有前途的合作实例——这也是该研讨会讨论的重点，即探讨术语出版物可否在全世界范围实现共享。研讨会讨论了《国际术语网手册》（*TermNet Manual*）的制定问题（见本书5.2.3.4.1.3）。为适应这项特定术语工作的需要，联合国教科文组织的“共同通信格式”（Common Communication Format，CCF）也做了改动。这样做的目的，也是为了实现事实编纂（faktographisch）数据、书目（bibliographisch）数据和术语编纂（terminographisch）数据要素及格式的国际统一，从而帮助人们实现有效的数据交换。

实现术语记录（条目）的交换，不仅对于国际和国家层面上的确定性（feststellend）（描述性，deskriptive）术语专业工作具有重要意义，而且也是在国际和国家层面上开展规定性（festlegend）（präskriptive）术语专业工作的必然要求。在某个术语项目的筹划阶段，人们就应该确定下来应该采用的术语数据交换格式。

在计算机辅助的术语编纂工作中，对术语数据进行统一的存储和处理是绝对必要的。因此，国际术语信息中心（Infoterm）组建了一支专家团队，为术语数据的生成制定工作指南。经过恰当组织的计算机化术语记录具有许多优点。例如，它们可以不断获得更新，具有可检索性，还可以针对不同用户群体的需求，通过各种输出形式（COM、磁带、软盘等）进行数据定制。

术语数据要么与概念相关，要么与名称相关。此外，做好数据管理工作是确保术语数据得以及时更新的前提。我们可以把术语数据分为强制性（obligatorisch）数据和选用性（fakultativ）数据这两种类型。第一种数据类型保证了数据的完整性（术语记录要合适），而后一种数据类型则为人们提供了补充性的有用信息（只要手头上有）。

5.2.3.3.2 确定性专业（术语）工作

前面提到过，国际术语信息中心联合奥地利笔译和口译者协会以及有关大学共同成立了工作组，为以常规术语工作和计算机辅助翻译为导向的术语工作制定了指导方针。这些指导方针里就制定有满足翻译工作特殊需求的基础性术语条目的格式设计草案。在此，术语编纂数据划分为术语数据（概念数据和名称数据）和补充性数据（管理数据、图书目录数据以及限制条件等）。在这里，术语数据同样分为强制性（obligatorisch）数据和选用性（fakultativ）数据这两种类型。

在术语项目的规划阶段，出于某个具体目的，人们必须确定应该使用的数据类型。这些数据类型可以以某种方式进行组合，而且可以在不同层次（某种语言内部或者多种语言之间）上重复使用。

对面向翻译的术语工作进行组织时，还要考虑人们是采用传统卡片形式对术语数据进行收集和管理的，还是利用数据库对它们进行计算机化管理的；以及考虑这项术语工作是涉及单个翻译者还是涉及一个翻译团队。

特别是在翻译服务业所需要的集体性术语工作中，人们必然会使用到大量的管理数据和附加数据，以便确保有效维护（修订、更新）数据。

在现代化的专业翻译工作中，对于个体翻译工作者来说，进行术语记录交换越来越经济可行，而且富有深远意义，他们的翻译质量也因此得到了提高。对上述术语工作指南进行统一运用，则为人们合理运用数据类别和术语记录格式提供了共同的基础。在对术语库存进行计算机化时，重新格式化程序是可以供人们使用的，但在每一种具体情况下，人们都必须解决好涉及硬件和软件的具体问题，同时也要对涉及的版权问题进行妥善处理，等等。

5.2.3.3.3 规定性专业（术语）工作

在规定性的专业（术语）工作中，开展有效的协调和组织工作也是必要的。在20世纪70年代，在国际标准化组织信息网（Informationsnetz der ISO，ISONET）的框架内，各个国家标准化组织之间就已经实现了术语标准的数据交换（Felber 1974）。随着全球科技和经济发展的相互依赖性日益增强，进行术语数据交换就更加具有迫切性，因为这些相互交换的数据反映了不同国家的科技和经济的发展状况。

随着标准化术语数量的急剧增加，为了避免在国际层面上产生重复性的工作，或者出现同音异义词、同义词等等，人们应该为标准化术语创建全球化的数据流管理系统。国际标准化组织信息网内部的规定性专业术语工作，可以通过国际术语信息中心（Infoterm）的协调工作得到改进。在国际术语信息中心，人们可以把所有术语标准采用机器可读的方式进行处理，还能为国际标准化组织信息网的所有成员提供检索服务。20 世纪 80 年代末，国际术语信息中心的远期目标，就是组织人力和物力为标准化术语建成一个多语种的术语数据库（Galinski 1987：3ff）。

5.2.3.3.3.1　系统化工作

规定性专业术语工作的核心就是系统化工作，也就是拟定和起草概念系统，再以此为基础生成概念的定义。概念系统的构建方法，可以参见本书前面的 2.3.1.3.1.3。

人们可以从不同的角度出发，视不同的具体需求着手构建概念系统。也就是说，不同的机构和组织可以依据自己的具体需要去构建概念系统。因此，对术语系统化工作进行协调，并将它们互相连接起来形成网络，是相当有必要的。人们也有必要对现有的和即将出现的主题系统和概念系统做一番“俯瞰”，以把握其整体情况。20 世纪 80 年代末，在规范化和标准化的术语工作领域里，人们在很大程度上都是先构建主题系统，然后才将其与概念系统融合在一起。因为某个专业领域完整的概念体系，只有在极少数情况下才能建立起来。对系统化工作进行协调的最好实例，就是国际标准化组织（ISO）第 1 专业顾问小组（技术咨询小组 1）（TAG 1）的工作。这个工作组主要是对分析化学的术语进行协调，它的术语协调工作涉及 40 个国际标准化组织的专业委员会（French 1986）。国际标准化组织（ISO）第 3 专业顾问小组（技术咨询小组 3）（TAG 3）则负责能源领域的术语协调工作。

综上所述，我们可以得出以下结论：如果对规定性专业（术语）工作提出的质量要求很高的话，那么，确定性专业（术语）工作仅仅是规定性专业（术语）工作的预备阶段。为规定性专业（术语）工作建立起良好的反馈渠道，也就为术语数据库提供了可靠的术语来源。

5.2.3.4　术语工作的国际性协调

5.2.3.4.1　国际术语信息中心开展的协调活动

5.2.3.4.1.1　国际术语信息中心的发展历史

早在 20 世纪 50 年代，人们就已经有了一个筹建国际术语中心的设想。1970 年，维斯特接受国际标准化组织的委托，一方面，对全世界科学和技术术语的来源进行评估和登记；另一方面，开始为创立一个国际术语信息中心制定详细的计划。

就这一主题，维斯特特意起草了一份报告，以此推动了联合国教科文组织与奥地利标准化研究院之间达成一致性协议，并于1971年在维也纳建立了国际术语信息中心（Internationales Informationszentrum für Terminologie，Infoterm）（Wüster 1974c）。

5.2.3.4.1.2 国际术语信息中心的主要使命和活动范围

国际术语信息中心最重要的使命，就是在全世界范围内针对所有专业领域和所有语言，对所有类型的术语活动进行协调（Felber/Galinski/Nedobity 1982）。为了完成这一使命，国际术语信息中心有必要对世界各地的术语文献和涉及术语的信息进行收集、鉴定和评估，并以出版物的形式将其出版，以便提供给全世界各个具体领域的科学工作者甚至文献学家们使用（Felber 1976）。自1978年以来，涉及全世界的术语工作网络——"国际术语网"（TermNet）逐渐形成，而且在不断扩大；因为只有在进行国际分工的基础上，大量必不可少的术语活动才可能开展起来（Felber 1980）。

时值20世纪80年代末，国际术语信息中心（Infoterm）的最重要的活动领域可以归结如下：

（1）对术语信息进行收集、鉴定和评估

在此需要区分三种类型的数据：

——术语数据/术语编纂数据：这些数据与概念（包括概念系统、概念关系等）有关，也与对应于某个术语集的名称有关；

——与文献有关的图书目录数据：这些数据包含了上述这些术语，或者对这些术语进行了描述；

——涉及各类机构和个人的事实编纂数据（faktographische Daten）（罗列事实的数据）：这些机构和个人参与了术语工作，甚至参加了术语项目的运作。

Infoterm需要对上述信息进行收集和整理，并以国际图书目录等形式予以出版和公布[见本书第7部分附录3（7.3）]。

（2）标准词典的收集和评估

这一类活动构成了Infoterm术语文献工作的重点。在Infoterm的《术语图书目录2》（*Biblio Term* 2，*BT* 2）——标准专业词典的国际图书目录里，人们可以看到对所有术语标准和标准词典的记载（Felber/Krommer-Benz/Manu 1979）。截至20世纪80年代末，*BT* 2已经记录有10 000多个标准词典。而且，自1975年以来，人们不断采用机器可读的形式使这些术语库存获得定期更新，并面向广大公众进行发布（*StandardTerm* 1986）。

（3）信息咨询活动

一方面，Infoterm 要求自己的工作人员耐心细致地解答人们就不同专题提出的术语问题；另一方面，它出版了大量文件（研究报告、会议报道等）及各类期刊（*Infoterm Newsletter*、*TermNet News*、*Biblio Term*、 *StandardTerm* 等），以加大信息传播力度。Infoterm 的这类信息活动，还有利于让那些过去与术语工作只有很少或者根本没有任何关系的人对术语工作产生兴趣。这种对于术语意识的培养，首先应该针对具体专业领域中的科学工作者和翻译工作者，因为他们在日常工作中难免会遇到各种术语问题，处理好这些问题，对于他们职业的顺利发展至关重要。

Infoterm 也为人们提供关于各类术语项目的信息， 以确保当一个术语项目还处于规划阶段时，有效的协调工作就已经开始了。

（4）关于运用术语原则和方法的指导

Infoterm 对术语原则和方法运用的指导活动，主要是以 ISO 原则和标准为依据的，这种指导性活动大大促进了术语原则向实践的转化。这种支持性的服务工作，尤其得到第三世界国家的术语学家们的欢迎，在 ISO 术语原则和标准的基础上，他们采用系统化的方式，建立或完善具有本国语言特色的术语体系（术语规划）。Infoterm 的指导性支持服务也在大学校园里开花结果，世界各地的不少大学也开设了术语学课程。

同样是出于为世界各地提供术语原则和方法指导的目的，Infoterm 出版了《术语图书目录 6》（*BT* 6），其主题就是“标准和非标准术语指南国际（图）书目（录）”（International Bibliography of Standards and Non-Standardized Guidelines for Terminology）。当然，这些信息也需要定期更新 [见本书第 7 部分附录 2（7.2）]。

此外，Infoterm 和联合国教科文组织还共同出版了一部《术语手册》（*Terminologiehandbuch*）（Felber 1984）。

时值 1989 年，Infoterm 还与有关的计算机公司开展合作，旨在创建和开发术语数据库，等等。

（5）术语出版物的编订和出版

在术语学研究和实践领域中，Infoterm 还经常充当这个领域众多刊物的出版者、作者及共同作者等多重角色 [见本书第 7 部分附录 4（7.4）]。

（6）旨在解决术语问题的研究性工作

旨在探索术语原则和方法的理论性研究，是具体性术语工作不可或缺的基础。毋庸置疑，由维斯特创立的普通术语学理论是需要继续发展和丰富的，更为重要的是：它更需要与现代科学和技术实践发展的新需求相适应。除此之外，还存在着一种紧迫性——人们需要为各门专业学科或者各门语言建立起特殊的术语学理论。多年以来，对计算机辅助术语编纂数据和格式的检查这一问题，也愈来愈处于术语学研究的重要地位。对这些术语数据类型进行统一和标准化，是实现术语信息有效交换的先决条件。

（7）试点项目

术语工作中的特殊问题由 Infoterm 与合作伙伴们共同解决，并努力提出解决方案。到 1989 年为止，Infoterm 最大的试点项目就是《标准词典国际书目》（*BT* 2）的创建和继续发行工作，该图书目录也以机器可读的形式提供给广大读者。得到进一步实施的其他术语项目，也与机器可读形式的术语数据获取有关（TermNet 1982）。

（8）术语学课程

如果要在术语工作领域中获得长足的进步，培养后继人才、开设相应的术语学课程则是先决性条件。正如前面提到的，在术语学领域里，已经举办过不少的国际专题讨论会 [例如 1978 年在应用语言学国际联合会术语委员会（AILA）的框架内，在加拿大举行的关于开设术语学课程的国际学术研讨会]（见本书 2.5.4）。1972 年到 1985 年，（起初是由维斯特本人，自 1975 年起则由费尔伯教授）在维也纳大学语言学学院开设名为“普通术语学导论”（Einführung in die Allgemeine Terminologielehre）的讲座。此外，Infoterm 积极开发术语学课程，并研制出了针对术语学课程的教具（包括视听材料）。国际术语暑期学校自创办以来一年举办一次，一直获得积极好评。

Infoterm 跟外界合作的一个最重要的方面，就是与大学的合作。这些合作主要是在笔译者和口译者培训、术语学课程的框架内进行的。Infoterm 与维也纳大学笔译和口译人员教育学院的合作关系更为密切一些。自 1988 年起，维也纳大学科学理论和研究学院也设置了一个以术语学为导向的教学席位。

（9）在 Infoterm 的访问学习

20 世纪 80 年代以来，来自世界各地不同专业领域的专家们，都利用术语工作进修的机会，在 Infoterm 接受术语学实践培训。此外，学者们还可以利用学习研究的机会，参观一下维斯特研究图书馆（维斯特档案馆）。在国际术语网（TermNet）上，来自各种机构的员工都可以获得关于术语学理论和实践的专业性知识。

（10）国际会议的组织和举办

自成立以来，Infoterm 作为主办者组织了大量的国际研讨会、工作坊等，此外它还与其他机构共同组织国际会议（Infoterm 1976，1980a，1981，1986a）。1987 年，Infoterm 作为共同主办方在德国特里尔（Trier）举办了以术语学和知识技术为主题的会议（Czap/Galinski 1987）。在同一年，Infoterm 又在奥地利维也纳举办了以“术语出版物的普遍可用性”为主题的工作坊。1989 年，Infoterm 则在为计划于 1991 年召开第三届关于“术语学理论和实践”的 Infoterm 国际研讨会做准备。

（11）管理和维护维斯特研究图书馆

维斯特研究图书馆（Wüster-Forschungsbibliothek）收藏了维斯特几十年来在术语研究、标准化、语言学、哲学、词典学以及文献学等领域所收集的资料和著作；同时收集了到 1989 年尚未发表的维斯特的著作及其生前还未完成的手稿——后人将这部分内容编辑成了一个独立的专辑。维斯特的所有这些学术成果，都奠定了现代术语学研究的基础。在维斯特的所有手稿中，《名称词典》（*Wörterbuch des Benennungswesens*）以及《国际术语钥匙》（*Internationale Terminologieschlüssel*）需要特别强调一下，这些文稿在维斯特去世之后由后人出版。

（12）国际术语学高等研究所（Internationales Institut für höhere Studien in der Terminologie）

为筹建这样的研究所，人们已经酝酿了数十年之久。在 1989 年，一所研究术语学的国际性高等研究所在维也纳成立，它的名称为“国际术语学研究所”（Internationales Institut für Terminologieforschung，IITF）。

5.2.3.4.1.3 国际术语网（TermNet）

在术语学理论和实践领域中，国际术语网（TermNet）在国际合作方面起到的协调作用堪称是最先进的。国际术语网是一个以术语工作为基础的机构性网络，参与这个工作网络的机构都分担了一定的工作。1977 年，关于建立这样一个专家组工作网络的可行性，Infoterm 曾拟定了一份研究报告（Felber 1977b）。1979 年，Infoterm 咨询委员会（Infoterm-Beirat）建议实施这项计划；与此同时，人们详细拟定了国际术语网各项规划的实施计划。1980 年，国际术语网创办的杂志《国际术语网新闻》（*TermNet News*）第一期出版，截至 1987 年，这份杂志已经出版了 19 期。

5.2.3.4.1.3.1 国际术语网的工作宗旨

国际术语网的工作宗旨，是为所有领域中术语工作的国际性合作服务。TermNet 负责对所有与上述活动有关的数据进行记录和评估，然后将其转化为机器可读的形式并进行推广与传播。除此之外，TermNet 还致力于加强术语学基础性研究的合作，并积极推动术语工作原则在术语工作实践中得到应用。TermNet 的组织结构是松散的，因此，TermNet 的工作宗旨得以实现的前提是其国际分工的工作模式产生实效。1989 年，TermNet 计划将来在 Infoterm 设立一个秘书处。

5.2.3.4.1.3.2　国际术语网的相关项目

为了使建立国际术语网的梦想变为现实，Infoterm 早年制订了三个计划，在 1979 年，Infoterm 咨询委员会推荐将这些计划付诸实践。这些 TermNet 计划包括：

计划 1：发展术语工作所需要的科学性理论和方法论基础；

计划 2：在术语创建方面展开合作，并以机器可读的形式收集相应数据；

计划 3：在术语数据、书目（bibliographisch）数据和事实编纂（faktographisch）数据的收集、获取、评估、储存和传播方面，以及在术语文献的收集方面展开合作。

有效组织数据流，则是国际术语网信息策略的中心组成部分。为了实现这一目标，需要借助信息网络，有效地把书目数据、事实数据和术语数据记录下来，然后进行加工、处理和传播，不要让重复性的工作发生（TermNet 计划 3）。在这个计划框架内，国际术语网已经公布了大量参考书目（*BT* 1—12）[见本书第 7 部分附录 3（7.3）]。

在这最重要的三个计划框架里，TermNet 计划 2，则需要各类专业组织之间加强合作，共同创建术语并使其具有机器可读的形式，并以此为计划 3 中实现在上下文中检索数据提供帮助。此外，计划 2 还涵盖了有区域特色或者语言特色的术语工作，例如，在欧洲共同体、联合国等国际性组织中，以及在阿拉伯语世界（20 世纪 80 年代末，阿拉伯语世界的阿拉伯语术语标准化工作已经起步）、在西班牙语国家和葡萄牙语国家等地区层面上，人们都在制定着开展术语工作的共同性战略。

TermNet 计划 1——发展术语工作所需要的科学性理论和方法论基础，在 20 世纪 80 年代末是 Infoterm 术语活动的重中之重。这项计划最重要的内容之一，就是术语学课程的设置。正如前面提到的，Infoterm 每年都开办国际性的暑期学校。另外，在国际术语网相关人员的计划内，可以在 Infoterm 获得一次专门的术语学培训机会。这个计划也涵盖相关工作指南的制定工作，以有效地指导术语数据的收集、获取、评估、储存和传播工作的顺利进行。然而，同样有必要的，则是为有效应用这些术语原则和方针指南，提供以实践为导向的指导。出于这个目的，国际术语网出版了《国际术语网手册》（*TermNet Manual*），从而使得 TermNet 的所有合作伙伴都能以相同的方式使用术语工作的原则和方法。这部《国际术语网手册》由六部分组成。第一部分涉及图书目录的控制问题，尤其是图书目录数据、事实数据和术语数据格式的设计问题，以及输入、输出和交换格式的设计问题。第二部分讨论了对术语条目（记录）的各个数据要素的要求以及如何处理字符集等问题。第三部分包括了强制性（obligatorisch）数据和选用性（fakultativ）数据类型的列表，以及让它们实现连接的可能性。第四部分和第五部分则是以实践为导向的，在这些部分里举出了实例，对什么是良好的数据流管理进行了生动说明。第六部分则描述了术语信息系统的建立。

5.2.3.4.1.3.3 未来的发展

国际术语网的信息网络（TermNet-Informationsnetz）在未来的发展取决于其结构的演变。国际术语网的灵活的、功能强大的组织形式，使其得以在全世界范围内实现对高质量数据的完善及快速交换。国际术语网将发展成为其合作伙伴的服务机构。因此，1989 年，人们设想，未来的国际术语网将包括以下部分（Galinski 1986：6）：

TermNet 代表（TermNet Repräsentanten）；

TermNet 专业中心；

TermNet 子网；

TermNet 成员组织；

TermNet 服务中心。

20 世纪 80 年代末，国际术语网内部的合作形式已经达到可以实现制度化的阶段，1988—1989 年，国际术语网的制度化正式实施。国际术语网的代表们，则对某些地区或者专业领域承担部分责任，并为国际术语网提供相应的术语信息。在 Infoterm 的大力帮助下，国际术语网建成了其所必备的信息管理系统 [详细内容见 Galinski（1986）]。

6. 参考文献

AAA (1939). Sbornik statej po jazykoznaniju [Sammlung von Aufsätzen über Sprachwissenschaft]. Moskva: s.e., 1939, s.p.

AAA (1961). Voprosy terminologii [Fragen der Terminologie]. Moskva: AN SSSR, 1961, 231 p.

AAA (1965). Razvitie leksiki sovremennogo russkogo jazyka [Die Entwicklung des Wortschatzes der heutigen russischen Sprache]. S.l.: s.e., 1965, s.p.

AAA (1968). Sovremennye problemy terminologii v nauke i tehnike [Gegenwärtige Terminologieprobleme in Wissenschaft und Technik]. Mosvka: An SSSR, KNTT Nauka, 1968, 159 p.

AAA (1975). Spravočnyj bank terminov systemy informacionno-terminologičeskogo obsluživanija (SBT ASITO) [Terminologiebank des terminologischen Informationsdienstes (SBT ASITO)]. Naučno-tehničeskaja terminologija (1975), no. 8, p. 3-12.

AAA (1976). Actes du colloque canadien sur les fondements d'une méthodologie générale de la recherche et de la normalisation en terminologie et en documentation [Tagungsberichte des kanadischen Symposiums über die Grundlegung einer allgemeinen Methodologie der Forschung und Normung in Terminologie und Dokumentation]. Ottawa: Secrétariat d'Etat, Bureau des traductions, 1976, 343 p.

AAA (1979). Vorträge, Ergebnisse und Vorschläge des Seminars über terminologische Diplomarbeiten, abgehalten am 19. September 1979 an der Handelshochschule in Kopenhagen. København: Handelshochschule Kopenhagen, 1979, 60 p.

AAA (1980). Actes du colloque canadien sur les fondements d'une méthodologie générale de la recherche et de la normalisation en terminologie et en documentation, Ottawa - 1976 [Tagungsberichte des kanadischen Symposiums über die Grundlagen einer allgemeinen Methodenlehre der Forschung und Normung in der Terminologie und Dokumentation]. Ottawa: Secrétariat d'Etat, Bureau des traductions, 1980, 343 p.

AAA (1982). Kultura reči v tehničeskoj dokumentacii [Die Sprachkultur in der technischen Dokumentation]. Moskva: Nauka, 1982, 200 p.

AAA (1984). Proceedings of the national symposium on linguistic services. Held in Ottawa, October 9-12, 1984/Actes du colloque national sur les services linguistiques. Tenu à Ottawa, du 9 au 12 octobre 1984 [Tagungsberichte des nationalen Symposiums über Sprachendienste. Ottawa, 9.-12. Oktober 1984]. Ottawa: Secretary of State, 1985, 409 p.

AAA (1985). Terminologija i meždunarodno naučno i tehničesko s"trudničestvo (2) [Terminologie und internationale wissenschaftliche und technische Zusammenarbeit]. Sofia: s. e., 1985, s. p..

AAA. La banque de données terminologiques de la Commission EURODICAUTOM. Bulletin de la traduction (1979), no. 80, p. 12.

AFTERM/OFFICE DE LA LANGUE FRANÇAISE (1977). Terminologies 76. Colloque international, Paris-La-Défense, 15 - 18 juin 1976 [Terminologie 76. Internationales Symposium, Paris-La-Défense, 15. - 18. Juni 1976]. Paris: La maison du dictionnaire, 1977, 427 p.

AHMANOVA, O. (1966). Slovar linguističeskih terminov [Wörterbuch linguistischer Benennungen]. Moskva: Sov. Enciklopedija, 1966, 607 p.

AHMANOVA, O.; AGAPOVA, G. (1974). Terminology: Theory and Method [Terminologie: Theorie und Methode]. Moskva: Moscow State University, 1974, 205 p.

AKADEMIJA NAUK SSSR [ed.]. (1970). Linguističeskie problemy naučnotehničeskoj terminologii [Sprachwissenschaftliche Probleme der wissenschaftlichen und technischen Terminologie]. Moskva: Nauka, 1970, 231 p.

AKULENKO, V.V. [ed.]. (1980). Internacional'nye elementy v leksike i terminologii [Internationale Elemente im Wortschatz und in der Terminologie]. Har'kov: Vyšča Skola, 1980, 198 p.

ARNTZ, R. (1984). Der Diplomstudiengang Fachübersetzen an der wissenschaftlichen Hochschule Hildesheim. Mitteilungsblatt für Dolmetscher und Übersetzer 30 (1984), no. 4, p. 2-5.

ARNTZ, R.; PICHT, H. (1982). Einführung in die übersetzungsbezogene Terminologiearbeit. Hildesheim/Zürich/New York: Georg Olms, 1982, 238 p. (Hildesheimer Beiträge zu den Erziehungs- und Sozialwissenschaften. Studien - Texte - Entwürfe, Bd. 17).

AUGER, P. (1976). La terminologie: une discipline linguistique de XXᵉ siècle [Terminologie: eine linguistische Disziplin des 20. Jahrhunderts]. In: REGIE DE LA LANGUE FRANÇAISE [ed.]. Actes du colloque international de terminologie. Essai de définition de la terminologie. Québec: Régie de la langue française, 1976, p. 59-71.

AUGER, P. (1979a). L'enseignement de la terminologie (aspects théoretiques et pratiques) dans le cadre des études en traduction et en linguistique [Terminologieunterricht (Theoretische und praktische Aspekte) im Rahmen des Übersetzer- und Linguistikstudiums]. In: OFFICE DE LA LANGUE FRANÇAISE [ed.]. Actes du 6e colloque international de terminologie. Québec: Editeur officiel du Québec, 1979, p. 445-484.

AUGER, P. (1979b). La syntagmatique terminologique, typologie des syntagmes et limite des modèles en structure complexe [Terminologische Syntagmatik, Typologie der Syntagmen und Grenze der Modelle mit komplexer Struktur]. In: RONDEAU, G. [ed.]. Table ronde sur les problèmes du découpage du terme. Montréal: Office de la langue française, 1979, p. 11-26.

AUGER, P. (1982). La problématique de l'aménagement terminologique au Québec [Die Problematik der Terminologieplanung in Québec]. Terminogramme (1982), no. 13, p. 1-3.

AUGER, P. (1984). La Commission de terminologie de l'Office de la langue française et la normalisation terminologique [Die Terminologie-Kommission des Amtes für französische Sprache und Terminologienormung]. In: INFOTERM. Terminologies for the eighties. With a special section: 10 years of Infoterm. München/New York/London/Paris: K.G. Saur, 1982 (Infoterm Series 7), p. 227-238; und
Terminogramme (1984), no. 26-27, p. 9-12.

AUGER, P.; ROUSSEAU, L.-J. [et al.]. (1977). Méthodologie de la recherche terminologique [Die Methodenlehre der Terminologieforschung]. Québec: Editeur officiel du Québec, 1977, 80 p. 21 (Etudes, recherches et documentation, no. 9).

BAAKES, K. (1984). Theorie und Praxis der Terminologieforschung, Deutsch-Englisch. Heidelberg: Groos, 1984, 249 p. (Sammlung Groos 20).

BACK, O. [ed.] (1983). Festschrift zum 40-jährigen Bestehen des Institutes für Übersetzer- und Dolmetscherausbildung der Universität Wien. Tulln: Ott, 1983, 152 p.

BAKKER, F.J.; HOVESTREIJDT, A.J.W. (1966). Lichtbogenschweißtechnik. Eindhoven: N.V. Philips Gloeilampenfabrieken, 1966, 238 p.

BARHUDAROV, S.G. [ed.] (1970a). Lingvističeskie problemy naučno-tehničeskoj terminologii [Sprachwissenschaftliche Probleme der wissenschaftlichen und technischen Terminologie]. Moskva: Nauka, 1970, 231 p.

BARHUDAROV, S.G. [et al.] (1970b). Problemy jazyka nauki i tehniki. Logičeskie, lingvističeskie i istoriko-naučnye aspekty terminologii [Probleme der Sprache in Wissensschaft und Technik. Logische, linguistische, historische und wissenschaftliche Aspekte der Terminologie]. Moskva: Nauka, 1970, 127 p.

BARHUDAROV, S.G. [ed.] (1976). Problematika opredelenij terminov v slovarjah raznyh tipov [Die Problematik der Definition von Benennungen in Wörterbüchern verschiedener Art]. Leningrad: Nauka, 1976, 266 p.

BAUMANN, E. [et al.] (1975). Rechnerunterstützte fachsprachliche Lexikographie. Internationales Kolloquium an der TU Dresden vom 5. und 7. Februar 1975. Tagungsbericht. Wissenschaftliche Zeitschrift der TU Dresden 24 (1975), no. 6, p. 1241-1292.

BAUMANN, E. [et al.] (1979). 2. Internationales Kolloquium "Rechnerunterstützte fachsprachliche Lexikologie" an der Technischen Universität Dresden vom 29. bis 31. August 1978 - Tagungsbericht. Wissenschaftliche Zeitschrift der Technischen Universität Dresden 28 (1979), no. 6, p. 1409-1413.

BAUSCH, K.-H.; SCHEWE, W. H. U.; SPIEGEL, H.-R. (1976). Fachsprachen. Terminologie. Struktur. Normung. Berlin/Köln: Beuth, 1976, 168 p. (DIN Normungskunde Heft 4).

BELAHOV, L. J. (1968). Problemy gosudarstvennoj standartizacii terminologii v SSSR [Probleme der staatlichen Terminologienormung in der UdSSR]. Moskva: Komiteta standartov, mer i izmeritel'nyh priborov pri sovete ministrov SSSR, 1968, 196 p.

BERGER, M.G. (1971). Nekotorye obščie voprosy terminologii kak nauki [Allgemeine Fragen der Terminologie als Wissenschaft]. In: MOSKOVSKIJ GOSUDARSTVENNYJ UNIVERSITET IM M.V. LOMONOSOVA. Naučnyj sympozium "Semiotičeskie problemy jazykov nauki, terminologii, i informatikii" v 2 častjah Moskva: Izd. Moskovskogo Universiteta, 1971, p. 316 - 319.

BERNER, K.E. (1970). Die Anforderungen des Bundessprachenamtes. In: Der Sprachmittler 8 (1970), no. 4, p. 110-120.

BIBLIOTERM (seit 1983). Wien: Infoterm.

BISFA. (1968). Terminologie. Basel: BISFA, 1968, 60 p.

BLAHA, H. Aufbau und Nutzungsmöglichkeiten einer Normen-Terminologie-Datenbank. Fachsprache 2 (1980), no. 4, p. 146-156.

BOCHENSKI, I. M. (1954). Die zeitgenössischen Denkmethoden. 3. Aufl. Bern/ München: Francke-Verlag, 1954, 150 p. (Dalp-Taschenbücher Bd. 304 d).

BOGUCKAJA, M.F.; LAGUTINA, A.B. (1982). Terminovedenie na Ukraine. Bibliografičeskij Ukazatel' 1947 - 1980 [Terminologiewesen in der Ukraine. Schrifttumsverzeichnis 1947 - 1980]. Kiev: Naukova Dumka, 1982, 105 p.

BOULANGER, J.C. (1987). L'ars terminologica à l'université [Die Kunst der Terminologie an der Universität]. L'actualité terminologique/Terminology Update (1987), no. 2, p. 6-7.

BRAND, V. (1966). Odborna terminologie jako samostatny vedni obor [Fachterminologie als selbständiges Wissenschaftsfach]. In: DROZD, L. [ed.]. Sbornik. Provozne ekonomicke fakulty vysoké skoly zemednelské v Praze-Suchdole. Praha: Statni pedagogické nakladelstvi, 1966, p. 33-43.

BÜHLER, H. (1983). Die Terminologieausbildung für Übersetzer und Dolmetscher - ein Wiener Modell. In: BACK, O. [ed.]. Festschrift zum 40-jährigen Bestehen des Institutes für Übersetzer- und Dolmetscherausbildung der Universität Wien. Tulln: Ott, 1983, p. 51-73.

C.I.R.P. (1974). Wörterbuch der Fertigungstechnik. Band 6. Hobeln, Stoßen, Räumen, Drehen/Dictionary of production engineering. Vol. 6. Planning, slotting, broaching, turning/Vocabulaire des techniques de production mécanique. Vol. 6. Rabotage, mortaisage, brochage, tournage. Essen: Giradet, 1974, 194 p.

CIOMS (1965). Terminologie et lexicographie médicales [Terminologie und medizinische Lexikographie]. Paris: Mosson et Cie: 1965, 59 p.

CZAP, H.; GALINSKI, C. [eds.] (1987). Terminology and knowledge engineering. Proceedings. International Congress on Terminology and Knowledge Engineering, 29 Sept.-1 Oct 1987. University of Trier, FRG. [Terminologie und Wissenstechnik. Tagungsberichte. Internationaler Kongreß über Terminologie und Wissenstechnik, 29. Sept. - 1. Okt. 1987. Universität Trier, BRD]. Frankfurt/Main: INDEKS, 1987, 435 p.

DAGV s. DEUTSCHE ARBEITSGEMEINSCHAFT VAKUUM

DAHLBERG, I. (1974). Zur Theorie des Begriffes. International Classification 1 (1974), no. 1, p. 12-19.

DAHLBERG, I. (1976). Über Gegenstände, Begriffe, Definitionen und Benennungen. Muttersprache 86 (1976), no. 2, p. 81-117.

DAHLBERG, I. (1985). Begriffsbeziehungen und Definitionstheorie. In: INFOTERM. Terminologie und benachbarte Gebiete/Terminology and related fields/Terminologie et disciplines connexes 1965-1985. Wien/Köln/Graz: Böhlau, 1985, p. 137-148.

DAHLBERG, I. [ed.] (1986). Klassifikation als Werkzeug der Lehre und Forschung. Frankfurt: INDEKS, 1986, (Studien zur Klassifikation, Bd 16 (SK 16)), 171 p.

DANILENKO, V.P. (1973). O terminologičeskom slovoobrazovanii [Über die terminologische Wortbildung]. Voprosy jazykoznanija (1973), no. 4, p. 76 - 85.

DANILENKO, V.P. [ed.] (1974). Issledovanija po russkoj terminologii [Forschungen auf dem Gebiet der russischen Terminologie]. Moskva: Nauka, 1971, 229 p.

DANILENKO, V.P. (1977). Russkaja terminologija. Opyt lingvističeskogo opisanija [Russische Terminologie. Versuch einer Beschreibung]. Moskva: Nauka, 1977, s.p.

DANILENKO, V.P.; SKVORCOV, L.I. (1982). Normativnye osnovy unifikacii terminologii [Normung als Grundlage der Vereinheitlichung der Terminologie]. In: AAA. Kultura reči v tehničeskoj dokumentacii. Moskva: Nauka, 1982, p. 5-35.

DELFORGE, P.; TYTECA, D. (1984). Europäische Wildorchideen. Zürich/Köln: Benzinger, 1984, 189 p.

DER VOLKSBROCKHAUS (1972). 14. Aufl. Wiesbaden: Brockhaus, 1972, p. 250.

DEUTSCHE ARBEITSGEMEINSCHAFT VAKUUM (DAGV) (1969). Thesaurus Vacui (ThV). Köln: Beuth, 1969, 38 p.

DIEGO, A.F. de; SANCHEZ-VEGAS, M.G. de [eds.] (1984). Actas del 1er seminario nacional de terminología 11 al 15 de abril de 1983 [Bericht über das erste nationale Terminologie-Seminar 11.-15. April 1983]. Caracas: Universidad Simón Bolivár, 1984, 402 p.

DIN = DIN. Deutsches Institut für Normung e.V., Berlin, BRD

DIN (1953). Normungstechnik. Begriffsbildung. Regeln. Berlin: Beuth, 1953, 6p. (Entwurf DIN 2330).

DIN (1964). Handsägen für Holz. Begriffe. Berlin: Beuth, 1964, 11 p. (Vornorm DIN 6493, Bl. 1).

DIN (1965a). Gestaltung von Fachwörterbüchern und von Wörterbuchmanuskripten. Wörterbücher. Berlin: Beuth, 1965, 8 p. (Entwurf DIN 2334, Blatt 1).

DIN (1965b). Gestaltung von Fachwörterbüchern und Wörterbuchmanuskripten. Belegzettel. Berlin: Beuth, 1965, 3 p. (Entwurf DIN 2334, Blatt 3).

DIN (1965c). Gestaltung von Fachwörterbüchern und Wörterbuchmanuskripten. Wörterbuchmanuskript. Berlin: Beuth, 1965, 8 p. (Entwurf DIN 2334, Blatt 2).

DIN (1971a). Begriffssystem Zeichen. Berlin: Beuth, 1971, 17 p. (Entwurf DIN 2338).

DIN (1971b). Begriffssysteme und ihre Darstellung. Berlin: Beuth, 1971, 12 p. (Entwurf DIN 2331).

DIN (1973). Ausarbeitung und Gestaltung von Normblättern mit terminologischen Festlegungen. Berlin: Beuth, 1973, 17 p. (Entwurf DIN 2339).

DIN (1975). Internationale Angleichung von Fachbegriffen und ihren Benennungen. Berlin: Beuth, 1975, 7 p. (Vornorm DIN 2332).

DIN (1979). Begriffe und Benennungen. Berlin: Beuth, 1979, 19 p. (DIN 2330).

DIN (1980a). Begriffssysteme und ihre Darstellung. Berlin: Beuth, 1980, 26 p. (DIN 2331).

DIN (1980b). Magnet-Austauschformat für terminologische/lexikographische Daten (MATER). Berlin: Beuth, 1980, 37 p. (Vornorm DIN 2341).

DIN (1982a). Kurzformen für Benennungen und Namen. Bilden von Abkürzungen und Ersatzkürzungen. Begriffe und Regeln. Berlin: Beuth, 1982, 5 p. (Entwurf DIN 2340).

DIN (1982b). Internationales Elektrotechnisches Wörterbuch. Teil 121: Elektromagnetismus. Berlin: Beuth, 1982, 50 p. (Vornorm DIN IEC 50 Teil 121).

DIN (1983). Codes für Ländernamen. Berlin: Beuth, 1983, 17 p. (DIN 3166).

DIN (1985). Ordnen von Schriftzeichenfolgen (ABC-Regeln). Berlin: Beuth, 1985, 7 p. (Entwurf DIN 5007).

DIN (1986a). Büro- und Datentechnik Begriffe und Einteilung. Berlin: Beuth, 1986, p. (DIN 9763 Teil 1).

DIN (1986b). DK-Dezimalklassifikation Abteilung 719. 2. Deutsche Gesamtausgabe. FID-Nr. 297. Berlin/Köln: Beuth, 1986, 143 p.

DIN (1986c). Sprachenzeichen. Berlin: Beuth, 1986, 9 p. (DIN 2335).

DIN (1986d). Format für den maschinellen Austausch terminologischer/lexikographischer Daten. MATER. Kategorienkatalog. Berlin: Beuth, 1986, 15 p. (Entwurf DIN 2341 Teil 1).

DIN (1986e). Ausarbeitung und Gestaltung von Veröffentlichungen mit terminologischen Festlegungen. Normen. Berlin: Beuth, 1986, 18 p. (Entwurf DIN 2339 Teil 2).

DIN (1986f). DK-Dezimalklassifikation. Zweite Deutsche Gesamtausgabe. Abteilungen 7/9 Kunst. Kunstgewerbe. Photographie. Musik. Spiele. Sport. Sprachwissenschaft. Philologie. Schöne Literatur. Literaturwissenschaft. Geographie. Biographie. Geschichte. Berlin/Köln: Beuth, 1986, 143 p.

DIN (1987a). Erstellung und Weiterentwicklung von Thesauri, Einsprachige Thesauri. Berlin: Beuth, 1987, 12 p. (DIN 1463 Teil 1).

DIN (1987b). Fernsehtechnik. Begriffe. Berlin: Beuth, 1987, 32 p. (DIN 45060).

DIN (1987c). Ausarbeitung und Gestaltung von Veröffentlichungen mit terminologischen Festlegungen. Stufen der Terminologiearbeit. Berlin: Beuth, 1987, 16 p. (DIN 2339 Teil 1).

DIN (1988). Benennungen international übereinstimmender Begriffe. Berlin: Beuth, 1988, 6 p. (DIN 2332).

DORNSEIFF, F. (1954). Der deutsche Wortschatz nach Sachgruppen. 4. Aufl. Berlin: De Gruyter & Co., 1954, 583 p.

DREZEN, E.K. (1934). O meždunarodnom normalizacii naučno-tehničeskih terminov i oboznačenij [Über die internationale Normung wissenschaftlicher und technischer Benennungen und Bezeichnungen]. Sozialističeskaja Rekonstrukcija i Nauka (1934), s. n., p. 92-98.

DREZEN, E.K. (1936). Internacionalizacija naučno-tehničeskoj terminologii [Die Internationalisierung der wissenschaftlichen und technischen Terminologie]. Leningrad/Moskva: Standartgiz, 1936, 100 p.

DROZD, L. (1975a). Zum Gegenstand und zur Methode der Terminologielehre. Muttersprache 85 (1975), no. 2, p. 109-117.

DROZD, L. [ed.] (1975b). Sbornik. Provozne ekonomické faculty vysoké skoly zemedelske v Praze-Suchdole [Sammlung. Fakultät für Agronomik der Hochschule für Landwirtschaft in Prag-Suchdole]. Praha: Statni pedagogické nakladatelstvi, 1975, 177 p.

DROZD, L. (1975c). Zum fachbezogenen Deutschunterricht im Institut für nichtslawische Sprachen. In: DROZD, L. [ed.]. Sbornik. Provozne ekonomické faculty vysoké skoly zemedelske v Praze-Suchdole. Praha: Statni pedagogické nakladatelstvi, 1975, p. 43-47.

DROZD, L.; SEIBICKE, W. (1973). Deutsche Fach- und Wissenschaftssprache. Wiesbaden: Brandstetter, 1973, 207 p.

DUBUC, R. (1975). Formation des terminologues - theoriciens ou practiciens [Ausbildung von Terminologen - Theoretiker oder Praktiker]. La Banque des mots (1975), no. 9, p. 13-22.

DUBUC, R. (1976). Définition et objectifs de la recherche terminologique [Definition und Ziele der Terminologieforschung]. In: AAA. Actes du colloque canadien sur les fondements d'une méthodologie générale de la recherche et de la normalisation en terminologie et en documentation. Ottawa: Secrétariat d'Etat, 1976, p. 12-44.

DUBUC, R. (1978). Manuel practique de terminologie [Praktisches Terminologiehandbuch]. Paris: CILF, 1978, 98 p.

DUBUC, R. (1979). Découpage de l'unité terminologique [Segmentierung der terminologischen Einheit]. In: RONDEAU, G. [ed.]. Table ronde sur les problèmes de découpage du terme. Montréal: Office de la langue française, 1979, p. 54-115.

DUBUC, R. (1981). Sémantique et terminologie [Semantik und Terminologie]. L'actualité terminologique/Terminology Update 14 (1981), no. 9, p. 6-7.

DUTZ, K.D.; KACZMAREK, L.; WULFF, H.J. (1983). Systematischer Katalog der Allgemeinen Sprachwissenschaft. Münster: Institut für Allgemeine Sprachwissenschaft u. MAKS Publikationen, 1983, 120 p. (Arbeiten zur Klassifikation 2).

FELBER, H. (1974). Das ISO Informationsnetz im Aufbau. ÖNORM (1974), no. 3, p. 13-17.

FELBER, H. (1976). Developing international co-operation in terminology and terminological lexicography [Die Entwicklung der internationalen Zusammenarbeit in Terminologie und terminologischer Lexikographie]. In: INFOTERM. First Infoterm symposium. International co-operation in terminology / Premier symposium d'Infoterm. Coopération internationale en terminologie. München: Verlag Dokumentation, 1976 (Infoterm Series 3), p. 281-296.

FELBER, H. (1977a). Wüsters Lebenswerk auf dem Gebiet der Terminologie, Klassifikation und Dokumentation. ÖNORM (1977), no. 31, p. 38-40.

FELBER, H. (1977b). Study on the development of a network of terminology preparing bodies and terminology documentation centres [Untersuchung über die Entwicklung eines Netzes für Terminologie ausarbeitende Körperschaften und Terminologie-Dokumentationszentren]. Wien: Infoterm, 1977, 68 p. (Infoterm 1-78, TermNet 5-77).

FELBER, H. (1978). Grundsätze der allgemeinen Terminologielehre und die Terminologienormung. FORUM WARE - Wissenschaft und Praxis 6 (1978), no. 3-4, p. 179-182.

FELBER, H. (1979). Theory of terminology, terminology work and terminology documentation. Interaction and world wide development [Terminologielehre, -arbeit und -dokumentation. Gegenseitige Beeinflussung und weltweite Entwicklung]. Special Language/Fachsprache 1 (1979), no. 1/2, p. 20-32.

FELBER, H. (1980). Infoterm and TermNet. Plans - activities - achievements [Infoterm und TermNet. Pläne - Tätigkeiten - Errungenschaften]. International Classification 7 (1980), no. 3, p. 140-145.

FELBER, H. (1981). The general theory of terminology and of terminography. Anticipated developments in the eighties [Die Terminologielehre und Terminographie. Zu erwartende Entwicklungen in den 80er Jahren]. In: INFOTERM. Terminologies for the eighties. With a special section: 10 years of Infoterm. München/New York/London/Paris: K.G. Saur, 1982 (Infoterm Series 7), p. 119-136.

FELBER, H. (1983). Computerized terminography in TermNet - the role of terminological data banks [Rechnerunterstützte Terminographie in TermNet - die Rolle der terminologischen Datenbanken]. In: SNELL, B. [ed.]. Term banks for tomorrow's world. Translating and the computer 4. Proceedings of a conference jointly sponsored by Aslib, the Aslib Technical Translation Group, and the Translators' Guild of the Institute of Linguists. 11-12 November 1982, at The London Press Centre. London: Aslib, 1983 (Translating and the Computer 4), p. 8-20.

FELBER, H. (1984). Terminology manual [Terminologie-Handbuch]. Paris: Unesco/Infoterm, 1984, 21+426 p.

FELBER, H. (1985a). Terminology planning in countries lacking developed terminologies [Terminologieplanung in Ländern, in denen entwickelte Terminologien fehlen]. In: BÜHLER, H. [ed.]. X. Weltkongress der FIT. Wien: Braumüller, 1985, p. 273 - 277.

FELBER, H. (1985b). Present and future terminology work in the People's Republic of China [Die gegenwärtige und künftige Terminologiearbeit in der Volksrepublik China]. Special Language/Fachsprache 7 (1985), no. 1-2, p. 53-57.

FELBER, H. (1986). Einige Grundfragen der Terminologiewissenschaft aus der Sicht der Allgemeinen Terminologielehre. Special language/Fachsprache 8 (1986), no. 3-4, p. 110-123.

FELBER, H. (1987). In memory of Professor Guy Rondeau [Zum Gedächtnis von Prof. Guy Rondeau]. Special Language/Fachsprache 9 (1987), no. 1-2, p. 62 - 63.

FELBER, H. (1988). Der Terminologielehre-Unterricht. In: GNUTZMANN, C. [ed.]. Fachbezogener Fremdsprachenunterricht. Tübingen: Narr, 1988, p. 127-140.

FELBER, H.; GALINSKI, CH.; NEDOBITY, W. (1982). Ten years of Infoterm. A report on activities and achievements [Zehn Jahre Infoterm. Ein Bericht über die Tätigkeiten und Leistungen]. In: INFOTERM. Terminologies for the eighties. With a special section: 10 years of Infoterm. München/New York/London/Paris: K.G. Saur, 1982 (Infoterm Series 7), p. 19-95.

FELBER, H.; KROMMER-BENZ, M.; MANU, A. (1979). International Bibliography of standardized vocabularies/Bibliographie internationale de vocabulaires normalisés/Internationale Bibliographie der Normwörterbücher. 2nd ed. München/New York/London/Paris: K.G. Saur, 1979, 540 p. (Infoterm Series 2).

FELBER, H.; LANG, F. (1979). Eugen Wüster - Würdigung der Person und des Wissenschaftlers. In: FELBER, H.; LANG, F.; WERSIG, G. [ed.]. Terminologie als angewandte Sprachwissenschaft - Gedenkschrift für Univ.-Prof. Dr. Eugen Wüster. München/New York/London/Paris: K.G. Saur, 1979, p. 15-28.

FELBER, H.; LANG, F.; WERSIG, G. [ed.]. Terminologie als angewandte Sprachwissenschaft - Gedenkschrift für Univ.-Prof. Dr. Eugen Wüster. München/New York/London/Paris: K.G. Saur, 1979, 272 p.

FELBER, H.; NEDOBITY, W. (1986). Unterricht in Begriffs- und Themaklassifikation. In: DAHLBERG, I. [ed]. Klassifikation als Werkzeug der Lehre und Forschung. Frankfurt: INDEKS, 1986 (Studien zur Klassifikation, Bd 16 (SK 16)), p. 94-98.

FELBER, H.; PICHT, H. (1984). Métodos de terminografía y principios de investigación terminológica [Methoden der Terminographie und Grundsätze der Terminologieforschung]. Madrid: Hispanoterm/Instituto "Miguel de Cervantes", CSIC, 1984, 254 p.

FILIPEC, J. (1975). Zur Frage des Systems in der Terminologie. In: DROZD, L. [ed.]. Sbornik. Provozne ekonomicke faculty vysoke skoly zemedelske v Praze-Suchdole. Praha: Statni pedagogické nakladatelstvi, 1975, p. 93-104.

FISCHL, J. (1952). Logik. Graz/Wien/Altötting: Styria, 1952, 156 p.

FLEISCHER, W. (1975). Zur Charakterisierung terminologischer Wortbildungsstrukturen. In: DROZD, L. [ed.]. Sbornik. Provozne ekonomicke faculty vysoke skoly zemedelske v Praze-Suchdole. Praha: Statni pedagogické nakladatelstvi, 1975, p. 105-115.

FOTIEV, A.M. (1969). Naučno-tehničeskaja progress i sredstva ponimanija. Terminologija - samostojatel'naja disciplina [Wissenschaftlicher und technischer Fortschritt und die Verständigungsmittel. Terminologie - eine selbständige wissenschaftliche Disziplin]. In: MOSKOVSKIJ GOSUDARSTVENNYJ UNIVERSITET IM M.V. LOMONOSOVA. Naučnyj simpozium. Mesto terminologii v sisteme sovremennyh nauk. Moskva: Izd. Moskovskogo Universiteta, 1969, p. 46 - 49.

FRENCH, E. J. (1986). Terminological Activities in ISO and their wider significance [Terminologische Aktivitäten in der ISO und ihre Bedeutung]. In: INFOTERM. Proceedings. Second Infoterm Symposium. Networking in terminology. International co-operation in terminology work / Actes. Deuxième symposium d'Infoterm. Travail dans le cadre d'un réseau de terminologie. Co-operation internationale dans le travail terminologique. München/New York/ London/Paris: K. G. Saur, 1986 (Infoterm Series 8), p. 62-81.

GALINSKI, C. (1986). Networking of TermNet. Implementation and future structure [Vernetzung in TermNet. Durchführung und künftige Struktur]. Wien: Infoterm, 1986, 11 p. (TermNet 8-86).

GALINSKI, C. (1987). Joint efforts to improve the quality of standardized terminologies [Gemeinsame Bemühungen um die Verbesserung der Qualität genormter Terminologien]. Wien: Infoterm, 1987, 14 p. (Infoterm 5-87).

GALINSKI, C.; NEDOBITY, W. (1986). Eine terminologische Datenbank als Managementinstrument. Wien: Infoterm, 1986, 11 p. (Infoterm 3-86).

GARMS, H. (1985). Fauna Europas. Ein Bestimmungslexikon der Tiere Europas. Wiesbaden: Englisch, 1985, XXXVI+552 p.

GIRSTERM/OLF/DGTD. Problèmes de la definition et de la synonymie en terminologie. Actes du Colloque international de terminologie. Université Laval, Québec, 23 - 27 mai 1982 [Probleme der Definition und der Synonymie in der Terminologie. Tagungsberichte der Internationalen Terminologietagung. Universität Laval, Québec, 23.-27. Mai 1982]. Québec: TERMIA/GIRSTERM, 1983, 551 p.

GNUTZMANN, C. [ed.] (1988). Fachbezogener Fremdsprachenunterricht. Tübingen: Narr, 1988, 234 p.

GOFFIN, R. (1976). La recherche terminologique: des réalités du métier à son apprentissage [Die Terminologieforschung: Von der Berufswirklichkeit zur Lehre]. In: AFTERM/Office de la langue française. Terminologies 76. Colloque international, Paris-La Défense, 15-18 juin 1976. Paris: La maison du dictionnaire, 1977, p. II-37 - II-48.

GOFFIN, R. (1978). Le mémoire de terminologie; une forme de rapprochement entre théorie et pratique de la terminologie [Die Terminologie-Diplomarbeit: eine Form der Annäherung von Theorie und Praxis der Terminologie]. Bruxelles: Commission des communautés européennes, 1978, 8 p.

GOFFIN, R. (1982). Die Fachsprachenforschung zwischen Interlinguistik und Strukturalismus. In: AAA. Fachsprachenforschung und -lehre. Tübingen: Narr, 1982, p. 29-43.

GOSSTANDART (1983). Naučno-tehničeskaja terminologija (Tezisy dokladov konferencii) [Wissenschaftliche und technische Terminologie (Tagungsberichte)]. Moskva: VNIIKI, 1983, 192 p.

GOSSTANDART; VNIIKI (1977). Metodika standardizacii sokroščenij russkih slov i slovosocetanij [Methode der Normung von Abkürzungen von russischen Wörtern und zusammengesetzten Wörtern bzw. Wortgruppen]. Moskva: GOSSTANDART, 1977, 38 p.

GUILBERT, L. (1973). La spécificité du terme scientifique et technique [Die Besonderheiten der wissenschaftlichen und technischen Benennung]. Langue française (1973), s.n., s.p.

GUILBERT, L. (1976a). Terminologie et linguistique [Terminologie und Sprachwissenschaft]. In: REGIE DE LA LANGUE FRANÇAISE [ed.]. Actes du colloque international de la terminologie. Essai de définition de la terminologie. Québec: Editeur Officiel du Québec: 1976, p. 13-26.

GUILBERT, L. (1976b). "La relation entre l'aspect terminologique et l'aspect linguistique du mot" [Die Beziehung zwischen dem terminologischen und sprachlichen Aspekt des Wortes]. In: INFOTERM. First Infoterm Symposium. International co-operation in terminology/Premier symposium d'Infoterm. Coopération internationale en terminologie. München: Verlag Dokumentation, 1986, (Infoterm Series 3), p. 242-249.

GUILBERT, L. (1976c). Lexicographie et terminologie [Lexicographie und Terminologie]. In: AFTERM. Office de la langue française. Terminologies 76. Colloque international, Paris-La Défense, 15-18 juin 1976. Paris: La maison du dictionnaire, 1977, p. V-1 - V-13.

HADAMARD, J. (1945). The psychology of invention in the mathematical fields [Die Psychologie der Erfindung auf mathematischen Gebieten]. Princeton: University Press, 1945, 145 p.

HAJUTIN, A.D. (1971). O razlicnyh napravlenijah v terminologiceskoj rabote [Verschiedene Richtungen in der Terminologiearbeit]. In: MOSKOVSKIJ GOSYDARSTVENNYJ UNIVERSITET I. M. LOMONOSOVA. Naucnyj symposium semiotičeskie problemy jazykov nauki, terminologii i informatiki. Moskva: Izd. Moskovskogo Universiteta, 1971, p. 320-321.

HAJUTIN, A.D. (1982). Termin, terminologija, nomenclatura [Benennung, Terminologie, Nomenklatur]. Samarkand: Izd. Samarkandskogo universiteta, 1982, s. p.

HAUGELAND, I. (1981). Mind design [Denkmuster]. Bradford: s. e., 1981, s. p.

HAUSENBLAS, K. (1963) Terminy a odborny text [Termini und Fachtext]. CSTC (1963), no. 2, p. 11.

HAVELKA, F. (s. d.). International technical fire service ditionary/Internationales technisches Brandschutzwörterbuch/Dictionnaire international technique des service d'incendie/Mezdunarodnyj slovar' po protivopozarnoj zascite. Tunbridge Wells: UNISAF, s.d., 424 p.

HAVRANEK, B. (1932). Ukoly spisovného jazyka a jeho kultura. Spisovna cestina a jazykova kultura [Aufgaben der Schriftsprache und deren Kultur. Tschechische Schriftsprache und Sprachkultur]. Prag: s.e., 1932, p. 32-84.

HENNING, J. M. (1983). La banque de terminologie en mécanique des sols CEZAUTERM [Die terminologische Datenbank für Bodenmechanik - CEZAUTERM]. TermNet News (1983), no. 7, p. 26-29.

HOFFMANN, J. (1986). Die Welt der Begriffe. Psychologische Untersuchungen zur Organisation des menschlichen Wissens. Berlin: VEB Deutscher Verlag der Wissenschaften, 1986, 172 p.

HOFFMANN, L. (1971). Angewandte Sprachwissenschaft. Fachsprachen und sprachliche Ebenen. Wissenschaftliche Zeitschrift der Technischen Universität Dresden (1971), s. n., p. 1209-1215.

HOFFMANN, L. (1976). Kommunikationsmittel Fachsprache. Eine Einführung. 1. Aufl. Berlin: Akademie-Verlag, 1976, 498 p. (Sammlung Akademie-Verlag 44, Sprache).

HOFFMANN, L. (1977). Leipziger Thesen zur fachsprachlichen Forschung. Wissenschaftliche Zeitschrift der Karl Marx-Universität Leipzig (1977), no. 2 (Gesellschafts- und Sprachwissenschaftliche Reihe 26), p. 165 - 167.

HOFFMANN, L. [ed.] (1978). Sprache in Wissenschaft und Technik. Leipzig: VEB-Verlag Enzyklopädie, 1978, 244 p.

HOFFMANN, L. (1979). Towards a theory of LSP [Auf dem Wege zu einer Fachsprachentheorie]. Special Language/Fachsprache 1 (1979), no. 1, p. 12-16.

HOFFMANN, L. [ed.] (1982). Terminology and LSP [Terminologie und Fachsprache]. In: INFOTERM. Terminologies for the Eighties. With a special section: 10 years of Infoterm. München/New York/London/Paris: K.G. Saur, 1982 (Infoterm Series 7), p. 391-402.

HOFFMANN-OSTENHOF, O. (1976). Biochemical terminology - an example for successful international co-operation in the natural sciences [Biochemische Terminologie - ein Beispiel für erfolgreiche Zusammenarbeit in den Naturwissenschaften]. In: INFOTERM. First Infoterm Symposium. International cooperation in terminology/Premier symposium d'Infoterm. Coopération internationale en terminologie. München: Verlag Dokumentation, 1976 (Infoterm Series 3), p. 72-76.

HOFFMANN-OSTENHOF, O. (1983). Abbreviations and symbols in scientific literature [Abkürzungen und Symbole in der wissenschaftlichen Literatur]. In: INFOTERM. Terminologies for the eighties. With a special section: 10 years of Infoterm. München/New York/London/Paris: K.G. Saur, 1983 (Infoterm Series 7), p. 315-321.

HOHNHOLD, I. (1982). Terminologiearbeit und Terminologiezusammenarbeit. Mitteilungsblatt für Dolmetscher und Übersetzer 28 (1982), no. 1, p. 1-4.

HOHNHOLD, I. (1983a). Übersetzungsorientierte Terminologiearbeit. Lebende Sprachen 28 (1983), no. 1, p. 2-6.

HOHNHOLD, I. (1983b). Übersetzungsorientierte Terminologiearbeit (Folge 2). Lebende Sprachen 28 (1983), no. 3, p. 102-104.

HOHNHOLD, I. (1983c). Übersetzungsorientierte Terminologiearbeit (Folge 3). Lebende Sprachen 28 (1983), no. 4, p. 145-148.

HOHNHOLD, I. (1984). Übersetzungsorientierte Terminologiearbeit (Folge 4). Lebende Sprachen 29 (1984), no. 3, p. 101-105.

HOHNHOLD, I. (1985a). Terminologiearbeit aus der Not. In: INFOTERM. Terminologie und benachbarte Gebiete/Terminology and related fields/ Terminologie et disciplines connexes 1965-1985. Wien/Köln/Graz: Böhlau, 1985, p. 121-127.

HOHNHOLD, I. (1985b). Was ist, was soll, was kann Terminologiearbeit - nicht nur für Übersetzer?. Mitteilungsblatt für Übersetzer 31 (1985), no. 5, p. 1-4.

HORECKY, J. (1956). Zaklady slovenskej terminologie [Grundlagen der slowakischen Terminologie]. Bratislava: s.e., 1956, p. 43.

HORN, E. (1932). Der Begriff des Begriffes. Die Geschichte des Begriffes und seine metaphysische Deutung. München: Reinhardt, 1932, 101 p.

HORSNELL, V. Informatics 2. Proceedings of a conference held by the Aslib Coordinate Indexing Group on 25-27 March 1976 at New College Oxford [Informatik 2. Tagungsberichte einer Konferenz, abgehalten von der Coordinate Indexing Group der Aslib am 25.-27. März 1976 am New College Oxford]. London: Aslib, 1974, s.p.

IEC (1985). International Electrotechnical Vocabulary (IEV). Chapter 391 "Detection and measurement of ionizing radiation by electric means" [Internationales elektrotechnisches Wörterbuch. Kapitel 391 "Aufspüren und Messen der ionisierenden Strahlen durch elektrische Mittel]. Genève: IEC, 1974, 114 p. (IEC 50 (391)).

IEC (1986). Directives particulières pour les travaux de la CEI sur la terminologie (CE 1), les symboles graphiques (CE 3), les symboles litteraux (CE 25)/ Directives applicable to the work of IEC on terminology (TC 1), graphical symbols (TC 3), letter symbols (TC 25) [Anleitungen für die Arbeit der IEC auf dem Gebiet der Terminologie (TC 1), Bildzeichen (TC 3) und Buchstabenzeichen (TC 25)]. Genève: IEC, 1986, 34 p.

INFOTERM (1976). First Infoterm Symposium - International co-operation in terminology/Premier Symposium d'Infoterm. Coopération internationale en terminologie [Erstes Infoterm Symposium - Internationale Zusammenarbeit in der Terminologie]. München: Verlag Dokumentation, 1976, 332 p. (Infoterm Series 3).

INFOTERM (1980a). Terminological data banks. Proceedings of the First International Conference convened in Vienna, April 2-3, 1979, by Infoterm [Terminologische Datenbanken. Tagungsberichte der Ersten Internationalen Konferenz in Wien vom 2.-3. April 1979 unter der Leitung von Infoterm]. München/New York/London/Paris: K.G. Saur, 1980, 207 p. (Infoterm Series 5).

INFOTERM (1980b). Report on the Meeting of experts on terminological data elements [Bericht einer Expertentagung über terminologische Datenelemente]. Wien: Infoterm, 1980, 29 p. (TermNet 4-80).

INFOTERM [et al]. (1981). Theoretical and methodological problems of terminology/Problèmes théoriques et méthodologiques de la terminologie/Teoretičeskie i metodologičeskie voprosy terminologii [Theoretische und methodische Probleme der Terminologie]. Proceedings of an international symposium convened by Gosstandart, VNIIKI, Akademija Nauk SSSR, Infoterm, AILA. München/New York/London/Paris: K.G. Saur, 1981, 608 p. (Infoterm Series 6).

INFOTERM (1982). Terminologies for the eighties. With a special section: 10 years of Infoterm [Terminologie für die 80er Jahre. Mit Sonderabschnitt: 10 Jahre Infoterm]. München/New York/London/Paris: K. G. Saur, 1982 (Infoterm Series 7), p. 227-238.

INFOTERM (1985). Terminologie und benachbarte Gebiete/Terminology and related fields/Terminologie et disciplines connexes 1965-1985. Wien/ Köln/ Graz: Böhlau, 1985, 285 p.

INFOTERM (1986a). Proceedings. Second Infoterm Symposium. Networking in terminology. International co-operation in terminology work/Actes. Deuxième symposium d'Infoterm. Travail dans le cadre d'un réseau de terminologie. Co-operation internationale dans le travail terminologique [Tagungsberichte. Zweites Infoterm Symposium. Vernetzung in der Terminologie. Internationale Zusammenarbeit in der Terminologiearbeit]. München/New York/London/Paris: K. G. Saur, 1986, 642 p. (Infoterm Series 8).

INFOTERM (1986b). Draft. Guidelines for the recording of terminological data for machine processing [Entwurf. Richtlinien für die Erfassung terminologischer Daten für die maschinelle Verarbeitung]. Wien: Infoterm, 26 p. (TermNet 7-82rev.).

INTERNATIONAL COMMISSION ON IRRIGATION AND DRAINAGE (1967). Multilingual technical dictionary on irrigation and drainage. English-French/ Dictionnaire technique multilingue des irrigations et du drainage. Anglais-français. New Delhi: International Commission on Irrigation and Drainage, 1967, 805 p.

ISAEV (1976). Problemy interlingvistiki. Tipologija i evoljucija meždunarodnyh iskusstvennyh jazykov [Probleme der Interlinguistik. Typologie und Entwicklung internationaler Plansprachen]. Moskva: Nauka, 1976, 159 p.

ISO = International Organization for Standardization, Genève, Schweiz

ISO (1956). Vocabulary of terminology. ISO/TC 37/GT 1 (URSS - 1) 8, 1956, 24 p.

ISO (1969a). Vocabulary of terminology [Wörterbuch der Terminologielehre]. Genève: ISO, 1969, 23 p. (ISO/R 1087-1969).

ISO (1969b). Layout of multilingual classified vocabularies [Gestaltung von mehrsprachigen systematischen Wörterbüchern]. Genève: ISO, 1969, 15 p. (ISO/R 1149-1969).

ISO (1969c). Guide for the preparation of classified vocabularies (example of method) [Richtlinien für die Ausarbeitung von systematischen Wörterbüchern (Beispiel für die Methode)]. Genève: ISO, 1969, 15 p. (ISO/R 919-1969).

ISO (1973). Lexicographical symbols particularly for use in classified defining vocabularies [Wörterbuchzeichen, besonders für systematische Definitionswörterbücher]. Genève: ISO, 1973, 31 p. (ISO 1951-1973).

ISO (1981a). Vacuum technology. Vocabulary. Part 2: Vacuum pumps and related terms [Vakuumtechnik. Wörterbuch. Teil 2: Vakuumpumpen und verwandte Benennungen]. Genève: ISO, 1981, 31 p. (ISO 3529/2-1981).

ISO (1981b). Codes for the representation of names of countries [Code für die Darstellung von Ländernamen]. Genève: ISO, 1981, 49 p. (ISO 3166-1981).

ISO (1985). Documentation - Guidelines for the establishment and development of multilingual thesauri [Dokumentation - Richtlinien für die Ausarbeitung von mehrsprachigen Thesauri]. Genève: ISO, 1985, 61 p. (ISO 5964-1985).

ISO (1986). Documentation - Guidelines for the establishment and development of monolingual thesauri [Dokumentation - Richtlinien für die Ausarbeitung einsprachiger Thesauri]. Genève: ISO, 1986, 32 p. (ISO 2788-1986).

ISO (1987). Magnetic tape exchange format for terminological/lexicographical records (MATER) [Magnet-Austauschformat für terminologische/lexikographische Daten (MATER)]. Genève: ISO, 1987, 25 p. (ISO 6156-1987).

ISO (1988). Code for the representation of names of languages/ Code pour la représentation des noms de langue [Codes für die Darstellung von Sprachennamen]. Genève: ISO, 1988, 17 p. (ISO 639-1988).

ISO/IEC (1986a). Allgemeine Fachausdrücke und deren Definitionen betreffend Normung und damit zusammenhängenden Tätigkeiten. Wien: ON, 1986, 31 p. (IEC Leitlinie 2-1986(D)).

ISO/IEC (1986b). General terms and their definitions concerning standardization and related activities [Allgemeine Begriffe und Benennungen mit Definitionen für die Normung und verwandter Gebiete]. Genève: ISO/IEC, 1986, 45 p. (ISO/IEC Guide 2).

JEDLICKA, A. (1975). Prager Theorie der Schriftsprache und die Problematik der Fachsprache. In: DROZD, L. [ed.]. Sbornik. Provozne ekonomicke faculty vysoke skoly zemedelske v Praze-Suchdole. Praha: Statni pedagogické nakladatelstvi, 1975, p. 61-68.

KAMP, A.W. (1970). NC-Maschinen. Fachwörter mit Definitionen numerisch gesteuerter Arbeitsmaschinen. Deutsch-Englisch-Französisch, Italienisch. Düsseldorf: VDI-VErlag, 1970, 108 p.

KANDELAKI, T.L. (1962). O nekotoryh suffikasal'nyh modeljah tehničeskih terminov [Über einige Suffixmodelle technischer Fachwörter]. Naučnyj doklad vyščej skoly. Filologičeskie nauki (1962), no. 1, p. 42 - 55; auch veröffentlicht in der Zeitschrift Ceskoslovenski terminologicki casopis (1963), no. 4, s. p.

KANDELAKI, T.L. (1964). Svjaz' meždu soderžaniem ponjatij i morfemnoj strukturoj tehničeskih terminov [Die Beziehung zwischen dem Begriffsinhalt und der Morphemstruktur technischer Fachwörter]. Naučnyj doklad vyščej skoly. Filologičeskie nauki (1964), no. 3, p. 84 - 95; auch veröffentlicht in der Zeitschrift Ceskoslovenski terminologicki casopis (1965), no. 2, s. p.

KANDELAKI, T.L. (1965). Sistemy naučnyh ponjatij i sistemy terminov. Voprosy razrabotki mehanizirovannoj informacionno-poiskovoj sistemy dlja central'nogo spravočno-informacionnogo fonda po himii i himičeskoj promyšlennosti [Systeme wissenschaftlicher Begriffe und Fachwortsysteme. Fragen der Ausarbeitung eines mechanisierten Systems zur Auffindung der Information für einen zentralen Informationsspeicher für Chemie und chemische Technologie]. NIITEHIM (1965), no. 3, p. 51-90.

KANDELAKI, T.L. (1967). Rabota po uporjadočeniju terminologii i nekotorye linguističeskie problemy, voznikajuščie pri etom. Tezisy doklada [Die Arbeit zur Regelung der Terminologie und einige linguistische Probleme, die dabei auftreten. Thesen eines Referates]. In: AKADEMIJA NAUK SSSR [ed.]. Linguističeskie problemy naučno-tehničeskoj terminologii. Moskva: Nauka, 1970, p. 40-52.

KANDELAKI, T.L. (1970). Značenija terminov i sistemy značenij naučno-tehničeskih terminologij [Bedeutungen von Benennungen und Systeme von Bedeutungen wissenschaftlicher und technischer Terminologien]. In: BARHUDAROV, S.G. [et al]. Problemy jazyka nauki i tehniki. Logičeskie, lingvističeskie i istoriko-naučnye aspekty terminologii. Moskva: Nauka, 1970, p. 3 - 39.

KANDELAKI, T.L. (1977). Semantika i motiviranost' [Semantik und Motivierung von Benennungen]. Moskva: Nauka, 1977, 167 p.

KANDELAKI, T.L. (1979). Terminologičeskaja rabota v sisteme naučnyh učreždenij AN SSSR [Terminologiearbeit im System der wissenschaftlichen Institutionen der sowjetischen Akademie der Wissenschaften]. Voprosy jazykoznanija (1979), no. 5, p. 123 - 132.

KANDELAKI, T.L.; GRINEV, S.V. [eds.] (1982). Lotte, D.S. Voprosy zaimstvovanija i uporjadočenija inojazyčnyh terminov i terminoelementov [Lotte, D.S. Fragen der Entlehnung und Regelung fremdsprachiger Benennungen und Benennungselemente]. Moskva: Nauka, 1982, 147 p.

KANDELAKI, T.L.; SAMBUROVA, G.G. (1968). Voprosy modelirovanija sistem značenij uporjadočennyh terminologij [Fragen der Modellbildung von Bedeutungssystemen der geregelten Terminologien]. In: AAA. Sovremennye problemy terminologii v nauke i tehnike. Mosvka: An SSSR, KNTT Nauka, 1968, p. 3 - 31.

KAPANADZE, L.A. (1965). O ponjatijah "termin" i "terminologija" [Über die Begriffe "Benennung" und "Terminologie"]. In: AAA. Razvitie leksiki sovremennogo russkogo jazyka. S.l.: s.e., 1965, s.p.

KASSEM, M.M. (1985). Normative Begriffe und Benennungen im Arabischen und im Deutschen. Wien: Institut für Sprachwissenschaft, 1985, 253 p. (phil. Diss.).

KOBYLINSKI, L.; WISNIEWSKI, J. (1972). Glossary of shipbuilding terms: Theoretical naval architecture. Warszawa: Wydawnicta Naukowo-Techniczne, 1972, 68 p.

KOCOUREK, R. (1965). Termin a jeho definice [Die Benennung und deren Definition]. Ceskoslovensky terminologicky casopis (1965), p. 1 - 25.

KOCOUREK, R. (1968). Synonymy and semantic structure of terminology (Synonymie und semantische Struktur der Terminologie). Travaux linguistiques de Prague (1968), no. 3, p. 131-141.

KOCOUREK, R. (1979). Lexical phrases in terminology [Lexikalische Wendungen in der Terminologie]. In: RONDEAU, G. Travaux de terminologie. Québec: GIRSTERM, 1979, p. 123-146.

KOCOUREK, R. (1982). La langue française de la technique et de la science [Die französische Sprache der Technik und Wissenschaft]. Wiesbaden: Brandstetter, 1982, 264 p.

KOCOUREK, R. (1983). Rapports entre la synonymie en terminologie et la délimitation des notions [Die Beziehungen zwischen der Synonymie in der Terminologie und die Begriffsabgrenzung]. In: TERMIA. Problèmes de la définition et de la synonymie en terminologie. Actes du Colloque international de terminologie. Université Laval, Québec, 23-27 mai 1982. Québec: GIRSTERM, 1983, p. 249-265.

KOCOUREK, R. (1985). Terminologie et efficacité de la communication: critères linguistiques [Terminologie und Kommunikations-Effektivität: sprachwissenschaftliche Kriterien]. META 30 (1985), no. 2, p. 119-128.

KOMMISSION DER EUROPÄISCHEN GEMEINSCHAFTEN (KEG) (1979). Veterinärwissenschaft. Mehrsprachiger Thesaurus/Veterinary Multilingual Thesaurus/Thesaurus Multilingue Vétérinaire/Thesaurus Multilingüe di Veterniaria. München/New York/London/Paris: K.G. Saur 1979, 214 p.

KROMMER-BENZ, M. (1985). World guide to terminological activities [Internationaler Führer für die terminologischen Tätigkeiten]. 2. erw. und rev. Auflage. München/New York/Paris: K.G. Saur, 1985, 158 p. (Infoterm Series 4).

KULEBAKIN, V.S. (1968). Kak rabotat' nad terminologiej. Osnovy i metody [Terminologiearbeit. Theorie und Methoden]. Moskva: Nauka, 1968, 76 p.

KULEBAKIN, V.S. (1970). Sovremenny problemy terminologii v nauke i tehnike [Gegenwärtige Probleme der Terminologie in Wissenschaft und Technik]. Moskva: Nauka, 1969, 159 p.

KULEBAKIN, V.S.; KLIMOVOCKIJ, J.A. (1970). Roboty po postroeniju naučno-tehničeskoj terminologii v SSSR i Sovetškaja Terminologičeskaja Škola [Arbeit über die Bildung wissenschaftlicher und technischer Terminologien in der UdSSR und die Sowjetische Schule]. In: AKADEMIJA NAUK SSSR. Linguističeskie problemy naučno-tehničeskoj terminologii. Moskva: Nauka, 1970, p. 11 - 40.

LANG, F. (1958). Wieselburg, ein Knotenpunkt der internationalen Terminologiearbeit. Sprachforum 3 (1958), no. 2, p. 153-156.

LANGNER, H. (1985). Zu den Termini "Bedeutung", "Begriff" und "Fachwort". Sprachpflege 4 (1985), p. 82.

LAUREN, C. [et al.] (1982). Proceedings of the Nordic scholar training course L.S.P. and terminology. University of Vaasa, 16-26 August 1982 [Tagungsberichte des nordischen Fachsprachen- und Terminologiekurses für Hochschullehrer. Universität Vaasa, 16.-26. August 1982]. Vaasa: University of Vaasa, 1982, 344 p.

LECLERQ, H. (1982). What about the determination of the term "term"? [Über die Bestimmung der Bedeutung von "Benennung"]. In: INFOTERM. Terminologies for the eighties. With a special section: 10 years of Infoterm. München/New York/London/Paris: K.G. Saur, 1982 (Infoterm Series 7), p. 137-143.

LEICIK, V.M.; NALEPIN V.L. (1986). Obučenie terminovedeniju v Sovetskom Sojuze [Der Terminologielehre-Unterricht in der Sowjetunion]. Naučno-tehničeskaja terminologija 12 (1986), no. 7, p. 1 - 5.

LOTTE, D.S. (1931). Očerednye zadači tehničeskoj terminologii [Aktuelle Aufgaben der technischen Terminologie]. Otdelnie Obščestvennyh Nauk (1931), no. 7, p. 883 - 891.

LOTTE, D.S. (1932). Uporjadočenie tehničeskoj terminologii [Regelung der technischen Terminologie]. Sozialističeskaja Rekonstrukcija i Nauka (1932), no. 3, p. 143 - 154.

LOTTE, D.S. (1941). Nekotorye principal'nye voprosy otbora i postroenija naučo-tehničeskih terminov [Einige Hauptfragen der Auslese und des Aufbaues wissenschaftlicher und technischer Benennungen]. Moskva/Leningrad: AN SSSR, 1941, 24 p.

LOTTE, D.S. (1948a). Obrazovanie sistemy naučno-tehničeskih terminov. Elementy termina [Die Bildung technisch-wissenschaftlicher Benennungssysteme. Die Elemente der Benennung]. Otdelnie Obščestvennyh Nauk (1948), no. 5, p. 727-754.

LOTTE, D.S. (1948b). Obrazovanie sistemy naučno-tehničeskih terminov. II. Vlijanie klassifikacii na točnost' terminologii [Die Bildung technisch-wissenschaftlicher Benennungssysteme. II. Der Einfluß der Klassifikation auf die Genauigkeit der Terminologie]. Otdelnie Obščestvennyh Nauk (1948), no. 6, p. 929-944.

LOTTE, D.S. (1948c). Obrazovanie sistemy naučno-tehničeskih terminov. III. Uslovija točnosti i otčetlivosti terminologii [Die Bildung technisch-wissenschaftlicher Benennungssysteme. III. Die Bedingungen für Genauigkeit und Eindeutigkeit in der Terminologie]. Otdelnie Obščestvennyh Nauk (1948), no. 12, p. 1857-1872.

LOTTE, D.S. (1949). Obrazovanie sistemy naučno-tehničeskih terminov. IV. Postroenie kratkih form terminov puten propuska sostavljajuščih [Die Bildung technisch-wissenschaftlicher Benennungssysteme. IV: Die Bildung von Benennungskurzformen durch Weglassen von Gliedern]. Otdelnie Obščestvennyh Nauk (1949), no. 10, p. 1533-1544.

LOTTE, D.S. (1961). Osnovy postroenija naučno-tehničeskoj terminologii, voprosy teorii i metodiki [Grundlagen über die Bildung der wissenschaftlichen und technischen Terminologie. Fragen der Threorie und Methodenlehre]. Moskva: AN SSSR, 1961, 158 p.

MANU, A. (1987). Die ÖNORMen-Begriffsdatenbank. Wien: Infoterm, 1987, 20 p. (Infoterm 8-87).

MANUILA, A.; MANUILA, L. (1965). Guide de lexicographie medicale [Führer der medizinischen Lexikographie]. In: CIOMS. Terminologie et lexicographie médicales. Paris: Mosson et Cie: 1965, p. 43-59.

MERVE, C. v.d. (1976). Thesaurus of Sociological Research Terminology [Thesaurus der Terminologie der soziologischen Forschung]. 2. Aufl. Rotterdam: University Press, 1976, 471p.

MESSING, E.E.J. (1932). Zur Wirtschaftslinguistik. Eine Auswahl von kleineren und größeren Beiträgen über Wert und Bedeutung, Erforschung und Unterweisung der Sprache des wirtschaftlichen Verkehrs. Rotterdam: Nijgh u. van Ditmar, 1932, 320 p.

MÖNKE, H. (1978). Definitionstypen und Definitionsmatrix. Nachrichten für Dokumentation 29 (1978), no. 2, p. 51 - 60.

MOSKOVSKIJ GOSUDARSTVENNYJ UNIVERSITET IM M.V. LOMONOSOVA (1969). Naučnyj simpozium. Mesto terminologii v sisteme sovremennyh nauk [Wissenschaftliches Symposium. Der Platz der Terminologie im System der gegenwärtigen Wissenschaften]. Moskva: Izd. Moskovskogo Universiteta, 1969, 247p.

MOSKOVSKIJ GOSUDARSTVENNYJ UNIVERSITET IM M.V. LOMONOSOVA) (1971). Naučnyj simpozium "Semiotičeskie problemy jazykov nauki, terminologii i informatiki" v 2 častjah [Wissenschaftliches Symposium "Semantische Probleme der Sprachen der Wissenschaft der Terminologie und Informationswissenschaften, 2 Teile]. Moskva: Izd. Moskovskogo Universiteta, 1971, 722 p.

NALEPIN, V.L. (1974). Terminologija i nomenklatura (opyt funkcional'nogo analiza na materiale terminologii izdatel'skogo dela [Versuch einer funktionellen Analyse auf Grund der Unterlagen der Terminologie des Verlagswesens]. Moskva: Izd. Moskovskogo Universiteta,. 1974, s.p.

NEUBERT, G. [ed.] (1981). Rechnerunterstützung bei der Bearbeitung fachlexikalischer Probleme: ein Sammelband. Leipzig: VEB Verlag Enzyklopädie, 1981, 268 p. (Linguistische Studien).

NEUBERT, G. [et al.] (1984). Das deutsche Fachwort der Technik. Bildungselemente und Muster. Sammlung und Ratgeber für die Sprachpraxis. Leipzig: VEB Verlag Enzyklopädie, 1984, 395 p.

NEUBERT, G. (1985). Zu einigen Eigenschaften des Inventars der Bildungselemente der deutschen Fachwortschätze der Technik. In: AAA. Terminologija i mezdunarodno naucno i tehnicesko s"trudnicestvo (2). Sofia: s. e., 1985, p. 5-14.

NEUBERT, G. (1986). Motivation in terminology facilitating networking [Die Motivation in der Terminologie erleichtert eine Vernetzung]. In: INFOTERM. Proceedings. Second Infoterm Symposium. Networking in terminology. International co-operation in terminology work/Actes. Deuxième symposium d'Infoterm. Travail dans le cadre d'un réseau de terminologie. Co-operation internationale dans le travail terminologique. München/New York/London/Paris: K. G. Saur, 1986 (Infoterm Series 8), p. 542-545.

OFFICE DE LA LANGUE FRANÇAISE [ed.] (1974). La normalisation linguistique. Actes du colloque international de terminologie, Lac Delage, 16 - 19 octobre 1973 [Sprachnormung. Tagungsberichte des Internationalen Symposiums über Terminologie, Lac Delage, 16.-19. Oktober 1973]. Québec: Editeur officiel du Québec, 1974, 228 p.

OFFICE DE LA LANGUE FRANÇAISE [ed.] (1975a). Les données terminologiques. Actes du colloque international de terminologie, Baie St. Paul, 1 - 3 octobre 1972 [Terminologische Daten. Tagungsberichte des Internationalen Symposiums über Terminologie, Baie St. Paul, 1.-3. Oktober 1972]. Québec: Editeur officiel du Québec, 1974, 164 p.

OFFICE DE LA LANGUE FRANÇAISE [ed.] (1975b). L'aménagement de la néologie. Actes du colloque international de terminologie, Lévis, 29 septembre - 2 octobre 1974 [Neologie-Planung. Tagungsberichte des Internationalen Symposiums über Terminologie, Lévis, 29.September - 2. Oktober 1974]. Québec: Editeur officiel du Québec, 1975, 214 p.

OFFICE DE LA LANGUE FRANÇAISE [ed.] (1979). Actes du 6e colloque international de terminologie, Pointe-au-Pic, 2 - 6 octobre 1977 [Tagungsberichte des 6. Internationalen Symposiums über Terminologie, Pointe-au-Pic, 2.-6. Oktober 1977]. Québec: Editeur officiel du Québec, 1979, 753 p.

ON = Österreichisches Normungsinstitut, Wien, Österreich

ON (1981). Regeln für das Ordnen von Schriftzeichenfolgen (ABC-Regeln). Wien: ON, 1981, 15 p. (ÖNORM A 2725).

ON (1984a). Wörterbuchzeichen, besonders zur Verwendung in systematischen Wörterbüchern mit Definitionen. Wien: ON, 1984, 35p. (ÖNORM/ISO 1951).

ON (1984b). Qualitätssicherungssysteme. Begriffsbestimmungen. Wien: ON, 1984, 4 p. (ÖNORM A 6671).

ON (1984c). Begriffe für das Verpackungswesen; Packmittel. Wien: ON, 1984, 25 p. (ÖNORM A 5405 Teil 3).

OZEKI, S. (1987). Was ist ein Begriff? In: CZAP, H.; GALINSKI, C. [eds.]. Terminology and knowledge engineering. Frankfurt: INDEKS, 1987, p. 11 - 20.

PEDICEK, F. (1984). Teorija znanstvene terminologije [Die Theorie der wissenschaftlichen Terminologie]. In: PEDICEK, F. [ed.]. Zbornik. Terminologija v znanosti. Ljubljana: Pedagoski Institut pri Univerzi Edvarda Kardelja v Ljubljani, 1984, p. 17-35.

PEDICEK, F. [ed.] (1984). Zbornik. Terminologija v znanosti [Sammlung. Terminologie in der Wissenschaft]. Ljubljana: Pedagoski Institut pri Univerzi Edvarda Kardelja v Ljubljani, 1984, 297 p.

PICHT, H. (1979). Terminologische Diplomarbeiten an der Handelshochschule in Kopenhagen. Methoden, Modelle, Ergebnisse. In: AAA. Vorträge, Ergebnisse und Vorschläge des Seminars über terminologische Diplomarbeiten, abgehalten am 19. September 1979 an der Handelshochschule in Kopenhagen. København: Handelshochschule Kopenhagen, 1979, p. 26-45.

PICHT, H. (1981). Training in terminology in the Nordic countries [Terminologieausbildung in den nordischen Ländern]. TermNet News (1981), no. 2-3, p. 3-8.

PICHT, H. (1982a). Grundelemente der Terminologielehre. In: ARNTZ, R.; PICHT, H. Einführung in die übersetzungsbezogene Terminologiearbeit. Hildesheim/Zürich/New York: Olms, 1982 (Hildesheimer Beiträge zu den Erziehungs- und Sozialwissenschaften. Studien - Texte - Entwürfe, Bd. 17), p. 37-109.

PICHT, H. (1982b). General plan for training in terminology as proposed by the participants of the Symposium on Terminology Training, Oslo, June 15-17, 1981 [Allgemeiner Plan für eine Terminologieausbildung, wie er von den Teilnehmern des Symposiums über Terminologieausbildung in Oslo vom 15.-17. Juni 1981 vorgeschlagen wurde]. TermNet News (1982), no. 4-5, p. 4-23.

PICHT, H. (1982c). Reflexions on training in terminology in the 1980's [Gedanken zur Terminologieausbildung in den 80er Jahren]. In: INFOTERM. Terminologies for the eighties. With a special section: 10 years of Infoterm. München/New York/London/Paris: K.G. Saur, 1982 (Infoterm Series 7), p. 172-185.

PICHT, H. (1983a). Centre for terminology at the Copenhagen School of Economics and Business Administration [Das Terminologiezentrum an der Kopenhagener Wirtschaftsuniversität]. TermNet News (1983), no. 7, p. 22-26.

PICHT, H. (1983b). Terminologiens principper og metoder [Grundsätze und Methoden der Terminologie]. Språk i Norden/Sprog i Norden (1983), s.n. (Nordisk Språksekretariats skrifter 2), p. 51-69; und

In: LAUREN, C. [et al.]. Proceedings of the Nordic scholar training course L.S.P. and terminology. University of Vaasa, 16-26 August 1982. Vaasa: University of Vaasa, 1982, p. 50-67.

PICHT, H. (1985a). Terminology research and terminology training [Terminologie-Forschung und -Ausbildung]. TermNet News (1985), no. 12, p. 5-6.

PICHT, H. (1985b). Die terminologische Ausbildung. In: INFOTERM. Terminologie und benachbarte Gebiete/Terminology and related fields/Terminologie et disciplines connexes 1965-1985. Wien/Köln/Graz: Böhlau, 1985, p. 109-114.

PICHT, H. (1986). Networking terminology teaching and training - the Nordic model [Vernetzung des Terminologieunterrichts und der Terminologieausbildung - das nordische Modell]. In: INFOTERM. Proceedings. Second Infoterm Symposium. Networking in terminology. International co-operation in terminology work/Actes. Deuxième symposium d'Infoterm. Travail dans le cadre d'un réseau de terminologie. Co-operation internationale dans le travail terminologique. München/New York/London/Paris: K.G. Saur, 1986 (Infoterm Series 8), p. 559-564.

PICHT, H. (1987). Fachsprachliche Phraseologie - die terminologische Funktion von Verben. In: CZAP, H.; GALINSKI, C. [eds.]. Terminology and knowledge engineering. Frankfurt: INDEKS, 1987, p. 21 - 34.

PICHT, H.; ANDERSEN, L. (1978). Nordisk terminologikursus [Nordischer Terminologiekurs]. Sprint (1978), no. 2, p. 14-15.

PICHT, H.; DRASKAU, J. (1985). Terminology: An Introduction [Terminologie: Eine Einführung]. Surrey: University of Surrey. Department of Linguistic and International Studies, 1985, 265 p.

PLEHN, H.J. (1934). Sägen - Wörterbuch (Erklärungswörterbuch der Handsägen für Holzbearbeitung). Wien: Internationaler Holzmarkt, 1934, 32 p.

RAY, P.S. (1963). Language Standardization. Studies in prescriptive linguistics [Sprachnormung. Studien zu einer präskriptiven Sprachwissenschaft]. The Hague: Mouton & Co., 1963, 159 p.

REFORMATSKI, A.A. (1961). Čto takoe termin i terminologija [Was ist eine Benennung und was ist Terminologie?]. In: AAA. Voprosy terminologii [Fragen der Terminologie]. Moskva: AN SSSR, 1961, p. 46-54.

REGIE DE LA LANGUE FRANÇAISE (1976). Essai de définition de la terminologie. Actes du colloque international de terminologie, Québec, manoir du lac Delage, 5 - 8 octobre 1975 [Versuch einer Definition des Begriffs "Terminologie". Tagungsberichte des Internationalen Symposiums über Terminologie, Québec, Schloß Lac Delage]. Québec: Editeur officiel du Québec, 1976, 209 p.

REINHARDT, W. (1974). Sprache und technische Entwicklung - ein aktuelles Aufgabengebiet einer praxisbezogenen Sprachwissenschaft. Zeitschrift für Phonetik, Sprachwissenschaft und Kommunikationsforschung 27 (1974), no. 1-3, p. 189-196.

REINHARDT, W. [ed.]. [et al.] (1978). Deutsche Fachsprache der Technik. Ein Ratgeber für die Sprachpraxis. Leipzig: VEB Verlag Enzyklopädie, 1978, 269 p.

REINHARDT, W. (1981). Untersuchungen zum deutschen Fachwortschatz der Technik mit Rechnerunterstützung. In: NEUBERT, G. [ed.]. Rechnerunterstützung bei der Bearbeitung fachlexikalischer Probleme. Leipzig: VEB Verlag Enzyklopädie, 1981 (Linguistische Studien), p. 188-207.

REINHARDT, W. (1983). Fachsprachliches Wortbildungsminimum und "Fachlichkeit" von Texten. Fachsprache 5 (1983), no. 1, p. 2-10.

REY, A. (1976). Neologisme: un pseudo-concept [Neologismus: ein Scheinbegriff]. Cahiers de lexicologie 28 (1976), no. 1, p. 3-17.

REY, A. (1979a). Definition de la terminologie en tant que discipline linguistique autonome: etat de la question [Definition der Terminologie als selbständige sprachwissenschaftliche Disziplin: gegenwärtiger Stand]. In: OFFICE DE LA LANGUE FRANÇAISE [ed.]. Actes du 6e colloque international de terminologie, Pointe-au-Pic, 2 - 6 octobre 1977. Québec: Editeur officiel du Québec, 1979, p. 229-257.

REY, A. (1979b). Rapports entre terminologie et linguistique [Beziehungen zwischen Terminologie und Linguistik]. In: OFFICE DE LA LANGUE FRANCAISE [ed.]. Actes du 6e colloque international de terminologie, Pointe-au-Pic, 2 - 6 octobre 1977. Québec: Editeur officiel du Québec, 1979, p. 639-649.

REY, A. (1979c). La terminologie: noms et notions [Die Terminologie: Namen und Begriffe]. Paris: Presses Universitaires de France, 1979, 127 p. (Collection "que sais-je").

REY, A. (1983a). Synonymie, néonymie et normalisation terminologique [Terminologische Synonymie, Neubildung und Normung]. In: TERMIA. Problèmes de la définition et de la synonymie en terminologie. Actes du Colloque international de terminologie. Université Laval, Québec, 23-27 mai 1982. Québec: GIRSTERM, 1983, 545 p.

REY, A. (1985). La néologie: un problème de création, de diffusion et d'acceptation [Neubildung: ein Problem der Schaffung, Verbreitung und Annahme]. In: AAA. Proceedings of the national symposium on linguistic services. Held in Ottawa, October 9-12, 1984/Actes du colloque national sur les services linguistiques. Tenu à Ottawa, du 9 au 12 octobre 1984. Ottawa: Secretary of State, 1985, p. 231-257.

RIGGS, F.W. (1971). Concepts, words and terminology. Working papers of COCTA [Begriffe, Wörter und Terminologie. Arbeitsunterlagen von COCTA]. Honolulu: University of Hawaii, Hawaii Social Science Research Institute, 1971, 66 p.

RIGGS, F.W. (1981a). Interconcept Report. A new paradigm for solving the terminology problems of the social sciences [Interconcept-Bericht: Ein neues Modell zur Lösung der Terminologieprobleme in den Sozialwissenschaften]. Paris: Unesco, 1981, 51 p. (Reports and Papers in the Social Sciences, no. 47)

RIGGS, F.W. (1981b). Terminology for the social sciences [Terminologie für die Sozialwissenschaften]. In: INFOTERM. Theoretical and methodological problems of terminology/Problèmes théoriques et méthodologiques de la terminologie/Teoretičeskie i metodologičeskie voprosy terminologii. Proceedings of an International Symposium convened by Gosstandart, VNIIKI, Akademija Nauk SSSR, Infoterm, AILA. München/New York/London/Paris: K. G. Saur, 1981 (Infoterm Series 6), p. 591-605.

RIGGS, F.W. (1982a). COCTA-GLOSSARIES: The ana-semantic perspective [COCTA-Wörterbücher: Die ana-semantische Betrachtung]. In: RIGGS, F.W. [ed.]. The CONTA Conference. Proceedings of the Conference on Conceptual and Terminological Analysis in the Social Sciences. Frankfurt: INDEKS, 1982, p. 234-276.

RIGGS, F.W. [ed.] (1982b). The CONTA Conference. Proceedings of the Conference on Conceptual and Terminological Analysis in the Social Sciences [Die CONTA-Konferenz. Tagungsbericht der Konferenz über begriffliche und terminologische Analyse in den Sozialwissenschaften]. Frankfurt: INDEKS, 1982, 368 p.

RIGGS, F.W. (1983). The idea of COCTA-glossary: the pilot project on "ethnicity" [Der Gedanke des COCTA-Wörterbuches: das Pilotprojekt über "ethnicity"]. International Classification 10 (1983), no. 1, p. 19-23.

RONDEAU, G. [ed.] (1979a). Table ronde sur les problèmes de découpage du terme [Diskussionsrunde über Probleme der Segmentierung von Benennungen]. Montréal: Office de la langue française, 1979, p. 54-115.

RONDEAU, G. [ed.] (1979b). Travaux de terminologie [Terminologiearbeiten]. Québec: GIRSTERM, 1979, 153 p.

RONDEAU, G. (1980). Méthodologie de la normalisation en terminologie: état de la question sur le plan international [Methodologie der Terminologienormung: gegenwärtiger Stand auf der internationalen Ebene]. In: AAA. Actes du colloque canadien sur les fondements d'une méthodologie générale de la recherche et de la normalisation en terminologie et en documentation, Ottawa - 1976. Ottawa: Secrétariat d'Etat, Bureau des traductions, 1980,p. 241-263.

RONDEAU, G. (1981a). Introduction à la terminologie [Einführung in die Terminologie]. Montreal: Centre educatif et culturel inc., 1981, 227 p.

RONDEAU, G. (1981b). Problèmes et méthodes de la néologie terminologique (Néonymie) [Probleme und Methoden der Terminologieneubildung (Neonymie)]. In: INFOTERM. Theoretical and methodological problems of terminology/ Problèmes théoriques et méthodologiques de la terminologie/Teoretičeskie i metodologičeskie voprosy terminologii. Proceedings of an International Symposium convened by Gosstandart, VNIIKI, Akademija Nauk SSSR, Infoterm, AILA. München/New York/London/Paris:, K. G. Saur, 1981, (Infoterm Series 6), p. 160-176.

RONDEAU, G. [et al.]. [ed.] (1981c). Actes du colloque international sur l'enseignement de la terminologie sous les auspices de la commission de terminologie de l'AILA, 28 au 30 août 1978, Université Laval, Québec [Tagungsberichte zum internationalen Symposium über den Terminologieunterricht unter dem Ehrenschutz der AILA-Terminologie-Kommission, 28.-30. August 1978, Universität Laval, Quebec]. Québec: Office de la langue française, 1981, 341 p.

RONDEAU, G. (1982). Linguistics and terminology [Sprachwissenschaft und Terminologie]. In: LAUREN, C.[et al.]. Proceedings of the Nordic scholar training course L.S.P. and terminology. University of Vaasa, 16-26 August 1982. Vaasa: University of Vaasa, 1982, p.344.

RONDEAU, G. (1984). Enseignement de la terminologie et formation des terminologues dans l'optique du developpment [Terminologieunterricht und Ausbildung von Terminologien unter dem Aspekt der Entwicklung]. Termia News Bulletin 2 (1984), no. 1, p. 29-40.

RONDEAU, G.; FELBER, H. [eds.] (1981). Textes choisis de terminologie [Ausgewählte Texte der Terminologie]. Québec: GIRSTERM, 1981, 334 p.

RONDEAU, G.; FELBER, H. (1984). Bibliographie internationale de la terminologie [Internationale Bibliographie der Terminologie]. Québec: GIRSTERM, 1984, 222 p.

RONDEAU, G.; SAGER, J.C. (1986). TERMIA 84. Terminology and international co-operation. An International Conference on Terminology, Luxembourg, August 27-29, 1984/Terminologie et co-opération internationale. Colloque international de terminologie, Luxembourg, 27-29 août 1984 [Terminologie und internationale Zusammenarbeit. Internationale Terminologiekonferenz, Luxemburg, 27.-29. August 1984]. Québec: GIRSTERM, 1986, 281 p.

ROUDNY, M. (1975). Die Terminologielehre im Institut für tschechische Sprache der Tschechoslowakischen Akademie der Wissenschaften. In: DROZD, L. [ed.]. Sbornik. Provozne ekonomicke faculty vysoke skoly zemedelske v Praze-Suchdole. Praha: Statni pedagogické nakladatelstvi, 1975, p. 61 - 68.

SAGER, J.C. (1974). Classification and hierarchy in technical terminologies [Klassifikation und Hierarchie in technischen Terminologien]. In: HORSNELL, V. Informatics 2. Proceedings of a conference held by the Aslib Coordinate Indexing Group on 25-27 March 1976 at New College Oxford. London: Aslib, 1974, s.p.

SAGER, J.C. (1981). Criteria for measuring the functional efficacy of terms [Kriterien zur Messung der funktionellen Effektivität von Benennungen]. In: INFOTERM. Theoretical and methodological problems of terminology/ Problèmes théoriques et méthodologiques de la terminologie/Teoretičeskie i metodologičeskie voprosy terminologii. Proceedings of an International Symposium convened by Gosstandart, VNIIKI, Akademija Nauk SSSR, Infoterm, AILA. München/New York/London/Paris: K. G. Saur, 1981 (Infoterm Series 6), p. 194-217.

SAGER, J.C. (1985). What is standardized terminology? [Was ist eine genormte Terminologie?]. In: INFOTERM. Terminologie und benachbarte Gebiete/Terminology and related fields/Terminologie et disciplines connexes 1965-1985. Wien/Köln/Graz: Böhlau, 1985, p. 240-246.

SAGER, J.C.; McNAUGHT, J. (1980). Feasibility study of the establishment of a terminological data bank in the U.K. [Durchführbarkeitsstudie zur Errichtung einer terminologischen Datenbank im Vereinigten Königreich]. Terminology Bulletin (1980), no. 35, p. 1-8. und
Internal document (Proposal to British Library). Manchester: University of Manchester. Institute of Science and Technology (UMIST), Department of European Studies & Modern Languages, 1980, 20 p.

SCHRÖER, A. (1913). Die neueren Sprachen an Handels- und Technischen Hochschulen. Kölnische Zeitung (15. Juli 1913), no. 811, s. p.

SCHULZE, E. (1978). Der Terminus, Eigenschaften und Wesen sowie seine Abgrenzung von anderen Lexemarten. In: HOFFMANN, L. Sprache in Wissenschaft und Technik. Leipzig: VEB Verlag Enzyklopädie, 1978, p. 173 - 191.

SCHWARZ, R.L. (1983). Der Begriff des Begriffes in der philosophischen Lexikographie. Ein Beitrag zur Begriffsgeschichte. München: K.G. Saur, 1983, 171 p. (Minerva-Fachserie Philosophie).

SELANDER, E. (1981). Terminology training - a tool for the improvement of international glossaries [Terminologieausbildung - ein Werkzeug zur Verbesserung internationaler Wörterbücher]. In: INFOTERM. Theoretical and methodological problems of terminology/Problèmes théoriques et méthodologique de la terminologie/Teoretičeskie i metodologičeskie voprosy terminologii. Proceedings of an international symposium convened by Gosstandart, VNIIKI, Akademija Nauk SSSR, Infoterm, AILA. München/New York/London/Paris: K.G. Saur, 1981 (Infoterm Series 6), p. 550-559.

SELANDER, E. (1982a). Språkvard ur terminologins synvinkel [Die Kultivierung der Sprache vom terminologischen Gesichtspunkt]. In: LAUREN, C. [et al.]. Proceedings of the Nordic scholar training course L.S.P. and terminology. University of Vaasa, 16-26 August 1982. Vaasa: University of Vaasa, 1982, p. 169-173.

SELANDER, E. (1982b). Terminologins betydelse för den tekniska och samhälleliga utvecklungen [Die Wichtigkeit der Terminologie für die technische und soziale Entwicklung]. In: LAUREN, C. [et al.]. Proceedings of the Nordic scholar training course L.S.P. and terminology. University of Vaasa, 16-26 August 1982. Vaasa: University of Vaasa, 1982, p. 336-343.

SELANDER, E. (1983). Terminologi och tänkande [Terminologie und Denken]. TNC-Aktuellt 24 (1983), no. 6, p. 2.

SHARP, D.W.A. Miall's dictionary of chemistry [Mialls Wörterbuch der Chemie]. 5. Aufl. Burnt Mill: Longman, 1981, 501 p.

SIFOROV, V.I. [ed.] (1979). Kratkoe metodičeskoe posobie po razrabotke i uporjadočeniju naučno-tehničeskoj terminologii [Kurzer methodischer Leitfaden für die Ausarbeitung und Regelung der wissenschaftlichen und technischen Terminologie]. Moskva: Nauka, 1979, 127 p.

SIENY, M.E. (1985). Scientific terminology in the Arab World: production, coordination and dissemination [Wissenschaftliche Terminologie in der arabischen Welt: Ausarbeitung, Koordinierung und Verbreitung]. Meta 30 (1985), no. 2, p. 155 - 161.

SIMONCSICS, E. (1983). Erschließung der technischen Fachliteratur in der japanischen Sprache. Fakten - Daten - Zitate 2 (1983), p. 9 - 11.

SIMONCSICS, E. (1986). Code-dictionaries for accessing Japanese scientific and technical information [Code-Wörterbücher für den Zugriff zur japanischen wissenschaftlichen und technischen Information]. In: INFOTERM. Proceedings. Second Infoterm Symposium. Networking in terminology. International cooperation in terminology work/Actes. Deuxième symposium d'Infoterm. Travail dans le cadre d'un réseau de terminologie. Co-operation internationale dans le travail terminologique. München/New York/London/Paris: K. G. Saur, 1986 (Infoterm Series 8), p. 390-394.

SNELL, B. [ed.]. Term banks for tomorrow's world. Translating and the computer 4. Proceedings of a conference jointly sponsored by Aslib, the Aslib Technical Translation Group, and the Translators' Guild of the Institute of Linguists. 11-12 November 1982, at The London Press Centre [Terminologiebanken für die Welt von morgen. Tagungsberichte einer Konferenz, die von Aslib, der Aslib Technical Translation Group und der Translators' Guild des Institute of Linguists gemeinsam am 11.-12. November 1982 im London Press Centre abgehalten wurde]. London: Aslib, 1983, 212 p. (Translating and the Computer 4).

SPANG-HANSSEN, H. (1976). The role of linguistics in terminological work [Die Rolle der Sprachwissenschaft in der Terminologiearbeit]. In: INFOTERM. First Infoterm symposium. International co-operation in terminology/Premier symposium d'Infoterm. Coopération internationale en terminologie. München: Verlag Dokumentation, 1976 (Infoterm Series 3), p. 96-101.

STANDARDTERM (seit 1986): Infoterm, Wien.

STEPANOV, G. V. (1983). Sovremennaja naučno-tehničeskaja terminologija na jazykah narodov SSSR i za rubezom [Die gegenwärtige wissenschaftliche und technische Terminologie in den Sprachen der Völker der UdSSR und im Ausland]. In: STEPANOV, G.V. [ed]. Problemy uporjadočenija terminologii v akademijah nauk sojuznyh respublik. Moskva: Nauka, 1983, p. 6-21.

STEPANOV, G.V. [ed] (1983). Problemy uporjadočenija terminologii v akademijah nauk sojuznyh respublik [Probleme der Terminologieregelung in den Akademien der Wissenschaften der Sowjetrepubliken]. Moskva: Nauka, 1983, 336 p.

SUONUUTI, H. (1986). Tekniikan Sanastokeskus (TSK) [Finnisches Zentrum für Technische Terminologie]. TermNet News (1986), no. 10-11, p. 19-20.

SUPERANSKAJA, A. V. (1985). A theoretical approach to terminology [Ein theoretischer Ansatz der Terminologie]. TermNet News (1985), no. 13, p. 35-36.

TANKE, E. Das aktuelle Wörterbuch aus der Datenbank. Ein Beitrag zur Lösung sprachlicher Probleme im internationalen Informationsaustausch. Deutscher Drucker (1971), no. 38, p. 2-9.

TAULI, W. (1968). Introduction to a theory of language planning [Einführung in die Theorie der Sprachplanung]. Uppsala: Almqvist & Wiksells, 1968, 227 p.

TEKNISKA NOMENKLATURCENTRALEN (1974). Glossary of heat treatment with definitions in English and equivalents in French, German, Swedish, Russian and Japanese [Wörterbuch der Wärmetechnik mit Definitionen in Englisch und Äquivalenten in Französisch, Deutsch, Schwedisch, Russisch und Japanisch]. Stockholm: TNC, 1974, 87 p. (TNC Publ. no. 57E).

TERMNET NEWS (1985a), no. 15. Special issue on the Nordic countries [Sondernummer über die nordischen Länder].

TERMIA. Problèmes de la définition et de la synonymie en terminologie. Actes du Colloque international de terminologie. Université Laval, Québec, 23-27 mai 1982 [Probleme der Definition und der Synonymie in der Terminologie. Berichte der internationalen Terminologietagung. Universität Laval, Québec, 23.-27. Mai 1982]. Québec: GIRSTERM, 1983, 551 p.

TERMNET NEWS (1985b), no. 13. Special issue on the USSR [Sondernummer über die UdSSR].

TERPIGOREV, A.M. (1952). Rukovodstvo po razrabotke i uporjadočeniju naučno-tehničekoj terminologii [Anleitung zur Ausarbeitung und Regelung der wissenschaftlichen und technischen Terminologie]. Moskva: AN SSSR, 55 p.

TUNBRIDGE, P. (1983). Creating the International Electrotechnical Vocabulary [Die Schaffung des Internationalen Elektrotechnischen Wörterbuchs]. Multilingua 2 (1983), no. 1, p. 35-37.

VINOGRADOV, V.V. (1947). Russkij jazyk [Russische Sprache]. Moskva/ Leningrad: 1947 s. p.

VINOKUR, G.O. (1939). O nekotoryh javlenijah slovoobrazovanija russkoj tehničeskoj terminologii [Über einige entstehende Wortverbindungen der russischen technischen Terminologie]. In: AAA. Sbornik statej po jazykoznaniju. Moskva: s.e., 1939, s.p.

VNIIKI (1984). Metodičeskie ukazanija. Razrabotka standartov na terminy i opredelenija [Anleitung. Ausarbeitung von Terminologienormen]. Moskva: Izd. standartov, 1984, 63 p. (RD 50-14-83).

VNIIKI (1968). Problemy gosudarstvennoj standartizacii terminologii v SSSR [Probleme der staatlichen Terminologienormung in der UdSSR]. Moskva: Komiteta standartov, mer i izmeritel'nyh priborov pri sovete ministrov SSSR, 1968, 196 p.

VOLKOVA, I.N. (1984). Standartizacija naučno-tehničeskoj terminologii [Die Normung der wissenschaftlichen und technischen Terminologie]. Moskva: Izd. standartov, 1984, 199 p.

VOLLNHALS O. (1982). Technical dictionaries retrieved from a database [Fachwörterbücher aus einer Datenbank]. Meta 27 (1982), no. 2, p. 157-166.

WANDRUSZKA, M. (1971). Interlinguistik: Umrisse einer neuen Sprachwissenschaft. München: Piper, 1971, 140 p.

WERNER, C.F. (1968). Wortelemente lateinisch-griechischer Fachausdrücke in den biologischen Wissenschaften. Halle (Saale): VEB Max Niemeyer, 1968, 475 p.

WERNER, F. C. (1970). Die Benennung der Organismen und Organe nach Größe, Form, Farbe und anderen Merkmalen. Halle: VEB Max Niemeyer, 1970, 557 p. (Terminologie der Naturwissenschaften und Medizin und ihre Probleme 3).

WERNER, F.C. (1971). Terminologie als Wissenschaft von den internationalen termini technici. Wissenschaftliche Zeitschrift der Karl Marx Universität Leipzig, Mathematisch-Naturwissenschaftliche Reihe 20 (1971), no. 3, p. 531-538.

WHO (1977). Guidelines for terminology and lexicography. Drafting of definitions and compilation of monolingual vocabularies [Richtlinien für die Terminologie und Lexikographie. Die Abfassung von Definitionen und die Ausarbeitung von einsprachigen Wörterbüchern]. Terminology Circular (1977), no. 3, 23 p.

WIEGAND, H.E. (1987). Was eigentlich ist Fachlexikographie? Heidelberg: s.e., 1987, s. p.

WÜSTER, E. (1951). Die bevorstehende Konzentration der internationalen Terminologiearbeit. Österreichischer Maschinenmarkt 6 (1951), no. 7, p. 115-120.

WÜSTER, E. (1956). Das Internationale Elektrotechnische Wörterbuch. Die Mitarbeit im deutschen Sprachgebiet. Elektrotechnische Zeitschrift-A 66 (1956), no. 13, p. 415-418.

WÜSTER, E. (1959). Die internationale Angleichung der Fachausdrücke. Elektrotechnische Zeitschrift-A 80 (1959), no. 16, p. 550-552.

WÜSTER, E. (1959/60). Das Worten der Welt, schaubildlich und terminologisch dargestellt. Sprachforum 3 (1959/60), no. 3/4, p. 183-204.

WÜSTER, E. (1967a). Wie die Empfehlung "Benennungsgrundsätze" entstanden ist. Muttersprache 77 (1967), no. 6, p. 169-180.

WÜSTER, E. (1967b). Grundbegriffe bei Werkzeugmaschinen. Deutscher Ergänzungsband zu dem Grundwerk. London: Technical Press, 1967, s. p.

WÜSTER, E. (1968). The machine tool. An interlingual dictionary of basic concepts/Machine-outil. Notions fondamentales définies et illustrées [Werkzeugmaschinen. Ein mehrsprachiges Wörterbuch der Grundbegriffe]. London: Technical Press, 1968, Bd. 1: 756 p., Bd. 2: 160 p.

WÜSTER, E. (1969). Die vier Dimensionen der Terminologiearbeit. Mitteilungsblatt für Dolmetscher und Übersetzer (1969), Sonderdruck Oktober, 10 p.

WÜSTER, E. (1970a). Sachnormung erfordert Sprachnormung. Organisation und Betrieb (o+b) 25 (1970), no. 11, p. 11.

WÜSTER, E. (1970b [1964] [1931]). Internationale Sprachnormung in der Technik, besonders in der Elektrotechnik. 3. überarb. Aufl. Bonn: Bouvier, 1970, 507 p. (Sprachforum, Beiheft no. 2).

WÜSTER, E. (1971a). Begriffs- und Themaklassifikationen. Unterschiede in ihrem Wesen und ihrer Anwendung. Nachrichten für Dokumentation 22 (1971), no. 3, p. 98-104; no. 4, p. 143-150.

WÜSTER, E. (1971b). Grundsätze der fachsprachlichen Normung. Muttersprache 81 (1971), no. 5, p. 289-295.

WÜSTER, E. (1973). Benennungs- und Wörterbuchgrundsätze. Ihre Anfänge in Deutschland. Muttersprache (1973), no. 83, p. 434 - 440.

WÜSTER, E. (1974a). Die Allgemeine Terminologielehre - ein Grenzgebiet zwischen Sprachwissenschaft, Logik, Ontologie, Informatik und den Sachwissenschaften (vollständige Fassung). Linguistics (1974), no. 119, p. 61-106.

WÜSTER, E. (1974b). Ein- und mehrstufiges Reihen von Wörtern und Notationen. Nachrichten für Dokumentation 24 (1974), no. 4-5, p. 197-200.

WÜSTER, E. (1974c). The road to Infoterm. Two reports prepared on behalf of Unesco. Inventory of sources of scientific and technical terminology. A plan for establishing an International Information Centre (Clearinghouse) for terminology [Der Weg zu Infoterm. Zwei Berichte ausgearbeitet im Auftrag der Unesco. Bestandsaufnahme der wissenschaftlichen und technischen Terminologiequellen. Ein Plan zur Errichtung eines internationalen Informationszentrums für Terminologie]. München: Verlag Dokumentation, 1974, IX+141 p. (Infoterm Series 1).

WÜSTER, E. (1976). Internationale ABC-Regeln. Nachrichten für Dokumentation 27 (1976), no. 6, p. 214 - 227.

WÜSTER, E. (1979). Einführung in die Allgemeine Terminologielehre und Terminologische Lexikographie, 2 Teile. Wien/New York: Springer, 1979, Bd. 1: 145 p., Bd. 2: 70 p. (Schriftenreihe der Technischen Universität Wien, Bd. 8).

ZIID (1977). Methodische Rahmenregelung zur Erarbeitung einsprachiger Informationsthesauri. Berlin: ZIID, 1977, 58 p.

7. 附　录

7.1 术语学、术语工作和术语文献之间的关系概述

<table>
<tr><td rowspan="2"></td><td colspan="2">术语学理论</td><td colspan="2">术语工作</td></tr>
<tr><td>普通术语学理论（a）</td><td>特殊术语学理论（b）</td><td>单语种（c）</td><td>多语种（d）</td></tr>
<tr><td rowspan="2">1. 研究</td><td>概念和名称及其关系的本质</td><td>术语所具有的专业特殊的规律性</td><td>系统化工作</td><td>系统化比较，拟定独立于各门具体语言的概念系统</td></tr>
<tr><td>大学－语言学；科学院－科学</td><td>大学－具体专业领域；国际和国家层面的组织</td><td>大学；科学院；国家层面的专业组织</td><td>大学；科学院；国际层面的专业组织</td></tr>
<tr><td rowspan="2">2. 标准化</td><td>跨专业、跨语言的术语原则和方法</td><td>具有专业特殊性的规则和方针指南</td><td>概念系统、定义和名称的规定（应该－标准）（Soll-Norm）</td><td>对采用官方语言进行表达的概念系统、定义和名称的统一规定（应该－标准）（Soll-Norm）</td></tr>
<tr><td>ISO/TC 37“术语（原则和协调）”以及专业委员会</td><td>化学家（IUPAC）、物理学家（IUPAP）、电工技术专家（IEC）等等的专业性机构</td><td>国家标准化组织、专业组织和官方语言机构</td><td>国际标准化组织（ISO）、语言机构的国际专业组织</td></tr>
<tr><td rowspan="2">3. 专业工作试点项目</td><td>对术语和词典的编纂原则和方法进行测试</td><td>对具有专业特殊性的规则和方针指南进行测试</td><td>语言用法的确定（是－标准）（Ist-Norm）以及方针指南的运用（a2 和 b2）</td><td>语言比较</td></tr>
<tr><td>专业性组织</td><td>专业性组织</td><td>专业性组织、翻译学院（研究所）、术语办公室</td><td>专业性组织、翻译学院（研究所）、术语办公室</td></tr>
<tr><td rowspan="4">4. 教育培训</td><td rowspan="4">大学：一般性教育、本科毕业后的教育课程、研讨会、培训班</td><td rowspan="4">大学：具体专业领域、本科毕业后的教育课程、研讨会、培训班</td><td colspan="2">对术语原则和方法的介绍（a2 和 b2）</td></tr>
<tr><td colspan="2">大学：具体专业领域、本科毕业后的教育课程、研讨会、培训班</td></tr>
<tr><td colspan="2">介绍单个具体专业领域的术语系统</td></tr>
<tr><td colspan="2">大学：具体专业领域、翻译学院（研究所）、本科毕业后的教育课程</td></tr>
</table>

7.2 术语工作标准化和非标准化方针指南选编

[节选自 Infoterm《国际图书目录 6》（*BT*6）]

符号

※ISO/ 推荐性（ISO/R）文件于 1985 年暂停。1989 年，这些推荐性文件正在修订，可供使用的更多的是 ISO 标准（ISO-Normen）。

Zeichen	Normungsorganisation	Normenzeichen
AENOR (IRANOR)	Asociación Española de Normalización y Certificación (Spanien)	UNE
AFNOR	Association française de normalisation (Frankreich)	NF
ANSI	American National Standards Institute (U.S.A.)	ANSI
ASMW	Amt für Standardisierung, Meßwesen und Warenprüfung (DDR)	TGL, FB
BSI	British Standards Institution (GB)	BS
DIN	DIN Deutsches Institut für Normung (D)	DIN, Vornorm
DS	Dansk Standardiseringsraad (Dänemark) DS	
GOST	Gosudarstvennyj komitet SSSR po standartom (UdSSR)	GOST
IEC	International Electrotechnical Commission	IEC
IPQ (IGPAI)	Instituto Português da Qualidade (Portugal)	NP
ISO	International Organization for Standardization	ISO, ISO/TR
SZS (JZS)	Savezni zavod na standardizaciju	JUS
ON	Österreichisches Normungsinstitut	ÖNORM, Vornorm
PKNMiJ (PKNIM)	Polski Komitet Normalizacji, Miar i Jakosci (Polen)	PN
SEV/ RGW	Sovet Ekonomičeskoj Vzaimopomošči/ Rat für gegenseitige Wirtschaftshilfe	SEV
SIS	Standardiseringskommissionen i Sverige (Schweden)	SS
VNIIKI	Vsesojuznyj Naučno-Issledovatel'skij Institut Tehničeskoj Informacii, Klassifikacii i Kodirovanija	

其他研究机构：

CIOMS	Conseil des Organisations Internationales des Sciences Médicales (Schweiz)
ICFES	Instituto Colombiano para el fomento de la educación superior (Bogotá, Kolombien)
MESC	Monbusho Gakujyutsu Kokusai-kyoku Joho-toshokan-ka(Japan)
OLF	Office de la langue française, Québec (Kanada)
WHO	World Health Organization/Organisation mondiale de la santé

1. 术语和术语编纂原则和方法

1.1 ISO 推荐标准和 ISO 标准（由 ISO/TC 37 制定）及其在各国的改版：

分类一：术语词典

ISO. Vocabulary of terminology [Wörterbuch der Terminologie]. Genève: ISO, 1989, s. p. (ISO 1087-1989).

ISO. Vocabulaire de la terminologie [Wörterbuch der Terminologie]. Genève: ISO, 1989, s. p. (ISO 1087- 1989).

DIN. Begriffe der Terminologielehre. Grundbegriffe. Berlin: Beuth, 1986, 18 p., A4 (Entwurf DIN 2342 Teil 1).

DS. Terminologiens terminologi [Wörterbuch der Terminologie]. København: DS, 1978, 22 p., A4 (DS/ISO/R 1087).

IRANOR. Vocabulario de la terminología [Wörterbuch der Terminologie]. Madrid: IRANOR, 1979, 18 p., A4 (UNE-1-070-79).

分类二：专业词典的编纂

*ISO. Guide for the preparation of classified vocabularies (Example of method) [Leitfaden für die Ausarbeitung von Fachwörterbüchern (Methodenbeispiel)]. Genève: ISO, 1969, 12 p., A4 (ISO/R 919-1969).

*ISO. Guide pour l'élaboration des vocabulaires systématiques (Exemple de méthode) [Leitfaden für die Ausarbeitung von Fachwörterbüchern (Methodenbeispiel)]. Genève: ISO, 1969, 12 p., A4 (ISO/R 919-1969).

DIN. Fachwörterbücher. Stufen der Ausarbeitung. Berlin: Beuth, 1987, 7 p., A4 (DIN 2333).

DIN. Ausarbeitung und Gestaltung von Veröffentlichungen mit terminologischen Festlegungen. Stufen der Terminologiearbeit. Berlin: Beuth, 1987, 16 p., A4, (DIN 2339 Teil 1).

DIN. Ausarbeitung und Gestaltung von Veröffentlichungen mit terminologischen Festlegungen. Normen. Berlin: Beuth, 1986, 18 p, A4 (Entwurf DIN 2339 Teil 2).

SIS. Terminologins grunder - Definitionsskrivning och utformning av ordlistor [Terminologische Grundsätze - Ausarbeitung von Definitionen und Gestaltung von Wörterbüchern]. Stockholm: SIS, 1986, 12 p., A4 (SS 01 11 06).

AFNOR. Principes généraux de terminologie. Règles générales pour l'élaboration des vocabulaires techniques [Allgemeine terminologische Grundsätze. Allgemeine Regeln für die Ausarbeitung von Fachwörterbüchern]. Paris: AFNOR, 1967, 12 p., A4 (NF X 03-001).

IRANOR. Guía para la elaboración de vocabularios sistemáticos. (Ejemplo de método) [Leitfaden für die Ausarbeitung von Fachwörterbüchern (Methodenbeispiel)]. Madrid: IRANOR, 1983, 10 p., A4 (UNE 1-069-83).

PKNiM. Wytyczne opracowywania norm. Normy terminologiczne [Grundlagen für die Ausarbeitung von Normen. Terminologienormen]. Warszawa: Wydawnictwa Normalizacyjne, 1980, 7 p. (PN-80/N-02004).

JZS. Terminologija i leksikografija. Izrada i uoblicenje standarda sa definicijama i nazivima pojmova (terminoloski standardi) [Terminologie und Lexikographie. Ausarbeitung und Gestaltung von Normen mit Definitionen und Begriffsbezeichnungen (Terminologienormen)]. Beograd: JZS, 1981, 23 p., A4 (JUS A. C0. 010).

分类三：概念和名称

（3.1）术语原则和方法

ISO. Principles and methods of terminology [Terminologische Grundsätze und Methoden]. Genève: ISO, 1987, 16 p., A4 (ISO 704-1987).

ISO. Principes et méthodes de la terminologie [Terminologische Grundsätze und Methoden]. Genève: ISO, 1987, 16 p., A4 (ISO 704-1987).

BSI. Recommendations for the selection, formation and definition of technical terms [Empfehlungen für die Auswahl, Bildung und Definition von Fachtermini]. London: BSI, 1963, 20 p., A5 (BS 3669:1963).

DIN. Begriffe und Benennungen. Allgemeine Grundsätze. Berlin: Beuth, 1979, 19 p., A4 (DIN 2330).

DIN. Begriffssysteme und ihre Darstellung. Berlin: Beuth, 1980, 26 p., A4 (DIN 2331)

IRANOR. Principios de denominación [Benennungsgrundsätze]. Madrid: IRANOR, 1981, 11 p., A4 (UNE 1-066-81).

JZS. Terminologija. Pojmovi i nazivi. Opsti principi [Terminologie. Begriffe und Benennungen. Allgemeine Grundsätze]. Beograd: JZS, 1979, 33 p., A 4 (JUS A. C0.001).

JZS. Terminologija. Sistemi pojmova i njihovo prikazivanje [Terminologie. Begriffssysteme und ihre Darstellung]. Beograd: JZS, 1979, 33 p., A 4 (JUS A.C0.003).

SU, W.; GAO, J. Shuyuxue yuanze yu fangfa. Yiwen [Terminologische Grundsätze und Methoden. Übersetzung]. p. 1-26 (ISO/DIS 704).

（3.2）概念和名称的国际协调（适应）

*ISO. International unification of concepts and terms [Internationale Angleichung von Begriffen und Benennungen]. Genève: ISO, 1968, 16 p., A4 (ISO/R 860-1968).

*ISO. Unification internationale des notions et des termes [Internationale Angleichung von Begriffen und Benennungen]. Genève: ISO, 1968, 16 p., A4 (ISO/R 860-1968).

DIN. Internationale Angleichung von Fachbegriffen und ihren Benennungen. Berlin: Beuth, 1979, 8 p., A4 (DIN 2332).

DIN. Benennen international übereinstimmender Begriffe. Berlin: Beuth, 1985, 6 p., A4 (Entwurf DIN 2332).

IRANOR. Unificación internacional de las nociones y de los términos [Internationale Angleichung von Begriffen und Benennungen]. Madrid: IRANOR, 1981, 11 p., A4 (UNE 1-068-81).

分类四：术语编纂

（4.1）专业词典的布局设计

*ISO. Layout of multilingual classified vocabularies [Gestaltung mehrsprachiger systematischer Fachwörterbücher]. Genève: ISO, 1969, 23 p., A4 (ISO/R 1149-1969).

*ISO. Présentation des vocabulaires systématiques multilingues [Gestaltung mehrsprachiger systematischer Fachwörterbücher]. Genève: ISO, 1969, 23 p., A4 (ISO/R 1149-1969).

DIN. Ausarbeitung und Gestaltung von Veröffentlichungen mit terminologischen Festlegungen. Stufen der Terminologiearbeit. Berlin: Beuth, 1987, 16 p., A4 (DIN 2339 Teil 1).

DIN. Ausarbeitung und Gestaltung von Veröffentlichungen mit terminologischen Festlegungen. Normen. Berlin: Beuth, 1986, 18 p, A4 (Entwurf DIN 2339 Teil 2).

DIN. Nummerung. Grundbegriffe. Berlin: Beuth, 1985, 13 p., A4 (DIN 6763).

DIN. Registererstellung. Grundlagen. Formale Gestaltung von gedruckten Registern. Berlin: Beuth, 1984, 20 p., A4 (Entwurf DIN 31630 Teil 1).

SIS. Terminologins grunder - Definitionsskrivning och utformning av ordlistor [Terminologische Grundsätze - Erstellung von Definitionen und Gestaltung von Wörterbüchern]. Stockholm: SIS, 1986, 12 p., A4 (SS 01 11 06).

IRANOR. Presentación de los vocabularios sistemáticos multilingües [Gestaltung mehrsprachiger systematischer Fachwörterbücher]. Madrid: IRANOR, 1982, 19 p., A4 (UNE 1-072-82).

JZS. Terminologija i leksikografija. Izrada i uoblicenje standarda sa definicijama i nazivima pojmova (terminoloski standardi) [Terminologie und Lexikographie. Ausarbeitung und Gestaltung von Normen mit Definitionen und Begriffsbezeichnungen (Terminologienormen)]. Beograd: JZS, 1981, 23 p., A4 (JUS A. C0. 010).

（4.2）交换格式

ISO. Magnetic tape exchange format for terminological/lexicographical records (MATER) [Austauschformat für terminologische und lexikographische Daten (MATER)]. Genève: ISO, 1987, 25 p., A4 (ISO 6156-1987).

ISO. Format d'échange sur bande magnétique des données terminologiques et/ou lexicographiques (MATER) [Austauschformat für terminologische und lexikographische Daten (MATER)]. Genève: ISO, 1987, 25 p., A4 (ISO 6156-1987).

DIN. Format für den maschinellen Austausch terminologischer/lexikographischer Daten (MATER). Kategorienkatalog. Berlin: Beuth, 1986, 15 p., A4 (Entwurf DIN 2341 Teil 1).

GOSSTANDART; SSIBID. Kommunikativnyj format dlja slovarej informacionnyh jazykov i terminologičeskih dannyh. Soderzanie zapisi [Austauschformat für Wörterbücher über Informationssprachen und für terminologische Daten. Sammlung nach Einträgen]. Moskva: Gosstandart, 1984, 22 p. (GOST 7.47-84 SSIBID).

（4.3）术语编纂符号

（4.3.1）总述

ISO. Lexicographical symbols particularly for use in classified defining vocabularies [Lexikographische Zeichen, besonders für die Verwendung in systematischen Wörterbüchern mit Definitionen]. Genève: ISO, 1973, 31 p., A4 (ISO 1951-1973).

ISO. Symboles lexicographiques particulièrement pour l'emploi dans les vocabulaires systématiques à définitions [Wörterbuchzeichen, besonders zur Verwendung in systematischen Wörterbüchern mit Definitionen]. Genève: ISO, 1973, 31 p., A4 (ISO 1951- 1973).

DIN. Lexikographische Zeichen für manuell erstellte Fachwörterbücher. Berlin: Beuth, 1979, 19 p., A4 (DIN 2336).

ON. Wörterbuchzeichen, besonders zur Verwendung in systematischen Wörterbüchern mit Definitionen. Wien: ON, 1984, 35 p., A4 (ÖNORM ISO 1951-1984).

IRANOR. Símbolos lexicográficos especialmente utilizados en los vocabularios sistemáticos con definiciones [Wörterbuchzeichen, besonders zur Verwendung in systematischen Wörterbüchern mit Definitionen]. Madrid: IRANOR, 1983, 35 p. (UNE 1-073-83/ ISO 1951).

（4.3.2）语言符号

ISO. Code for the representation of names of languages/Code pour la représentation des noms de langue [Kodes für die Darstellung von Sprachennamen]. Genève: ISO, 1988, 17 p., A4 (ISO 639-1967).

SEV. Kody jazykov [Sprachenkodes]. Moskva: SEV, 1976, 26 p., A4 (ST SEV 251-76).

BSI. Recommendations for symbols for languages, geographical areas and authorities [Empfehlungen für Zeichen für Sprache, geographische Einheiten und Behörden]. London: BSI, 1965, 18 p., A5 (BS 3862:1965).

DDR. Sprachenkodes. Berlin (DDR): Zentralinstitut für Information und Dokumentation der DDR, 1980, 36 p., A 4 (TGL 34 486, Fachbereichsstandard).

DIN. Sprachenzeichen. Berlin: Beuth,1986, 12 p., A4 (DIN 2335).

AFNOR. Principes généraux de terminologie. Les langues dans les vocabulaires techniques multilingues. Indicatifs pour les désigner - Ordre de présentation [Allgemeine Grundsätze der Terminologie. Die Sprachen in mehrsprachigen Fachwörterbüchern. Zeichen zu ihrer Darstellung. Reihenfolge]. Paris: AFNOR, 1967, 3 p., A4 (NF X 03-002).

IRANOR. Símbolos utilizados para idiomas, países y autoridades [Zeichen für Sprachen, Länder und Behörden]. Madrid: IRANOR, 1977, 9 p., A4 (UNE 1-091-77).

IGPAI - REPARTIÇÃO DE NORMALIZAÇÃO. Símbolos de línguas, países e autoridades competentes [Zeichen für Sprachen, Länder und Behörden]. Lisboa: IGPAI - Repartição de Normalização, 1970, 11 p., A4 (NP-817).

PKNiM. Kody nazw jazkykow [Codes für Sprachennamen]. Warszawa: Wydawnictwa Normalizacyjne, 1978, 11 p. (PN-77/N-09012).

JZS. Terminologija i leksikografija. Simboli za jezike i njihova dopuna simbolima za zemlije i institucije [Terminologie und Lexikographie. Zeichen für Sprachen, Länder und Behörden]. Beograd: JZS, 1981, 24 p., A 4 (JUS A.C0.120).

（4.3.3[①]）国家符号

ISO. Codes for the representation of names of countries [Kodes für die Darstellung von Ländernamen]. Geneve: ISO, 1981, 49 p., A4 (ISO 3166-1981).

ISO. Codes pour la representation des noms de pays [Kodes für die Darstellung von Ländernamen]. Geneve: ISO, 1981, 49 p., A4 (ISO 3166-1981).

DDR. Kodes für die Bezeichnung von Ländern und anderen geographischen Einheiten. Berlin (DDR): Zentralinstitut für Information und Dokumentation der DDR, 1983, 18 p., A4 (TGL 34 487, Fachbereichsstandard).

DIN. Codes für Ländernamen. Berlin: Beuth, 1983, 17 p., A4 (DIN 3166).

AFNOR. Codes pour la représentation des noms de pays [Kodes für die Darstellung von Ländernamen]. Paris: AFNOR, 1983, 58 p., A4, (NF Z 44-000).

AFNOR. Principes généraux de terminologie. Indicatifs de pays et d'autorité dans les vocabulaires techniques. Paris: AFNOR, 1968, 6 p., A4 (NF X 03-003, fascicule de documentation).

IRANOR. Símbolos utilizados para idiomas, países y autoridades [Zeichen für Sprachen, Länder und Behörden]. Madrid: IRANOR, 1977, 9 p., A4 (UNE 1-091-77).

IGPAI - REPARTIÇÃO DE NORMALIZAÇÃO. Símbolos de linguas, países e autoridades competentes [Zeichen für Sprachen, Länder und Behörden]. Lisboa: IGPAI Repartição de Normalização, 1970, 11 p., A4 (NP-817).

1.2　国际电工词典（《国际电工词汇》）
（*International Electrotechnical Vocabulary, IEV*）

CEI/IEC. Directives particulières pour les travaux de la CEI sur la terminologie (CE1), les symboles graphiques (CE3), les symboles littéraux (CE25)/Directives applicable to the work of the IEC on terminology (TC1), graphical symbols (TC3), letter symbols (TC25) [Richtlinien für die Arbeiten der IEC auf dem Gebiete der Terminologie (TC1), der graphischen Symbole (TC3), der Buchstabenzeichen (TC25)]. Genève: CEI/IEC, 1986, 34 p., A4.

① 原著此处疑误写成 4.3.2，结合前文可知此处应为 4.3.3。——译者注

1.3 书写符号系列的标准

DNA. Regeln für die alphabetische Ordnung (ABC-Regeln). Berlin: Beuth, 1962, 7 p., A4 (DIN 5007).

DIN. Ordnen von Schriftzeichenfolgen (ABC-Regeln). Berlin: Beuth, 1985, 7 p., A4 (Entwurf DIN 5007).

ON. Regeln für das Ordnen von Schriftzeichenfolgen (ABC-Regeln). Wien: ON, 1981, 15 p., A4 (ÖNORM A 2725).

AFNOR. Classement alphabétique des dénominations [Alphabetische Ordnung von Benennungen]. Paris: AFNOR, 1969, 12 p., A4, (NF Z 44-001).

1.4 符号标准

DIN. Begriffssystem Zeichen. Allgemeine Grundlagen. Berlin: Beuth, 1984, 6 p. (Vornorm DIN 2338 Teil 1).

DIN. Begriffssystem Zeichen. Zeichentypologie. Berlin: Beuth, 1984, 16 p. (Vornorm DIN 2338 Teil 2).

1.5 关于缩写的标准

DIN. Kurzformen für Benennungen und Namen. Bilden von Abkürzungen und Ersatzkürzungen. Begriffe und Regeln. Berlin: Beuth, 1987, 6 p., A4, (DIN 2340).

DIN. Regeln für das Kürzen von Wörtern in Titeln und für das Kürzen der Titel von Veröffentlichungen. Berlin: Beuth, 1984, 5 p., A4 (DIN 1502).

DNA. Abkürzungen von Benennungen. Elementarkürzungen. Berlin: Beuth, 1971, 3 p., A4 (DIN 1353 Teil 1).

DNA. Abkürzungen von Benennungen für Halbzeug. Berlin: Beuth, 1971, 4 p., A4 (DIN 1353 Teil 2).

GOSSTANDART;VNIIKI. Metodika standartizacii sokraščenij russkih slov i slovosočetanij [Methodik der Normung von Abkürzungen russischer Wörter und Komposita]. Moskva: GOSSTANDART, 1977, 38 p., A5.

1.6　（物理）量的标准

DIN. Benennungsgrundsätze für physikalische Größen. Wortzusammensetzungen mit Eigenschafts- und Grundwörtern. Berlin: Beuth, 1986, 10 p., A4 (DIN 5485).

ON. Physikalische Größen; Wortverbindungen mit den Wörtern Konstante, Koeffizient, Zahl, Faktor, Grad, Maß und Pegel. Wien: ON, 1984, 4 p. (ÖNORM A 2730).

ON. Physikalische Größen; Gebrauch der Wörter bezogen, spezifisch, relativ, normiert und reduziert. Wien: ON, 1984, 3p., A4 (ÖNORM A 2731).

1.7　非标准性的术语指南

AKADEMIJA NAUK SSSR. KOMITET NAUČNO-TEHNIČESKOJ TERMINOLOGII. Kratkoe metodičeskoe posobie po razrabotke i uporjadočeniju naučno-tehničeskoj terminologii [Kurzes Methodenhandbuch für die Ausarbeitung und Regelung wissenschaftlicher und technischer Terminologien]. Moskva: Nauka, 1979, 125p., 137x 213.

AUGER, P.; ROUSSEAU, L.-J. Méthodologie de la recherche terminologique [Methoden der Terminologieforschung]. Québec: OLF, sep. 1977, 80 p., 210x270. (Etudes, recherches et documentation no. 9).

CELESTIN, T.; GODBOUT, G.; VACHON-L'HEUREUX, P. Méthodologie de la recherche terminologique ponctuelle. Essai de définition [Methoden der punktuellen Terminologieforschung. Versuch einer Definition]. Québec: Gouvernement du Québec, 1984, 171 p., A4, ISBN 2-551-06274-8.

CIOMS. Medical terminology and lexicography [Medizinische Terminologie und Lexikographie]. Basel/New York: Karger, 1966, 56 p.

DERMER, O. C.; GORIN, G.; LOENING, K. L. (IUPAC). The standardization of chemical language [Die Normung chemischer Begriffe und Benennungen]. In: Linguistics 189 (1977) p. 1-12.

DEUTSCHER ZENTRALAUSSCHUSS FÜR CHEMIE. Internationale Regeln für die chemische Nomenklatur und Terminologie. Weinheim: Verlag Chemie, 1975, Loseblattausgabe. Lieferung 1 = Grundwerk.

INTERNATIONAL UNION OF PURE AND APPLIED CHEMISTRY. How to name an inorganic substance being a guide to the use of nomenclature of inorganic chemistry: definitive rules 1970 [Benennung von anorganischen Stoffen, als Richtlinie für die Verwendung der Nomenklatur der anorganischen Chemie: endgültige Regeln 1970]. Oxford: Pergamon, 1977, 36 p., 260x160.

MONBUSYOO GAKUZYUTU KOKUSAIKYOKU ZYOOHOO-TOSYOKANKA/ MESC/SCIENCE AND INFORMATION AFFAIRS BUREAU, SCIENCE INFORMATION AND UNIVERSITY LIBRARY DIVISION. Gakuzyutu yoogo hyoozyunka no tebiki [Richtlinien für die Normung von Fachbegriffen und -benennungen]. Tokyo: Ministry of Education, Science and Culture (MESC), 1980, 88 p., 257x182 (MESC publication No. MEJ 5-8004).

ON. Aufbau und Gestaltung von Terminologienormen. Wien: ON, 1985, 9 p., A4 (ONRichtlinie 6).

WHO. Guidelines for terminology and lexicography. Drafting of definitions and compilation of monolingual vocabularies [Richtlinien für Terminologie und Lexikographie. Erstellung von Definitionen und Ausarbeitung von einsprachigen Wörterbüchern]. Terminology Circular (1977), no. 3, 23 p.

1.8 编纂汇编（叙词表）的标准

（1.8.1）单语种汇编

ISO. Documentation - Guidelines for the establishment and development of monolingual thesauri [Dokumentation - Richtlinien für die Ausarbeitung und Erstellung einsprachiger Thesauri]. Genève: ISO, 1986, 32 p., A4 (ISO 2788-1986).

ISO. Documentation - Principes directeurs pour l'établissement et le développement de thésaurus monolingues [Dokumentation - Richtlinien für die Ausarbeitung und Erstellung einsprachiger Thesauri]. Genève: ISO, 1986, 32 p., A4 (ISO 2788-1986).

SEV. Tezaurus informacionno-poiskovyj odnojazyčnyj: Struktura, sostav i forma predstavlenija [Der einsprachige Thesaurus: Struktur, Zusammenstellung und Gestaltung]. Moskva: SEV, 1975, 7 p., A4 (ST SEV 174-1975).

ANSI. Guidelines for thesaurus structure, construction and use [Richtlinien für die Struktur, Erstellung und Verwendung von Thesauri]. New York: ANSI, 1980, 18 p., 215x276 (ANSI Z 39.19-1980).

BSI. Guidelines for the establishment and development of monolingual thesauri [Richtlinien für die Erstellung und Ausarbeitung einsprachiger Thesauri]. London: BSI, 1979, 36 p., A4 (BS 5723:1979).

DIN. Erstellung und Weiterentwicklung von Thesauri. Einsprachige Thesauri. Berlin: Beuth, 1987, 12 p., A4 (DIN 1463 Teil 1).

ASMW. MINISTERIUM FÜR WISSENSCHAFT UND TECHNIK. Einsprachiger Informationsrecherchethesaurus - Struktur, Zusammensetzung, Darstellungsform. Berlin: Staatsverlag der DDR, 1976, 8 p., A4 (TGL RGW 174-75).

AFNOR. Documentation. Règles d'établissement des thésaurus monolingues [Dokumentation. Regeln für die Erstellung einsprachiger Thesauri]. Paris: AFNOR, 1981, 20 p., A4 (NF Z 47-100).

AFNOR. Thésaurus monolingues et multilingues - symbolisation des relations [Ein- und mehrsprachige Thesauri - Darstellung der Beziehungen]. Paris: AFNOR, 1980, 3 p., A4, (NF Z 47-103).

ICFES; FID/CLA. Documentación. Directrices para el establecimiento y desarrollo de tesauros monolingües [Dokumentation. Richtlinien für die Erstellung und Ausarbeitung einsprachiger Thesauri]. Bogotá: ICFES, 1980, 71 p. (Norma colombiana 1476).

GOST. Sistema standartov po informacii, bibliotecnomu i izdatel'skomu delu. Tezaurus informacionno-poiskovyj mnogojazyčnyj. Pravila razrabotki [Normensystem für Information, Bibliotheks- und Verlagswesen. Mehrsprachiger Thesaurus für die Wiedergewinnung von Information. Regeln für die Ausarbeitung]. Moskva: GOST, 1981, 8 p. A 5 (GOST 7.24-80).

GOSSTANDART. Sistema standartov po informacii, bibliotecnomu i izdatel'skomu delu. Tezaurus informacionno-poiskovyj odnojazyčnyj. Pravila razrabotki, struktura, sostav i forma predstavlenija [Normensystem für Information, Bibliotheks- und Verlagswesen. Einsprachiger Thesaurus für die Wiedergewinnung von Information. Regeln für die Ausarbeitung, Struktur, Aufbau und äußere Form]. Moskva: GOSSTANDART, 1981, 16 p., A5 (GOST 7.25-80).

JZS. Informacija i documentacija. Smernice za sastav'janje i dalji razvoj jednojezicnih tezaurusa [Information und Dokumentation. Richtlinien für die Erstellung und Ausarbeitung einsprachiger Thesauri]. Beograd: JZS, 1979, 33 p., A 4 (JUS A.C1.205).

（1.8.2）多语种汇编

ISO. Documentation - Guidelines for the establishment and development of multilingual thesauri [Dokumentation - Richtlinien für die Erstellung und Ausarbeitung mehrsprachiger Thesauri]. Geneve: ISO, 1985, 61 p., A4 (ISO 5964-1985).

ISO. Documentation - Principes directeurs pour l'établissement et le développement de thésaurus multilingues [Dokumentation - Richtlinien für die Erstellung und Ausarbeitung mehrsprachiger Thesauri]. Geneve: ISO, 1985, 61 p., A4 (ISO 5964-1985).

AFNOR. Principes directeurs pour l'établissement des thésaurus multilingues [Richtlinien für die Erstellung und Ausarbeitung mehrsprachiger Thesauri]. Paris: AFNOR, 21 p., A4 (NF Z 47-101, 1980).

BSI. Guide to establishment and development of multilingual thesauri [Richtlinien für die Erstellung und Ausarbeitung mehrsprachiger Thesauri]. London: BSI, 1985, 68 p., A4 (BS 6723:1985).

GOST. Sistema standartov po informacii, bibliotecnomu i izdatel'skomu delu. Tezaurus informacionno-poiskovyj mnogojazyčnyj. Pravila razrabotki [Normensystem für Information, Bibliotheks- und Verlagswesen. Mehrsprachiger Thesaurus für die Wiedergewinnung von Information]. Moskva: GOST, 1981, 8 p. A 5 (GOST 7.24-80).

1.9 索引

ISO. Documentation - Methods for examining documents, determining their subjects, and selecting indexing terms [Dokumentation - Methoden für die Analyse von Dokumenten, die Bestimmung ihrer Inhalte und die Auswahl von Indextermini]. Geneve: ISO, 1985, 5 p., A4 (ISO 5963-1985).

ISO. Méthodes pour l'analyse des documents, la détermination de leur contenu et la sélection des termes d'indexation [Dokumentation - Methoden für die Analyse von Dokumenten, die Bestimmung ihrer Inhalte und die Auswahl von Indextermini]. Geneve: ISO, 1985, 5 p., A4 (ISO 5963-1985).

AFNOR. Principes généraux pour l'indexation des documents [Allgemeine Grundsätze für das Indexieren von Dokumenten]. Paris: AFNOR, 1978, 8 p. A4 (NF Z 47-102).

AFNOR. Documentation - Liste d'autorité de matières - Structure et règles d'emploi. Paris: AFNOR, 1985, 14 p., A4 (NF Z 47-200).

BSI. Recommendations for examining documents, determining their subjects and selecting indexing terms [Dokumentation - Methoden für die Analyse von Dokumenten, die Bestimmung ihrer Inhalte und die Auswahl von Indextermini]. London: BSI, 1984, 12 p., A4 (BS 6529:1984).

DIN. Indexierung zur inhaltlichen Erschließung von Dokumenten - Begriffe. Grundlagen. Berlin: Beuth, 1983, 5 p., A4 (Vornorm DIN 31623 Teil 1).

DIN. Indexierung zur inhaltlichen Erschließung von Dokumenten - Gleichordnende Indexierung mit Deskriptoren. Berlin: Beuth, 1983, 17 p., A4 (Vornorm DIN 31623 Teil 2).

DIN. Indexierung zur inhaltlichen Erschließung von Dokumenten - Syntaktische Indexierung mit Deskriptoren. Berlin: 1987, 9 p., A4 (Entwurf DIN 31623 Teil 3).

JZS. Informacija i documentacija. Indeksiranje sadrzaja dokumenata. Principi, pojmovi, opsta pravila [Information und Dokumentation. Indexierung des Inhaltes von Dokumenten. Grundsätze, Begriffe, allgemeine Regeln]. Beograd: JZS, 1979, 12 p., A4 (JUS A.C1.200).

7.3 国际术语信息中心（Infoterm）国际图书目录清单

BT 1 Internationale Bibliographie der terminologischen Literatur
BT 2 Internationale Bibliographie der Normwörterbücher
BT 3 Internationale Bibliographie einsprachiger Fachwörterbücher
BT 4 Internationale Bibliographie mehrsprachiger Fachwörterbücher
BT 5 Internationaler Terminologieführer
BT 6 Internationale Bibliographie der Normen und Richtlinien in der Terminologie
BT 7 Internationale Bibliographie terminologischer Zeitschriften
BT 8 Internationale Bibliographie der Bibliographien und Kataloge über terminologische Literatur
BT 9 Internationale Bibliographie der komputerunterstützten Terminologie
BT 10 Verzeichnis terminologischer Tagungen
BT 11 Internationale Bibliographie von Berichten über terminologische Tagungen
BT 12 Internationale Bibliographie terminologischer Diplomarbeiten und Dissertationen
BT 13 Internationale Bibliographie der Nachschlagewerke und Kurzbenennungen
BT 14 Who's who der Terminologie
BT 15 Internationale Bibliographie der Thesauren
BT 16 Internationales Verzeichnis für Terminologieausbildung
BT 17 Internationale Bibliographie der unselbständig veröffentlichten Wörterbücher

7.4 国际术语信息中心（Infoterm）出版物选编

CEDEFOP; INFOTERM. Hilfsmittel für die vielsprachige Facharbeit auf dem Gebiet der Berufsbildung. Eine CEDEFOP-Infoterm-Veröffentlichung. Berlin: CEDEFOP, 1988, 245 p., 21 x 29,7 mm (CEDEFOP Dokument HX-50-87-590-DE-C). ISBN 92-825- 7976-X.

CEDEFOP; INFOTERM. Tools for multilingual institutional work in the field of vocational training. A CEDEFOP-Infoterm publication [Hilfsmittel für die mehrsprachige Facharbeit auf dem Gebiet der Berufsbildung. Eine CEDEFOP-Infoterm-Veröffentlichung]. Berlin: CEDEFOP, 1987, 239 p., 21 x 29,7 mm (CEDEFOP Document HX-50-87-590-EN-C). ISBN 92-825-7958-1.

CZAP, H.; GALINSKI, C. [eds.]. Terminology and Knowledge Engineering. Proceedings of the International Congress on Terminology and Knowledge Engineering, Trier, 29 September-1 October 1987 [Terminologie und Wissenstechnik. Bericht und Beiträge des Internationalen Kongresses über Terminologie und Wissenstechnik, Trier, 29. September - 1. Oktober 1987]. Frankfurt: INDEKS, 1987, 448 p. ISBN 3-88672-202-3. DEM 79,80.

CZAP, H.; GALINSKI, C. [eds.]. Terminology and Knowledge Engineering. Supplement. Proceedings of the International Congress on Terminology and Knowledge Engineering, Trier, 29 September-1 October 1987 [Terminologie und Wissenstechnik. Ergänzungsband. Bericht und Beiträge des Internationalen Kongresses über Terminologie und Wissenstechnik, Trier, 29. September - 1. Oktober 1987]. Frankfurt: INDEKS, 1988, 256 p. ISBN 3-88672-203-1. DEM 49,60.

ECONOMIC COMMISSION FOR EUROPE (ECE)/INTERNATIONAL INFORMATION CENTRE FOR TERMINOLOGY (INFOTERM). International bibliography of multilingual building vocabularies/Bibliographie internationale des vocabulaires multilingues de la construction/Mezdunarodnaja bibliografija mnogojazycnyh stroitel'nyh slovarej [Internationale Bibliographie mehrsprachiger Wörterbücher auf dem Gebiet des Bauwesens]. New York: United Nations, 1983, XXXVI+277 p., A4 (ECE/HBP/36).

FELBER, H. Terminology manual [Terminologiehandbuch]. Paris: Unesco, 1984, XXI + 426 p. (PGI-84/WS/21).

FELBER, H.; KROMMER-BENZ, M.; MANU, A. International bibliography of standardized vocabularies/Bibliographie internationale de vocabulaires normalisés/Internationale Bibliographie der Normwörterbücher. 2nd edition, München/ New York/ London/Paris: K. G. Saur, 1979, XXIV + 540 p., A4, ISBN 3-598-055021-1, DEM 168,— (Infoterm Series 2).

FELBER, H.; LANG, F.; WERSIG, G. Terminologie als angewandte Sprachwissenschaft - Gedenkschrift für Univ. Prof. Dr. Eugen Wüster. München/ New York/London/Paris: K. G. Saur, 1979, 272 p., A5, ISBN 3-598-10028-0, DEM 60,—.

FELBER, H.; PICHT, H. Métodos de terminografía y principios de investigación terminológica [Methoden der Terminographie und Grund sätze der Terminologieforschung]. Madrid: Instituto "Miguel de Cervantes". CSIC, 1984, XII + 254 p.

INFOTERM. First Infoterm Symposium. International co-operation in terminology/Premier Symposium d'Infoterm. Coopération internationale en terminologie [Erstes Infoterm Symposium. Internationale Zusammenarbeit in der Terminologie]. München: Verlag Dokumentation, 1976, 332 p., A5, ISBN 3-7940- 5503-9, DEM 48,— (Infoterm Series 3).

INFOTERM. Proceedings. Second Infoterm Symposium. Networking in terminology. International co-operation in terminology work/Actes. Deuxième symposium d'Infoterm. Travail dans le cadre d'un réseau de terminologie. Coopération internationale dans le travail terminologique [Bericht und Beiträge. Zweites Infoterm Symposium. Vernetzung in der Terminologie. Internationale Zusammenarbeit in der Terminologiearbeit]. München/New York/ London/Paris: K.G. Saur, 1986, 642 p., A5, ISBN 3-598-21369-7, DEM 98,—/ USD 46.00 (Infoterm Series 8).

INFOTERM. Terminological data banks. Proceedings of the First International Conference convened in Vienna, April 2 - 3, 1979, by Infoterm [Terminologische Datenbanken. Bericht und Beiträge von der Ersten Internationalen Konferenz in Wien]. München/New York/London/ Paris: K. G. Saur, 1980, 207 p. A5, ISBN 3-598- 21365-4, DEM 48,—/USD 27.00 (Infoterm Series 5).

INFOTERM. Terminologie und benachbarte Gebiete/Terminology and related fields/Terminologie et disciplines connexes. 1965 - 1985. Wien/Köln/ Graz: Böhlau, 1985, 285 p., ISBN 3-205-02025-1.

INFOTERM. Terminologies for the eighties. With a special section: 10 years of Infoterm [Terminologien für die Achtzigerjahre. Sonderteil: 10 Jahre Infoterm]. München/New York/ London/Paris: K. G. Saur, 1982, 412 p., A5, ISBN 3-598-21367-0, DEM 86,—/USD 48.00 (Infoterm Series 7).

INFOTERM. Theoretical and methodological problems of terminology/Problèmes théoriques et méthodologiques de la terminologie/Teoretičeskie i metodologičeskie voprosy terminologii. Proceedings of an international symposium convened by Gosstandart, VNIIKI, Akademija Nauk SSSR, Infoterm, AILA [Theoretische und metho dologische Probleme der Terminologie. Bericht und Beiträge von einem internationalem Symposium, veranstaltet von Gosstandart,

VNIIKI, der Akademie der Wissenschaften der UdSSR, Infoterm, AILA]. München/New York/London/Paris: K. G. Saur, 1981, 608 p., A5, ISBN 3-598-21366-2, DEM 98,—/USD 54.00 (Infoterm Series 6).

INFOTERM; RICHER, S. Proceedings of the First TermNet Assembly/Comptes rendus de la Première Assemblée TermNet [Bericht und Beiträge der Ersten TermNet Versammlung]. Vienna: Infoterm; Ottawa: Documentation Directorate, Translation Bureau, Department of the Secretary of State of Canada/ Direction de la documentation, Bureau des traductions, Secrétariat d'Etat du Canada, 1986, 84 p., 280x215 mm. ISBN 0-6625-4143-X.

INFOTERM; RICHER, S. Proceedings of the First International Workshop on Terminology Documentation/Comptes rendus du Premier Atelier International sur la documentation terminologique [Bericht und Beiträge des Ersten Internationalen Workshops über Terminologie dokumentation]. Vienna: Infoterm; Ottawa: Documentation Directorate, Translation Bureau, Department of the Secretary of State of Canada/Direction de la documentation, Bureau des traductions, Secrétariat d'Etat du Canada, 1986, 280 x 215 mm. ISBN 0-6625-4144-8.

KROMMER-BENZ, M. International bibliography of computer-assisted terminology [Internationale Bibliographie der rechnerunterstützten Terminologie]. Paris: Unesco, 1984, 36 p. (PGI-84/WS/12).

KROMMER-BENZ, M. World guide to terminological activities. 2nd completely revised and enlarged edition [Internationaler Terminologieführer. 2. vollständig überarbeitete und erweiterte Auflage]. München/New York/London/Paris: K. G. Saur, 1985, IX + 158 p., ISBN 3-598-21368-9, DEM 148,— (Infoterm Series 4).

OZEKI, S.; GALINSKI, C. [eds.]. Taminorojigaku. Byusta no gengo-tetsugaku to sono oyo [Terminologie. Wüsters Sprachphilosophie und ihre Anwendung]. Kyoto: Tosho Shuppan Bunrikaku, 1987, 193 p., A 5.

RONDEAU, G.; FELBER, H. [eds.]. Textes choisis de terminologie. Vol. 1: Fondements théoriques de la terminologie. Sous la direction de V. I. Siforov [Ausgewählte Texte zur Terminlogie. Bd. 1: Theoretische Grundlagen der Terminologie. Bandschriftleiter: V. I. Siforov]. Québec: GIRSTERM/Université Laval, 1981, 334 p., 140x 190 mm, ISBN 2-90242-00-8.

WÜSTER, E. Einführung in die Allgemeine Terminologielehre und Terminologische Lexikographie 2nd. ed. København: LSP Centre, The Copenhagen School of Economics, 1985, 214 p., A5, ISBN 87-88511-10-3.

杂志

TermNet News. Zeitschrift für die Zusammenarbeit in der Terminologie. Herausgegeben vom Internationalen Informationszentrum für Terminologie (Infoterm). Ottawa: Official Languages and Translation. Terminology and Documentation Branch (TDB). Seit Nummer 12 herausgegeben von Infoterm, Translation Bureau, Secretary of State, Canada, ISSN 0251-5253.

BiblioTerm. Referateorgan für aktuelle terminologische Literatur. Herausgegeben vom Internationalen Informationszentrum für Terminologie (Infoterm). ISSN 0255-2795.

Infoterm Newsletter. Aktuelle Informationen über die Aktivitäten, Publikationen und Bestände Infoterms. Herausgegeben vom Internationalen Informationszentrum für Terminologie (Infoterm), Wien. ISSN 0253-5041.

Infoterm Nachrichten.

StandardTerm. Diese unregelmäßig erscheinende Publikation liefert aktuelle Informationen über Terminologienormung. ISSN 0258-837X.